마르틴 루터 한 인간의 운명

MARTIN LUTHER, UN DESTIN
by Lucien Febvre
(Quadrige series, 4th edtion, 2008)

이 도서의 국립중앙도서관 출판예정도서목록(CIP)은 서지정보유통지원시스템 홈페이지
(http://seoji.nl.go.kr)와 국가자료공동목록시스템(http://www.nl.go.kr/kolisnet)에서
이용하실 수 있습니다.(CIP제어번호: CIP2016032483)

마르틴 루터
한 인간의 운명

뤼시앵 페브르 지음 | 김중현 옮김

이른비

95개조 반박문을 못 박고 있는 루터 (페르디난트 포웰스, 1872)

성경을 발견하는 루터 (페르디난트 포웰스, 1872).

수도사 시절의 루터 (루카스 크라나흐, 1520).

바르트부르크 성 도피 시기의 루터(루카스 크라나흐, 1522).

말년의 루터(루카스 크라나흐 2세, 1546).

쥘 블로흐에게

형제의 애정으로

초판 서문

어느 날 한 친구가 그에게 당신은
그리스도인들의 해방자냐고 물었다.
그는 이렇게 대답했다.
"그렇소. 나는 그리스도인들의 해방자요.
과거에도 그랬소. 그렇지만 나는 자기 주인이
어디로 끌고 가는지도 모르는 눈먼 말 같소.
• 마테지우스,[1] VII.

루터의 전기인가? 아니다. 루터에 대한 평가인가? 더더욱 아니다.

단순하지만 비극적이었던 한 운명곡선을 보여주는 것. 그 곡선이 지나가는 아주 중요한 몇몇 지점을 정확히 찾아내 짚어보는 것. 그 곡선의 최초 비약이 어떤 상황적 압력에 의해 어떻게 수그러졌는지, 다시 말해 그 상승곡선이 어떻게 하강곡선으로 바뀌는지를 보여주는 것. 어쩌면 역사에서 무엇보다 중요한 주제인 한 개인과 공동체 또는 개인 주도와 사회적 필연과의 관계 문제를 놀라운 활력을 가진 한 인간에게 적용하여 제기해보는 것. 바로 그 시도가 우리의 계획이었다.

이렇게 짧은 분량으로 그 계획을 달성하기란 사전에 큰 희생에 동의하는 일이다. 그러니 그 희생을 두고 우리를 너무 나무란다면 좀 부당한 처사이리라. 선택할 수밖에 없었다. 우리는 1517년부터 1525년까지 세상이라는 무대에서, 계시를 받은 예언자의 영웅적인 역할을 그렇게나 역동적으로 수행하는 성숙한 루터를 연구할 것이다. 그러니 청년기의 불확실한 루터, 또는 1525년부터 1545년까지의 쇠잔해가는 지치고 환멸에 찬 루터를 단호히 포기했다고 해서 의아하게 생각할 마음은 조금도 없으리라.

이 책을 쓰면서 우리는 그저 '이해하는 것'과, 힘이 닿는 한 '이해시키는 것'이라는 단 한 가지 결심밖에 없었다는 말을 굳이 덧붙일 필요가 있을까? 이 책은 일반 사람들을 겨냥한 대중화 작업이면서 동시에 역사적 성찰 작업이기도 하다. 이 작업에서 루터 사상의 중요한 해설가들이 적어도 한 가지 지속적인 노력을 해왔다는 사실을 인정해준다면 우리로서는 그저 만족할 뿐이다. 그것은 루터가 살았던 시대가 복잡했던 만큼, 선율적이 아니라 함축적이고도 풍요로운 그의 다성적 업적을 너무 단순화시켜 빈약하게 만들지 않으려 했던 노력이다.

1927년 8월, 세브르, 르 반느투에서
뤼시앵 페브르

제2판 서문

큰 주제치고는 분량이 작은 이 책이 세상에 나온(1928년) 지 16년이 지났다. 이 책은 출판이 되고 얼마 지나지 않아 절판되었다. 다시 찍어 내달라고 여러 곳에서 간절히 요청해왔다. 그래서 나는 이 책을 주의 깊게 다시 읽어보았다. 먼저 쉽게 발견할 수 있는 여러 오식과 오류부터 찾아내려 했는데, 웬만큼 찾아내 수정한 것 같다. 이어 더 높은 곳에서 명철한 눈으로 전체를 잘 살펴보았다. 고백컨대, 면구스러운 일일는지 모르지만 더 고쳐야 할 내용을 조금도 발견하지 못했다.

예전에 호의적인 비평가들은—내가 알기로, 이 책에 대해 그들 외에 다른 비평가들은 없었다—내 연구가 1525년 이후 루터의 삶까지 더 깊이 진행되지 않았다는 사실, 다시 말해 1525년부터 1547년까지의 루터에 대해 그리 관심을 기울이지 않았고, 그마저도 너무 주마간산(走馬看山)이었다는 점을 흠으로 지적했다. 한편, 나의 독자 가운데 몇몇[2]의 마음을 편치 못하게 한 듯한 단어가 하나 있는데, '틀어박힘'(Repli)이라는 말이다. 하지만 나는 여전히 그 단어를 사용하려 한다. 다만 여기 재판(再版)에서는 내 생각을 더욱 명확히 하기 위해 두 개의 단어를 덧붙여, '자기 세계에 틀어박힘'(Repli sur soi)이라고 고쳤다. 오해의 여지가 없었으면 한다. 하지만 그 우호적인 질책도 나의 견해까지 바꾸지는 못했다.

1927년에 나는 내가 하려는 일을 했다. 나는 청년 루터와 그의 힘과 혈기를, 그리고 그가 자신으로서, 집요하게 그 자신으로서, 오로지 그 자신으로서 세상에 보여준 모든 새로운 것에 대해 최선을 다해 말했다. 그가 보여준 모든 것이라고? 그리스도교를 생각하고 느끼고 실천하는 새로운 방식이다. 그것은 미연에 방지할 수도, 있는 그대로 지지를 받을 수도, 그리고 교회 지도자들과의 협상으로 해결할 수도 없었다. 그렇기에 당연히 아주 새로운 하나의 종교, 구(舊) 그리스도교의 새로운 한 분파가 되었다. 이것은 새로운 인종의 기원까지는 아닐지언정 적어도 그리스도교의 새로운 종(種), 즉 바로 루터 종이었다. 30년 뒤 피카르디인인 장 칼뱅이 낳게 되는 생명력과 번식력이 강한 또 다른 종보다는 확실히 외형적으로는 눈에 덜 띄고, 더 생경하며, 발생지 밖으로 전파되기에 적합하지 않은 종인가? 물론이다. 그렇지만 끈질기고 지속성이 강하다. 잡다한 많은 사건에 순응이 가능하다. 때로는 유사종을 변조함으로써 자신의 순수성을 침해받지 않으려는 수호자들을 두렵게 할 정도로 유혹성이 강하다. 어쨌든 그 종은 특히 독일의 일부를 가득 채우고 있기에, 그리하여 그 국민들의 정신에 루터의 정신이 깊이 뿌리내리고 있기에 역사적으로 중요성을 지닌다.

1525년 이전의 루터와 마찬가지로, 그 이후의 루터를 연구할 필요가 있음은 조금도 의심의 여지가 없다. 게다가 그 두 시기의 루터 사이에는 실제로 단절이 없을 뿐만 아니라, 단 하나의 루터만 존재한다. 믿음에 있어서, 1547년의 루터는 1520년의 루터와 다름이 없다. 나는 그 반대로 이야기하고 싶은 생각이 전혀 없으며, 또 그렇게 이야기하지도 않았다. 나는 반란을 일으킨 농민들을 그토록 격렬하고 가혹하게 비난했던 농민전쟁 때의 루터가, 1520년 자유의 정신이 발현된 그 위대한 논문들[3]을 썼던 때의 루터와 전혀 다르지 않다는 주장을 충분히 옹호했다. ― 물론, 많은 사람들은 그것이 모순되어 보인다고 여긴다. 나는 분명한 이유가 있는 그 많은 반대 의견들에 맞서 매우 당혹스럽게 하는 사건들 가운데서조차도 루터 사상의 깊고 변함없는 통일성을 입증하려고 노력했다. 그러니 내가 실제로나 생각으로도 범하지 않은 잘못에 대해 용서를 구할 필요는 없으리라.

'틀어박힘'은 '단절'을 뜻하지 않는다. 적대적인 세계에서 자신의 촉수가 사방으로 부딪치기에 내적인 평화와 유익한 자유를 찾기 위해 최대한 몸을 웅크린 채 도사리고 있는 그 존재는 둘로 분열되지 않는다. 다시 밖으로 나올 때면 적의에 찬 세계 속에서 암중모색을 시작하는 이가 바로 그, 변함없는 루터 자신이었다. 그 반대도 마찬가지다. 그런데 루터 같은 사람에게서 출타와 귀환, 탐색과 은둔의 교차운동을 이해하고자 하는 이들에게 말하건대, 그가 떠날 상황에 처하게 되는 때는 1525년과 1530년이 아니라 그보다 훨씬 이전이다. 말하자면 시발점인 것이다. 루터의 생애에서 정확히 그 지점을 설정하는 것. 훗날의 루터가 되기 이전의 루터부터 주의 깊게 연구함으로써 찾아낼 수 있는 '루터주의'(luthérisme)라는 싹의 초기 발육과정에 주의를 기울이는 것. 루터 안에서 훗날의 그 루터가 태어나고 성장하여 그의 존재를 뚜렷이 드러내는 모습을 보는 것. 그리고 루터가 주장하고, 그 주장이 받아들여지며, 또 주장하기를 멈추는 것을 보는 것. 루터라는 인간이 다른 인간들과 다투게 놔두는 것. 그의 교리가 다른 교리들과 싸우도록 놔두는 것. 그의 정신이 공격을 하거나 아니면 지지를 받아야 하는 다른 정신들과 싸우도록 놔두는 것(그런데 자기의 정신에 다른 정신이 침입하게 놔두지 않고는, 자기라는 인간에 다른 인간이 스며들게 놔두지 않고는, 자기의 교리에 다른 교리들이 침범하게 놔두지 않고는 결코 다른 정신들의 지지를 얻지 못할 뿐만 아니라 다른 사람들의 마음을 사지도 못하며, 하나의 교리를 수정하여 다른 교리로 바꾸지도 못한다). 이 모두가 내가 하고자 했던 연구다. 이는 1525년 이후 루터에 대한 모든 연구에 필요하고 없어서는 안 되는 선행연구다. 1525년 이후의 루터에 대한 연구들은 그 자체로 충분할 수 없다. 그러니 1525년 이전의 루터에 대한 확실한 선행지식이 필요하다. 1525년 이후의 루터에 대한 연구들은 루터를 제대로 설명해주지 못한다. 즉, 과거를 돌이켜보면서는 그런 루터를 이해할 수 없고 설명할 수도 없으며 이해시키지도 못한다. 반대로 1525년 이전의 루터에 대한 연구는 루터의 모든 것을 설명해준다. 우리 프랑스인들이 1927년에 갖지 못한 것은 바로 이 부분의 연구다. 1944년에도 여전히 그 연구가 우리에게는 필요하다.

나는 루터가 했던 역할이나 사람들이 루터에게 부여했던 역할에 대해 1927년 이후로 많은 사건들이 일어났던 사실을 분명히 알기에 이 대목을 쓴다. 과장하지는 말되 상당한 역할이 있었음은 분명하다. 1933년에 독일에서 주조된, 그 반항자의 초상이 새겨진 5마르크짜리 은화는 독일 국민에게 그 역할을 충분히 알려주었다. 주화나 문학작품을 통해 우리는 1934년부터 프랑스 국민의 주의를 환기시켰다.

새 루터가 그때부터 탄생하리라. 사람들의 말에 따르면, 외국인인 우리 프랑스인이 이해하지 못할 루터. 그 종교개혁가에게 1933년 이전에 바쳐졌던 거의 모든 문학을 낡은 것으로 치부해야 할 만큼 새로운 루터. 그를 종교적인 인물이 아니라 정치적인 인물로 봐달라고 우리에게 부탁하는 그런 새로운 루터. 그런데 특히 그 정치적 인물에 대한 공정한 연구는 우리에게 '독일 국민의 진짜 기질을 새롭게 이해'할 수 있게 해줄 것이다. 1934년 프랑스에서 루터의 한 전기 작가가 이 말에 공감했던 것 같다. 그는 예전에 종교개혁가로 불렸던 그 사람에 대해서 지금까지 역사는, “그의 주장이 아무리 의외라고 할지언정 종교적 영역에 속하는 것이 아니라 사회적이고 정치적이며, 나아가 경제적인 영역에” 속한다는 사실을 한 번도 제기하지 않았다고 쓰고 있다. 그러면서 그는 “루터와 루터교(luthéranisme)에 대한 이야기에서 교리 자체는 보다 덜 흥미롭다”고 책의 주요 부분에서 덧붙여 말했다. 실제로, “그 종교개혁가를 막강한 인물로 만드는 것은 바로 그라는 인간이다. 그러니 교리는 어린애 같은 것이다.”

그러나 1927년과 마찬가지로 1944년에도 나이 먹은 어린애인 나로서는 루터교가 흥미롭지 않다고 생각할 근거를 찾지 못했다. 독일 국민과 많은 사람들이 지켜보았던 한 시대, 이를테면 루터 시대의—마찬가지로 루터교가 깊이 젖어든 시대의—집단 심리와 집단적 반응들을 정확히 이해하는 일에서까지도 말이다. 그러니 그런 생각에 기초하여 이 작은 책을 재출판하는 것을 용서해주기 바라며, 셸(Otto Scheel)이 그의 귀중한 『루터의 발전에 관한 문서』(*Dokumente zur Luthers Entwicklung*) 제2판의 저술 목록에 이 책을 포함시켜주었는데, 그 점도 너그러이 봐주기를.

형식상으로는, 내가 앞서 말한 몇 가지 교정과 추가한 부분을 빼고는 변함이 없다. 하지만 책을 다시 읽어보며, 바르트부르크 성에서의 그 ‘나태한’ 몇 개월간 루터가 ‘한가롭게’(Otiosus) 행한 성서 번역에 대해서는 내가 너무 빨리 지나친 것 같았다—그 시기 루터의 활동은 감탄을 자아내게 한다. 그만큼 법의 보호를 박탈당했던 아우구스티누스 수도회 수도사의 작업 능력과 창조적 열의가 놀랍다는 사실이 드러난다. 그렇지만 루터의 성서 번역을 놓고 내가 연구한 부분은, 루터의 탁월한 문체에 관한 것으로 문법학자들 이외에는 누구도 아직 연구한 적이 없다. 분명 독자들의 주의를 환기시킬 좋은 기회가 되리라. 그러나 다른 많은 사람들의 문체와는 달리, 그 문체는 단지 그라는 인간만이 아니라 그 시대다. 우리 시대와 너무나 유사하면서 또 너무도 달랐던 혼란스럽고 특별한 그 시대 말이다. 그런데 우리는 여전히 그때를 단지 우리 시대와 유사하다고만 생각한다. 우리는 또 다른 문체 창조자인 뛰어난 시농의 성 프란체스코 수도회 수도사(Cordelier de Chinon)[4]와 마찬가지로, 아이슬레벤의 아우구스티누스 수도회 수도사에 대해서도 다음 사실을 이해하지 못한다. 즉 그 두 사람이 — 말의 진정한 의미에서 — 우리와는 전혀 다른 방식으로 생각했다는 것이고, 또 그들의 언어가 그 점을 명확히 설명해주고 있다는 사실이다.[5] 가장 중요한 점은 루터에게 그의 깨달음을 묻는 것, 그의 깨달음을 물을 줄 아는 것이다.

1944년 1월 31일 파리에서

제3판 서문

이 책은 출판사가 다시 증쇄할 정도로 독자들에게 꾸준히 사랑받고 있다. 그 인기는 재판들에 의해서뿐만 아니라, 초판 원고를 바탕으로 한 1945년 벨기에(브뤼셀) 판과 1949년 이탈리아(피렌체 바르베라 출판사) 판의 출간 사실로도 증명된다. 처음 원고에 수정할 부분이 있다고는 생각되지 않는다. 나는 이 책을 독자와 비평가들에게 다시 안심하고 맡긴다.

1951년 1월 20일 파리에서

차례

제2부 개화

제3부 자기 세계에 틀어박힘

서두의 주(註)

꼭 제시해야 할 필요가 있다고 생각되는 루터에 관한 방대한 참고문헌은 이 책 끝에 특별히 약술해놓았다. 빈번히 언급되는 다음의 참고문헌들은 기억해두기를 바란다.
E.는 루터 전집의 에를랑겐(Erlangen) 판을, **W.**는 바이마르(Weimar) 판을 가리킨다. **Dok.**는 셸(Otto Scheel)의 선집 『루터의 발전에 관한 문서』(*Dokumente zur Luthers Entwicklung*)를, **End.**는 루터 서한집의 엔더스(Enders) 판을 가리킨다. **D.~P.**는 파키에(Jules Paquier)의 데니플레(Heinrich Denifle) 번역본을 말하고, **Strohl I · II**는 각각 스트롤(Henri Strohl)의 『1515년까지 루터의 종교 변화』와 『1515년에서 1520년까지 루터 종교사상의 개화』를 가리킨다. 마지막으로 **Will**은 윌(Robert Will)의 『그리스도인의 자유』를 의미한다.
이 작품들에 대해서는 책 끝의 '참고문헌 노트'를 보라.

제1부

고독 속에서의 노력

제1장

쾨스틀린에서 데니플레까지

데니플레 신부가 주장하고자 했던 바는 무엇이었는가?
먼저, 루터의 얼굴에 낙인찍기였다.
루터라는 인간이 부당하게 얻은 칭송을 부정하는 일이다.
이는 그의 시도 가운데 가장 이목을 끄는 대목이었다.

1505년 7월 17일 아침, 한 청년이 에르푸르트의 성 아우구스티누스 수도회 수도원의 문지방을 넘었다. 청년의 나이는 스물두 살이었고, 이름은 마르틴 루터였다. 그의 주변 친지들은 진작부터 그가, 아주 수월하게 대학 학업을 성취한 것처럼 돈 잘 버는 직업을 갖게 되리라 예상했다. 하지만 그런 친지들의 만류에도 귀를 닫고 그는 세속의 고뇌와 위험들로부터 벗어날 피난처를 찾아 수도원으로 들어갔던 것이다. 그 사건은 평범한 일이었다. 수도원 내 수련소의 청원자들과 그들의 일가친척, 그리고 평범한 신분의 몇몇 친구를 제외하고는 아무에게도 관심의 대상이 되지 않았던 일 같았다. 그 사건이 내포하는 의미라고는 오로지 루터의 종교개혁의 싹이었다는 것밖에는 없었다.

불안하고 고뇌에 찬 청년은 수도사복을 입고 싶었다. 그 옷은 성 아우구스티누스 은수자 수도회 수도사들의 조잡한 모직 수도사복이었다.

그랬던 그는 어느 날 그 옷을 벗어던지고 겉에 모피를 덧댄 교수 가운으로 갈아입을 예정이었다. 분명 그럴 터였다. 하지만 만일 마르틴 루터가 세상 이익에 밝은 시민들로부터 경멸받는 그 옷을 입지 않고, 또 15년 가까이를 수도원에서 살지 않았다면, 그리고 수도원 생활의 남다른 고통을 경험하지 않았다면 그는 훗날의 그 루터가 되지는 못했으리라. 에라스무스[1]가 좋든 싫든 스테인 수도원에 들어가지 않았다면 후대 사람들이 아는 그 에라스무스가 되지 못했던 것처럼 말이다. 가족의 권유로 수도원에 들어갔던 칼뱅 역시 마찬가지다. 그들 모두 우리가 잘 안다고 믿는 그 에라스무스와 칼뱅과는 많이 달랐으리라. 정말 루터가 대학에 남아 세속 학문을 계속해 법학 학위를 받았다면, 그는 역사 속의 그 루터만 빼고는 무엇이든 되었으리라.

'수도사 신분의 루터'는 단순한 하나의 일화가 아니다. 수도사가 되고자 했고, 몇 년 동안 열심히 수도사 생활을 했다는 그 사실이야말로 한 인간에게 지울 수 없는 자취를 남긴다. 그 일이야말로 이후 그의 활동을 설명해준다. 그렇기에 최근 몇 년간 '1505년 7월 17일 아침, 스물두 살의 독일 학생 수도원에 입회하다'라는 잡보기사 정도의 이 사건을 둘러싸고 그토록 상반된 많은 해설과 억측들이 씌어진 이유가 납득이 간다.

로마 여행 이전

그 많은 해설과 억측들이 집필된 것은 최근 몇 년 동안의 일이다. 사실, 3세기 동안 가톨릭 역사가든 프로테스탄트 역사가든 또는 중간 입장의 역사가든 모두 하나같이, 1517년 10월 31일 백일하의 세상 무대에 출현해서는 자국민들로 하여금 자신을 찬성하든 반대하든 마음을 정하라고 맹렬히 강권하는 그 성숙한 남자의 인물과 교리와 활동에만 주의를 집중시켰다.

가장 유명한 루터의 초상화에 대해서도 마찬가지인데, 옛날에는 1532년 무렵에 그렸거나 조각한 50대 나이의 박사 초상화에 주목했다. — 마찬가지로 자기편이든 적이든 교리를 세우기 위해 비텐베르크 대학 강단에 앉아 있는 한 교파의 지도자, 즉 분리 교회의 창설자에게만 관심을 가졌을 뿐이다. 그런데 그 지도자는 어떻게 해서 만들어졌는가? 그의 교리는 어떻게 해서 수립되었는가? 그 문제를 진정 관심을 가지고 연구한 사람은 아무도 없다.

연구 자료가 많지 않다는 점을 말해두어야겠다. 나날의 싸움에 말려든 루터는 1519년까지의 자기 믿음과 내면생활에 대해서는 개략적이고 간략한 기록만을 남겨놓았다. 그것은 느지막에서야 어깨 너머로 자신의 과거를 은밀히 일별하는 정도였을 뿐이다. 1545년 3월에 쓴 것으로 추정되는 루터의 「회고」(Rückblick)는 『전집』[2] 초판 가운데 한 권의 서문으로 사용되었다. 루터가 죽은 해인 1546년 멜란히톤[3]은 거기에 몇 가지 내용을 더했다.[4] 아주 엄격한 연구가들도 암스도르프,[5] 코흐레우스,[6] 밀리우스[7]가 몇몇 주석을 붙여서 늘어나게 된 그 개략적인 원고를 해설하는 선에서 만족했다. 그 원고 전체에 혼을 불어넣기 위해 그들은 풍성하지만 신빙성이 떨어지는 하나의 출처, 이른바 유명한 『탁상담화』(*Propos de table*)를 조심성도 없이 참고했다.

대스승이 주재하는 비텐베르크의 커다란 식탁 말석에 여러 명의 선량한 청년들이 경건하게 앉아 스승의 입에서 나오는 말들 — 즉, 현재의 눈으로 바라보는 먼 과거를 선의로 곧잘 소설화하곤 했던 풍부한 상상력과 날카로운 감수성을 지닌 한 사람의 허물없는 말들 — 을 후세를 위해 얼마나 열심히 받아 적어놓았는지를 잘 안다. 부지런하면서도 월사금에 마음을 쓰는 주부 카타리나 폰 보라[8]가 루터에게 토로한 다음과 같은 빈축의 말을 들으면서 말이다.[9] "박사님, 저 청년들을 공짜로 가르쳐주지 마세요. 저들은 이미 너무도 많은 것을 얻어 듣고 있어요. 특히 라우터바흐[10]는요. 그 많은 지식은 모두 그들에게 큰 이득이 되고 있어요!"

많은 경우 『탁상담화』의 공식 선집들은 출판사들이 마음대로 고치고 개정한 말들에 기초해서 출판되곤 했다. 하지만 그 책들이 아무리 경건한 내용으로 가득 차 있어도 우리 역사가들에게는 전혀 도움이 안 된다. 물론 사람들은 선집의 도움을 받았지만, 그 책들을 고증하지도 않을 뿐더러 청년 청자들이 생생하게 기록한 훨씬 더 유익하고 신빙성 있는 메모들조차 찾아보지 않은 채, 루터의 청년기에 대해 전설이나 성인전이 돼버리다시피 한 공식적인 이야기를 지칠 줄 모르고 쓰고 또 써댔다. 우리 시대의 사람이면 누구나 그 사실을 알고 있다. 그들이 교과서로 삼은 책들은 쾨스틀린(Julius Köstlin)과 콜데(Theodor von Kolde), 또는 프랑스어로 집필된 쿤(Félix Kuhn)의 훌륭한 연구물들을 그럭저럭, 그것도 부정확하게 요약했다.

이렇게 말할 필요가 있겠다. 희곡 작품은 잘 씌어졌고 바라는 만큼 극적이었다고.

먼저, 사랑도 기쁨도 아름다움도 없었던 고통스러운 유년기의 장을 살펴보자. 루터는 아마 1483년 성 마르틴 축일 전날인 11월 10일에 튀링겐 지방의 작은 도시 아이슬레벤에서 태어났던 것 같다. 훗날 63년이 지나 그는 다시 고향으로 돌아와 삶을 마감했다. 부모는 가난했다. 광부였던 아버지는 엄했고 주변 사람들에게는 무뚝뚝했다. 어머니는 힘겨운 가사노동에 찌들어 삶의 의욕이 꺾인 듯했고, 예민한 아들의 머릿속에 고작 편견이나 미신의 무서운 생각들만 가득 채워줄 뿐이었다. 즐거움과 활기가 전혀 없는 부모는 어린 마르틴 루터를 광부와 상인들이 많이 사는 만스펠트라는 촌락에서 키웠다.

거친 선생들의 엄격한 감독 아래 아이는 읽기와 쓰기, 약간의 라틴어와 기도문을 배웠다. 집에서는 아버지의 고함이, 학교에서는 선생님의 매질이 있었다. 감수성이 예민하고 신경질적인 아이에게는 그런 생활 규율이 힘겹기만 했다. 열네 살 때 마르틴은 마그데부르크라는 큰 도시로 떠나게 된다. 그곳의 공동생활형제단[11]이 운영하는 학교에서 학문다운 교육을 받기 위해서였다. 그러나 낯선 도시에서 어찌할 바 몰랐고, 이집 저집을 전전하며 먹을 것을 구걸해야만 했다. 설상가상 아프기까지 해서 1년밖에 머물지 못했다. 그는 아버지의 집으로 돌아와 잠시 지내다가 곧이어 친척들이 사는 아이제나흐로 갔다. 그리고 친척들에게서 버림을 받았고, 어렵게 살아가던 중 마침내 자비로운 사람들을 만났다. 특히 우르술라 코타라는 여인은 그에게 세심한 사랑과 애정을 베풀어주었다. 4년이 흘러갔다. 그 기간은 루터의 우울한 청소년기 가운데 즐거운 한 시절이었다. 그런데 1501년 루터는 이번에도 아버지의 명령으로 대학이 번창하고 있던 에르푸르트로 떠났다.

그는 에르푸르트 대학 교양학부에서 열심히 공부했다. 그 결과 1502년에 학사학위를 받았으며, 다시 1505년에는 석사학위를 받았다. 그러나 평범한 한 사람의 운명 위에 청년기의 침울한 그림자가 드리워진다. 몇 번에 걸친 중병과 한 번의 유혈 참사, 많은 사망자를 낸 페스트의 확산 공포, 그리고 마침내 에르푸르트와 슈토테른하임 마을 사이에서의 죽을 뻔했던 벼락 사고로 인한 정신적 동요 들이 잇달아 일어난다. 이 일련의 힘든 모든 사건들은 불안한 정신과 예민한 감성에 영향을 미쳐 훗날의 이단자에게, 그런 기질의 소유자가 그 같은 경험을 하고 난 뒤에 아주 자연스럽게 취하게 되는 결심을 하게 만들었다. 계속하려던 세속 학문을 포기함으로써, 부모가 품고 있었던 출세의 기대를 깨버린 그는 에르푸르트의 성 아우구스티누스 수도회 수도원의 문을 두드렸다.

급격히 전개된 이 사건에서 제1막이 끝난다. 제2막은 독자를 수도원으로 데려갈 것이다.

재능이 뛰어난 수도사 루터는 엄격한 수도원 규율에 유순하게 적응했다. 그런데 그 엄격함이란 어떤가! 1530년에서 1546년 사이, 그는 실망스러운 수도원 규율의 가혹함에 대해 스무 군데에서나 주장했다.[12] "그렇다. 나는 정말 독실한 수도사였다. 규율을 너무나 철저히 잘 지켰기에 이렇게 말할 수 있다. 즉, 만일 수도원 생활로 하늘나라에 갈 수 있다면 나 또한 그곳에 갈 수 있으리라고. 그런데 그 생활이 조금만 더 지속되었다면 철야와 기도, 독서, 그리고 여타의 일들로 죽고 말았을 것이다."[13] 또 다른 곳에서는 이렇게 쓰기도 했다. "20년 동안 나는 독실한 수도사였다. 매일 한 번 미사를 올렸다. 기도와 단식으로 녹초가 된 나머지 그 일을 계속했더라면 오래 버티지 못했을 것이다." 또 이렇게도 썼다. "만일 내가 복음의 도움을 받아 그리스도의 위안으로 해방되지 못했더라면 2년도 더 살지 못했을 것이다. 그만큼 나는 고뇌에 차 있었고, 신의 노여움을 피해 멀리 달아나버리곤 했다."

정말이지 왜 그런 고행들인가? 하찮은 하나의 이상을 충족시키기 위해서인가? 고행은 교회가 루터에게 제시하는 유일한 길이었다. 신이 비참한 속세를 멀리하는 것만 같다는 깨달음, 그리스도교적 삶의 스승으로 삼았던 교부들이 쓴 책에서 발견한 교리와 신의 말씀, 개인 지도신부들과 상급 성직자들의 조언과 격려, 그리고 작은 교회나 대성당들의 포치(porch)에 있는 예술품들…… 이 모든 것은 신앙심이 뜨거웠던 한 수도사에게, 다시 말해 살아계신 신을 만나기 위해 수도원으로 뛰어들었던 청년 루터에게 가혹하고 무자비한 징벌의 신을 논하고 있었다. 사람들은 각자의 죄를 하나하나 떠올리며 속죄해야 할 운명에 처해 있고, 신은 그런 비참한 자들의 공포에 질린 얼굴을 향해 꾸짖고 있었다.

교리는 끔찍하고 절망적이며 가혹했다. 그러니 애정과 사랑으로 충만한 섬세한 영혼에게 교리란 얼마나 초라한 양식(糧食)인가? 루터는 1537년에 이렇게 쓴다. "나는 그리스도를 믿었던 게 아니다. 사람들이 그를 무지개 위에 앉아 있는 모습으로 묘사하듯이 나 역시 엄하고 무시무시한 심판자로 여겼다."[14] 1539년에는 또 이렇게 썼다. "예수라는 이름은 얼마나 자주 나를 두려움에 떨게 했던가! 어쩌면 사탄의 이름을 듣는 편이 더 나았을지 모른다. 그리스도가 나를 우호적이고 호의적으로 여길 때까지 선한 일을 행해야 한다고 믿어 의심치 않았기 때문이다."

이렇게 루터는 마음의 평화와 구원에 대한 만족스러운 확신을 얻고자 수도원에 들어갔다. 하지만 공포와 회의 앞에만 맞닥뜨릴 뿐이었다. 그는 신의 격노를 누그러뜨리려고 자기 몸을 해치고 마음을 찌르는 고행을 갑절로 해보았으나 허사였다. 그는 위험한 세 가지 고행인 단식·철야·혹한을 겪고 심중의 모든 비밀을 단순 반복하며 고백함으로써 구원의 확신을 얻어보려 했다. 그 또한 헛일이었다. 고행에 따르는 초인적인 노력, 소망을 학수고대하는 조바심 뒤에는 절망과 고뇌 속으로 더욱 비통한 추락만이 매번 되풀이되었다. 만스펠트의 우울한 아이는 세심하고 성실한 아우구스티누스 수도회의 수도사가 된 후 자신의 구원에 대해 더 큰 회의를 품게 되었다. 그렇게 마음의 외침에 귀를 막는 그리스도교 안에는, 성소(聖所)를 나쁜 상인들에게, 양 떼를 불량한 목자들에게, 제자를 무능한 선생들에게 내맡기는 그런 그리스도교 안에는 비참한 동료들의 탄식만이 있을 뿐이었다. 살아 있는 신앙을 갈망하지만 헛된 환상으로 시장기나 달래는 신도들에게 응답해줄 만한 것은 조금도 없었다.

그때 한 사람이 나타났다. 그는 관대한 마음을 지닌 신비주의자인 슈타우피츠[15] 박사였다. 1503년부터 독일 전역의 아우구스티누스 수도회의 주교 총대리직을 맡고 있었는데, 자기에게 마음의 비밀을 털어놓곤

하는 그 열렬한 젊은 수도사의 고뇌 어린 신앙에 대해 친절하게 관심을 가져주었다. 그는 루터에게 사랑의 신, 자비의 신, 용서의 신을 가장 먼저 설교한 사람이었다. 무엇보다도 젊은 수도사를 헛된 고뇌에서 건져내기 위해 활동의 무대로 떠밀어 넣었다. 1502년 선제후(選帝侯) 프리드리히[16]가 비텐베르크에 대학을 세웠는데, 슈타우피츠는 그곳의 교수로 재직하고 있었다. 1508년 가을, 그는 루터를 불러 아리스토텔레스의 『윤리학』 강의를 맡기는 한편 신학부에서 계속 공부해보라고 엄명했다. 이듬해 에르푸르트로 다시 돌아온 루터는 비텐베르크를 오가며 공부와 강의를 이어갔다. 그는 1510년 신학 박사학위 심사 대상자가 되었고, 페트루스 롬바르두스[17]를 해설했으며, 설교도 성공적으로 해나갔다. 발작적으로 찾아오던 절망감은 차츰 뜸해졌다. 그 자체가 구원 같았다. 그런데 또 다른 한 사건의 반전이 모든 것을 다시 시작하게 만들었다.

로마에서 면벌부까지

1510년 말, 마르틴 루터는 수도회의 일로 로마에 갔다. 그는 부푼 희망으로 고무되었다. 그는 경건한 순례자가 되어 탁월한 순교자들의 도시이자 그리스도인들의 살아 있는 성지, 모든 성도의 조국이며 교황의 위엄 어린 처소인 로마를 향해 갔다. 그가 본 것은 무엇이었던가? 보르자 가[18]의 로마는 그 당시 교황 율리우스 2세[19]가 다스리고 있었다.

저주받은 바빌론과 그곳의 창녀들(로마 가톨릭), 불량배들, 뚜쟁이들, 성직과 성물의 매매 죄를 지은 성직자들, 믿음도 없고 도덕적 관념도 없는 추기경들을 피해 루터는 필사적으로 도망쳤다. 고향땅 독일로 다시 돌아왔을 때 그는 가슴에 '바빌론의 창녀'에 대한 주체할 수 없는 증오심도 함께 안고 왔다. 그는 그리스도인들이 한목소리로 규탄했던 그 악습들이 육체를 부여받고는 아름다운 로마의 하늘 아래서 방자하게 살고 있음을, 아니 활개치고 있음을 생생히 목격했다. 그는 그 악습의 기원과 원인을 알고 있었다. 1505년에서 1510년까지 수도원에서 그는 그리스도교 교육의 퇴폐상을 이미 엿보았다. 신학서적에 씌어 있는 교리들은 예민한 영혼에게 무미건조함과 빈곤함만을 느끼게 했다. 1510년 로마에서 그는 교회의 역겨운 도덕적 황폐함을 적나라하게 목도했다. 사실상 종교개혁은 행해진 것이나 다름없었다. 그런 수도원과 로마는 1511년부터 루터를 루터교도로 만들었던 것이다.

그렇지만 루터는 여전히 침묵하고 있었다. 교회의 공손한 아들인 그로서는 너무도 명백한 치욕을 효심으로 애써 덮고자 했다. 그는 묵묵히 묵상과 기도, 가르치는 일과 설교하는 생활로 돌아갔다. 슈타우피츠는 여전히 뒤를 밀어주고 있었다. 자신의 교수 자리를 물려주고 싶었던 그는 루터를 비텐베르크 성 아우구스티누스 수도회 수도원 부원장으로 임명하고, 1512년 10월 4일에는 신학 박사학위 심사를 받게 했다. 19일에 박사학위를 받은 루터는 두 강좌를 개설하며 교수직을 시작했는데, 하나는 '시편 강의'(1513~15)이고, 다른 하나는 '로마서 강의'(1515~16)였다. 그 후 루터는 약 30년 동안 교수로 재직한다.

마침내 루터는 자신을 억누르고 있던 속박에서 차츰 벗어나며 자신만의 신학을 형성하기 시작했다. 그것은 어떻게 형성되고 어떠한 신학이었던가? 역사가들은 최근에도 그 부분을 전혀 알아보지 않았다. 펠릭스 쿤은 그의 책[20] 전반부 200쪽이나 되는 분량에서도 1505년에서 1517년 사이 루터의 종교 사상의 진전에 대해서는 단 한 줄도 적지 않았다. 그랬기에 면벌부 사건이 불거졌을 때 독자들은 그 종교개혁가가 이미 품었던 단호한 생각들을 조금도 알지 못했다. 쿤이 연구의 본보기로 삼는 동시대의 독일 역사가들은 앞서 특기한 1545년의 원본(「회고」)만을 참조했다. 늙고 죽음에 임박한 루터는 그 원본에서 자기 사상의 변화 추이를 왜곡되게 서술하고 있다. 널리 알려진 한 부분에서 루터는 성 바울이 로마서에서 한 말, 즉 "복음에는 신의 의가 나타난다"(Justitia Dei revelatur in illo)[21]는 말이 자신에게 불러일으켰던 불안을 우리에게 보여주는데,[22] 쿤과 같은 시대의 독일 역사가들은 그에 대해 전혀 비판할 생각을 하지 못했다.

신의 의라고? 그것은 틀림없이 신이 자신 앞에 인간들을 소환해 행위와 공로를 소름끼칠 정도로 공정하게 평가하는, 인간의 나약함 앞에 일말의 흔들림도 타협도 없는 준엄한 재판관의 의일 것이다. 무릇 그러한 의는 냉혹함이 아니던가? 그 의로 말미암아 인간은 필연적으로 죽음과 형벌이 예정되지 않았는가? 은총을 잃은 인간, 그가 어찌 악한 모습이 아닌 다른 모습을 보이겠는가! 자신의 능력에만 의지하는 나약한 인간이 어떻게 칭송받을 만한 행동을 할 수 있겠는가! 그리하여 루터는, 복음서에서 복음을 알릴 때조차도 인간들을 향해 자기 의와 노여움의 소름끼치는 처형대를 세우겠다고 한 신에게 분개했다. 그 수도사가 별안간 계시를 받아 다음의 사실을 받아들이기 전까지 말이다. 바울이 말하는 의, 다시 말해 복음이 인간에게 계시하는 의는 "의인이 신의 은총으로 믿음을 가질 때 그로 말미암아 사는 의"라는 사실. 또 신학자들의 수동적인 의, 즉 "'의인은 믿음으로 말미암아 살리라'라고 씌어진 대로 신은 자비롭기에 우리의 믿음을 보고 죄 없다고 인정하는 그런 의"라는 사실.

그런데 난해한 이 문구를 깊이 연구해보려 하지도 않고, 또 1545년 그 60대 노인이 1515년 수도사의 내면적 사유과정을 정확히 재현했는지 자문해보지도 않고, 역사가들은 그 종교개혁가에 대해 이렇게 결론을 내려버렸다. "즉각, 나는 거듭남을 느꼈다. 문들이 활짝 열렸다. 나는 천국으로 들어갔다. 성서 전체가 내게 다른 모습을 보여주었다." 루터의 그 '발견'에서 역사가들은 새로운 교회의 발아 가능한 씨앗만을 높이 평가했을 뿐이다.

1517년, 마음 깊은 곳에서부터 끓어올랐지만 간신히 감정을 억누르며 말을 참아왔던 루터 앞에 역겹고 부정한 종교적 사건 하나가 만천하에 터진 것은 바로 그때였다. 2년도 채 안 된 기간에 잇달아 마그데부르크 대주교와 할버슈타트 주교, 마인츠 대주교직을 거머쥔 스물세 살의 청년 알브레히트 폰 브란덴부르크에게 교황이 허가해준 면벌부 판매가 너무도 신성모독적이며 파렴치하게 자행되고 권장되고 있었다. 그 추악한 거래 앞에서, 또 돈으로 최악의 죄까지도 사할 수 있다고 말하는 성직자의 옷을 걸친 악질 모리배들의—그런 만큼 수천 배는 더 이목을 끄는—주장 앞에서, 이윽고 루터는 징벌의 목소리를 높이며 너무나 오랫동안 참아온 분노를 터뜨렸다.

악습이 가득하고, 치욕스런 일들로 역겨우며, 파렴치한 행위들로 지쳐버린—그런데 이미 로이힐린[23] 사건을 비롯해 그 외 몇몇 사건들로 인해 자유주의 정신의 소유자들이 반동적인 야만에, 즉 스콜라 신학자들의 반계몽주의에 반대하여 들고 일어났다.—독일 전역에서 루터의 열렬한 말은 놀라운 반향을 불러일으켰다. 엄청나게 큰 메아리가 그 말을 증폭시켰다. 불과 며칠 몇 주 만에 반항하는 아우구스티누스 수도회 수도사는 단숨에 하나의 위력이 되었다. 그 기세를 드높이기 위해 루터는 개혁적이었으나 무산되어버린 위대한 공의회들의 활동을 되짚어보았다. 또한 공의회들에 필요한 결론을 제시하기 위해 그때까지 에라스무스 같은 사람에게 영감을 받은 지식인들의 희망사항을 되짚어보았다. 그들은 인문학을 자비로이 예찬하며 모든 야만과, 타락한 스콜라 철학 및 신학의 온갖 배경으로부터 엘리트층을 해방시키고자 했던 명석하지만 소심한 사람들이었다. 루터는 울리히 폰 후텐[24]의 말에 자신의 말을 결합시키면서 교회에 등진 대중들에게 르네상스와 종교개혁이 혼합된 세속적 삶의 놀라운 환희를 선언했다. 그는 자신의 부름으로 사자(死者)가 주검들 사이에서 벌떡 일어나는 것 같은 유럽의 모든 반응에 승리와 해방의 찬가를 불렀다. 무너져 내리는 한 세계의 가물거리는 불빛이 되고만 교황과 황제가 자신들이 누려온 오랜 권력에 맞서는 초라한 한 수도사를 위협해보았지만 허사였다.

1521년 4월 18일 목요일, 보름스에서 제국의회가 열렸다. 큼지막한 홀에는 몰려든 군중들이 장내를 밝히는 횃불들 아래로 입추의 여지도 없이 들어차 있었다. 루터는 그들이 내뿜는 입김을 얼굴에 둘러쓰면서 독일의 황제(카를 5세)와 교황 특사 앞에 섰다. 심한 불안감으로 한층 더 비장해진 목소리로 그가 외친 주장은, 단지 교황의 권한 남용과 타락만이 아니었다. 바로 개인의 양심의 불가침권에 대한 것이기도 했다. "그것이 무엇이든 나는 철회할 수도 없고 철회하고 싶지도 않습니다. 내 양심에 어긋나게 행동하는 것은 안전하지도 정직하지도 않습니다."

불후의 명언이다. 그의 정신과 육신이 두려움에 떠는 만큼 더욱 억제할 수 없었던 이 확고한 발언은, 중세의 동맹 권력자들에게 가 닿는 순간 인류 전체로 확산되었다. 조잡한 수도사복을 입은 초라한 행색의 수도사는 거기 모인 제후와 귀족들의 호화찬란함 앞에 처음에는 흠칫 놀랐다. 하지만 그는 그 후 몇 세기 동안 근대사회의 훌륭한 선구자가 되었다.

루터는 그렇게 말함으로써 전례 없는 인간의 존엄성을 창조했던 것이다.

흥을 깨는 사람

바라는 대로 생생하고 감동적인 이 재미있는 이야기는, 당시 프로테스탄트 종교개혁의 기원과 동기에 관한 모든 이야기와 놀랍게 일치했다. 종교개혁은, 15세기에 그렇게 자주 비난을 받았으면서도 갈수록 악화일로에 있던 교회의 악습에서 비롯되지 않았던가? 물질적인 악습으로는 성물의 매매, 성직록이 따르는 성직의 매매, 면벌부 판매, 성직자들의 타락한 생활, 수도원 제도의 급속한 부패를 들 수 있다. 도덕적 악습으로 말하면, 살아 있는 신앙을 하나의 의례 제도로 만들어버리는 퇴폐적이고 역겨운 신학을 들 수 있다. 교회는 한순간에 무너져내렸다. 단 한 사람의 주도로 모든 것이 뒤엎어져 갈라지고 흔들렸다. 그리하여 대변혁의 후유증을 청산하는 데는 20년이 필요했다.

교황청 기록보관소 문서관보였던 하인리히 데니플레[25] 신부는 19세기 말 학계에 잘 알려진 석학이었다. 비교적 짧은 생애 동안(그는 1905년 61세 나이로 타계했다) 이 벨기에 출신의 티롤 사람은 왕성한 지식욕을 다방면에 걸쳐 충족시켰다.

그는 먼저 신비주의 신학에 관심을 가져 그 분야 작품들에 대한 고증본 출판을 시도했다. 물론 타울러[26]나 대가 에크하르트[27]에 대해서도 소홀하지 않았다. 이어 중세 대학에 흥미를 가졌다. 우리는 어떻게 그가 에밀 샤틀렌[28]의 도움을 받아 1889년에서 1897년까지 우리 지성사에서 하나의 중대하고 기념비적 작품인 『파리 대학의 성직록 기록집』 출판을 수행할 수 있었는지를 안다. 마지막으로, 그는 바티칸에서 청원서 등록대장들을 면밀히 조사 검토하면서 백년전쟁 동안 프랑스의 교회·수도원·보호소들의 유린상에 관한 풍부한 자료를 모아서 출판했다. 조용히 이루어진 존경할 만한 작업이었다. 금석학 아카데미는 데니플레 신부의 이름을 회원 명부에 올리고 그 공로를 인정해주었다. 그런 뒤 바티칸의 그 기록보관소 문서관보는 여생을 고상하면서도 풍부한 학식을 보여주는 중세 연구에 바치는 듯했다.

그런데 1904년 루터 연구에 청천벽력 같은 일이 일어났다. 그 사건은 루터가 에르푸르트와 슈토테른하임 마을 사이에서 만났던 벼락보다 더 큰 반향을 불러일으켰다. 데니플레 신부의 『루터와 루터교』(*Luther et le luthéranisme*) 제1권이 출판되었던 것이다. 발행된 부수가 한 달 만에 모두 팔려나갔다.[29] 루터의 독일은 내심 분노와 불안에 몸을 떨었다. 경악한 독일의 일부 가톨릭교도들은 신중하면서도 노련하게 반대 입장을 어정쩡하게 표명했다. 한 나라의 그 많은 잡지와 신문 등 각종 정기간행물을 통해 마구 씌어지는 글들은 루터에 대한 이야기밖에 없었다. 마침내 국회에서 의원들은 정부 각료들에게 대단히 불쾌하고 신성모독적인 한 권의 책에 대해 해명을 요구하고 나섰다.

열정과 확신으로 가득 찬 성직자인 데니플레 신부는 15세기의 프랑스 수도원들에 대해 연구하는 도중 너무도 명명백백한 수도원 쇠퇴의 원인을 탐구하기 시작했다. 세기를 따라 내려가며 연구를 이어가다가 루터의 종교개혁에 봉착했다. 그는 이 부분에서 자신의 자격 없음을 내세워 물러서거나 피하려 했던가? 물러서는 일? 그런 행동은 데니플레 신부에게 익숙지 않았다. 프레거(Wilhelm Preger)에서부터 윤트(Auguste Jundt), 푸르니에(Marcel Fournier)에 이르기까지 많은 석학들은 투지에 불타는 그 도미니크회 수도사가 스스로 "티롤 사람의 솔직성"이라 불렀던, 즉 배려심이 부족하고 거칠며 무뚝뚝한 성격을 잘 알고 있었다. 명백한 무자격에 대해서는? 그것은 오히려 그의 장점, 무엇보다 결정적인 강점이 될 터였다.

중세 연구가인 데니플레 신부는 오래 전부터 중세 신학을 연구해오고 있었다. 신비주의 신학도 취미 삼아 공부해왔고, 12~13세기 위대한 교부들의 신학도 그에 못지않았다. 그런데 대부분의 공식적인 루터 연구가들은 데니플레가 그토록 잘 알고 있었던 내용을 제대로 평가하지도 못할 만큼 그쪽 분야의 소양이 깊지 못했다. 그러니 당연히 에르푸르트와 비텐베르크의 그 아우구스티누스 수도사가 아주 초기에 몰두했던 사상과 교리들에 대해서는 완벽에 가까울 정도로 무지했다. 그런 상황에 그들로 하여금 루터의 사상을 더욱 거침없이 해석하도록 한 게 아니었던가? 게다가 수도원 생활과 율법에 관한 지식에서도 성직자이자 수도사로서 개인적인 경험이 있던 데니플레 신부는 독일의 루터 연구가들보다 뛰어났다. 그 점은 그의 첫 마디부터 분명하게 드러났다. 사려 깊은 사람들조차 데니플레 신부가 비난받아 마땅하다고 서둘러 주장했다. 또 다른 이들은 어떠했던가? 많은 아카데미 프랑세즈 회원들과 교수들 역시 즐기듯이 엄히 질책했다. 오늘날조차도 그 작품을 마지막으로 손질한 바이스(Albert M. Weiss) 신부나 그것을 다시 다듬어 번역한 파키에(Jules Paquier)가 서술을 좀 완화했는데도 '페이지 하단'의 각주에 호기심이 많은 전문가들은 책을 다시 읽어보면서 표면광택이 가장 아름다운 진주를 찾아내는 데니플레 신부의 능란한 솜씨를 높이 평가한다.

그런데 이런 일들은 한 사건의 대수롭지 않은 측면일 뿐이다. 실제로 데니플레 신부가 주장하고자 했던 바는 무엇이었는가?

먼저, 루터의 얼굴에 낙인찍기였다. 루터라는 인간이 부당하게 얻은 칭송을 부정하는 일이다. 이는 그의 시도 가운데 가장 이목을 끄는 대목이었다. 발그레하고 고상한 두 뺨, 곱슬곱슬한 머리칼, 온정이 넘치는 모습, 그리고 온화한 언변을 지닌 초인적인 인물, 좀더 정확히 말하자면 그런 성인의 거짓된 초상을 바꾸고자 했던 것이다. 한 인간의 실상을 있는 그대로 본며 타고난 재능과 능력을 지녔음은 물론 — 데니플레는 "나는 루터가 재능이 많은 사람임을 결코 부인하지 않는다"[30]고 말했다—상스러움과 천박함, 그리고 범용함 역시 가득 지닌 자의 이미지로 대체하고자 했다.

평범한 지식인이나 법률가, 또는 정치인에게나 있음직한 그런 일들이 한 종교의 창시자에게도 일어났을까? 데니플레는 이 점을 악착같이 파고들었다. 그는 너무도 잘 구비된 병기창에서 루터를 겨눌 무기를 잔뜩 꺼냈다. 그는 루터와 일부다처제, 루터와 음주, 루터와 분뇨담(糞尿譚), 그리고 거짓말과 악습, 조소적인 흥분 상태에서 써내려간 일련의 문장들에 대해 집요하게 쓰고 있다. 루터의 원문들 자체도 그럴 만했거니와, 데니플레의 해석 역시 자의적이고 당치 않게 터무니없었다. 그것은 적나라한 증오심에서 상술되었기에 독자들 가운데 비난하기를 극히 싫어하는 사람들조차 정말 "오해야!"라고 말하지 않을 수 없었다. 그러나 그 해석 안에는 그런 독자들까지도 만족시키는 한편, 아버지의 허물을 사려 깊게 가려주었던 노아의 아들들(창세기 9:18~10:32 – 옮긴이)처럼 한 종교개혁가의 훌륭한 아들들을 화나게 할 더할 나위 없이 정확하고 그럴싸한 수많은 자료들로 가득했다.

그런데 물론 그 자료들이 모두 대단한 사실을 입증하는 것만은 아니었다. 루터는 비텐베르크의 맥주보다 다른 지역 맥주를 좀더 마셨다거나, 라인 산(産) 포도주를 더 좋아했다는 사실, 아내 카타리나를 으스러지도록 두 팔로 꼭 껴안아주었는지 아닌지 하는 문제, 교황과 그의 특사들 및 수도사들에게 상스러운 욕설을 퍼부었다는 사실 등은 독일의 전체 종교개혁사에서 별로 중요한 내용도 아니었다. 그렇지만 정평 있는 루터 연구가들은 그 대조적인 루터의 모습들 앞에 당혹스러워했다. 루터는 미덕과 나약함, 위대함과 비천함, 변명의 여지없는 상스러움과 값으로 환산할 수 없는 고귀함을 동시에 지닌 참으로 인간적인 사람이었다. 아주 상반되고 모순된 행동을 하며 생기 있고 세심한 모습 또한 지니고 있었다. 연구가들은 그런 루터의 모습을 당당하게 내세워 보여주는 대신 데니플레가 든 인용들에만 매달린 채 궤변만 늘어놓았던 것이다. 그 당혹스러움 자체는 생각할 거리를 주었고, 참기 어려운 거북함을 무겁게 지속시켰다.

하지만 『루터와 루터교』의 진정한 중요성은 거기에 있지 않았다. 게다가 그 책에는 자의적인 해석들, 근거 있는 인용들(이 또한 모두 물의를 빚을 여지가 있다)만 있는 것은 아니었다. 우리는 아주 다른 사실, 이를테면 1505년에서 1520년까지의 오랜 시기 동안 루터의 개혁적 사상의 형성과 신앙의 발전을 이해하고 보여주는 새로운 방식을 찾아냈다.

데니플레의 논증

1899년 스트라스부르 대학의 피커(Johannes Paul Ficker) 교수가, 하이델베르크의 팔라티나(팔츠) 궁정 도서관이 잃어버린 아주 중요한 문서를 로마에서 찾아냈다는 사실을 알 필요가 있다. 다름 아닌 30년전쟁[31] 시기에 로마로 이전된 바티칸의 팔라티누스 사본(Cod. Palat. lat., 1826)이다. 그것은 당시까지 알려지지 않았던 문서로 루터가 1515년과 1516년 비텐베르크에서 행한 '로마서 강의'의 아우리파버[32]—『탁상담화』를 최초로 출판한 루터의 마지막 조수—사본이었다. 피커는 놀랍게도 그 뒤 얼마 지나지 않아 베를린 도서관에 잠자고 있던 루터의 원본을 발견했다.

사람들이 생각하듯이, 이른바 '특등육' 부위에 해당하는 자료였던 셈이다. 그것은 매우 흥미로운 한 시기, 이를테면 파렴치한 면벌부 사건이 일어나기 바로 직전에 종교개혁가의 생각을 자세히 알 수 있게 해주었다. 그때까지 알려진, 1505~1517년 사이로 추정되는 루터의 원본은 정말 빈약했다. 페트루스 롬바르두스, 성 아우구스티누스, 성 안셀무스[33]의 여러 작품들에 달랑 달아놓은 방주(傍註)들, 자기 구원의 길을 모색하는 수련 수도사의 작품인 1513~1514년 '시편 강의'의 구술 원본, 그리고 몇 편의 설교와 흥미로운 편지가 전부였다.

1515~1516년의 '로마서 강의'는 중요하고 풍요로운 작업이었다. 그것은 종교개혁 시기에 역사적인 역할을 했던 것으로 알려져 있다. 따라서 그 강의 원본에 대한 관심은 루터 해석에 고유한 가치를 증대시켜 주었다. 요컨대 연대를 확실히 추정할 수 있는 원본에 근거해, 1517~1520년의 결정적인 사건들이 일어나기 직전의 루터 사상의 분명한 상태를 처음으로 안심하고 연구할 수 있게 되었던 것이다.

바티칸에 살면서 데니플레 신부는 피커가 발견한 그 밖의 다른 자료들에 대해서도 모르는 게 없었다. 하지만 그는 1826년의 팔라티누스 사본을 연구했다. 거기에서 많은 정보와 새로운 원본들을 찾아냈으며, 그것들을 능숙하게 토론에 부쳤다. 그리하여 1505~1517년 사이 루터의 발전상에 대한 그의 복원은 너무 과하고 평판에 흠집을 내는 거친 언어에도 불구하고 독특한 마력과 흥미를 유발했다.

데니플레는 다음과 같은 한 가지 원칙을 제시했다. "우리가 사는 현재까지, 루터의 쇠락 이전의 이야기는 무엇보다 그의 나중 주장들에 바탕을 두고 짜여졌다. 그러니 특히 그 주장들을 비판할 이유는 충분히 있을 것이다."[34] 이론의 여지가 없는 유익한 원칙이다. 그렇다면 그토록 이론의 여지가 있는 그 나중 주장들은 도대체 무엇을 내포하고 있던가? 두 가지다. 하나는 루터가 아직 교회에 소속되어 있을 때 교회의 가르침에 대한 공격이고, 다른 하나는 루터가 그 가르침과 결별해야 했던 이유에 대한 설명이다. 이렇게 말해도 괜찮다면, 전자는 소송이고 후자는 변론이다.

소송이라고? 하지만 루터가 수도원에서 받은 가르침에 대해 말했던 부분은 오류와 거짓투성이며 비방의 연속이다. 자신을 과시하는 데 공을 들이고 자신의 탁월한 가르침을 최대한 돋보이게 하는 데 마음을 쓰는 루터가 묘사하고 설명한 대략적인 내용은 정확한 사실이라고는 아무것도 없다. 그리하여 데니플레는 그 이교 창시자의 주장들을 하나씩 하나씩 되짚으며 자세히 검토하고 정면공격함으로써 무력화시켰다.

"수도원들에서 무시된 성서." 솔직담백한 다음의 첫 구절(incipit)과 함께 라우터바흐에 의해 기록된 유명한 말이다.[35] "2월 22일, 박사는 교황주의자들의 그 터무니없고 끔찍한 무분별에 대해 언급했다." 실제로 터무니없고 끔찍하다. 교황주의자들은 성서만 제외하고 모르는 게 없었다. 루터는 스무 살 무렵에도 아직 성서를 본 적이 없었다. 그는 어느 도서관에서 우연히 성서 한 권을 발견한 뒤 열심히 반복해서 읽기 시작했다. 루터의 열정적인 성서 읽기는 슈타우피츠 박사를 감탄케 했다……. 정말 그랬던가? 하지만 데니플레가 상기시키는 바에 따르면, 에르푸르트 수도원에 들어가면서 수련 수도사인 루터가 원장 신부에게 처음으로 받은 책은 분명 성서, 붉은 가죽 장정의 두꺼운 성서였다! 그런데 루터는 우리에게 분명히 이렇게 말한다. "수사들이 나에게 빨간 가죽이 입혀진 성경을 주었을 때."[36] 도대체 그 교황주의자들은 성서가 존재한다는 사실을 최소한 알기나 했던가?

노하신 신, 복수와 노여움의 신, 「최후의 심판」을 묘사하는 그림이나 조각들에 등장하는 그 '무지개 위에 앉아 계시는 신'? 인간의 모든 죄의 명세서를 흔들어대는, 부패하지 않은 놀라운 회계원? 허튼소리다. 마르틴 수도사는 하루에도 스무 번은 기도문을 외우고 『성무일과서』를 읽으며, 사실 교회가 가르치는 관용의 신, 연민의 신, 자비의 신에게 기도했다. "신이시여, 당신께 간구하는 이들에게 분노 대신 긍휼을 베풀어주시옵소서……."[37]

너무도 가혹해서 루터가 규율에 따라 실천하다가 건강을 잃을 뻔했던 고행·단식·금욕—그것들을 행하는 사람들에게 교회가 끔찍한 기만으로 구원을 약속했기에 루터는 어쨌든 마음이 돌아섰었다—에 대해서라면 어떤가? 이 비판 또한 얼마나 뚱딴지 같은 소리인가! 먼저, 만일 1510년경 수도원의 상급 성직자들이 수도사들에게 루터를 분노케 한 그 고행을 강요했다면 왜 수도사들이 상급 성직자들의 문란과 타락, 과도한 관능적 쾌락 추구를 규탄하지 않았는지가 납득되어야 하리라. 규율이라고? 특히 아우구스티누스 수도회의 규율 말인가? 그것은 전혀 지나치지 않았다. 게다가 몸이 약하거나 정신을 많이 쓰는 수도사들에게는 호의를 베풀어 규율을 완화해주기도 했다. 마지막으로 고행의 목표는? 그 점에 대한 교회의 교리는 어떤가? 루터는 여기에 대해 몇 번이고 되풀이해 말한다. "예전처럼 사람들은 우리에게 고행을 통해서만 구원을 얻을 수 있다고 소개했다." 뻔뻔스러운 거짓말이다! 만일 루터가 진심으로 그렇게 믿었다면 그는 "한낱 바보에" 지나지 않았을 것이다. 그는 결코 그렇게 믿지 않았다. 그의 작품들에서 수없이 속죄의 고행에 대한 교회의 바람직하고 확실한 단 하나의 교리를 가르치고 있다. 조심스럽게 실천되어야 할 그 행위는 육욕을 억제하고 잘못된 욕망을 억압하며 늙은 아담을 자극케 하는 요소를 제거하는 방편일 뿐이다…….[38] 그러므로 루터의 말들은 스스로를 중상모략가로 만들 뿐이다. 그의 추종자들과, 스승의 말을 내세워 아무런 비판 없이 서약하는 어리석은 양 떼에 대해서는 어떻게 말할 것인가? 자, 이런 방법으로 끝내라. "가톨릭 교리를 왜곡하는 것으로 시작하라. 이어 그 교리를 맹렬히 비난하라." 데니플레가 이런 주제들을 능숙하게 술술 다루는 데는 끝이 없었다. 원본들을 늘어놓으며 반대자들을 박살내면서 그는 적어도 루터 연구자들도 정말 인정할 수밖에 없는 그들의 놀랄 만한 오류들을 지적했다.

이상이 소송에 대한 부분이다. 이제 변론이 남았다. 이것은 나중에 꾸며지고 왜곡된, 그럴듯한 핑계들로 치장된 루터의 개종에 대한 이야기다. 여기서도 데니플레의 비판은 여전히 가차 없다.

앞에서 분석했던, 1545년 자서전의 유명한 구절을 떠올려보자. 데니플레는 그것이 순전히 소설에 불과하다고 말했다. 아! 진정 루터 이전의 교회 교부들은 하나같이 로마서의 그 유명한 성구 안에 있는 '의'(justitia)를 '징계하는 의'(justitis puniens), 또는 죄인들을 벌하는 신의 노여움으로 이해했던가? 아니다. 데니플레는 4세기에서 16세기에 걸친 로마 가톨릭 교회의 정상급에 속하는 60명의 저자들이 주해한(인쇄된 것 또는 원문) 것을 하나하나 검토했는데, 단 한 사람도 '신의 의'를 징계하는 의로 이해했던 이는 없었다. 모두가 우리를 의인(義人)이라고 인정하는 의, 무상의 의인(義認)[39]의 은총, 믿음에 의한 실질적이고 진정한 의인(義認)으로 받아들였다. 그런데 그 60명 가운데 루터가 잘 알고 애독했던 저자—여기에 대해서는 거의 부인할 수 없으리라—가 몇 명 있었는데, 성 아우구스티누스, 성 베르나르두스,[40] 니콜라 드 리라,[41] 르페브르 데타플[42]이 그들이다. 게다가 루터의 생각을 최대한 거슬러 올라가보더라도, (예를 들어, 페트루스 롬바르두스의 『교부명언집』에 대한 해설에서) 그는 '신의 의'를 결코 징계하는 의가 아니라, 신의 의인(義認)의 은총으로 받아들이고 있다.[43]

도대체 루터는 왜 죽기 직전에 그와 같은 거짓말을 했는가? 그 종교개혁가는 진실을 고백하지 않으려 했고, 자기 생각의 실제적인 변화를 숨기고자 했기 때문이다…….

루터에게는 두 인간, 즉 오만한 인간과 육욕적인 인간이 공존했다. 오만한 인간은 모든 건전한 교리를 무시하고 자신이 스스로를 구원하는 데 성공하리라는 무모한 환상을 품고 있었다. 루터 이전의 많은 사람들도 그랬다. 그런 점에서 그들은 나쁜 그리스도인들이고 나쁜 수도사들이며, 그들 종교의 정신조차 모른다. 루터는 그 사실을 알고 있었다……. 그리하여 1516년 4월 8일 한 동료에게 보내는 편지[44]에서, 행위의 공덕으로 한껏 치장한 채 신 앞에 자기 모습을 우쭐대며 드러내는 오만한 자들을 비난한다. 그런데 만일 우리가 노력하고 속죄 고행을 해서 양심의 평화를 얻게 된다면, 왜 그리스도가 죽었겠는가? 사실 루터 안의 그 오만한 인간은 육욕과, 본능 앞에서 나약하고 자제력이 부족한 의지박약의 가련한 인간과, 끊임없이 더 억제 불능의 상태가 되어 자신을 절망에 빠뜨리는 사욕을 품은 인간과 계속해서 충돌했다…….

사욕(邪慾, concupiscence)은 신학자들에게 잘 알려진 개념이다. 그들의 말에 따르면, 우리 안에는 단지 육체적·정신적 욕망이라는 본능만이 아니라 원죄의 흔적이 여전히 존재하는데, 그 또한 제한된 의미에서 사욕이라고 부를 수 있다. 그런데 사욕이란 덧없는 재화보다는 지나친 자기애가 유지하는 결코 꺼지지 않는 화덕 같은 것, 즉 죄로 이끄는 유도인(誘導因, 죄의 계기, fomes peccati)이다. 죄와 싸운다는 뜻은 정확히 그 사욕을 억누르는 것, 신에게 복종하는 그 정신에 굴복시키는 것을 말한다. 요컨대 나쁜 욕망들이 군림함으로써 낳게 되는 죄를 막으려 노력하는 일이다……. 그런데 루터는 사욕을 잘못 알았다.[45] 그는 처음에는 미덕의 실천을 통해 자기 안에 있는 사욕을 제거할 수 있으리라 믿었다. 당연히 그는 실패했다. 줄어들기는커녕 끊임없이 커져만 가서 불가항력적이 되어버려 싸움을 포기하고 마침내 무릎을 완전히 꿇고 말았다. 그리하여 사욕은 물리칠 수 없다고 선언했다. 사욕은 죄 그 자체—원죄, 즉 우리가 어떻게 하든 우리 안에 존재하는 죄다. 그런데 사욕은 가장 선한 행위를 포함한 모든 행위 속에서 자기 역할을 하고 있기에 우리의 모든 선행은 그 사욕으로 더럽혀져 있다. 모든 선행에는, 다시 말해 모든 선행의 저변에는 바로 원죄가 있다. 이처럼 인간은 공덕으로 좋아질 수도 없고 율법을 다 따르지도 못한다. 복음은 율법이 아니다. 복음은 죄의 용서에 대한 약속이다. 사람들은 거기에서 하나의 계명을, 더 이상 말할 필요가 없는 단 하나의 계명을, 즉 '신의 말씀을 받아들여라. 신을 믿어라'고 하는 계명만을 발견할 뿐이다.

얼마나 큰 깨달음인가! 이것이 '종교개혁가' 루터의 사실상 출발점이다. 적극적 신의 의라든지 소극적 신의 의에 대한 루터의 모순된 다른 모든 말은 한심한 속임수들일 뿐이다. 현실을 은폐하기 위한 속임수, 나아가 종교개혁의 아버지에게 그의 배교의 진정한 원인을, 다시 말해 너무 악에 기울고 사욕에 사로잡혀 패배를 인정하고 백기 투항하여 자신의 비참함 자체를 보편적인 하나의 원리로 만들어버린 영혼의 가련한 상태를 고백해야 하는 창피를 당하지 않기 위해 꾸며낸 속임수 말이다.

이처럼 데니플레 신부는 놀라운 확신과 재주 그리고 상스러움까지 드러내 보이면서 논증했다. 그런데 사람들은 이렇게 말할 것이다. "그 논증을 되풀이해서 무슨 소용이 있는가? 격한 그 도미니크회 수도사의 책은 이제 존재하지 않는다. 오늘날 그 책에서 마르틴 루터에 대해 생각해봐야 할 문제를 찾으려고 할 사람이 누가 있겠는가? 아무도 없을 것이다. 게다가 신중하고 박식한 예수회 수도사인 하르트만 그리자르[46] 신부가 1911~1912년에 출판한 방대한 세 권의 저서에서, 바티칸의 그 옛 문서관보가 루터의 명성을 실추시키려는 시도를 솜씨 좋게 청산했다. 이후로는 그 종교개혁가를 비판하는 가톨릭 진영의 사람들조차 이제 그런 생각을 하지 않는다."

사실이다. 데니플레 신부의 책은 이제 녹아버리고 희석되어, 예컨대 아주 다른 의도로 집필된 100여 권의 책과 논문 속으로 재빨리 스며들어갔다. 그리하여 그가 루터에 대한 대토론 때 퍼부었던 모든 사실과 논증들이 하나씩 하나씩 또는 전체적으로 그 책과 논문들에서 되짚어지기도 하고 토론 및 검토가 되기도 한다……. 그러니 만큼, 어느 날 아침 『루터와 루터교』가 루터 연구가들에게 그들의 오랜 관습에서 벗어날 것을 느닷없이 제안했던 놀랍고 그럴싸한 주장들이 어떤 것이었는지를 간결한 분석을 통해 환기시켜보는 일은 너무나 당연하다. 더더구나 이런 말을 할 필요가 있을까? 즉, 우리가 지금 쓰고 있는 이와 같은 책은, 만일 그것이 저자 개인적인 취향의 어떤 이미지를 루터에게 부여함으로써 독자들에게 (이 말이 괜찮다면) 생생하고 강렬한 느낌을 준다면 매우 유해하리라. 많은 이들이 한 종교개혁가의 종합적이고 전체적인 모습을 정확히 되찾아주기 위해 얼마나 많은 다른 이미지들(그런데 그것들은 얼마나 상이한가)을 그려 보이고자 했던가. 그런데 이런 방면에서는 바보가 아닌 이상 누구도 정확함을 논할 수는 없으리라.

제2장

재검토: 발견 이전

그는 그 교리의 유익함이나 위험성을 이성으로
느낀 것이 아니었다. 가슴으로였다. 그리고 본능으로였다.
그는 마음의 평화를 찾을 때까지 마찬가지로 싸웠을 것이고,
모색했을 것이며, 고통스러워했을 것이다.

데니플레 신부에 의해 루터 연구자들의 사상과 태도는 맹렬하게 공격받았다. 그의 책 속에서 개인적으로 비난과 놀림, 비판을 받은 성서 주석가들은 목청을 높여 노발대발하기부터 했다. 그러고 나서 열정적으로 다시 일에 착수했다.

땅바닥은 온통 잔해들로 널브러져 있었다. 그들에게는 몹시 불쾌한 일이었지만, 완성을 위해 그토록 수고하고 애정을 바쳤던 자신들의 아름다운 건물은 무너지고, 그 잔해 위에 대담함과 논리로 그들을 압도하는 건축물이 우뚝 서 있었다. 하지만 사방에서 봄바람이 불어오기 시작했다. 『루터와 루터교』의 출판으로 야기된 충격은 아직 가라앉지 않았다. 뛰어난 재능을 가진 프로테스탄티즘 신학자인 에른스트 트뢸치는 일련의 저술을 통해 데니플레의 몇몇 주장과 충돌하기도 하고, 때로는 옹호하는 생각을 조심스럽게 펴기도 했다.[47] 정말 종교개혁이 16세기

근대의 도래에 깊은 영향을 미쳤을까? 루터라는 사람이 근대사회의 영웅적이고 천재적인 산파였는가? 그 옛 프로테스탄티즘을 설명하기 위해 습관적으로 곧잘 가져오는 대부분의 근대적인 새 사상을 조금씩 서로 결속하여 태동시킨 자는 누구였는가? 아주 풍요로운 당파주의 정신을 보여주는 일련의 지적인 종교운동들(인문주의, 재세례파, 아르미니우스파, 소치니파)보다 오히려 그 옛 프로테스탄티즘, 다시 말해 루터와 칼뱅의 프로테스탄티즘이었던가? 그런데 결국 중세와 근대의 두 세계가 결정적으로 단절된 것은 18세기 중반이 되어서가 아니었던가?

그처럼 사방에서 다양한 정신들이 새로운 문제들을 제기했다. 엄청난 재검토 작업과 방대한 재구성 작업이 필요한 듯 보였다. 그러면 먼저, 데니플레가 사용한 자료들은 어떤 가치가 있었는가? 게다가 그가 땅바닥에 버렸던 자료들 가운데 아직 쓸 만한 것들은 없었는가?

자료 선별이 시작되었다. 세심하고 성실한 독일의 루터 연구가들은 절제된 열정으로 작업에 모두 달려들었다. 물론 그 과정에서 지나친 사명감에 불탄 많은 이들은 웃음거리가 되기도 했다. 사실 웃지 않을 수 없었다. 악의에 찬 사람들이 경멸하는데도, 마르틴이 카타리나와 결혼하는 날 숫총각이었다는 사실까지 증명한 이도 있었다. 지독하리만치 인내심을 갖고 원본에 근거해 횟수를 더해가며, 폭음으로 비난을 받은 그 종교개혁가가 긴 생애 동안 몇 잔의 맥주와 포도주를 마셨는지 최대한 정확히 헤아려보려고 한 이도 있었다. 웃어도 좋다. 하지만 쏟아 부은 노력 또한 그 못지않게 경탄스럽다. 그리하여 1917년 그런 노력들이 끝났을 때, 전쟁에도 불구하고 독일의 루터 연구가들과 신도들은 1517년 사건의 400주년 기념행사를 치렀다. 오토 셸의 『마르틴 루터: 가톨릭교회에서 종교개혁으로』의 첫 두 권은, 1904년 이후 아직도 계속되고 있는 대규모 재검토 작업을 웅변적으로 유리하게 증언해주었다. 그 주요한 성과들을 지적해보자.

수도사 신분의 루터

출생에서부터 수도사가 되기까지의 루터를 다룬, 엄밀한 의미에서의 전기는 짐작하듯이 엄청나게 씌어졌다. 의도는 분명했다. 너무나도 눈물을 쥐어짜는 이전의 전기들을 재검토하고 싶었던 것이다. 절대로 루터의 부모는 사람들이 말하는 것만큼 가난하지 않았다. 아버지는 넉넉한 사업가로 꽤 풍요롭게 살다가 죽었다. 또 사람들의 주장처럼 절대로 아이는 그렇게 심하게 학대받지도 않았다. 성가를 부르며 빵을 구걸하러 가는 어린 마르틴의 불행을 불쌍히 여겨보았자 쓸데없는 일이다. 그 모든 일화는 사실 별로 흥미 없는 해설들로서 있을 법한 일들이거나 개인적인 느낌들이며, 흔한 선입관들이다……. 마찬가지로 수도원에 들어가는 사건을 놓고서도 지루한 설명들이 끝이 없었고, 결론도 나지 않을 이런저런 이야기들이 놀라울 정도로 양산되었다. 에르푸르트에서 슈토테른하임 마을로 가는 길에 벼락이 떨어졌던 그날, 정확히 루터는 어떤 감정이었던가? 에르푸르트 대학교의 문학 석사가 수도원에 들어갔을 때 수도생활 서약을 했는가, 아니면 하지 않았는가? 설령 서약했다 해도 철회할 수 있었을 텐데 그는 이행하는 쪽을 택했다. 그러면 어떤 이유와 어떤 내밀한 동기에서 그런 최종 결심에 만족했던가?

모르는 것을 아는 일은 큰 미덕이다. 여기서 그 미덕을 실천해보자. 그러니 억측에 불과할 뿐인 그 많은 억측들을, 선택과 선정에 불과할 뿐인 그 많은 선택과 선정을 되도록 제쳐두고 핵심적인 문제에 우리의 노력을 기울여보자. 루터가 아마 경험했을, 여전히 그의 사상과 감정에 영향을 끼쳤을 가늠할 수 없는 그 환경을 재구성해보는 일에 신경 쓰지는 말자. 그저 수도원 시절 루터의 도덕적이고 정신적인 이야기에 대해 오늘날 납득할 만한 설명을 할 수 있는지만 자문해보자. '납득할 만한'이라고 했는데, 다른 말을 쓰는 것은 정직하지 못하다는 말을 굳이 할 필요는 없으리라.

루터는 『95개 조항 면벌부 논제 해설』에서 교황뿐만 아니라 무엇보다 일반 대중에게 면벌부에 관한 논제들의 진정한 의미와 중요성을 설명하려 했다. 그 해설 가운데 한 구절[48]에서, 루터는 1518년 가장 열렬한 그리스도인들이나 참아낼 법한 극심한 정신적 고뇌에 대한 타울러의 증언을 환기시킨 뒤, 자성하면서 이렇게 분명히 덧붙인다.

"나도 그런 고통을 자주 겪은 적이 있다고 주장하는 한 사람을 잘 알고 있다. 물론 고통이 오랫동안 지속되지는 않았다! 그러나 그 고통은 너무도 크고 지독해서 어떤 말이나 글로도 표현할 수 없을 것이다. 겪어보지 못한 사람은 상상조차 할 수 없다. 끝까지 감내하는 일 외에 달리 방법이 없으리라. 그 고통은 고작 30분, 아니 0.1시간(6분) 정도나 갈 것이다. 그렇지만 백골이 진토가 돼버릴 정도로 자기 자신이 완전히 사라져버린 느낌이 들 것이다."

이어 더 명확하게 다시 설명하려 애쓴다.

"그 순간에는 신이 무섭게 노여워하시는 것처럼 보이고 모든 피조물이 하나같이 적대적으로 비친다. 도망갈 수도 위안 얻을 길도 없다. 자기 안팎으로 보이는 것이라고는 증오와 비난뿐이다. 그리하여 고통을 겪는 자는 울먹이면서 '당신의 눈이 저를 바라보셨습니다!'(Prospectus sum a facie oculorum tuorum!)라는 말은 내뱉겠지만, 감히 '주여, 당신의 분노로 저를 책망하지 마시옵소서!'(Domine, ne in furore tuo arguas me)라고 불평조차 하지 못한다."

1518년에 그 사람은 이렇게 자신의 생각을 표현했다. 또 멜란히톤이 개인적으로 기억하는 그 사람은 교리를 두고 토론하던 중 갑자기 옆방으로 달려가 침대 위로 몸을 던지고는 열렬히 기도하며 "모두를 가엾이 여기고자 모두를 죄 아래로 가두었다"(Conclusit omnes sub peccatum, ut omnium misereatur)[49]라고 되뇌었다. 그리고 젊은 시절 너무나 견디기 어렵고 녹초로 만들어버렸던 공포를 겪었다고 일백 번은 줄기차게 되풀이해서 말하고 썼다. 그는 확실히 마지못해 신앙을 가진 사람이 아니었다. 그렇기에 그의 믿음은 당연히 머리와 가슴의 좁은 한 구석에 틀어박혀 있지 않았다. 그런데 그와 같은 발작의 원인이 무엇이었던가?

글쎄, 생리적인 차원의 설명은 옆으로 미뤄두자. 아직 때가 되지 않았다. 아마 언젠가는……. 당분간은 겨룰 마음을 갖지 말고, 루터의 병에 대해 그토록 자신감을 가지고 상반된 진단들을 내리는 그 정신의학자들에게 감탄하자. 마르틴 루터의 숨은 음욕에 대한 데니플레의 비난에 프로이트의 리비도와 억압 이론을 들이대며 — 그토록 기대하던 — 지지를 보내는 그 정신분석학자들의 위엄에 저항하자. 프로이트적인 루터! 어느 대담한 연구가가 우리에게 '프로이트적인 루터'의 이미지를 내밀 때 사람들은 익히 너무도 잘 짐작하고 있던 바라 더 알고 싶은 어떤 호기심도 느끼지 못할 것이다. 한편, 사람들은 '루터적인 프로이트'라는 이미지도 수월하게 만들어낼 수 있지 않을까. 이를테면 루터에게서 강력하게 표출되는 그 영속적인 독일 정신의 모습 가운데 하나가 그 유명한 정신분석학의 창시자에게도 얼마나 표출되고 있는지 주의해볼 수 있지 않을까? 그건 그렇다고 하자. 한편 루터는 처음부터 발작과 사상에 대한 이야기를 서로 얽어놓았으니, 그런 혼재됨이 그에게 의미하는 바가 무엇인지를 이해하려 노력해보자.

그런데 미묘한 그 문제에 대해 사람들은 데니플레가 조금의 주저함도 없다는 사실을 알고 있었다.[50] 양심의 가책, 불량한 생각, 은밀한 욕망, 이런 것들이 전적으로 큰 골칫거리였다. 루터는 정신에 줄기차게 반항하는 육욕을 마음 깊이 지니고 살았다. 의심의 여지없이 그 음욕을 인정하라. 욕정(육욕, Concupiscentia carnis)과 성적 강박관념을!

여기에서 다시 한 번 감탄하자. 데니플레와 그의 지지자들은 부정한 욕망들이, 그 부분에 대해서는 누구에게도 말하지 않는 한 존재를 얼마나 격렬하고 끊임없이 동요시켰는지를 확실한 정보를 바탕으로 알고 있으니 말이다. 그런데 과연 그것이 대단한 통찰력인가? 마찬가지로 루터의 순결을 주장하는 정평 있는 지지자들에게도 감탄하자. 그들 또한 대부분의 사람들처럼 은밀한 한 존재의 사상을 마치 백합처럼 순결하다고 확신에 차서 말하지 않는가? 그런데 그렇게 고백하는 사람들을 맹목적으로 믿어야 하는가? 어쨌든 이쪽 진영이나 저쪽 진영을 도우러 달려가다가 웃음거리가 되지는 말자. 우리는 알지 못한다. 지금 우리는 루터의 영혼 깊은 곳으로 내려가볼 방법이 없기 때문이다. 사실과 원본들 위에 꼿꼿이 서서 단지 다음 두 가지 사실만 확인하는 데 그치자.

하나는 명백하다. 루터가 수도원 시절 부정하게 살았다고, 다시 말해 정결허원을 어겼다고 비난하는 사람이 아무도 없었다는 사실이다. 다른 하나도 편견 없이 원본들을 검토하는 사람에게는 명백하다. 즉, 데니플레가 루터가 자주 사용하는 욕정(육욕)의 개념적 의미를 자의적으로 제한하고 있다는 사실이다. 아주 잘 알려진 하나의 원본만으로도 그 점은 충분히 증명된다.[51] 1535년(루터는 52세였다)에 출판된 『갈라디아서 강해』에서 그는 이렇게 쓰고 있다.

"수도사였을 때 육신의 사욕을, 이를테면 나쁜 충동과 욕망(리비도), 믿음의 형제에 대한 분노·증오·질투의 감정을 느끼자마자 나는 이제 구원은 끝났다고 생각했다."

여기서 보듯이 아주 폭넓은 정의다. 그런데 리비도가 부정(不淨)의 길을 열지만, 명확하게 말한 다른 부분들을 보면 루터의 표현은 단지 음욕 이외의 다른 것과도 관련이 있다. 이어지는 이야기는 그 점을 확인해주고 있다.

"사욕은 줄기차게 나타났다. 나는 마음의 안정을 찾을 수 없었다. 다음과 같은 생각들로 줄곧 몹시도 괴로웠다. 그래, 너는 또 이런저런 죄를 지었구나. 그래, 너는 질투심과 성급함 등으로 괴롭구나. 아, 내가 그때 바울의 이 말씀을 이해했더라면. '육체의 소욕은 성령을 거스르고 성령은 육체를 거스르나니 이 둘이 서로 대적함으로 너희의 원하는 것을 하지 못하게 하려 함이니라'(Caro concupiscit adversus Spiritum, haec sibi invicem adversantur!, 갈라디아서 5:17)."

이 대목을 어떤 의미로도 왜곡하지 말아야 한다. 우리는 신경을 써서 이 문구가 말해진 연대를, 그리고 이것이 50대 루터의 말이라는 사실도 상기하자. 그러므로 오늘날 우리는 이렇게 말할 수 있다.

"사후의 정리. 루터는 그의 발작들에 있어 아주 중요한 역할을 했던 육신의 유혹들에 대한 기억을 선의로 잊어버렸을 수도 있다. 아니면 기억하고 있었는데 예의상 또는 체면을 생각해서 자신의 은밀한 생활적 면을 선의로 덮어버릴 수도 있다."

논의는 수세기 동안 계속되었지만 단 한 줄도 진척되지 않았다. 그러나 욕정(육욕)의 정확한 의미에 대해서는 루터 신학자들이 전적으로 옳았다. 데니플레는 그 말에 너무 개인적인 의미를 부여했다. 그 말에 근거해 자신이 생각하기에 유쾌한 전(前) 프로이트적인 소설을 쓰고 있다. 우리는 오래도록 그의 정확한 증거를 기다릴 것이다. 그런데 다시 한 번 말하지만, 마르틴 루터의 은밀한 순결에 경의를 표하며 변호할 마음은 추호도 없다…….

그의 절망적인 발작들은 양심의 가책에서 비롯되었는가? 양심의 가책이라는 말의 정확한 의미로 볼 때, 그렇지 않다. 왜냐하면 거듭 말하건대 루터는 수도원에서 불량한 수도사라고 비난받을 어떠한 행동도 하지 않았기 때문이다. 데니플레의 책을 읽고 그의 논증에 면밀히 주의를 기울이며 그가 제시하는 원본들을 세심하게 검토해본 사람은 확실히 그 점에 대해 기존의 관례를 버릴 필요는 전혀 없다. 루터는 불량한 수도사가 아니었다. 오히려 너무나 성실한 수도사였다. 아니, 지나친 열의가 죄라면 죄였다. 그 열의는 끊임없이 양심에 귀 기울이며 그 양심의 움직임을 유심히 살피는 데 몰두할 뿐만 아니라 신의 심판에 대한 생각에 사로잡혀서 아주 작은 죄일망정 그 심각성을 과장했던 것이다. 그럼으로써 자기에게 주어지는 어떤 해결책도 자신의 고통을 덜어주지 못하고 덜어줄 수도 없는 만큼 더욱 더 격렬하고 두려운 감정에 분노를 키웠던 것이다.

가브리엘에서 슈타우피츠까지

이리하여 세속적으로 사는 한 인간은 너무도 무거운 짐을 지고 간다. 그는 불안한 영혼과 불량한 양심을 가지고 있다. 그가 대죄인이나 사악한 자 또는 악인이기 때문이 아니라 그의 영혼의 구렁텅이에 너무도 많은 미심쩍은 욕망, 고통스런 유혹, 잠재적인 악덕, 환심을 사려는 은밀한 아첨이 우글거리며 기어 다니기 때문이다. 그는 자기와 자신의 구원에 대해 절망한다. 절대적 순수. 오직 심판하시는 신 앞에 용감하게 서기 위해 가져야 할 절대적 순수는 너무나 멀리 있고, 실현이 불가능하다…….

수도원의 평화를 맛보는 것. 수도사의 작은 방은 시계와, 시간을 알리는 종소리로 통제되고 있었다. 작은 일에도 신중한 상급 성직자들과 유서 깊은 기관들의 지도를 받았고 기도와 묵상이 온통 지배하는 생활이었다. 그토록 정결하고 거룩하며 맑은 곳에서 죄의 악취가 날 수 있는가? 루터는 갑작스런 충동으로 에르푸르트 수도원의 문지방을 넘어 버리기도 했다. 몇 개월이 흘렀다. 그토록 많은 수도사들이 수도원 입회를 제2의 세례에 비유하는 그 많은 유명한 글들에서 묘사했던 거듭남과 정화의 감정은 도대체 어디에 있는가? 루터에게 심판은 확실했다. 수도원 생활은 그에게 마음의 평화를 가져다주지 못했던 것이다. 율법의 실천, 단식, 시편 영창(詠唱), 정해진 기도, 그리고 묵상. 이는 절대자에 대한 갈급함을 느끼지 못하는 사람들에게는 좋은 해결책들이었다. 신앙심을 북돋우는 이런 장치는 요동치는 영혼을, 강압에 참지 못하는 영혼을, 신에 대한 사랑과 구원에 대한 흔들리지 않는 확신을 갈구하는 영혼을 녹슬지 않게 해주었다.

그런데 루터가 배운 가르침은 어떠했던가? 그가 읽어야 하는 책들은 어떠했던가? 그 모두는 어떤 영향력을 행사할 수 있었던가? 여기에서 모든 박학(博學)과 억측은 옆으로 제쳐두자. 사람들은 에르푸르트나 비텐베르크에서 루터가 읽을 수 있었거나 분명히 읽었을 책들을 주의 깊게 연구했다. 그가 차례로 어떤 영향을 받았는지, 또는 받을 수 있었는지에 대해 칭찬할 만한 재능과 열의를 가지고 연구했다. 이 모든 연구는 적절하고 유용하며 흥미롭다.[52] 만일 핵심적인 부분에서 의견이 일치한다면 말이다.

루터 같은 기질의 소유자는 책을 한 권 펼치면 자기 생각밖에 읽어내지 않는다. 그는 자기 자신 안에 있는 것만 읽어낸다. 한 단어, 한 문구, 한 추론에 사로잡히면 재빨리 낚아챈다. 그러고는 그것들이 표층 아래로 내려가 그때까지 자신도 몰랐던 맑은 샘물—지하수 개발자가 물줄기를 발견하기 전까지 깊이 묻혀 있던 샘물—이 느닷없이 솟아오르는 어떤 비밀스런 지점에 이를 때까지, 자기 안에서 깊이깊이 내려가도록 놓아둔다. 그러나 물은 이미 그곳에 있었고, 물의 힘은 억눌려 있었다. 그러니 여기서 끈기 있고 칭찬받을 만한 수많은 연구들을 무시하는 데 주저하지 말자. 그 많은 사실들 가운데 하나만 기억해두자.

루터는 에르푸르트에서 13세기의 그 거대한 스콜라 철학에 대해 별로 공부하지 않았던 것 같다.[53] 특히 토마스 신학[54]은 낯설게 여겼던 것 같다. 전혀 놀랄 일이 아니다. 그가 토마스 신학을 알았더라도 아무런 도움이 되지 못했을 것이다. 몇몇 신비주의자들, 특히 타울러(그런데 사람들의 말에 따르면, 루터는 타울러를 제대로 이해하지 못했으며 그의 사상을 거리낌 없이 곡해했다고 한다. 자신의 해석이 그 에크하르트의 제자의 견해와 일치하는지 알려고 하지도 않고 그것을 자기에게 이롭도록 자유로이 이용했다는 점을 인정하자. 루터에게는 자기 사색의 범주 안에 그 해석을 포함시키는 것만으로도 충분했다)를 제외하고 그가 읽었던 것은 적어도 유명론자 가브리엘 빌[55]의 『교부명언집 강해』(*Commentaire sur les Sentences*)였다. 빌은 튀빙겐의 '신학자들의 왕'이자 요하네스 트리테미우스[56]와 가일러 폰 카이저스베르크[57]의 친구로 독일에 오컴[58] 신학을 도입하는 데 중심 역할을 한 인물이었다. 루터는 늙어서도 그 유명한 교부의 작품을 완전히 외우고 있다고 자랑했다.

그런데 그가 자신이 처한 어려움을 해결해보려는 열렬한 마음으로 빌의 저술을 다시 읽었을 때 무엇을 얻었던가? 많은 것 가운데 두 가지 이론이 있는데, 그것들은 서로 뒤이어 진술하면 모순되어 보인다. 여기서 오컴 사상을 간략하게나마 알고 있는 사람에게 어떻게 하면 그 모순이 사라지는지를 설명할 자리나 시간은 아니다. 먼저, 빌은 원죄가 특히 타락한 영역에서 인간의 허약한 영혼에 영향을 미치지만 반대로 이성과 의지는 거의 죄를 짓기 이전의 상태로 남아 있다고 주장했다. 그러기에 인간은 자기 본성의 능력만으로, "입법자의 의도에 따라서"는 아닐망정 적어도 "사실의 본질"에 따라서 법을 준수하고 규정된 행위들을 완수할 수 있다는 것이다. 다음, 그 능력만으로도 의지는 올곧은 이성의 명령을 따를 수 있기에 인간은 무엇보다도 신을 사랑할 수 있다는 것이다. 그러한 지고의 완전한 사랑의 행위는 인간이 아무리 죄인일지언정 성화(聖化)의 은혜와 죄 사함을 받기에 충분한 능력을 자기 안에 생겨나도록 한다는 것이다.

그렇지만 동시에, 빌은 자신의 사상을 오컴의 사상과 관련짓고 있었기 때문에 전능성이라는 신의 권리는 남겨두었다. 그것은 절대적이고 한도 끝도 없으며 전횡에 이르는 데까지의 권리다. 그리하여 예를 들면, 튀빙겐의 그 신학자는 도덕적 법칙은 오로지 신의 의지로부터만 의미와 가치를 끌어낸다고 가르쳤다. 죄는 죄일 뿐이지 선행이 아니다. 왜냐하면 신이 그렇게 원하셨기 때문이다. 만일 신이 그것을 원치 않으셨다면 그 반대가 될 것이다. 그러면 도둑질이나 간음, 신에 대한 증오조차 칭찬받을 행동이 된다. 신은 죄 자체에 대해서도, 개인의 공로에 대해서도 벌을 주시거나 보상해주실 필요가 없다. 선행이 보상을 얻으려면 오로지 신이 그것을 받아들여야 한다. 그런데 신은 인간의 이성으로는 그 이유를 알 수 없지만 신이 좋은 대로, 신의 마음에 들면 받아들인다. 결론은 절대적이고 예측불능의 예정설이다…….

존경하는 스승인 가브리엘은 그렇게 가르쳤다. 죽고 난 뒤에도 자신의 책과 제자들을 통해 계속해서 그렇게 가르쳤다. 이제, 그 교리를 받아들이면서 그의 책들과 마주하고 있는 열렬한 루터를 상상해보라. 신앙에 대한 갈증을 어디에서든 해소해보려고 애쓸 뿐만 아니라 양심의 가책과 불안으로부터 해방되고자 애쓰며, 절대자를 뜨겁게 사랑하지만 불안해하고 번뇌하는 그 루터를 말이다. 빌과 마찬가지로 사람들은 그에게 이렇게 말해주곤 했다. 노력해보게나. 자네는 할 수 있어. 인간은 타고난 능력인 자신의 의지와 이성만으로도 율법을 이행할 수 있어. 마침내 인간은 무엇보다 신을 사랑할 수 있지.—그리하여 루터는 노력했다. 자신의 본성에 따라 할 수 있는 한 최선을 다했고, 빌이 말하는 이 '상응하는 은총을 부여받기에 충분한 궁극의 성향'(dispositio ultimata et sufficiens de congruo ad gratiae infusionem)이 자기 안에 생겨나도록 몹시 힘든 일도 참고 했다. 하지만 헛일이었다. 쏟은 모든 노력에도 불구하고 구원을 확신할 수 없었던 그의 영혼은 전혀 진정(鎭靜)을 찾을 수 없었고, 간절히 바라던 마음의 평화와 해방은 영혼 속에 내려오지 않았다. 그가 어떤 쓰라린 무력감과 절망감으로, 마치 끝없는 수용소의 아득한 벽 아래 서 있는 포로처럼 침묵하는 신 앞에 크게 낙담한 채 서 있었을지 상상이 된다…….

혼란스럽던 그의 머릿속에서 조금씩 다른 생각들이 떠올랐다. 선행이 칭찬을 받으려면, 빌의 가르침에 따르면 오로지 신이 그 선행을 받아들여야만 한다. 그 수용만으로 충분하다는 것이었다. 도대체 신이 루터의 선행을 받아들이지 않았단 말인가? 그리하여 신의 불가사의한 의지와 돌이킬 수 없는 절대적 명령에 의해 버림받은 자들 가운데 한 명이 되었다는 말인가? 아! 그 사실을 어떻게 알 수 있는가. 그런 회의에서 얼마나 끔찍한 불안이 생겨나겠는가!

따라서 루터가 몰두했던 교리, 다시 말해 끈질기고 뿌리 깊게 루터에게 영향을 미쳤다며 데니플레가 처음부터 단호하고 강력하게 지적[59]했던 그 오컴 신학에서 비롯된 가브리엘주의자들의 교리는 번갈아 인간 의지의 능력을 찬미했다가도 곧이어 신의 불가사의한 전능성 앞에서 인간을 조소하고 모욕을 주기도 했다. 그리하여 그 교리는 한 수도사에게 큰 희망을 주었다. 그러나 한편 그의 나약함에서 비롯된 비극적인 무기력 상태에 이르면 희망은 더욱 쉽게 무력화되고 그를 숨 막히게 해 놓을 뿐이었다.

데니플레는 그것이 루터의 잘못이었다고 말하면서 다음과 같이 반문한다. 왜 루터는 자기에게 고통을 주는 가르침에서 벗어나 평안을 가져다주는 데 더 유용한 교리를 전혀 찾으려 하지 않았는가? 만일 그가 성 토마스 아퀴나스나 성 보나벤투라,[60] 그리고 아우구스티누스 수도회의 정식 박사인 질 드 롬 대주교의 2절판 책들 속으로 빠져들었다면, 특히 구원에 있어서 신의 은총과 인간 의지의 협력에 대해 그들이 빌과는 완전히 다르게 추론했다는 사실을 보았을 것이다.

물론이다. 그러나 그런 확인이 루터의 마음을 움직였을까? 토마스 아퀴나스나 보나벤투라의 가르침이 우리가 아는 그 루터에게, 데니플레 자신이 잘 안다고 생각했던 그 루터에게 과연 영향력을 미쳤을까! 다시 한 번 말하건대, 그것은 얼마나 순진한 생각인가! 데니플레는 자신의 무궁무진한 스콜라 철학의 지식 상자에서 지혜와 절충안을 계속해서 끄집어낸다. 그는 자신의 생각들을 이미 죽은 마르틴 루터 앞에 열성적으로 펼쳐놓는다. "아, 만일 루터가 이런 사실들을 알았더라면! 그는 그것들을 알 수도 있었는데! 거기에 대해 알아보지 않았던 것은 큰 죄다." 설령 루터가 그것들을 알고, 읽고, 또 반복해 읽었더라도 상황은 전혀 변함이 없었을 것이다. 왜냐하면 루터에게 중요했던 단 한 가지는 내면의 개인적인 경험이었기 때문이다.

그가 열렬히 갈망한 것은 교리가 아니었다. 영적 생활, 내면의 평화, 신 안에서의 평안이었다. 그는 가르침을 있는 그대로 받아들여서, 자기 기질에 알맞은 것만 모두 흡수한 뒤 나머지는 사정없이 버렸다. 그는 교리의 유익함이나 위험성을 이성으로 느낀 것이 아니었다. 그렇다. 가슴으로였다. 그리고 본능으로였다. 설령 다른 영향력들에 복종했을지라도 루터는 정식으로 다르게 반응했을 것이다. 사실은? 그는 마음의 평화를 찾을 때까지 마찬가지로 싸웠을 것이고, 모색했을 것이며, 고통스러워했을 것이다.[61] 평화에 대한 집요하고 고통스러운 추구에서 그가 도움을 얻었던가? 심연에서 빠져나오도록 돕기 위해 내미는 애정 어린 손길을 찾았던가? 사람들은 그렇다고 말했다. 루터 자신도 그렇다고 말했다. 그래놓고는, 자주 그랬듯이, 이내 그 말을 취소해버렸다. 프랑스에서, 30년 전 쿤의 책을 통해 루터 연구의 기초를 배웠던 사람들은 루터와 슈타우피츠의 관계에 대한 감동적인 대목들을 잊지 않았다. 훨씬 더 최근에 윤트는 루터 사상에서의 "전면적인" 변화의 주도를 슈타우피츠의 공적으로 돌렸다. 게다가 루터는 삶을 마감할 무렵인 1545년에 쓴 한 편지에서 슈타우피츠를 아버지라고 부르지 않는가? 또 그리스도 안에서 자신을 다시 태어나게 해준 은인이라고도 말한다. 그렇기 때문에 슈타우피츠를 마르틴 루터의 예고자인 세례 요한으로 간주하는 관례는 인정된다.[62]

그런데 사람들은 슈타우피츠를 어떻게 이해하는가? 그의 교리와 루터의 교리가 이미 유사하게 관련이 있는가? 그러므로 슈타우피츠가 루터에게 교리를 계시해주었다고 보는가? 다시 말해 종교개혁가가 세우게 되는 교리의 싹을 진작 내포했던 것인가? 물론 그렇지는 않다. 그 아우구스티누스 수도회의 방문자는 항상 너무도 바쁘고 사방 각처의 수도원을 시찰하러 다녀야 했던 사람이다. 그런 까닭에 루터에게 할애할 수 있었던, 요컨대 아주 짧은 시간 동안 그 젊은 수도사의 뜨거운 신앙심과 영적 능력을 알아보고 그가 전해주었던 것은 무엇보다 영적이며 윤리적인 위안이었다. 그는 젊은 수도사를 위로했다. 루터에게 죄에 대한 강박관념이나, 은총을 받는 순간 도리어 그 은총에서 멀어지거나 은총을 잃어버리지 않을까 하는 끊임없는 (그리하여 쉽게 병적이 되어버릴 수 있는) 공포로 스스로를 해치거나 고통스러워하지 말라고 가르쳤다. 아마도 그는 루터가 그토록 빈번히 두렵다고 말했던 '유혹'의 실체를 잘못 이해했던 듯하다. 그것은 육체적인 욕망 문제가 아니었다. 루터는 반복해서 분명히 말했다. "그것은 여자 문제가 아니라 진정한 난제들에 대한 것이다." 이렇게 그는 어느 이야기 자리에서 밝혔다. 루터의 말에 따르면, 그것은 여전히 장 제르송[63]만이 알았고 묘사했고 쫓아버리려 했던 전적으로 영적인 유혹들에 관한 문제였다.[64] 그러나 슈타우피츠는 자신의 젊은 동료에게 인간적이고 애정 어린 믿음의 언어로 말해주었다. 그리하여 한동안 마음이 진정되고 긴장이 누그러지고 위로를 얻어 마음이 편안해진 루터를 되돌려 보내곤 했다.

이것이 슈타우피츠의 자비로운 행동이다. 교리의 계시란 거의 문제가 될 수 없었다. 그리하여 루터는 1518년 삼위일체 축일날에 쓴 『95개 조항 면벌부 논제 해설』 서두의 레오 10세에게 보내는 편지보다 앞쪽에 슈타우피츠에게 헌정하는 아름다운 편지를 실어놓음으로써 너무나 중요한 어떤 것을 계시해준 자신의 후원자에게 영광을 돌렸다. 물론 루터는 그 편지로 자기 개인적인 교리에 대해 대중을 안심시키려 했고, 존경받고 유명한 한 신학자를 가능한 한 싸움에 잘 끌어들이려는 두 가지 점에 관심을 두었다. 또한 지난 어느 날 슈타우피츠가 "진정한 회개는 의와 신에 대한 사랑으로부터 시작된다"라고 말해준 일에 감사를 표하면서, 그 말이 자기 마음속에 불러일으킨 계시와 같은 것과 그 말을 중심으로 일어난 모든 결정 작용을 묘사하기도 한다(루터는 이렇게 멋들어지게 말한다. "사방에서 성서의 말씀이 내게 다가와 당신의 말을 확인시켜 주었습니다. 말씀은 당신의 그 말에 미소를 보내고, 그 주위를 돌며 원무를 추었습니다"). 끝으로 루터는 자기 생각의 시기적인 중요성을 강조하는 데 마음을 썼다. 자신은 슈타우피츠의 말에서 단계적인 일련의 오랜 노력 끝에, 애쓴 흔적이 역력한 노고의 성취였던 회개가 신에 대한 사랑으로 끝났다고 말하면서 가브리엘주의자들의 주장과는 정반대의 것을 보았다고 말했다.

그렇지만 루터가 이와 같이 말했다고 할지라도, 제베르크[65]처럼 액면 그대로 받아들여서 실제로 그것이 루터의 모든 교리 작업의 싹이었다고 말한다면 좀 순진한 생각이리라. 사람들은 루터의 사유의 실제적인 출발점이 능동적 의와 수동적 의에 대한 그 자신의 묵상이라는 사실을 보여주었다. 그런데도 얼마 지나지 않아 제베르크가 그 말을 재차 언급하고 있으니 더 받아들일 만한 내용은 아니다.

실제로 루터는 슈타우피츠가 신학적으로나 다른 체계적인 계산 없이 말했을, "회개는 의와 신에 대한 사랑으로부터 시작된다"라는 이 문구에 어떤 의미와 교리적인 가치를 부여했다. 그 까닭은 오랫동안 자신에게 익숙해진, 슈타우피츠가 전혀 짐작하지 못한 많은 생각들을 일깨워 주었기 때문이다. 루터는 자신을 향한 것이 아니었다면 무의미하게 지나갔을 뿐인 하나의 표현을 가지고 효력과 효능이 뛰어난 일종의 보약을 만들었다. 바로 자신의 풍요로운 정신에 힘입었던 것이다. 사람들은 부차적인 문제였다고 말할 것이다. 사실이 그렇다. 그러나 심리적으로 말하면, 그렇지 않다. 왜냐하면 루터 자신의 '해방'이라는 지극히 개인적인 지난한 과제의 해결을 협력자들의 공으로 돌리는 것은 중대하고 큰 잘못을 범하는 일이기 때문이다.

아, 만일 하나의 체계를 세우고 위대한 한 권의 책을 저술하는 문제였다면……. 그런 진부한 것들이 정말 문제였다! 루터는 자기 안으로 침잠했다. 그는 거기서 죄의 힘과 독성, 죄의 중대한 비극적 감정을 발견했다. 그것은 배워서 알게 된 개념이 아니었다. 순간순간의 경험이었다. 그리하여 수도사의 양심을 짓누르는 죄를 막을 방법은 아무것도 없었다. 심지어 악착스럽게 저항하며 멀리 내쫓아내려는 모든 이들을 그 죄는 매우 무례하게 지배하고 그들 위에 군림하는데, 막을 재간이 없었다. 동시에 루터는 가 닿을 수도 헤아릴 수도 없는 신의 거룩함에 대한 강렬한 감정을 자신에게서 발견했다. 그런데 그 이유를 인간은 알 수 없다. 하지만 영생이나 영원한 사망이 신에 의해 예정된 피조물들의 운명은 바로 그 신이 전권을 가지고 처분한다. 루터는 구원받기를 원했고, 진심으로 염원했다. 하지만 구원 "받을 자격이 있도록" 더욱 악착같이 노력해도 소용없는 일임을 알았다. 자신이나 지상의 어느 누구도 결코 구원받지 못하리라. 결코…….

그때부터 루터에게 평정을 가져다준 것이 논리적으로 다소 정리된 신학적 개념 체계였던가? 아니다. 하지만 어떤 깊은 확신이 마음속에 자리 잡아 끊임없이 뿌리를 굳건히 내리고 있었다. 루터에게 그런 확신을 정당하게 부여해줄 수 있는 이는, 오직 그 자신뿐이었다.

재검토: 발견

루터는 인간을 너무도 현양시켜서, 그 자신 밖으로
끌어내어 신에게로 옮겨놓는다. 인간의 영혼은 믿음에 의해 결합되는
신과 더 이상 구별되지 않는다. 신 안에서, 신과 함께, 신처럼 인간의
영혼은 악을 혐오한다. 또한 신과 함께, 신처럼 선을 사랑한다.

에르푸르트와 비텐베르크의 한 수도사가 따라야 할 길을 제시해주는 사람은 아무도 없었다. 루터는 자기 교리에 대한 장인(匠人)이 아니라, 내면의 평온에 대한 고독하고 과묵한 장인이었다. 그러기에 스스로 말했던 것처럼, 이성 앞이 아니라 마음의 평화 앞에 제기된 문제, 즉 신의 의에 대해 깊이 묵상했다. 그럼으로써 먼저 자기를 소진시키는 공포·고통·불안의 발작에서 벗어날 방법을 어렴풋이 보았으며, 이내 선명히 보게 되었다.

이미 루터의 주요 주제들 가운데 몇 가지가 미약하게 들려오는 『시편 강해』에서부터, 전체적으로 보아 루터가 사도의 생각에 기초하고 있지만 훨씬 더 대범한 『로마서 강해』에 이르기까지 그 사상의 발전을 지적하는 일은 지금 이와 같은 책에서는 거의 실현이 불가능하다. 아직 그 역사조차도 확실히 밝혀지지 않은 원본들에 기초해, 때로는 정확하게 이해하지 못한 애매한 표현들이 너무나 자주 차용된 불완전한 사상과 견해의 변화·발전을 고작 몇 줄 몇 페이지로 재구성할 수는 없기 때문이다. 단지 그 사상의 본질을 이해할 뿐만 아니라 직설적이고 격하며, 힘이 넘치는 루터의 견해를 원본들의 정확성에 지나치게 신경 쓰지 말고 해석하려 노력해보자.

발견이라는 것

수도원에서 루터는 불안해하면서도 칭찬받을 만한 행위를 통해 구원 받으려고 애썼다. 그 노력에 대한 보상은 무엇이었던가? 대실망이었다. 끔찍하고 혼란스러운 절망뿐이었다. 욕망은 물리칠 수가 없어 죄는 여전히 변함이 없었다. 그러니 모든 싸움은 무익하다는 확신이 점점 생겨나고 이내 뿌리를 내려버렸다. 죄는 인간이 외적 수단으로 시정할 수 있는 단순한 잘못이 아니라, 인간을 창조주에게서 영원히 갈라놓는 무한히 큰 저주받은 힘이다.

도대체 어떻게 회의와 절망과 공포에서 벗어날 수 있다는 말인가? 이전의 많은 생각과 묵상을 환히 비춰주는 번개 같은 깨달음 속에서, 루터는 그 방법을 희미하게나마 보게 된다. 그런 뒤 더 이상 잊지 않았다. 그 계시는 정확히 삶의 어느 시기였던가? 1512년인가? 아니, 1513년인가? 어쨌든 1514년 중반 이전, 비텐베르크 수도원의 탑 안에서였다.[66] 새로운 개념들의 결합, 다시 말해 교리적인 부분을 발견했던 것인가? 어떤 사람들이 그 문제를 제기하려 했던 모양인데, 이는 꽤나 어리석은 짓이다. 어떤 논증이 루터가 경험했던 것과 같은 불안을 진정시켜 줄 수 있단 말인가? 그 수도사에게는 치료제가 필요했다. 그가 발견한 것은 치료제, 더 정확히 말하면 치료 자체였다.

그때까지 그는 엄청난 노력을 쏟아 부으며 자신의 방법으로 목적을 달성하려고 무던히 애썼다. 영혼을 정화시키고, 영혼 속의 사악한 힘을 굴복시키며, 죄인에서 의인으로 변화하려 했다. 그러나 이런 조언을 해주기는 쉬우나 따르기는 쉽지 않은 법이다. 그는 경험을 통해, 그것도 혹독한 경험을 통해 구원 "받을 자격을 얻기" 위한 모든 시도가 결국 처참한 실패로 끝나리라는 사실을 알았다…….

문득 그는 전혀 다른 길이 있음을 깨달았다. 그것은 약한 의지를 강하게 하려고 헛되이 혹사시키는 것이 아니었다. 그 대신 말할 수 없는 환희와 공포가 혼재된 상태에서 오직 초인적이고 한없이 거룩하며 진정 거듭나게 하는 강한 의지의 역사(役事)만을 받아들이는 데 몸을 맡길 그리스도인이었다. 또한 자신과 자기 행위에 완전히 절망하여 지옥을 피해 달아나려다가 녹초가 돼버리는 것이 아니라, 정말로 그래 마땅한 자로서 그 지옥을 받아들이는 죄인이었다. 그리고 싸우다가 패배하는 대신 자신에게 없는 것을 선물로 주시리라 은혜가 충만한 신께 구하면서 "새의 날개 아래로" 피신하는 죄인이었다. 그런 죄인은 마침내 마음의 평화와 위안을 맛보지 않겠는가?

대담하고도 완전한 전환이다. 조금 전까지는 맹렬히 싸웠지만 맥없이 무릎을 꿇고 말았던 검투사의 격렬한 능동성이었다. 그런데 이제는 싸워보지도 않은 채 패배를 자인하며, 패배의 심취 그 자체에만 기대를 거는 체념한 자의 축복받은 전적인 수동성이다.

당연히, 루터 자신과 그 후의 모든 주석자들은 이 사실들(격렬한 능동성과 전적인 수동성)을 신학적인 언어로 해석해놓았다. 아니, 더 정확히 말해 이 사실들의 순서를 바꿔 신학적인 언어로 옮겨놓았던 것이다. 여기서 출발점은, 그 해결책으로 특히 의에 대한 문제의 표현 순서를 뒤바꿔놓을 필요가 있었다고 문득 깨달은 그 생각이다. 신의 마음에 들도록 가톨릭교회가 그렇게 말했고 루터도 그렇게 믿었다. 즉, 인간은 기필코 스스로 의인이 되어야 한다고 말이다. 하지만 인간이 스스로를 의인으로 만들기란 정확히 말해서 불가능한 일이다. 신의 거룩함과 인간의 비천함 사이에 놓인 심연이 너무도 크다. 따라서 터무니없이 짧은 팔 끝에 선행이라는 그 우스꽝스러운 작은 사다리를 흔들어대는 인간의 모습이란 스스로의 잘못과 신성모독을 망각케 할 정도로 기괴해 보인다. 왜냐하면 오직 신만이 인간에게 다가와 그 안에 임재해 거듭나게 하고 창조주께로 들어 올리는 사랑, 다시 말해 선을 이루는 유효한 사랑으로 인간을 감싸 안아 그 심연을 사라지게 할 수 있기 때문이다.

죄가 아니라 심연을 제거하는 것이다. 그런데 데니플레에 따르면, 루터는 뭐가 뭔지를 모르는 자였고, 그런 문제에는 마음을 두지 않은 단순한 발견자일 뿐이었다. 여기 그의 모습을 보라. 이를테면 루터는 교회가 그러지 않았는데 잘못 가르쳤다고 공격한다. 실제로 이 풋내기 신학자는 다음 사실을 분명히 알았을 것이다. 즉, 신은 칭의(稱義)[67]를 통해 인간을 의롭게 만든다는 것을 교회가 고유 용어로 가르치고 있다는 사실을 말이다. 그렇다면 루터의 방책은 무엇인가? 도대체 루터는 무엇을 발명했다는 말인가?

데니플레는 잘못 알았으면서도 너무나 성급히 결론을 내린다. 확실히 교회로서는 칭의란 신의 역사다. 그러나 신은 칭의를 통해, "은총의 자극에 의해 은총의 지속적인 도움을 받아"[68] 도덕적 노력으로 얻은 인간의 공로에 상을 내릴 뿐이다. 본래의 또는 개인적인 의, 주어진 자연의 덕, 그리고 그리스도의 의(그리스도 자신이 지닌 의든, 우리가 서로 협력하여 우리 자신을 신에 동화시킬 때 그분이 우리에게 나누어주는 의든) 사이에는 상반됨이 없다. 칭의는 죄를 소멸시키지만, 자연의 도덕성에 자신의 역할과 자리와 권능을 맡긴다.

반대로 루터에게 칭의는 죄가 존재하게 놔둘 뿐 자연의 도덕성으로 대체하지 않는다. 인간의 의 자체는 신의 초자연적인 의와는 전적으로 양립이 불가능하다. 전통 신학은 헛되이 (개인의 행위에서) 현행의 죄와 원죄를 구분한다. 죄는 단 하나 원죄밖에 없다. 그 원죄는 진리의 결여일 뿐만 아니라 루터가 『로마서 강해』에서 말했듯,[69] 우리의 육체적·정신적 능력과 내적·외적 능력상의 엄격성과 효율성의 완전한 결여이기도 하다. 요컨대 신에 대한 적극적인 반항이다. 그런 죄를 소멸시킬 방법은 아무것도 없다. 신성모독이나 속죄의 고행조차 그렇게 하지 못한다. 그것은 교만과 이기심에 의해 부추겨진 우리의 선행을 위시해 우리 안의 모든 것을 타락시킨다.

게다가 자기 결정의 주인이자 지배자인 신은 인간의 운명을 판결내릴 때 어떻게 그 객관적인 조건(모세의 율법으로 정한 명령의 준수 또는 어김)을 고려하지 않을 수 있겠는가? 신과 인간 사이에 법률상의 관계란 아무것도 없다. 온통 사랑이라는 사실을, 거듭나게 하는 사랑은 전능한 신(Majesté)의 은총을 잃은 인간에게 보여준다. 그 사랑은 전능한 신으로 하여금 인간의 죄를 용서케 하는 것이 아니라, 죄를 인간의 탓으로 돌리지 않게 하는 것이다. 자신을 죄인으로 인정하고 도덕성의 결여와 오점에 대한 양심의 증언을 냉철히 받아들임으로써, 유일한 의인이신 신만이 전적으로 자신을 버릴 권리가 있음을 느끼고 증언하는 모든 죄인. 루터의 언어로, 믿음의 선물(왜냐하면, 루터에게 믿음은 그냥 믿음이 아니라 죄인에 의한 신의 의의 인식이기 때문이다[70])을 받는 모든 사람. — 그렇게 자비로운 신의 품으로 달려들어 자신의 비참을 느끼고 그것을 미워하며, 또 반대로 신에게 신뢰를 표명하는 모든 사람. 신은 그런 이들을 의인으로 간주한다. 설령 그가 불의한 인간일지언정, 더 정확히 말해 의인인 동시에 불의한 인간일지언정 "실제로 그들은 죄인들이지만 자비로운 신의 헤아림에 의해 의롭게 된다. 무지해도 의로

울 수 있고 알아도 불의할 수 있다. 실제에 있어서 죄인들이지만 소망에 있어 의롭게 된다"(Revera peccaotores, sed reputatione miserentis Dei justi; ignoranter justi et scienter injusti; peccatores in re, justi autem in spe……).[71] 기대하고 있는 의인들은? 더 정확히 말해, 미리 기대하고 있는 의인들은? 왜냐하면 이승에서 신은 우리가 죽을 때 우리를 의인으로, 다시 말해 완전무결하게 만들어줄 거듭남과 소생, 성화(聖化)의 역사를 그저 시작하실 뿐이기 때문이다. 우리는 '아직 의인화된 이들이 아니라, 의인화되어야 하는 이들'(non justificati, sed justificandi)이다.

그러므로 행위는 사라진다. 모든 행위는. "사람이 의롭다 하심을 얻는 것은 율법의 행위에 있지 않고 믿음으로 된다"(Arbitramur justificari hominem per fidem, sine operibus legis). 루터는 로마서(3:28)에서 이 유명한 구절을 발견했다. 1516년부터 그는 전통적인 해석인 '율법에 따른 행위'(opera legis), 다시 말해 밖으로 드러난 믿음의 실천을 잘못된 것이라고 강력히 거부했다. 그는 1516년 10월 19일 슈팔라틴[72]에게 보내는 편지에서 그렇게 외쳤다. 그런데 이는 벌써 훗날 에라스무스와의 논쟁을 예고하고 있다. "이 점에 대해 나는 주저 없이 에라스무스와 완전히 갈라선다."[73] 그것이 어떤 것이든 '율법에 따른 인간의 행위'는 모두 루터의 비난을 받을 만하다. 구원? 우리는 우리 안에서 항상 악이 활동한다는 사실과, 우리의 불완전성을 느낀다. 마찬가지로 우리가 믿음을 가지고 있다면 우리 안에 신을 가지는 것이다. 신의 현존(임재)으로부터만 칭의될 수 있고, 아주 옛날부터 신이 구원을 예정하는 그 선택받은 자들의 일원이 될 수 있는 희망이 생겨난다. 왜냐하면 신은 그들에게 영생을 약속할 만큼 사랑하시기 때문이다. 그처럼 예정설의 불가사의한 신비—신을 마치 가죽으로 구두를 만드는 제조공처럼 생각하면서 신의 섭리에 대해 말하는 믿음이 별로 없는 사람들은 이 신비를 견디기 힘들고 가혹하다고 말한다—는 믿음이 있는 영혼들, 그리고 신을 절대 의존하는 데서 오는 내밀한 즐거움으로 마음이 밝아진 영혼들을 향한 구원의 약속과 사랑으로 가득 차 있다.

매우 독창적인 어조의 개념이다. 연이어 사람들은 무엇으로 어떻게 그 절대적 의존이 루터에게 교회의 전통적인 교리가 전혀 가져다주지 못하는 평안과 평화를 가져다줄 수 있었는지를 본다. 떨쳐본 적이 없는 자기 자신에 대한 불만. 스스로가 자유로워지고 정화되었음을 느껴야 하는 순간조차도 한사코 떠나지 않았던 그 집요하고 유독한 죄의 감정. 엄청난 노력을 쏟아부어봤자 죄와 이기심 또는 탐욕으로 더럽혀진 행위밖에는 없으리라는 인식. 루터는 자신을 절망과 불안, 끔찍한 회의에 빠지게 했던 모든 것을 지금은 신이 요구하시는 조건, 즉 당연하고도 필요한 구원의 조건으로 생각한다. 그 생각은 말로 표현할 수 없을 만큼 견고하고 명증하다. 얼마나 크나큰 안도이며 다행스러운 회복인가!
그때부터 루터가 탑에서의 그 '발견'을 하나의 계시로 항상 소개했던 것도 무리는 아니다. 자신을 괴롭히는 고통에서 벗어나려고 그리도 노력하던 중 뜻밖에 특효약을 발견한 사람. 자신에게 적용되면서 나아가 모두에게 공통적으로 적용되고 사용할 수 있는 듯 보이는 어떤 진리를 깨달은 사람. 어떻게 그런 자가 자기 안으로 내려오는 그 지복을 창조하는 존재가 자신이라고 생각하겠는가? 바로 그것은 계시임에 틀림없다. 그만한 대가를 치르고 얻은 그 약은 확실히 효험이 있고, 깨달은 진리는 보편적일 만큼 더더욱 틀림없다. 계시의 근원은 거룩하리라 보기 때문이다. 그러니 계시의 사자(使者)로서 자부심이 얼마나 컸겠는가! 그가 다른 사람들에게 전파하게 되는 것은 한 인간의 비법이 아니다. 신에게서 다가오는 말을, 신이 그에게 털어놓았던 해방의 비법이 자신의 입에서 흘러나오게 그냥 놔둠으로써 그는 신의 존엄성과 모두의 아버지로서 신이 지니는 전지성과 무류성을 함께 나누는 초인적인 자부심을 맛볼 것이다. — 그렇다면 탑에서의 발견은 마르틴 루터의 과실(果實)인가? 아니다. 그것은 그가 아주 높이 흔들어대고 만인이 숭배하게 될 자신 안에 있는 신의 선물이다.

그의 결론들

그것은 신선하고 혁신적이며 평화로운 교리다. 또한 힘과 활력이 있는 교리다. 그 교리는 사람들이 격렬히 거부하게 되는 만큼 더욱 더 세심한 주의를 기울여야 한다.

1516년과 1517년의 그의 표현들을 통해 우리는 직접 마르틴 루터의 불안과 고뇌에 찬, 격렬하고 극단적인 영혼을 이해할 수 있다! 그는 극과 극을 오간다. 최악의 비관론에서 최상의 낙관론까지, 지옥을 감수하는 데에서부터 가장 즐겁게 신의 품에 내맡기는 데에 이르기까지, 이를테면 공포에서 사랑으로, 죽음에서 삶으로 여유가 있으면서 민첩하고 발랄하고 대담하게 뛰어다닌다. 이보다 더 비장하고 개인적인 것은 없으며, 이보다 더 이론적이지 못한 것도 없으리라. 놀라운 생동감이다. 이것들이 원기왕성하고 활력이 넘치는 시절(루터는 1516년에 33세였다), 루터의 '사상 체계' 속에 탄력성과 강인함, 그리고 건강함(그는 이런 상태들을 항상 간직하게 되지는 않는다)을 보존해주었던 극과 극을 오가는 그토록 거친 공략과 열광들이다. 이 원기왕성한 활력이 없었다면, 1517년의 투사적인 용기와 대담함이 어디에서 분출하는지 알지 못할 것이다.

4세기 전부터 사람들은 한결같이 루터가 도덕적 삶을 중히 여기지 않았다고 말한다. 사람들은 루터가, 선행을 위한 노력이든 악에 저항하기 위한 노력이든 인간의 모든 노력에 적의를 보임으로써 도덕적 삶의 가치를 퇴색시킨다고 비판했다. 사람들은 선행이든 악행이든 마찬가지라는 자신들의 견해를 쉽게 밝힌다. 왜냐하면 양쪽 모두 똑같이 죄로 더럽혀져 있기 때문이다. 옳은 말이다. 루터는, 1533년 가을 파이트 디트리히[74]가 적어놓은 다음의 말을 수없이 사용했다. "그리스도인은 신 앞에서나 인간 앞에서도 수동적이다. 한편 그리스도인은 수동적으로 받아들이고, 또 다른 한편 수동적으로 고통을 겪는다. 그는 신으로부터 자비를, 인간으로부터 악행을 받아들인다."[75] 그런데 1516년 『로마서 강해』를 쓴 시기 그 문제에 대한 아우구스티누스 수도회 수도사의 깊은 생각은 도대체 무엇인가?

그는 다름 아닌 믿음에 대한 자기 자신의 개념을 참조한다. 그의 말에 따르면, 은총은 인간과 신의 직접적인 교제를 확립한다. 루터는 인간을 너무도 현양시켜서, 그 자신 밖으로 끌어내어 신에게로 옮겨놓는다. 인간의 영혼은 믿음에 의해 결합되는 신과 더 이상 구별되지 않는다. 신 안에서, 신과 함께, 신처럼 인간의 영혼은 악을 혐오한다. 또한 신과 함께, 신처럼 선을 사랑한다. 그리하여 영혼은 자신이 사랑하는 그 선을 행한다. 『로마서 강해』에서 루터는 이렇게 말한다. "선을 행하지 않는 것은 신을 사랑하지 않는 것이다."[76] 인간은 자신이 죄인임을 알며, 자기 자신이기도 한 죄인을 혐오하는 죄인이다. 신은 그 죄인을 칭의함으로써 교묘하고 기만적인 이기심을, 이른바 인간의 선한 행위들을 타락시키는 사욕을 소멸시킨다. 그리고 그분은 사랑이시기에 약한 자, 불행한 자, 비참한 이웃에게로 흘러드는 넘치는 사랑으로 신도의 가슴을 채운다. 신의 너그러운 생명의 선물, 다른 말로 표현하자면 믿음은 인간에게 거듭난 상태에 어울리는 인간으로 남고자 하는 지속적인 욕망을 불러일으킨다. 믿음은 그런 욕망을 활발히 부추긴다. 하지만 믿음은 그런 욕망을 요술방망이처럼 뚝딱 만들어내지 않는다. 그 욕망을 내세에서 도달하게 될 이상을 향한 점진적이고 낙관적인 행진

이 되도록 독려하고 고무시키는데, 그때 믿음(그 자체는 발전을 하여 우리가 죽을 때 완성에 다다른다)은 늙은 죄인인 아담을 우리 밖으로 쫓아내고 몰아내는 일을 완전히 마무리할 것이다.[77] 그렇다. 그리스도인은 신을 기뻐한다. 신에게 자신을 활짝 열어젖힌다. 신이 자기 안에 임재하도록 수동적으로 놓아둔다. '부인이 수태에 대해 그러하듯 수동적으로'(passive, sicut mulier ad conceptum). 그는 무익하고 유해한 얼간이 같은 행위로 사전에 대책을 강구하지 않는다. 그러나 신을 기뻐함은 그에게 재빠른 행동을 유발한다. 신을 기뻐할 때 그는 신을 사용한다. [신의] 사용과 [신을] 기뻐함(Uti, après frui)……. 그의 삶은 계속 발전한다. '선함에서 더욱 선함으로'(de bono in melius). 루터는 다시 이렇게 말한다. 삶은 싸움이거나 고행이라고. 그것도 고된 노역. 목표가 달성되었다는 핑계로 중단할 권리가 자기에게 있다고 생각지 않으며, 죽음 뒤에나 가서야 이루어질 어떤 이상을 숨이 끊어질 때까지 지향하는 한 인간의 노역 말이다.

그런데 마찬가지로, 같은 시기 구원에 대한 루터의 확신은 신앙생활의 변화와 신과의 긴밀하거나 느슨한 교제에 따라 적잖게 좌우된다.

후일 1518년 카예탄과의 논쟁[78]에서, 또 1517~1518년 '히브리서 강의'에서 그는 그리스도인은 자기 구원에 대한 확신을 언제나 가져야 한다고 말했다. "그리스도인은 언제나 확신해야 한다"(Christianum oportet semper securum esse). 루터는 "그 확신의 가능성을 부인하는" 스콜라 신학은 틀렸다고 비난한다. 스콜라 신학은 칭의를 받아들이지 않음으로써 "은총을 혐오하는데", 여기에 대해 루터는 개인적인 구원을 의심하는 일이라고 말한다. 그리스도인의 확신은 만인을 위한 그리스도의 희생을 통해 자신의 주관적인 조건과는 무관한, 편견 없는 구원이 보장된다는 사실을 깨닫게 하지 않을까? 하지만 1516년 루터의 관심은 다른 데 있었다.

물론 루터는 다음의 말을 힘주어 반복해 말했다. 즉, 신이 자기 안에서 활동하고 그 사역을 시작하고 있다고 느끼는 신도는 희망의 싹을 이미 가진 것이라고. 왜냐하면 피조물들을 결코 실망시키지 않는 신이 사역을 시작했다면 그 일을 이루기 위함이 아니겠는가? 그러나 개인적인 경험에서 얻은 지혜가 그리스도인 자신에게 평안과 신뢰를 준다면, 마찬가지로 진정한 믿음(이 확신으로부터 흔들리지 않는 안도가 생겨날 수 있다)도 평안과 신뢰를 주지 않겠는가?

안도. 이 말은 당시 루터에게 큰 적이었다. 그리하여 그는 1518년에 하게 될 말과 기꺼이 반대로 — 겉보기에는 자명하다 — 말한다. 그러므로 우리는 『로마서 강해』에서 "그리스도인은 안도해서는 안 된다"(Christianum oportet nunquam securum esse)라는 구문을 읽게 된다. 그렇지만 이 표현은 우리에게 전혀 놀랍지 않으리라. 구원을 확신하는 것, 또한 세례와 고행이 죄를 감해주는 듯한 일종의 변제효과를 믿거나 칭찬받을 행위를 했다는 데서 허위로 안심하며 지내는 것. 이는 탄식하고 후회하고 분투노력함으로써 자신의 과오들을 지우는 데 마음을 쓰지 않고 평온하게 팔짱을 끼고 지내게 하는 일이 아닌가? 실제로 1516년의 루터에게 믿음은 그런 것이었고, 구원에 대한 인간의 신뢰도 그러했다. 믿음은 커가는가? 신뢰는 커가는 것이다. 믿음이 작아지면 신과의 교제는 더욱 소원해진다. 신뢰가 사라지더라도 교제가 재개되면 곧 다시 회복된다. 믿음에 의한 칭의. 우리는 겉보기에 무력해 보이는 이 간결한 문구가 실제로는 활력과 역동성을 내포하고 있음을 본다. 또한 잠재적으로 유쾌한 신뢰와 애정, 그리고 주체할 수 없는 확신을 지니고 있음을 본다. 우리는 1517년의 사건 직전에 이 문구가 마르틴 루터에게 다음의 확신을 드러내주는 표현이었다고 본다. 즉 자기 안에 자기를 위한 자기와 함께하는 신, 이른바 신학자들의 내재적 정의로서의 신이 아니었다. 그것은 능동적이며 눈부신 의지이자 사랑으로 움직이는 지고의 선으로서의 신, 또한 인간의 헌신을 받기 위해 인간에게 자신을 맡기는 지고의 선으로서의 신을 가졌다는 말이다.

매우 도식적인 개략이다. 우리는 아주 초기에 루터의 그토록 풍성한 사상에서 빠뜨리고 있는 모든 것을 잘 안다. 대략적이나마 하나의 선명한 윤곽을 그리기 위해, 우리는 주요한 이미지를 흐리고 혼란케 하는 여러 복잡한 특징들을 줄곧 빼놓고 생각해야 했다. 루터의 생애 가운데 한 시기에 그의 교리 또는 사상 체계라고 불리는 것을 재구성하는 일은 이렇다. (그의 어수선하고 복잡한 많은 글들로부터) 루터가 자기 안에 풍성히 지니고는 있지만 질서를 부여하는 데 실패한 무한한 이미지와 묘사들 가운데 가장 의미심장한 단 하나의 표현을 끄집어내는 일이다. 더 정확히 말해, (루터의 천성은 유연하지 않기에) 그중에서도 특히 감수성이 강한 영혼에서 풍요롭게 샘솟는 많은 노래로부터 조금은 가냘프지만 지속성 있는 하나의 분명한 선율을 끄집어내는 것이다. — 그런데 그 노래는 때로는 서로 조화를 이루어 부각되거나 고조되며, 때로는 불협화음이 되어 날카롭게 대립하고 서로를 파괴한다.

모순들이다. 벌써 4세기 전부터 이 말은 있어왔다. 루터를 매우 피상적으로만 알고 있는 독자들이나 어설픈 신학자들, 나아가 더 심각하게는 박식하면서도 편협한 사람들은, 해를 거듭하면서 루터가 그의 글 여기저기에 무분별하게 언급해놓았던 수많은 부인이나 반박들을 신중하게 다루지 않았다. 그야 손쉬운 일이다. 에르푸르트 또는 비텐베르크의 아우구스티누스 수도회 수도사에게 개념들을 정성들여 다듬고 정확히 맞출 줄 아는 조립공의 모습은 전혀 없다고 보는 것이 좋다.

신학자, 아니다. 그는 그리스도를 갈망하는 한 신앙인이자 신을 갈급해하는 한 인간이다. 그런 그의 마음상태는 욕망과 격정, 초인적인 환희와 끝없는 고뇌가 들끓고 그로 인해 온몸이 떨리며, 상황들의 여파로 그는 거칠게 밀어닥치는 불가항력의 물결들처럼 수많은 생각과 감정이 범람하고 요동친다. 그런데 물결들은 저마다 자기 리듬에 따라 흘러갈 뿐 앞서가는 물결이나 뒤이어 오는 물결을 생각지 않는다. 각 물결은 그것이 유래하는 머리와 가슴의 풍요로운 생각이나 감정에서 적당한 하나의 몫을 지닌다. 그러므로 그 물결들은 저마다 루터의 모습 가운데 하나를 반영한다. 그런데 바로 그런 식으로, 때로는 자신의 모든 통찰력을 믿음 자체에 집중함으로써 루터는 간절히 신을 소유하고자 애쓰며 율법을 건너뛰어 곧장 복음으로 달려간다. 때로는 반대로 거짓된 확신이 최악의 도덕적 타락을 낳는다는 생각에 붙잡혀, 그는 교회가 칭찬받을 만하다고 말하는 행위들 속에 이기적인 저의와 타산적인 속셈을 깔아둔다며 격렬히 비난한다. 그리하여 루터는 마치 도덕에만 전념하는 것처럼, 조금 전 그를 이끌고 지배하고 마음을 온통 사로잡았던 믿음에 대한 뜨거운 관심을 잠시 잊는다…….

이런 점들이 종교개혁가의 본질적인 특성으로 루터의 활동을 설명해주는 것이기도 하다. 또한 '로마서 강의'에서부터 처음 드러나는 특징이기도 하다. 우리는 그 강의에서 처음으로 이미 전투상태에 있고, 싸울 준비가 되어 있으며, 자신의 믿음을 손아귀에 넣은 마르틴 루터를 파악할 수 있다.

1516년의 루터

잠시, 1516년의 시기에 멈추자. 루터는 어떤가? 극도로 타락한 교회를 생각하는, 당시 그토록 많은 경건한 그리스도인들 가운데 한 명인가? 그들은 로마의 교황권이나 주교단 직위, 수도 성직자뿐만 아니라 재속 성직자의 개혁을 철저하고도 강력하게 요구하며 처신한다. 루터는 그런 그들의 목소리에 단순히 자기 목소리를 더했던 것인가?— 예전에는 그랬다고들 말했다. 악습을 증오하고, 낡고 노후화된 조직을 정화하고 재건하려는 열망. 사람들은 바로 그 점을 이야기해왔고, 그것이 루터가 지닌 동기라고 생각했다. 그런데 우리가 보기에 그런 동기는 더 이상 존재하지 않는 것 같다.

개혁? 루터는 당시 존재하던 수도회들에 이런저런 변화를 가져와야 한다고 생각했다! 루터의 믿음에 대해 연구해온 모든 역사가들은 그 유명한 로마 여행을 오랫동안 아우구스티누스 수도회 수도사의 개혁 활동의 시작이자 근원으로까지 간주했다. 하지만 우리는 바로 앞에서 1505~1515년까지 루터의 영적인 발전 전반을 개략적으로 설명은 했어도, 그 여행에 대해서는 작은 지면조차 할애하지 않았다. 우리는 관심을 끌지 못한 이 시기의 중요성을 정확히 정의내린 최근의 작업 결과들을 전재(轉載)하는 수고조차 하지 않았다. 그것이 무슨 소용인가?

1510년 12월 말에서 1511년 1월 말까지 정확히 4주 동안, 로마에서 루터는 그가 가진 몇 가지 편견으로 인해 다소 혼란스러움을 느꼈거나, 아니면 비텐베르크에서 바티칸까지는 거리가 멀었기에 그곳의 아주 낯선 관습과 말버릇 그리고 행동방식 때문에 감정상 좀 충격을 받았다는 것이다.— 그러나 우리에게는 그 사실이 별로 중요하지 않다. 하물며 종교개혁의 역사에서는 더더욱 그렇다.

'보르자 가문의 로마'와, 그 위인(루터)의 발언들을 호의적으로 생각하는 '현지 보도원들'이 수집해놓은 엉터리 일화들은 이번에야말로 제쳐두자. 셸은 그 점에 대해 잘 말했다. "아우구스티누스 수도회 수도사는 로마에서 어떤 특이한 점도 보거나 듣지 못했다"(Auch in Rom sah und hörte er nichts ungewöhnliches).[79] 루터는 비판적인 관점이 전혀 없는 순례자로서의 역할을 성실히 수행했다. 비판적 시각은 루터의 주된 자질이 아니었다. 그는 교황청 관료들뿐만 아니라 추기경들과의 만남에서도 좋은 인상을 받았으며, 여러 번 그 사실을 언급했다. 요컨대 그는 로마인들을 많이 만나보았던가? 개인적인 생각이지만, 자기 수도회의 일로 로마에 왔던 독일 수도사가 그곳의 수많은 독일인들이나 플랑드르인들과 교유를 했겠는가? 그러니 여담이지만 최근 영향력 있는 연구자들이 열띤 호기심[80]에서, 단순한 잡보 기사 '로마도시의 경이들'(Mirabilia Urbis Romae)로 다루는 그 한 달 동안의 피곤한 여행 도중에 가능한 일로 즐겨 상상하는 이러저러한 교부들과의 만남 또는 교리와의 접촉 범위는 축소되어야 할 것이다. 다시 한 번 말하건대, 정말 그럴 필요가 있다.

1505~1515년까지 루터에게 중요했던 것은 교회 개혁이 아니라 그 자신이었다. 그의 영혼 구원, 오직 그뿐이었다. 그런데 그 점이 바로 그의 위대함이며 진정한 독창성이 아닌가? 유다의 자재(資材)와 헤로데왕의 검증된 자재가 결합된 넓고 멋진 건축물(1층 바닥에는 견고한 아리스토텔레스주의 더미가 깔려 있고, 2층에는 아리스토텔레스가 가르치던 리케움[81]의 튼튼한 기둥들에 신학으로 변한 복음이 잘 자리 잡고 있다) 안에 신도들을 안전하게 보호하고 거주시키는 종교를—공로나 선행의 동반 없이 신부도, 신과 인간의 성스러운 중개자도, 이승에서 획득하여 저세상에서 유효한 면벌부도, 신 그 자신에 대면하여 변제하는 사면이라는 불필요한 개입도 없이—중개자 없이 인간을 신 앞에 단독자로 직접 서게 하는 지극히 개인적인 종교로 대체시키는 것. 종교개혁가의 위대한 노력이 먼저 향하는 지점은 바로 그 부분이 아니었던가?

물론 루터가 이기적으로 자기 묵상에만 빠져 있었던 것은 아니다. 그는 자신을 낙심케 하고 진을 빼게 했으며, 몹시 혐오하기까지 했던 불안을 다른 이들도 느끼고 있다고 생각했다. 루터는 자신의 치료약을 혼자만 위해 쓸 생각은 없었다. 신이 그로 하여금 알아내게 한 비법을 루터는 기쁨의 복음으로 여겨 편지와 강의, 주일예배를 통해 모든 사람들에게 가르치고 설교한다. 그런데 1515년처럼 1516년에도 삶의 외적인 환경은 그를 불확실함과 침묵에서 점점 빠져나오게 한다. 게다가 1515년 4월에는 미스니아(마이센)와 튀링겐의 수도원 지부장에 임명되어 슈타우피츠의 직속 하급자로 근무한다. 그는 직책을 수행하며 세상을 보는 시야와 교제의 폭을 넓힌다. 그런 만큼 1515년으로 추정되는 가장 오래된 설교부터 1516년 6월에서 1517년 2월까지 비텐베르크 교회 본당에서 행한 그 유명한 십계명 설교에 이르기까지, 우리가 보존하고 있는 설교 자료들에서 루터 사상의 발전과 영향력의 증대를 추적해볼 수 있다…….

우리에게는 매우 흥미로운 원본들인데, 루터 개인의 신학이 깊이 스며 있으며 인간은 선을 행할 수 없다고 강력히 표명하고 있다. 아우구스티누스 수도회 수도사는 인간의 자유의지와 인간의 다스림 아래 있는 덕행을 설파하는 아리스토텔레스를 맹렬히 공격한다. 그런데 그 아리스토텔레스 뒤에서, 이미 우리는 인문주의자들을 비롯해 에라스무스와 그의 자유의지·도덕주의·그리스도교를 느낀다. 오, 이 신성모독의 언사들은 철학인 동시에 우정의 말들이기도 했다……. 그러나 무엇보다 이 원본들은 정확히 그 시기 루터에게 개혁의 의미가 무엇이었는가를 정확히 가르쳐준다.

그 점에 대해 우리에게 남아 있는 가장 오래된 글들 가운데 하나는 1512년의 흥미로운 한 설교다. 여기서 루터는 이미 중요한 사항에 대한 자기 생각을 완벽하리만치 분명히 표현했다.[82] 루터는 이렇게 썼다. "그렇습니다, 개혁이 필요합니다. 신부들이 신의 진리에 대한 지식과 경외심을 되찾도록 해주는 데서부터."

"사람들은, 광적으로 집착하는 간음·음주벽·도박 등 성직자들의 모든 악덕들을 내게 말할 것입니다. 도대체 얼마나 큰 죄악이며 파렴치한 행위들이냐고 말입니다……. 나는 인정합니다. 그 행위들을 규탄해야 합니다. 시정해야 합니다. 그런데 당신이 언급하는 악덕들은 만인의 눈에 보입니다. 상스럽고 물질적이며 우리 모두의 감각에 느껴집니다. 그러므로 정신을 어지럽힙니다……. 아, 그 악, 더할 나위 없이 유해하고 끔찍하며 치명적인 전염병. 한편 진리의 말씀에 조직적으로 침묵하거나 그 말씀을 변조하고 있습니다. 이 악은 상스럽거나 물질적이지 않습니다. 그래서 사람들이 알아채지 못하고, 보고도 충격을 받지 않으며 두려움을 느끼지 못합니다."

그런데 너무도 이른 이 시기에, 이미 이후의 루터가 자주 힘주어 표현하게 되는 감정들이 표출되고 있다.

"오늘날 진리의 말씀을 정확히 설교하고 해석하는 데서의 소홀함보다, 순결함을 어기는 죄, 기도의 태만, 미사 전문을 낭독할 때 범하는 잘못이 더 적다고 생각하는 신부들이 과연 얼마나 있다고 생각합니까?…… 그런데 한 신부가 범할 수 있는 유일한 죄는 진리의 말씀을 거스르는 일입니다."

이 인용은 물론 길다. 그러나 루터의 억제된 격함과 상상력을 자극하는 과격함을 보여주며, 어조와 특징에서 이미 너무도 선명한 루터적인 이 문구를 어찌 다시 옮겨 적지 않을 수 있겠는가?

"그를 순결하게 만드세요. 착하게 만드세요. 박식하게 만드세요. 그에게 자신의 사제직의 수입을 늘리게 하세요. 교회를 세우게 하세요. 교회의 재산을 열 배로 늘리게 하세요. 만일 당신이 그러고 싶기까지 한다면, 그에게 기적을 행하게 하세요. 죽은 자를 되살아나게 하세요. 사탄들을 몰아내게 하세요. 무슨 상관입니까? 대중에게 진리의 말씀을 설교함으로써 만군의 주를 예고하는 천사와 신의 예고자가 되는 그 사람만이 진정한 신부, 진정한 목자가 될 것입니다!"

요약해보자. 성직자의 개혁인가? 그럴지도 모르겠다. 하지만 중요한 건 종교 개혁밖에 없다.

이제 십계명에 대한 설교들을 참조해보자. 확실히 우리는 거기에서 성직자들의 생활태도를 비판하는 대목을 많이 찾아냈다. 그 생활태도는, 옛날 '자유로운 설교자들'의 대담한 말과 노골적이고 거친 말씨를 전혀 모르는 현대인들에게만 무례하게 보인다. 루터가 강조하는 것은, 다시 한 번 말하지만 너무나 등한시된 교육, 너무나 방치된 말씀의 직무에 대해서다. 양 떼들을 걱정하지도 않고 잠만 자고 있는 목자들의 나태함과 소홀함에 대해서다. 이전과 마찬가지로 그 시기에도 루터를 자극하고 열을 올리게 만든 일은 악습에 대한 극도의 반감도 교회를 회복시키려는 야심찬 욕망도 아니다. 개혁가라고? 그렇다. 내적 삶에 대한 개혁가다. 그런데 이것은 이미 보름스에서 세상 풍정에 대해 표명하게 될 다음의 대원칙을 선언하고 있다. "누구나 양심에 흔들림이 없어야 한다"(Unus quisque robustus sit in conscientia sua).[83]

니체의 『아침놀』(*Aurore*)에는 흥미로운 부분이 하나 있다.[84] 그것은 '최초의 그리스도인'이라는 제목이 달려 있다. 니체는 "야심차며 성가신" 한 영혼, "미신과 동시에 열의로 가득 찬" 한 정신인 사도 바울에 대한 이야기를 기술하고 있다.

니체는, 자신의 생각 속에서 한시도 떠나지 않으며 양심을 늘 괴롭히는 한 가지 고정관념으로 끙끙 앓고 있는 바울을 보여준다. 즉, 어떻게 율법을 이행할 것인가? 그래서 처음에 바울은 자신의 그 요구를 충족시키려 애쓴다. 그는 율법을 위반하거나 율법에 무심한 사람들로부터 율법을 맹렬히 수호한다. 광신적인 열의로 율법의 가르침을 이행한다. 수많은 경험 끝에 그는 다음 결론을 내린다. "성질이 격하고 감각적이며 우울하고 극도의 증오심을 가지는 자기 같은 인간"은 율법을 이행할 수 없다. 그러면서도 그는 고집스럽게 행하고, 필사적으로 싸운다. 모든 것을 절제하고 억누르려는 맹렬한 자신의 요구를 충족시키기 위해 무척이나 애를 쓴다. 그렇지만 그 모든 노력은 결국 다음의 절망적인 결론밖에 얻지 못한다. "이행할 수 없는 율법의 고문을 이겨내기란 불가능하다……."

그러면서도 또다시 불안과 고통 속에서 극심한 고뇌에 시달리고 필사적으로 추구하기를 거듭한다. "율법은 바울 자신이 못 박혀 있다고 느끼는 십자가가 된다. 그는 율법을 얼마나 혐오하는가! 얼마나 원망하는가! 그것을 무효화시킬 수단을 찾기 위해 얼마나 백방으로 찾아다니는가!" 별안간 하나의 환상, 한 줄기의 빛, 그를 구원하는 생각이 돌연 떠오른다. 아무도 보이지 않는 길 위에서 얼굴에 신의 광채를 띤 그리스도가 나타난다. 그리고 바울은 이런 말을 듣는다. "왜 너는 나를 핍박하느냐?" 번뇌하는 그 자존심 강한 환자는 갑자기 기력을 회복한 느낌이 든다. 도덕 자체는 사라져 무효화되어 저 높은 십자가 위에서 실현되었기에 정신적 절망은 사라진다. 그리하여 바울은 세상 사람들 가운데 가장 행복한 사람이 된다. "유대인들의 운명이, 아니 인류 전체의 운명이 그에게 느닷없는 이 두 번째 계시와 연관되어 있는 것처럼 보인다. 그는 사상 중의 사상, 열쇠 중의 열쇠, 빛 중의 빛을 얻는다. 이후의 역사는 그의 주위를 돈다." 그리하여 율법의 옹호자는 율법 파괴의 사도요 선전자가 된다. 그는 말한다. "나는 율법 밖에 있다. 만일 지금 내가 율법을 다시 받아들이고 따르려 한다면, 나는 그리스도를 죄의 공모자로 만들 것이다." 왜냐하면 율법은 "썩은 피가 병을 일으키는 것처럼" 계속해서 죄를 낳을 뿐이기 때문이다.

그 후로 우리의 죄는 사해졌을 뿐만 아니라 죄 자체가 없어져버렸다. 이제 율법은 죽었다. 율법이 깃들어 있는 육신의 영은 죽었거나, 아니면 죽어가며 부패하고 있다. 얼마 동안 그 부패 속에서 사는 것! 그것이 그리스도인이 그리스도와 하나가 되고 함께 부활하며, 신의 은총을 함께 나누고 그리스도처럼 신의 아들이 되기 전의 운명이다. 최초의 그리스도인, 그리스도교의 발명자는 그와 같았다!"

이렇게 긴 구문을 거의 그대로 옮겨 적은 것을 용서해주기 바란다. 그런데 이런 말을 할 필요가 있을까? 있다. 한두 번 느끼는 것이 아니기 때문이다. 그 구문을 읽을 때면, '바울'의 이야기라고 생각한 부분에서 저절로 '루터'라는 이름을 말해야 하다니 항상 놀랍다는 말을. 그런데 전문가의 주장들처럼 니체가 옮겨 적은 바울의 사상이 세부적으로 정확하든 그렇지 않든 상관없다. 니체가 바울에게서 응용한 몇몇 표현이, 있는 그대로 수정 없이 우리가 아는 습작 시기 루터의 사상과 일치하든 그렇지 않든 상관없다. 우리는 박식한 신학자들이 몰두했던 루터의 바울 신학 연구를 철학자에게까지 요구하지 않는다. 그러나 니체는 훌륭하게 변화의 한 도식을, 다시 말해 그 두 사람(사도 바울과 이단자 루터는 단지 교리적 차원만이 아니라 도덕적이고 심리적인 차원에서도 한눈에 보이는 유대로 결속되어 있다)의 사상과 믿음의 변화를 동시에 나타내주는 확고하고 유연한 궤적을 그려 보여주었다.

그렇게 이 시기는, 우리에게 이전의 시기들을 일목요연하게 정리해 줄 뿐만 아니라, 나란히 늘어서 있는 두 심리상태(루터의 프리즘으로 바라본 바울의 심리상태, 그리고 상당히 불확실한 바울의 마음을 다소 의식적으로 모방한 루터의 심리상태)의 본질적인 구조를 단번에 보여준다. 오로지 자기 자신과 자신의 구원 및 내적인 평화에만 마음을 쓰는 고독한 신도인 루터 개인에게, 독일인들을 비롯해 그 시기 대다수의 사람들이 그의 사상과 말을 자기들의 바람과 의도대로 왜곡하여 사회적인 가치와 집단적 존엄성을 부여하는 것을 보게 될 때, 니체가 우리에게 이런 말을 환기시키는 것은 결코 무익하지 않으리라. 즉, 그리스도교는 부침(浮沈)

의 역사로 이루어졌다는 사실 말이다. 그리하여 훗날 마침내 그리스도교의 입문의 대가라 할 수 있는 심리학이 인간의 마음을 서슴없이 읽어 내게 되었을 때, 오직 자신의 노력으로 커다란 변혁을 이뤄낸 한 개인에게서, 여러 세기를 가로지르는 동일하면서도 다양한 정신들의 한 집단 한 일파(一派)에 대한 확고하고 명백한 전형을, 훌륭한 표본을 발견할 수 있을 것이다.

제2부

개화

제1장

면벌부 사건

루터는 1517년의 항의와 주장 속에 자신을
온전히 넣어놓았다. 세상 누구도 그를 물러서게 하지 못할 것이다.
왜냐하면 그 인간의 마음속에는 신이, 항상 만지고 느낄 수 있는
자신만의 신이 역사(役事)하고 있었기 때문이다.

로마 체류에서 마음에 깊은 상처를 입은 루터, 자신의 반감을 억누르기는 했지만 성직자들의 악습을 개혁하려는 뜨거운 집념을 자기 안에 키우던 그 루터는 오늘 우리를 위해 죽었다. 한 고독한 그리스도인이 그를, 자신의 진리를 벼리어 만들기까지 많이 고통스러워했고 부단히 성찰했던 그를 대체한다. 무엇보다 내적인 삶과 종교심에 관심을 깊이 쏟았던 사람이 어떻게 느닷없이 자신의 생각과 신앙적 관심사에서 벗어났는가? 자신이 믿는 신의 발치에만 줄곧 엎드려 지내던 한 그리스도인이 대중을 격분시키고 그들을 이끄는 웅변적 지도자로서의 변화를 어떻게 설명할 것인가? 오늘날 우리가 그렇게 믿는바, 그것이 루터의 근본적인 변화였다는 사실에 동의할지라도 말이다. 만일 면벌부 사건이 종교개혁 드라마의 서막이자 개시를 이루는 것이 사실이라면, 또한 만일 비텐베르크에서 보름스까지를 잇는 사건 사슬의 첫 고리를 이

루는 것이 사실이라면 한 삽화적 사건 이상인 이 사건의 연구에 한자리를 할애해도 괜찮으리라. 1517년의 사건들의 결정적인 중요성은 그 자리의 타당성을 입증해줄 것이다.

알브레히트, 푸거, 테첼

먼저 이 사건에 대해 잘 알아보자. 20년 전보다도 더 제대로, 그리고 루터 자신이 그 사건을 알았던 것보다 더 확실하고 자세히 말이다.

우리는 엄밀한 의미에서 면벌부 사건의 불가피한 서막을 정확히 재구성해보고자 한다. 우리는 이 사건을, 특히 1904년 슐테(Aloys Schulte)의 놀라운 저술[1] 이후로, 다소 악취미로 말하는 마인츠 대주교좌의 '호엔촐레른 가 입후보'에 관한 이야기라 부를 수 있다. 우리는 1513년 8월 30일 선제후 요아힘 폰 브란덴부르크의 동생인 알브레히트가 어떻게 대성당 참사회에서 마그데부르크의 대주교로 선출되었는지, 그리고 곧이어 9월 9일에는 어떻게 할버슈타트 교구 참사회에서 교구 관리자로 선출되었는지도 알고 있다. 거기에는 교황청의 빈축을 살 만한 점은 별로 없었다. 겸직이라고? 알브레히트 폰 브란덴부르크가 두 교구를 수중에 거머쥐었다면, 그것은 전임자의 예를 따랐을 뿐이다(전임자인 작센의 에른스트는 마그데부르크와 할버슈타트 교구를 동시에 소유했다[2]).

나이에 대해서는? 물론 새로 선출된 주교는 어렸다. 막 스물네 살이 되었다. 그런데 그게 어쨌다는 말인가? 당시 교황이었던 레오 10세는 일곱 살에 성직자가 되었고, 여덟 살에 엑스의 대주교와 파시냐노의 부유한 수도원장이 되었으며, 열세 살에 추기경이 되었다. 사실은, 두 번에 걸친 교구 참사원들의 청원 끝에 요아힘과 알브레히트가 로마로 보낸 대표자들이 신속히 일을 잘 마무리 지었다. 1514년 1월 9일, 뤼베크와 브란덴부르크의 주교들이 알브레히트에게 팔리움(pallium: 견대, 대주교용 Y자 어깨걸이 – 옮긴이)을 걸어주었다.

그 직후 1514년 2월 9일, 마인츠의 대주교인 우리엘 폰 게밍겐[3]이 사망했다. 그런데 불운하게도 몇 년 사이, 즉 1504년과 1508년 그리고 1514년에 라인란트 대주교가 연이어 사망하는 일이 벌어졌다. 그 지명자들은 교황청에 얼마나 많은 돈을 지불했던가! 그들은 엄청난 돈을 착취했고, 그 돈은 마인츠 사람들의 두둑한 지갑에서 빠져나갔다. 우리엘 대주교의 사망이 야기한 걱정과, 거기 산 너머 저쪽 마음속 깊이 증오하는 이탈리아로 가져가게 될 모든 돈에 대한 생각이 교구 신도들에게 불러일으킨 분노가 짐작된다.

1514년 3월 7일, 알브레히트 폰 브란덴부르크는 주교좌성당 참사원들의 입회 아래 마인츠 대주교직에 입후보했다. 호엔촐레른 가는 자기 가문의 행운을 키워나가고 있었다. 여기서 마인츠 대주교 자리는 선제후, 제국의 수상, 선거인단의 의장, 그리고 게르마니아의 대주교였다는 사실을 잊어서는 안 된다. 여전히 건재한 전통에 따라, 알브레히트에 의해 정식 서명한 공식적 약속도 없이, 요아힘의 대표자들은 마인츠의 참사회에서 만일 알브레히트가 선출되면 면제 비용, 추인 비용, 팔리움 비용 등 모든 경비를 교구 신도들이 부담하지 않도록 하겠다고 설득시켰다. 3월 9일에 알브레히트는 선출되었다.

이제 로마의 추인만 남아 있었다. 서른도 아직 먼 한 청년에게 두 곳의 대주교직과 한 곳의 주교직이 주어졌던 것이다. 두 곳의 대주교직은 어떤 자리인가! 정말 대단한 일이었다. 전임자들도 그런 적은 없었다. 한편 로마에서는, 그를 유심히 지켜보고 있는 누군가가 있었다. 바로 랑 추기경이었다. 자신이 소유해도 좋을 마그데부르크, 할버슈타트 그리고 마인츠 교구를 알브레히트 한 사람이 모두 가지게 되었으니 그럴 만도 했다. 그러나 겸직 허락의 문제는 어느 정도 정치적이었다……. 머지않아 교황 선출이 있으리라 추측한 로마 교황청은 알브레히트의 겸직 추인으로 인해 7인 선거인단에서 한 번에 알브레히트와 요아힘 두 선제후로부터 보은(報恩)의 지지를 받게 되리라 예상했던 것이다. 문제는 또 돈이었다. 호엔촐레른 가는 그 점을 알아채고 푸거 가에 도움을 호소했다.

탁월한 금융가인 부호 야코프 푸거[4]는 섬유와 광산, 마침내 은행에 이르기까지 다양한 분야의 막대한 사업을 바탕으로 전례 없는 번영을 구가하고 있었다. 로마와의 사업은 특별히 자기 분야이기도 했다. 1904년 슐테는 푸거가 어떻게 이탈리아 은행들을 제치고 점점 독일 교구들과 로마 교황청 간의 모든 세무 거래를 독점하게 되었는지를 잘 보여주었다. 1514년 그가 호엔촐레른 가의 두 사람이 가진 막대한 이해관계에 그토록 관심을 가진 것은 당연한 일이었다. 실제로 일은 시간을 끌지 않았다. 1514년 8월 18일, 알브레히트는 추기경 회의에서 교황에 의해 마인츠 대주교로 임명되었다. 그는 통상적으로 내는 추인비 1만 4,000두카트 금화 이외에 '자발적인 화해비'로 1만 두카트를 추가 지불하기로 했다. 덕분에 그는 마인츠 교구를 비롯해 마그데부르크와 할버슈타트 교구를 동시에 소유하게 되었다. 푸거는 돈을 빌려주었다. 그런데 그것은 처음으로 면벌부 판매 문제가 발생한 직후였다.

여기서 잠시 멈추어, 1514년 8월에 발생하여 독일에 명백하고 분명하게 알려진, 전대미문의 그 '권한 남용'에 대해 살펴보자. 사실, 말해봤자 소용없는 일이다. 당시에는 성직의 겸임이 일반적이었고, 스물네 살에 고위 성직자가 되는 일이 그리 이른 것도 아니었기 때문이다. 다만 어느 모로 보나 마인츠와 마그데부르크처럼 중요한 두 대주교직에, 또 하나가 더해져 단 한 사람에게 주어진 적은 그때까지 전무후무한 일이었다. 그 확실한 증거는, 요아힘과 알브레히트가 자기들의 터무니없는 요구를 뒷받침하기 위해 전임자들의 선례를 내세울 수가 없었다는 사실이 말해준다.

루터는 이 사실을 알고 있었다. 모를 리 없었다. 그러나 그는 이 사건의 자세한 사항, 즉 그 모든 양식(樣式)의 협상은 확실히 알지 못했을 것이다. 그렇다면 결과에 대해서는? 그건 아주 똑똑히 보였다. 그렇다면 교회의 역겨운 행태가 머릿속에서 지워지지 않는, 그리하여 악습의 타파에 열을 올리는 한 수도사에게 분노를 표출할 절호의 기회였던가?—루터는 아무 말도 하지 않는다. 전혀 아무 말도. 1514년에도, 그 다음 두 해에도, 심지어 1517년 면벌부 사건이 시작된 때에도 아무 말을 하지 않는다. 이 침묵에 대해서는 분명 유의할 만한 가치가 있다. 사람들은 예전에 알브레히트가 남의 돈으로 푸거 가에서 빌린 돈을 갚으려고 요아힘의 영지와 자신의 교구에서 교황의 이익을 위해 면벌부 설교 허가를 요구했다고 말했고, 또 그렇게 믿었다.

그들은 잘못 알았다. 호엔촐레른 가의 대리인들에게 면벌부 판매를 제안했던 것은 다름 아닌 교황청이다. 그런데 호엔촐레른 가는 거기에 대해 별로 열성을 보이지 않았다. 하지만 그 제안을 받아들여야 했다. 1515년 3월 31일에 발송된 교황의 교서[5]는 전체 액수의 절반은 교황의 금고로 들어가고 나머지 반은 알브레히트의 금고로 들어가는 것으로 정하고 있는데, 알브레히트는 그 하늘의 선물로 채권자인 푸거 가에 빚을 갚으려 했다. 그러나 '무일푼'인 막시밀리안 황제[6]가 이 소문을 듣고는 개입해 들어왔다. 삼등분을 하자는 것이었다! 그는 8년이 아니라 3년 동안의 면벌부 판매수익 가운데 자기 몫으로 1,000플로린을 먼저 챙긴 뒤, 나머지를 둘로 나누어 반은 교황이, 반은 알브레히트가 갖기를 바랐다. 그런데 아쉽게도 면벌부 판매는 2년밖에 이루어질 수 없었다. 수입도 별로 되지 않았다. 알브레히트는 모든 경비를 지불하고 남은 것으로, 자신이 지불한 화해비 1만 두카트의 겨우 절반밖에 갖지 못했다.

면벌부 판매 설교는 1517년 초에야 시작되었다. 그때 막 마인츠 대주교(알브레히트)의 사무차장인 도미니크회 신부 요하네스 테첼[7]이 쩌렁쩌렁한 목소리로 단계적인 일련의 한량없는 은혜를 신도들에게 약속하며 다니기 시작했다.

여기서 잠시 다시 멈추자. 로마 교황청에서 면벌부 교서를 최종 허가하기 이전에 있었던 뒷거래에 대해 루터는 전혀 아는 바 없었다. 그는 어디에선가 자신은 처음에 테첼 배후에 알브레히트 폰 브란덴부르크가 있다는 사실을 알지 못했다고 주장하기까지 한다. 그 모름은 외교적인 언사였다고 생각할 수 있다. 그러나 테첼이 활동을 시작해 야바위꾼의 장사 도구 일체를 가지고 마그데부르크 교구와 요아힘의 영지를 어슬렁거리며 돌아다닐 때, 루터는 그 사건의 전대미문의 색다름에 놀랐을까? 습관적으로 말하는 것보다 훨씬 더 강한 어조로 "그렇지 않다"고 말해야 할 것 같다.

먼저, 예전에 주장되었던 것[8]과는 반대로 테첼은 비텐베르크에 와서 루터의 분노를, 이를테면 직접 유발하지는 않았다. 비텐베르크는 작센의 현공(賢公) 프리드리히 선제후의 영지였다. 그런데 제후는 자기 영지에서 누군가 로마 교황의 면벌부 설교를 하는 것을 원치 않았다. 루터교를 미리 예견했기 때문인가? 그래서가 아니라 '다른 사람의 일을 생각하기 이전에 우선 자기 자신부터 생각하라'는 잘 알려진 격언을 실천했기 때문이다. 당시 프리드리히는 가장 전통적인 신앙을 가졌다. 종교개혁 이전 시기에 그는 무엇보다 비텐베르크에 많은 순례자들을 끌어들이기 위해 귀중한 성유물 수집 계획에 마음을 쏟고 있었던 것 같다.[9] 그는 아기 예수의 배내옷 조각들, 그리스도가 탄생한 외양간 구유에 있었던 밀짚오라기, 성모의 머리칼과 모유 몇 방울, 그리스도의 수난에 사용됐던 못이나 채찍 조각 등을 사방 각지에 부탁하고 구입이나 교환도 했다. 면벌부가 수적으로 증가하면서 이런 특별한 보물들에 집착했다. 사람들은 자비의 일요일 뒤에 이어지는 월요일, 비텐베르크 성(城) 교회에 보존된 성유물들을 보러 감으로써 은혜를 입었다. 또 만성절 날 바치는 봉헌을 통해서나 고해하고 난 뒤에 아시시의 포르치운콜라 성당의 전면적인 면벌을 받을 수도 있었다.[10] 다시 말해 '모든 죄와 처벌로부터의 면벌부'(Indulgentia ab omni culpa et poena)인 것이다.

그렇기 때문에 루터는 비텐베르크에서 면벌부 설교자들이 일하는 실상과 면벌부 구매자들을 보기 위해 "테첼의 파렴치한 짓"까지는 필요 없었다. 그렇다면 테첼은 더 뻔뻔스러웠던가? 그는 부질없이 구경거리나 좋아하고 즐기는 사람들에게 그들의 돈이 자신의 헌금함에 떨어지는 즉시 영혼은 해방되어 연옥에서 날아올라 곧장 천국으로 들어간다고 감히 말하지 않았던가?

> 헌금함 속에서 금전 소리가 나자마자,
> 연옥으로부터 영혼이 튀어나옵니다!

사실, 사람들은 저 유명한 허풍쟁이 테첼을 공공연히 비방하고 싶지는 않았겠지만, 위의 두 구절을 쓴 자라는 사실은 인정하지 않을 수 없다. 그 두꺼운 2절판 책들 가운데 첫 권을 열어보라. 뒤 플레시 다르장트레[11]는 거기에 파리 소르본 대학 신학부의 막대한 분량의 판결 자료를 수집해놓았다. 멀리 갈 것도 없이 거기에는 1482년 소르본 대학이 학교로 넘어온 하나의 주장에 대해 판결하고 단죄했던 사실을 빠짐없이 찾아볼 수 있다. 라틴어로 된 주장을 번역해보면 이렇다. "연옥에서 신음하는 모든 영혼은 즉각 하늘로 날아오른다. 다시 말해, 동의의 방식이든 아니면 헌금의 방식이든 로마의 성 베드로 성당의 재건축을 위해 헌금함에 은화 여섯 닢을 넣는 순간 즉시 모든 죄로부터 해방된다."[12] 이것은 1517년보다 훨씬 이전에 익명의 한 성직자가 설교하다가 견책을 받은 말이다. 그러나 이 견책은 재범을 방지하지 못했다. 1518년 5월 6일, 소르본 대학은 같은 주장을 다시 판결하게 되는데, 그 주장을 허위이며 파렴치한 행위로 규정지었다. 이렇게 보듯이, 테첼이 생각해낸 일이라고는 아무것도 없었다.

그러면 그가 설교했던 내용은 무엇인가. 진심으로 회개하고 입으로 고해하면서, 숭앙받는 교회 7곳을 방문해 5번 주기도문을 외우고 5번 성모에게 드리는 기도문을 낭송한 뒤, 신분이나 재산 상태에 따라 다양하게 요금이 매겨진 봉헌(제후들은 금화 25플로린, 신분이 낮은 신도들은 반 플로린 또는 전혀 내지 않을 수 있음)을 헌금함에 던져 넣는 자들에 대한 전(全) 사면. 수도회 소속의 성직자든 재속 성직자든 고해신부를 선택할 수 있는 권리, 사는 동안이나 죽는 순간 필요할 때마다 단 한 번 통상적인 죄뿐만 아니라 유보 사항(그런데 이 유보 사항의 사면은 최소한 4분의 1 플로린은 봉헌해야 한다)에 대한 전 사면을 그 고해신부에게 받을 수 있는 권리. 마지막으로, 위에서 말했듯이 매겨진 요금을 봉헌함으로써 연옥에서 신음하고 있는 영혼들에 대한 전 사면. 바로 이것이 테첼이 자발적인 예약자들에게 팔았던 세 가지 주요 은혜였다. 여기에는 새로운 사항이라고는 전혀 없었으며, 오로지 그 시대의 관례와 관념에 부합하는 일반적인 내용들일 뿐이었다. 그런데 갑작스럽게 터진 파렴치한 사건이었다는 말인가? 말하자면 유사함도 전례도 없는 놀라운 광경에 의해 야기된 불가항력적인 촉발이었는가?

루터의 반발

사실 평소의 방식(자유로운 동시에 편견을 가진 정신들에게 고집스럽게 강요되는 이전의 진부한 판단방식)보다 훨씬 더 결단력 있게, 1515~1517년 루터의 내적인 변화·발전에 대해 알려진 사실들에 전적으로 동의하면서, 아주 내적이지만 설화적인 성격을 별로 띠지 않는 하나의 위기에 관한 이야기를 재구성할 필요가 있다.

'로마서 강의'의 주해들은 1515년과 1516년의 루터를 확실히 보여준다. 실제로 자기 사상을 가지고 있었음을 말이다. 그 사상은 그에게 영향을 주었는데, 루터는 거기에 대해 크게 감사한다. 그는 그 사상이 너무도 큰 효험이 있다고 추정했기에 막 발견한 소중한 보약을 다른 사람들에게 전하려 시도한다. 그 다른 사람들이란 누구인가? 먼저 강의를 듣는 학생들이다. 이어서 설교를 듣는 서민들, 신학자들과 박식한 학자들, 동료와 옛 스승들이다. 또한 경쟁자들이다. 그리하여 루터는 점차 한 학파의 수장으로 여겨지게 된다.

루터는 1516년 9월 자신의 주재하에, 한 지원자였던 베른하르디 폰 펠트키르헨[13]을 통해 『은총 없는 인간의 능력들과 의지에 대하여』(*De viribus et voluntate hominis sine gratia*)라는 논제(제목만 보고도, 그가 가브리엘의 교리와 아리스토텔레스주의에서 떠나 있음을 알 수 있다)를 집필케 하고 논의에 부친다.[14] 정확히 1년 뒤 1517년 9월, 루터는 다시 『스콜라 신학에 반대하며』(*Contra scholasticam theologiam*)를 주재하는데, 이번에는 또 다른 지원자 프란츠 귄터[15]에게 자신의 교리의 대략을 설명하는 97개조 논제를 집필케 한다.[16]

'썩은 나무처럼 변해버린'(arbor mala factus) 인간은 악을 원하고 악만을 저지를 뿐이다. 인간의 의지는 자유롭지 않다. 그것은 농노와 같다. 그런 인간이 자기 자신의 능력으로 무엇보다 그 정점에, 즉 신에 대한 사랑에 이를 수 있다니. '그야말로 기만이고 망상이다'(terminus fictus, sicut Chimera). 본래 인간은 신을 이기적으로 사랑할 수 있을 뿐이다. 이 모든 것은 루터가 둔스 스코투스[17] 신학이나 가브리엘 신학과 분명히 결별하는 지점이다. 그리하여 그 사실을 모르는 사람이 아무도 없도록 루터는 각 논제 끝에 이런 식으로 표시해두었다. "스코투스에 반대, 가브리엘에 반대, 통용되는 말에 반대하며……"(Contra scotum, contra Gabrielem, contra dictum commune). 그 다음에는 철학적인 논제를 집필했다. 루터는 마찬가지로 아리스토텔레스와 그의 형이상학·논리학·윤리학을 혐오한다고 거칠고 단호하게 선언했다.

"아리스토텔레스의 혐오스러운 윤리학과 신의 은혜는 철저히 상극이다(스콜라주의에 반대하여!)—아리스토텔레스의 행복론과 그리스도교 교리가 근본적으로 상반되지 않는다고 하는 말은 틀렸다(윤리학자들에 반대하며!)—논리학자가 아닌 신학자는 끔찍한 이단자다. 이것은 그 자체로 끔찍하고 이단적인 주장이다!"

그 후 루터는 자기가 선호하는 주제를 상술하면서 율법과 은혜의 근본적인 대립에 대해 다음과 같이 결론을 내렸다.

"은혜가 없는 율법의 행위는 겉보기에 모두 선행 같다. 그런데 엄중히 보면 그것은 죄에 불과하다—율법의 행위를 이행하는 자는 저주를 받은 사람이고, 은혜의 행위를 이행하는 자는 축복을 받은 사람이다—그리스도인을 살아가게 하는 좋은 율법은 레위기의 죽은 율법이 아니다. 그것은 십계명이 아니다. 성령에 의해 우리의 가슴속에 충만한 신에 대한 사랑이다."

루터는 1516년과 1517년에 그렇게 논증했다. 한 치의 거짓 없는 진실성을 가지고 말이다. 그 논증에는 혹여 자신의 관심사 속으로 부지불식간에 스며드는 약간의 대학 배타주의도 있었던가? 그것은 경쟁 관계에 있던 에르푸르트 학파, 라이프치히 학파, 프랑크푸르트 안 데어 오데르 학파, 그리고 다른 여러 학파들보다 앞서 제기할 필요가 있었던 비텐베르크 학파 또는 비텐베르크의 교리였다. 루터는 1517년 귄터의 논제를 친구들에게 알리고 복사본을 보내며, 에르푸르트의 친구들에게도 논제에 관심을 갖게 한다. 자신의 사상을 옹호하기 위해 대가들의 비판에 맞서 싸울 때가 왔다. 그 사상에 대번 마음이 끌리지 않는 그들은 근거를 제시하며 논증할 것이다. 하지만 루터는 그들을 납득시킬 수 있다는 사실을 안다. 믿음으로 충만한 그의 가슴속에, 또 이제 평화롭고 확신에 가득 차 있는 양심 속에 신이 함께하고 있었던 것이다.

귄터의 논제: 1517년 9월. 면벌부에 대한 논제: 1517년 10월. 1517년 10월 31일, 마르틴 루터는 비텐베르크 성 교회 옆문에 라틴어로 된 격문을 붙인다.

"진리에 대한 사랑에서, 진리가 지배하기를 바라는 열망에서, 아래의 논제들은 문학 석사이자 신학 박사이며 대학교의 전임강사인 R. P. 마르틴 루터의 주재하에 비텐베르크에서 논의될 것이다. 구두 토론에 참여할 수 없는 자들에게는 서신으로 참여하기를 요청한다. 우리 주 예수 그리스도의 이름으로. 아멘."

주제는 무엇인가? '면벌부의 효력을 선포하는 것에 대하여'(Pro declaratione virtutis indulgentiarum).[18] 그렇다면 테첼을 염두에 둔 것인가? 틀림없이 테첼이다. 그런데 먼저 날짜를 유의해보자. 1517년 10월 31일, 그날은 만성절 전날이다. 만성절은 매년 수많은 순례자들이 프리드리히의 성유물들—그는 심적으로나 돈주머니 차원에서 이를 매우 소중히 여겼다—을 관람함으로써 죄를 용서받기 위해 비텐베르크로 몰려드는 날이다. 테첼이 설교하는 면벌부. 좋다. 그런데 이 성유물 관람 역시 동일하게 비텐베르크에서 얻는 면벌부인 것이다…….

그런데 루터가 게시한 격문에는 어떤 내용이 담겨 있었던가? 성물을 매매하는 그 사기꾼을 가차 없이 공격하는 내용인가? 테첼의 면벌부,

로마 교황을 위한 면벌부, 그리고 알브레히트 폰 브란덴부르크의 하찮은 이득을 위한 면벌부 판매라는 파렴치한 짓들에 대한 적나라한 고발인가? 격문은 면벌부에 대한 매우 중요하고 근본적인 공격을 담고 있다. 죄인들에게 거짓 안도감을 느끼게 한다는 바로 그 점을 고발하고 있었다. 물론 이 고발은 어떤 조항에서든 단 한 번도 직접적으로 표명되고 있지는 않았다. 하지만 루터의 생각들이 표현될 때마다 격문 전체에 걸쳐 그 점은 지속적으로 분명히 드러난다. "우리의 주님이신 예수 그리스도께서 '회개하라'고 말씀하셨는데, 이는 그리스도께서 성도들의 생애 전체가 참회의 삶이 되기를 바라셨던 것이다." 이것이 첫 번째 논제다. "그리스도인은 형벌이나 죽음, 지옥을 통해서 머리되신 그리스도를 따르도록 부지런히 훈계 받아야 하고, 거짓 평화가 주는 안도감에 기대어 휴식을 취하기보다 많은 환난을 통해 하늘나라에 들어가도록(사도행전 14:22) 훈계 받아야 한다." 이것이 94번과 95번 마지막 두 논제다.

이상이 루터의 일련의 전체 주장의 뼈대를 이루는 내용들이다. 이처럼 루터는 면벌부에 대한 견해를, 다시 말해 자신의 전체 교리와 그리스도교적 삶에 대한 총체적인 견해를 긴밀하게 연결 짓고 있다. 이처럼 95개조 논제는 9월 4일의 97개조 논제를 특별히 응용하고 있기에, 그 논제의 뚜렷하고도 당연한 귀결이다……. 그렇기에 95개조 논제는 그 발생의 계기가 된 테첼의 중요성을 확고히 보여준다.

39번 논제에는 마르틴 루터의 고백과 개인적인 속내가 드러나 있는데, 어렵지 않게 이해할 수 있다. 그는 이렇게 말한다. "면벌부의 은혜와 참다운 회개의 필요성을 동시에 사람들에게 권장하는 것은 박식한 신학자일지라도 매우 어려운 일이다." 이어지는 40번 논제에서 또 이렇게 덧붙인다. "참다운 회개는 벌을 달게 받기를 바란다. 반대로 면벌부는 벌을 감해줌으로써 오히려 인간이 벌을 받기 싫어하게 만든다." 이 조항들은 얼마나 확실하고 설득력이 있는가! 이는 루터의 내면에 흐르는 생각으로서, 모순된 견해들의 극단적 대립을 통해 그의 정신에, 아니 그보다 설교자로서 양심에 느닷없이 제기되는 문제에 대한 견해였다. 이런 식으로 면벌부 논의가 루터의 참다운 믿음 개념에 접합된다. 그렇게 되면 감정이 그토록 순식간에 극단적이 되어버리는 사람이 그런 모순을 예민하게 의식하기 위해 테첼과 그의 주일설교를 오히려 기대했을 수도 있다고 보는 것은 얼마나 개연성이 있는 이야기인가?

나는 루터가 이렇게 말했다는 사실을 잘 안다. 1541년 인생의 말년에 『한스 보르스트에 반대하며』(*Wider Hans Worst*)에서 하인리히 폰 브라운슈바이크[19]에 반대하여 쓴 글의 한 구절인데, 아주 유명하다.[20] "비텐베르크로부터 위터보크(Jüterbog), 제르프스트(Zerbst), 그리고 다른 여러 지역에 이르기까지 많은 사람들이 면벌부를 찾아 열심히 쫓아다니는 것을 보고, 그리스도가 나를 대속해주셨던 만큼 확실히, 면벌부가 무엇인지 다른 이들보다 잘 알지 못했던 나는 용서를 사는 것보다 더 낫고 확실한 방법이 있다고 친절하게 설교하기 시작했다." 너무 간결하고 부정확한 요약이다. 나이 든 루터야 먼 기억을 이렇게 마음대로 요약할 수 있어도 우리는 이것을 글자 그대로 받아들일 수 없다. 루터는 틀렸다. 왜냐하면 그는 면벌부가 무엇인지를 알고 있었고, "다른 사람들보다 더 잘" 안다고 믿기 때문이다. 또한 루터가 면벌부에 집착해, 열심히 그것을 수집하는 프리드리히 선제후를 존경하는 데서 비롯되는 조심성에도 불구하고 그런 발언을 했기 때문이다. 그 증거란 무엇인가? 반론의 여지 없는 증거를 제시하기 위해서는 바이마르 교정판 제1권을 펼쳐보기만 하면 된다.

1516년 삼위일체 축일 후 열 번째 주일에 행한 설교를 발췌해본다.[21] 주제는 면벌부이며, 루터의 견해는 이렇다. "면벌부를 설교하는 일을 떠맡은 사무장과 사무차장은 사람들에게 면벌부의 은혜를 찬양하여 그것을 사도록 부추기는 일밖에 하지 못합니다. 당신들은 그들이 청중에게 면벌부가 실제로 어떤 것이고 어디에 적용되며 효과는 무엇인지에 대해 전혀 설명을 듣지 못할 것입니다. 그들은 그리스도인들이 속아서 양피지 조각을 사자마자 구원을 받았다고 생각하든 말든 상관하지 않습니다……."

그런데 이어지는 내용이 특히 흥미롭다. 1517년 10월의 95개조 논제 가운데 39번 논제가 고발하는 대립, 즉 면벌부의 은총과 참다운 회개의 필요성 사이에 존재하는 대립 말이다. 그런데 이는 루터가 아주 사적인 표현방식으로 제기한 것이다. 바로 내적인(intrinseca) 세례(infusio)와, 속세의 형벌에 대한 감형과 신부에 의해 죄인에게 선고된 교회법에 의거한 벌의 감형일 뿐이기에 외적인(extrinseca) 용서(사면, remissio) 사이에 제기된 구분이다. 지상에서 그 벌을 모두 이행해야 한다. 그전에 죽은 자는 연옥에서 이행해야 한다. 그런데 만일 교황이 벌을 감형해줄 수 있다면, 그것은 중요한 지위의 권한에 의해서가 아니라, 그에게 교회 전체의 중재를 적용하기 때문이다. 아직도 의심이 남는다. 신은 그와 같은 벌의 감형을 부분적으로만 받아들이시는가? 아니면 전체로 받아들이시는가? 루터는 이렇게 주장하고 있다. "그와 같은 면벌이 연옥에서 신음하는 영혼들을 대속할 수 있다고 설교하는 것은 너무도 무모한 짓입니다." 그 시기, 즉 1516년부터 그는 통상 1517년의 비텐베르크 논제 가운데 아주 대담한 것으로 간주되는 조항, 즉 82번 논제가 원문 그대로 되풀이하는 이것을 덧붙인다. "만일 교황이 연옥에서 신음하는 영혼들을 해방시켜줄 수 있는 권한을 실제로 가지고 있는데도 돈을 받고, 고통받고 있는 영혼들에게 공짜로 그것을 주지 않는다면 너무나 잔인한 일입니다……."[22]

1516년의 이 짧은 자료보다 더 흥미로운 것은 없다. 사람들은 거기에서 몇 년에 걸쳐 격렬하게 끓어오르며 형성되는 루터 사상의 산고(産苦) 그 자체를 파악할 수 있다고 믿는다. 하나의 설교 이상이며 하나의 논고 이상인 그것은 루터가 자기 자신에게 제기하는 일련의 질문들이다. 그런데 그는 때때로 "잘 모르겠습니다!"라고 고백한다. 그의 말을 들어보자. "당신들은 내게 이렇게 이야기할 것입니다. 즉, 자기 자신의 완전한 회개는 모든 벌을 없애준다. 그러면 그때부터 면벌부가 무슨 소용이 있는가? 완전히 회개한 영혼은 '즉시 하늘나라로 날아간다고'(statim evolat)……. 나는 이렇게 대답할 겁니다. '나의 무지를 고백합니다……. 그렇습니다. 완전히 회개한 영혼은 면벌부 없이도 구원됩니다. 하지만 지상의 모든 면벌부는 완전히 회개하지 못한 영혼을 구원하지 못합니다. 그렇다면 면벌부가 도대체 무슨 소용이 있습니까?'라고요." 그런데 이미 결론은 확실하다. "주의하시오! 면벌부로 인해 우리가 거짓 평안에 안도하고, 죄를 짓는 나태함에 빠지며, 그리고 내적인 은혜가 파괴되지 않도록 말입니다." 루터가 이 구문을 썼을 때, 더 나아가 "그런데 교황이 제안하는 것을 신께서 받아들일 거라고 누가 우리에게 보장해줍니까?"(Quis certus est, quod ita Deus acceptat sicut petitur)라는 또 다른 질문을 던졌을 때 테첼은 아직 역사에 눈을 뜨지 못했다.

95개조 논제를 게시하기 정확히 1년 전인 1516년 10월 31일, — 비텐베르크의 속죄제 전날인 그날 마르틴 루터는 이미 면벌부에 대해 설교를 했다.[23] 동일한 논증이다. 루터에게는 익숙한 일이었다. 왜냐하면 그는 이런 말로 시작하고 있기 때문이다. "나는 그와 관련해 다른 데에서 많은 것들을 말했다"(Dixi de iis, alias, plura). — 다른 데에서(Alias)라고? 아마 아우구스티누스 수도회 수도원의 예배당을 말하겠지? 그 밖의 것에 관해서는, 그 설교는 95개조 논제의 영감 그 자체였다.

95개조 논제

95개조 논제는 풍자문도, 무기를 들고 봉기하라는 외침도 아니다. 너무도 명백한 뜻밖의 파렴치한 짓이 눈앞에서 펼쳐지는 광경을 본 한 인간이 난데없이 일으킨 반발도 아니다. 테첼이 나타나기 전, 알브레히트 폰 브란덴부르크가 문제가 되기 이전, 이미 여러 다른 표명들이 있은 뒤에 이어서 루터가 세운 하나의 결심을 표명한 일이다. 이는 루터가 공들여 만들었던 원리와 개념들 가운데 (그의 정신과 양심 앞에 제기될 수밖에 없었던) 특별한 한 경우에 적용한 것이다……. 나는 다음과 같은 말을 덧붙이고 싶다. 즉, 적어도 2년 전부터 여전히 진통 중인 정신, 마르틴 루터의 "지칠 줄 모르는 날카로운 정신"을 끊임없이 사로잡고 있던 논제들에 대해 더욱 확신을 갖고 더 큰 규모와 더 큰 반향을 불러일으키며 행한 재판이었다.—알브레히트 폰 브란덴부르크와 테첼이라는 인물과, 제르프스트, 위터보크, 그리고 그 밖의 다른 곳들에서 행해진 불경하고 떠들썩한 설교들은 단지 핑계들일 뿐이다. 아니, 이렇게 말해도 좋다면, 그저 계기가 되었을 뿐이다. 그것은 비슷한 수십여 개의 다른 교서들 가운데 면벌부 교서와 관련된 것이 아니다. 그것은 논리적인 대비가 잘 되어 있는 10월 31일의 항의를 설교한 마르틴 루터에 대한 마르틴 루터의 내적인 산고와 관련된 것이다…….

그런데 확실히 가을 중반의 아우구스티누스 수도회 수도사의 행위는 중대한 결과를 초래했다. 혁명적인 행위였던가? 사람들은 습관처럼 그렇게들 항상 말한다. 사후에야 그 이야기를 알기 때문이다. 그런데 그게 전적으로 잘못된 말은 아니다. 왜냐하면 루터는 면벌부에 대한 1516년과 1517년의 설교들을 출판하지 않았기 때문이다. 그러나 그는—아주 빨리 출판이 될—95개조 논제는 1517년 10월 31일부터 단호한 편지와 함께 복사본을 마인츠 대주교인 알브레히트 폰 브란덴부르크에게 보낸다.[24] 그렇지만 그것이 전쟁 선포는 아니었다. 그렇다. 경고였다. 신의 이름으로, 규율을 따르라는 준엄한 경고. 앞서 보았듯이, 그가 이미 1512년 라이츠카우 수도원 원장 신부를 위해 작성한 설교에서 표명한 그 사상이 반영된 것이다. 95개조 논제에서도 알브레히트에게 보낸 편지에서도 루터는 분노하거나 격앙되게 외치지 않는다. 오히려 그 반대다. 그는 신도들을 속여먹는 사기꾼들에게 일종의 경멸 어린 배려를 보여주었던 것이다. "나의 목적은 (그들의 말을 들어보지 못했기 때문에) 그들의 주장을 비난하기보다는 그들이 청중의 정신에 야기하는 그릇된 상상을 제거하는 것입니다."[25] 이런 유형의 침착성은 비상한 힘의 표지로서, 만일 알브레히트 폰 브란덴부르크가 인간에 대해 잘 알았다면 분명 그 수도사를 비난하거나 소송에 착수하는 일을 주저했으리라…….

10월 31일 자료는 혁명적인가? 그렇기도 하고 그렇지 않기도 하다. 형식과 내용, 그 돌연함 때문에 그런가? 나는 그렇게 생각하지 않는다. 여기서 다시 비교해볼 필요가 있다. 혁명적, 그렇다. 1484년 문학 석사이자 신학사 및 수도사인 장 라이예(Jean Laillier)는 자신의 신학사 취득 논문에서 이렇게 말했다. "교황은 순례자들이 자신의 죄로 인해 받아야 할 형벌 전체를 면벌부로—비록 그 면벌부가 정당하고 올바르게 부여되었다 할지라도—감형해줄 권한이 있는 것은 아니다."[26] 이어 교황의 명령들은 "속임수와 기만일 뿐"(non sunt nisi truphae)이라고 덧붙였다. 이는 보편적인 교황권에 대한 루터의 교리를 예시하고 있다. 그는 로마 교회가 다른 교회들의 우두머리는 아니며, 신부의 결혼도 적법하다는 사실을 표명했다. 그리고 역사가라면 두드러지게 보여줘야 하는 의무인 비판 정신의 표시로 이렇게 주장했다. "프랑스 연대기를 믿는 것처럼 성인전을 믿어야 할 의무는 없다!" 라이예는 자기 주장을 포기함으로써 난관을 벗어났다(그런데 뭐라고! 그는 존 위클리프[27]가 이단자라는 사실을 몰랐다고 냉정하게 주장했다!). 파리 주교는 소르본 대학에서 물의를 일으킨 당사자 장 라이에를 용서하고 파면해버렸다.

14년 뒤인 1498년, 훨씬 더 유명한 에라스무스에게 영향을 끼친 것으로 알려진 한 사람이 확실히 분노를 살 만한 다음의 주장들을 했다는 이유로 소르본 대학에 소환되었다. 즉 "죄의 용서를 위해 돈을 지불해서는 안 된다", "죄의 용서는 지옥에서 유래한다." 자기 시대의 아주 파격적인 인물인 파뉘르주[28]도 결코 그렇게는 말하지 않았으리라. —그런데 마르틴 루터는 1517년 10월 31일, 그런 어휘들을 사용하는 데 조심하지 않았다. 그 장 비트리에(Jean Vitrier)는 이단으로 견책을 받고 성 오메르의 수도원에서 조용히 삶을 마감한다…….

이상은, 그 외에도 많은 예들이 있지만 대담하되 신중함을 기한 행위, 그 '분명한' 용기를 우리가 정확히 평가할 수 있게 도와주는 두 가지 실례다. 그런데 정확히 말해 루터의 강점은 단숨에 맹렬하고 당돌하게 외쳐대면서 일시적으로 항의하는 데 만족하지 않았다는 것이다. 그는 95개조 논제를 제시했다. 그 바탕에는 97개조의 9월 논제가 있었다. 이 논제 뒤에 마음의 평화를 찾기 위한 10년의 삶과 10년의 비장한 노력이 있었던 것이다. 그렇기에 그것은 정확히 말해 그가 주장하는 '교리'만이 아니었다. 우리의 언어는 너무도 빈약해서 때로는 딱 들어맞지 않는 말도 어쩔 수 없이 사용할 수밖에 없다. 루터는 1517년의 항의와 주장 속에 자신을 온전히 넣어놓았다. 그는 한 인간을 그 속에 넣어두었는데, 세상 누구도 그를 물러서게 하지 못할 것이다. 왜냐하면 그 인간의 마음속에는 신이, 항상 만지고 느낄 수 있는 자신만의 신이 역사(役事)하고 있었기 때문이다. 그는 신에게 자기의 나약함과 비참함을 고백하고 털어놓음으로써 힘을 얻었다…….

이처럼 예전에 사람들은, 명백한 하나의 권한 남용에 저항하는 움직임으로서 95개조 논제가 어떤 동기에서 게시되었는지를 알아보려 했다. 사람들은 젊은 루터가 로마에 대해 저항하는 감정이라고만 생각했다. 오늘날은 어떤가? 그때까지 고독하게 묵상하면서 틀어박혀 살던 아우구스티누스 수도회의 한 수도사가 온몸을 일으키며 "뭐야"라고 외쳐대는 것이 아주 자연스러운 일로 보이는가? 악습에 대한 루터의 저항이라고 생각되는가? 그보다는 오히려 엄청난 노력의 대가로 얻게 된 하나의 교리에 대해 그가 품고 있는 깊고 흔들림 없는 열광적 믿음이었다. — 그중에서도 특히 교리는 마음을 진정시켜주는 유익하고 유일한 것인데, 무분별한 자들과 죄인들은 그리스도인들의 정신을 거기에서 떼어놓으려고 애쓴다. 루터의 면벌부 관련 일화는 대형 사건인가? 전혀 그렇지 않다. 하나의 주장이다. 에르푸르트 수도원에 들어간 이후 한 수도사의 온갖 사유의 노력의 논리적인 맥락이자 필연적인 결론인 것이다.

그렇지만 외쳐대는 사람은 자신의 목소리가 어떤 메아리를 불러올지 알지 못한다. 1517년 11월 1일, 마르틴과 토론을 벌이기 위해 나타난 사람은 아무도 없었다. 그렇지만 며칠 사이 95개조 논제는 증쇄되고, 독일어로 번역되어 사방으로 퍼져 그 수도사에게 메아리로 다가왔다. 그 위력과 세기는 그로서도 정말 놀랍고 몹시 당혹스럽게 하는 것이었다. 그것은 독일의 목소리였다. 독일은 자신의 은밀한 욕구를 공공연하게 드러내기 위해 하나의 신호, 한 사람만을 기다려왔다. 참을 수 없는 흥분으로 남몰래 떨고 불안해하면서 말이다.

1517년의 '독일인'이 무대 앞으로, 마르틴 루터 앞으로 다가왔다. 그들은 익명이지만 작품 속에서 역할의 비중이 점점 커져갈 협력자였으며 상반되는 에너지들로 가득 차 있었다. 그와 동시에 한 수도사가 자기 안에 단숨에 잉태했던 독창적인 하나의 작품이 빛을 보든가 유산이 되든가는 바로 그 독일인에 달려 있었다. — 그런데 독일인은 역사 앞에서 그 작품의 변조된 하나의 교정쇄밖에는 만들어내지 못했다.

1517년의 독일과 루터

루터는 교부나 신학자가 아니라 예언자였다.
그런 사람이었기에 전대미문의 그 어려운 일을 해냈던 것이다.
무정부 상태의 독일을 지도하는 것, 그가 열렬히 원하는 것을
독일도 하나같이 원하고 있다는 환상을
잠시 그 독일에 심어주는 것.

보통, 사람들은 이 점을 잘 말하지 않는다. 하지만 주목할 필요가 있다. 즉, 16세기의 초기 25년이 지났을 무렵, 말의 일반적인 의미에서 종교개혁과 한 종교개혁가에게 척박한 땅이자 불모지밖에 내주지 못하는 하나의 대국(大國)이 유럽에 있었다면 그것은 독일이었다.

1517년의 독일. 경작하기 어려운 점토질의 토지, 막대한 물적 자원, 위용을 자랑하는 화려한 도시들. 어디를 가도 만나는 근면한 사람들, 진취적이고 주도적인 행동, 그리고 부(富). 그러나 전혀 통일성이 없고 도덕도 정치도 없다. 무정부 상태. 잡다하여 흔히 상반되는 수많은 욕망들. 혼란스러운, 어떤 측면에서 보면 굴욕적인 상황에 대한 뼈저린 후회. 게다가 악을 물리치는 데서 보여준 완전한 무기력. 이처럼 대부분의 많은 책들이 언급하는 내용을 여기서 쓸 데 없이 반복하지는 말자. 우리의 관심사인 역사를 더 잘 이해하도록 도울 수 있다면 모든 내용을

한마디로 환기시키기는 일도 주저하지 말자. 1517년 바로 이런 독일의 어느 외진 곳에서, 한 인간이 변변치 않게 살고 있었다. 그는 전(全) 아우구스티누스 수도회의 전기(傳記)에서 고작 다섯 줄 정도의 언급 가치나 있을까 말까한 무명의 수도사였다. 그런 그가 몇 개월 만에 국가적인 영웅이 될 터였다. 그 시대 독일의 정치적·도덕적 지형에 대한 주의 깊은 연구가, 루터의 그런 모험과 그 모험의 성공 가능성 및 지속 가능성을 어떻게 예측할 수 있었는지 자문해볼 만한 가치가 있다.

정치적 불안

독일은 통일성이 없는 나라였다. 핵심은 거기에 있다. 많은 독일인들은 강건하고 부지런했으며 서로 유사한 방언들을 사용했다. 많은 부분 같은 풍속과 관습, 존재방식과 사고방식을 가지고 있었다. 중세라는 말의 의미에서 본다면, 독일인들은 하나의 '국가'를 이루고 있었다. 그렇지만 그들은 모두 단 한 명의 지도자가 통솔하는 조화로운 집단, 다시 말해 잘 통합되고 중앙집권화된 하나의 국가에 단단히 결속되어 있지는 않았다.

어느 나라를 가도 왕을 중심으로 조직화되어 있는 유럽에서, 독일은 여전히 국가의 통치자가 없는 상태였다. 프랑스나 영국에서는 큰 부를 지니고 충성을 받고, 위엄이 있는, 그러면서 위기 때 나라의 모든 힘을 자신과 왕조를 중심으로 결집할 줄 아는 왕이 오래 전부터 있어왔다. 독일은 그런 왕이 없었다. 이름뿐인 황제, 하나의 액자일 뿐인 제국이 있었을 뿐이다. 지나치게 큰 액자 속에서 너무도 큰 이름이 자기 무게로 인해 나약하고 가난하며 때로는 불쌍한 한 인간을 으스러지게 내리누르고 있었다. 그는 저잣거리의 다툼과도 같은 투표를 통해 마침내 최고의, 하지만 무력한 그 고위직에 올랐다.

에렌베르크(Richard Ehrenberg)의 권위 있는 책[29]에서 묘사된 시대, 다시 말해 돈의 가치가 힘을 발휘하던 시대에 황제는 가난한 한 인간일 뿐이었다. 그는 자기 제국으로부터 영양가 풍부한 그 무엇도 얻지 못했다. 그랑빌[30]에 따르면 그는 개암나무 열매 한 개 값 정도밖에 얻지 못했다.—몇몇 독일 주교가 주교직에서 얻는 것보다도 못했다. 황제의 엄청난 영지는 붕괴되어 작센과 프랑켄 사람들만 부유하게 만들어주었다. 황제의 특권과 수여권은 양도되거나 잃거나 빼앗겨버렸는데, 이는 모두 황제에게 일정한 예산을 확보해줄 수 있는 권리였다. 그렇지만 그 시대의 다른 모든 군주보다 칭호만 요란했지 제국의회로부터 지원받는 모든 보조금이 거의 끊긴 황제는, 행동을 하기 위해서 돈이 많아야 했다. 실제로 왕국처럼 세습으로 물려받지 않는 그 높은 직위에 오르는 인물은, 교황이 반드시 이탈리아인일 필요가 없는 것처럼 반드시 독일인은 아니었다. 그리스도교도인 대공에게 유리한 투표에서 선출된 황제[31]는, 과거의 너무도 무거운 왕관 무게[32]에 짓눌린 황제는 동분서주하며 독일뿐만 아니라 세상에 신경을 써야 했다. 이 나라에서 황제의 권한이 갈수록 몰락해갔던 것은, 무거운 왕관 자체 때문에 그 군주가 오랫동안 행동할 수 없었기 때문이다. 무거운 왕관은 그를 게르만어권 제국의 진짜 주인들이라 할 수 있는 제후들과 도시들 앞에서 꼼짝 못하게 만들어놓았다.

제후들은 황제보다 훨씬 더 우세한 위치에 있었다. 그들은 단일한 의사결정권을 가졌고, 단일한 영토도 있었다. 그들에게는 따라야 할 세계의 정치도—추진해야 할 '그리스도교' 정치도 없었다. 이탈리아는 그런 부분들을 요구하지 않았다. 물론 그들은 때때로 이득이 되기도 하는 이탈리아로의 여행을 소홀히 하지 않았다. 그러나 황제들처럼 오랜 환상이나 헛된 꿈을 좇아 그곳으로 가지는 않았다. 그들 중 몇몇의 정성스러운 배려로 프랑크푸르트에 만들어진 '카이저 자르'[33]에서 대관식을 가졌던 황제들이 무모하고 헛된 모험으로 파산할 때도 제후들의 관심사는 단 하나, 가문의 재산과 그들 왕조의 권세와 부였다. 정확히 말해서, 15세기 말부터 16세기 초에 이르는 시기에 독일의 더 많은 지역에서 그들이 정치적·영토적 측면의 집중화를 꾀하기 위해 분투하는 것을 본다. 그들 가운데 여러 제후들은 유리한 상황과 우연히 찾아온 기회를 이용해 분할이 보다 덜 된 튼튼한 정부를 세우려 노력했다. 팔츠·뷔르템베르크·바이에른·헤센·브란덴부르크·메켈렘부르크 그리고 여러 다른 곳 등 독일 근세 역사에서 가장 주요한 역할을 하게 되는 대부분의 가문은 16세기 초부터 새로운 활력을 분명하게 드러내 보이며 서로를 정복하기 위해 합종연횡했다.

그리하여 하나의 왕족으로서 독일이라는 방향으로 나아가기는 한다. 그러나 어디까지나 나아가기만 할 뿐이었다. 이름에 걸맞게 합당한 군주를 수장으로 두지 못한 독일은 8~10명의 지역 우두머리 아래 단 하나의 뜻에 복종하고 통치되는 튼튼한 정부조직을 지향하는 것처럼 보였다. 하지만 그런 조직은 아직 존재하지 않았다. 제후들 위에는 여전히 황제가 있었다. 그들은 황제의 최고 권력 아래에 있는 지배자들일 뿐이었다. 그리고 그들 아래에는, 더 정확히 말해 그들 곁에는 '도시들'(제후들에게 불복종하는 귀족들을 가리키는 '불복종의 약탈 귀족'이라는 말 대신 이 어휘를 쓰겠다)이 있었다.

16세기가 시작될 무렵 도시들은 화려했다. 독일을 방문하는 외국인들은 그 휘황찬란함에 눈이 시릴 정도였다. 20개의 수도는 각기 고유의 체제와 산업, 예술, 의상 그리고 정신을 가지고 있었다. 남부 독일의 수도들을 보자. 푸거 가의 도시 아우구스부르크는 이탈리아와 게르마니아 무역의 관문이며, 프레스코 화법으로 그려진 저택들과 함께 저 너머 세계의 그림같이 존재하는 알프스의 아름다운 경관이 서쪽으로 펼쳐져 있다. 뿐만 아니라 알브레히트 뒤러,[34] 페테르 피셔,[35] 한스 작스,[36] 마르틴 베하임[37]의 고향인 뉘른베르크는 마인 강과 다뉴브 강 사이에 있는 거성(居城, Burg)의 기슭에 위치해 있다. 북부 독일의 수도들도 마찬가지다. 도덕적 감각이 예민하지는 않지만 산업의 발달로 화려하게 도약하기 시작한 현실주의적인 함부르크, 이미 쇠퇴하는 한자동맹의 맹주였던 뤼베크, 밀의 도시 슈테틴, 그곳에서 아주 멀리 있는—확실한 소유권의 표시인 거대한 건물들과 벽돌로 지은 웅장한 교회들이 즐비한—단치히 등. 동쪽으로는 폴란드와 교역하는 무역 화물의 집산지인 프랑크푸르트 안 데어 오데르, 슐레지엔의 자연 관문인 브레슬라우가 있다. 다시 서쪽으로는 격류가 흐르는 거대한 라인 강을 따라 콜로뉴에서 발에 이르는 일군의 화려한 도시들이 있다. 그 뒤편으로는 엄청난 규모의 프랑크푸르트 시장이 있고, 다시 그 뒤쪽으로 복잡한 독일의 진정한 중심이자 교차로이기도 한 라이프치히가 있다.

많은 인구로 북적거리는 이 찬란한 도시들은 놀라운 발전을 거듭하며, 모든 수원에서 동력을 공급받았다. 시민들의 활기는 비할 바 없었다. 1517년, 이집트에 살고 있는 투르크인들은 베네치아의 극동무역에, 따라서 독일 남부 도시들의 무역에 결정적인 타격을 입힌다. 이미 독일의 도시와 시민들은 양쪽 모두 변화를 함께 겪었다. 1503년부터 아우구스부르크의 벨저 가[38]는 리스본에 막강한 해외 상관을 연다. 1505년부터는 포르투갈 선단에 끼어 세 척의 독일 상선이 인도를 항해한다. 콘스탄츠의 에힝거(Ehinger) 가는 벨저 가와 함께 베네수엘라를 동경하고, 푸거 가는 칠레를 동경한다. 상업이 번창한 새로운 유럽의 중심지인 안트베르펜은 독일인들로 넘쳐난다. 그뿐만이 아니다. 완전한 대륙의 도시, 영광스러운 뉘른베르크도 있다. 이곳은 항해자들에게 최고의 나침반과 가장 정확한 지도를 공급해주었고, 레지오몬타누스[39]가 제자 베하임을 기다리며 위도와 항성시 측정 기구를 개량했으며, 독일의 천문학을 스페인과 포르투갈의 항해술에 연결해주고 1475년에는 콜럼버스가 항해에 가지고 갈 책력을 출판했던 도시다.

찬탄을 받는 동시에 부러움을 사기도 하고 미움을 받기도 하는 푸거가의 나라에서는, 막대한 재산가들(부호들)이 서로 겨루며 부를 쌓는다. 상호 신용이 확실한 기백 명의 진취적인 도매상인들은 고생도 하고 열심히 즐기기도 하면서 삶의 환희를 맛본다. 그들은 보고 만질 수 있는 부인 금은 세공품을 소유했다. 그들의 식탁은 기름진 음식들로 푸짐하며, 집 실내는 조각된 중후한 원목가구와 플랑드르 산 장식융단, 그리고 이탈리아 산 금갈색 가죽제품 들로 가득 차 있다. 식탁 모서리에는 무라노 산 꽃병들이 놓여 있고, 때로 지구본 곁 선반에는 몇 권의 책이 꽂혀 있기도 했다. 이런 인물들이야말로 낡은 가치체계를 뒤엎어버린 신세계의 왕들이다. 이렇게 그들을 탄생시킨 도시들은 독일의 자랑이다. 하지만 동시에 약점이기도 하다.

제후들의 영지 한가운데에 세워진 그런 도시들은 각 영지에 구멍을 내고 잘게 찢음으로써 영지들이 확장되고 견고하게 조직되는 것을 가로막는다. 그렇다면 도시 자체는 확장될 수 있는가? 그렇지도 않다. 연방은 결성될 수 있는가? 그 역시 마찬가지다. 도시들의 성벽 주위에는 보잘것없는 지방들이 있다. 모두 도시의 법과는 다른 규율에 지배받는 농촌 마을들이다. 그곳에는 탐욕스러운 지배자 아래 무지하고 야만적이며 비참한 농부들이 살고 있다. 그들에게는, 언제든 억압에 불만을 제기하고 반란을 일으킬 각오가 되어 있는 도시적 문화가 낯설다. 그들의 야만적인 모습과 미개한 풍속은 너무도 유별나서 그저 화가와 조각가들이 줄기차게 묘사하는 대상만 될 뿐이다. 그렇다면 도시들끼리는 서로 이해하고 협력하는가? 그것은 전체적으로 분명한 대조를 이룰 만큼 이질적인 넓은 면적 또는 광대한 영토에서나 가능한 일이다. 너무도 화려한 이 도시들은 단지 오아시스 문명을 이루고 있는 것이다. 즉 제후들의 감시를 받고 또 그들을 감시도 하는 고립된 운명에 처한, 한마디로 감금된 도시들이다.

도시들의 재화와 부는 누구의 소유인가? 도시들이 자랑스럽게 여기기는 하지만 결국 도시들을 파괴하는 병기창의 소유다. 요구가 많은 데다 아주 높은 임금을 지불해야 하는 기술자들, 즉 포병대들의 소유다. 아래에서 꼭대기까지 끊임없이 보수해야 하고, 때로는 다시 쌓아야 하는 성벽이나 능보의 소유다. 그 재화는 또 사절들이나 먼 나라와의 외교적인 임무를 위해 끊임없이 고지대의 길을 걸어가는 전령들에게로 돌아간다. 그런데 그런 것들은 무엇을 위한 광란적 여행인가! 도시들은 그 자유의 값을 치른다. 너무도 비싸게 말이다. 왜냐하면 모든 공여(供與)에도 불구하고 도시들은 힘이 모자라 강 상류와 하류에 지키고 서서 무역을 차단하는 제후들, 도시 민병대가 공략할 수 없는 난공불락의 절벽 요새에 숨어 도시들을 강탈하고 조롱하는 시골귀족들, 그리고 협정을 깨고 상대를 배신하는 경쟁관계의 도시들로부터 언제든 침략당할 처지에 있기 때문이다.

겉으로는 번창하는 모습이지만 실제로는 무력하다. 강한 경제력과는 대조적으로 정치력은 놀라울 정도로 무기력하다. 너무나 화려하여 그 시대 우리 프랑스의 도시들이 질투를 느끼던 그 독일의 도시들. 그곳 시민들은, 위기 때 모든 훌륭한 도시들이, 이를테면 루이 11세나 샤를 8세를 제후들로부터 지켜주고 싶어하는 프랑스의 훌륭한 도시들이 왕을 중심으로 힘을 결집하는 국민적 · 정치적 의미와는 얼마나 거리가 먼가! 질서가 잘 잡힌 하나의 전체에서 부분을 이루는 프랑스의 도시들은 시골로 문화를 전파하여 저마다 자기를 닮은 도시를 탄생시킨다. 반면에 독일의 도시들은 고집스러운 이기주의로 서로 끊임없이 다툰다.

자기들의 재산, 사업적인 감각, 거둔 대성공에 크게 자부심을 갖는 독일인들은 이런 상황을 괴로워한다. 그들은 수장도 지도자도 없이 뒤죽박죽 분할된 나라, 즉 자치 도시들과 크고 작은 힘을 가진 제후들의 혼잡한 결합체밖에 만들지 못하는 현실을 괴로워한다.

그렇다면 대책은 무엇인가? 아무도 방법을 강구하려 하지 않았다. 황제의 권력을 강화시키는 것, 그건 안 될 말이었다. 도시들은 "그건 반대야"라고 말했다. 만일 그럴 경우 그들의 자유는 어떻게 되는가? 대가를 더 치러야 할 것이다. 제후들 역시 "반대야"라고 말했다. 만인지상의 제후들 가운데 누구도 다른 제후를 지배할 만큼 월등해지지는 못할 거라는 만족스런 확신을 주었던 일종의 명예뿐인 의장. 좋다. 제도는 나쁘지 않았다. 필요한 경우 제도를 다시 만들면 되었다. 그러나 명예뿐인 '얼굴 의장'을 실질적인 지배자가 되게 하는 일만은 결사 반대였다!

15세기 말 제국에서 발표된 정치개혁과 관련된 계획은 한두 가지가 아니었다. 신통치는 않지만 적지 않게 무게감 있는 작품부터 숙고를 거친 방안, 그리고 진짜 헌법 계획안 등 수십 개가 법학자·신학자·제후들에 의해 제안된다. 그러나 어떤 안도 채택되지 않는다. 황제의 권한을 강화하고 황제의 군대를 창설하고 황제의 재판소를 설립하고, 확실하고 효과적인 황제의 제정을 수립하겠다고 말하면 말할수록, 종국에 가서 황제의 권력은 더욱 제한받고 공공연하게 수모를 겪는다. 막시밀리안 황제가 신성로마제국의 명예를 드높이고, 투르크인들을 물리치거나 프랑스인들을 위협해 꼼짝 못하게 할 필요가 있다고 탄원해도 헛일이었다. 제국의회는 신성로마제국의 명예가 어찌 되든 개의치 않았고, 투르크인들의 존재도 걱정하려고 들지 않았다. 프랑스인들에 대해서는, 이해관계가 얽혀 있든 없든 친구들이 없지 않다는 것이다. 모두가 두려워하는 유일한 적은 바로 황제였다.

그런데 이런 나라에서 종교개혁을 성공시키는 일, 적어도 정치적인 수단을 통해서나 뒤에 언급하겠지만 행정 당국의 마음을 얻어서 개혁을 성공적으로 수행하는 것.—그런 시도가 얼마나 위험하고 사전에 얼마나 규탄을 받을지 상상이 가지 않는가?

황제의 마음을 얻는 것? 어떻게 그 일을 성공할 수 있겠는가. 교황의 경쟁자이자 지지자인 황제가 과연 설득이 될까? 게다가 마음을 얻었다 한들 일이 끝난 게 아니다. 제후들의 마음도 얻어야 한다. 그것도 모든 제후의 마음을 말이다. 왜냐하면 그들을 빼놓고 황제의 마음만 얻거나 황제를 빼놓고 그들의 마음만 얻는 것, 아니면 서로 다투거나 이익이 충돌하는 제후들과 도시들의 지지를 얻는 것은 실패한 시도이자 종교개혁일 뿐이다. 곳곳에서 대립이 발생하고 정치적 적대관계는 배가되며, 종파들 간의 증오는 더욱 커지리라 보기 때문이다. 그러니 서로 증오하고 싸우던 그 모든 자율적인 존재들을, 다시 말해 도시와 제후, 황제와 기사, 평신도와 성직자들을 합의에 이르게 하는 일을 생각해보자. 그 일의 주도자인 종교개혁가에게는 놀라운 정치적인 능력이 요구되지 않겠는가? 달아오른 경쟁의 열기를 활용하고, 상충하는 일련의 많은 관심사들을 모아서 원하는 방향으로 이끌어가는 데는 크나큰 능력과 의지가 필요하지 않겠는가?

이처럼 1517년의 독일은 분열되고 불안했다.—물론 그 독일은 와해될 수도 있었다. 응집력이 있는 통일된 하나의 체제를 붕괴시키기 위해서는 체제에 적대적인 배타주의와 열렬한 무정부주의를 신뢰하면 되는 일이었다. 반대로 긍정적인 작업이 되도록 하기 위해서는 어떻게 해야 하는가? 다시 말해 만일 건설이나 재건을 할 필요가 있다면? 스스로 규율을 잡을 수 없는 독일은, 만일 새로운 질서의 수립을 시도하는 자들이 시야를 독일의 국경선으로 제한한다면 그들에게 어떤 지지를 보낼 수 있을까? 제국의 지도를 일별하는 것만으로도 사전에 아주 설득력 있게 이런 문제에 대해 말할 수 있으리라.

사회적 동요

그렇지만 강력한 지도력과 설득력을 지닌 한 사람이 나타난다면 어떨까? 그는 마음 깊은 데서부터 동요하고 있는 독일인들을 자극해 거국일치 운동으로 이끌어, 마치 온갖 방벽을 부수고, 모든 제방을 휩쓸어버리며, 온갖 장애물을 산산조각 내버리는 불가항력적인 그런 큰 파도와 같은 격변을 일으키고 급속히 전파할 수 있는 자다.

언뜻 보기에, 그와 같은 운동을 촉발시키는 것이 전혀 불가능할 일은 아니었다. 만일 독일인들이 그런 사람을 가지게 된다면 당연히 가능한 일이리라. 왜냐하면 라인 강과 비스와 강 사이에서는 오래 전부터 종교개혁을 주장하는 목소리들이 많이 일고 있었기 때문이다. 정치는 연이은 모든 계획이 실패로 돌아갔다. 여론은 실망했고 종교개혁으로 관심을 돌리는 듯했다. 종교개혁은 분열되어 있던 독일의 크고 작은 모든 권력자들에게 상대적으로 용이한 합의의 여지를 주지 않았던가?

황제라면 어떤가? 그는 그리스도인들의 수장인 교황에 대해서 자신의 의견을 내세우고 권위 있게 말하는 등 전통적인 그 역할이 있었다. 시민과 농민들은 교황에게 세금을 냈으나, 사실 그러기가 싫었다. 그들은 자신들의 믿음에 대해 정말 논의하고 싶었다. 끝으로 제후와 귀족들은 독일 교회의 크고 좋은 영지들을 집요하리만치 탐내고 있었다. 그들은 그런 영지들에 대해 잘 알고 있었다. 저마다 자기 가문의 장남 아닌 아들들을 위해 대주교직과 주교직을 차지했고 수도원을 소유했다. 세습할 수 있어 왕조의 전적인 소유가 되는 재산을 손에 넣는 일은 아주 매혹적인 꿈이었다…….

하지만 로마와의 모든 교섭은 실패했다. 프리드리히 3세는 빈 협약으로 보잘것없는 양도밖에 얻어내지 못했다. 막시밀리안 1세는 난제들을 보다 더 쉽게 해결하기 위해 황제관과 교황의 삼중관을 동시에 씌워

준다는 1511년의 멋진 계획에도 불구하고 나은 성과를 얻어내지 못했다. 약속된 모든 뒷거래는 로마 교황청의 악의를 드러내는 것으로 끝날 뿐이었다. 여론은 실망하는 동시에 불안해했고, 짜증이 나는 동시에 긴장하고 있었다. 그리하여 불안감은 외국인 혐오로 바뀌어버렸다.

이탈리아인들은 착하고 충성스러운 독일인들을 비웃었다. 흥분을 잘하고 교활하며 경망스럽고, 조심성도 없으며, 믿음도 진지함도 깊이도 없는 이탈리아인들은 그리스도인들의 이익을 위한다는 구실 아래 실제로는 자신들의 욕망을 채울 뿐이었으며, 독일로부터 수많은 액수의 두카트를 거둬가고 있었다. 독일은 분노가 쌓여갔다. 루터는 위험을 무릅쓰고 일단 결단을 내리면, 독일 민중의 한 사람으로서 심중에서부터 뿌리 깊은 분노를 지속적으로 느낀다. "독일보다 더 멸시받는 민족은 없다(Es ist khein verachter Nation denn die Deutsch). 이탈리아는 우리를 어리석은 인간들이라 부르고, 프랑스와 영국은 우리를 조롱한다. 다른 모든 나라들도 마찬가지다!" 원한을 품은 깊은 마음에서 터져 나오는 의미심장한 외침이었다.[40]

그런데 개혁에 대한 그 욕구·의향·희망들을 주의 깊게 살펴보자. 즉 귀 기울여보면, 그 말을 하는 사람들이 의식하든 하지 않든 거기에는 이익관계가 작용하고 있다. 그것은 상반되지는 않을망정 결코 일치하지도 않았다. 견해들에 대해서는 어떤가? 정치적으로 무질서한 1517년의 독일은 도덕적인 견해에서도 마찬가지였다.

도시민들 가운데는 상대적으로 동질의 교육을 받은 사려 깊은 사람들이 확실히 많았다. 그런데 왜 그 시기 그들의 정신상태는 복잡했는가? 왜 그렇게 불안정했는가?

돈을 번다는 것은 이득에 목숨을 건다는 의미고, 이득을 목표로 삼는 활동이다. 그런데 직업활동은 도덕적인 인간에게는 중요한 일이다. 시민들은 사업에 성공하여 그저 웬만한 살림 정도가 아니라 모든 것을 가져다주는 부를 손에 넣는다. 그들은 금고에 보관할 정도의 돈과 보석, 호화로운 옷은 물론 예전과는 전혀 다른 사회적 위세와 품위, 독립성 그리고 자유의 감정을 얻는다. 런던의 슈탈호프에서도, 안트베르펜의 주식시장에서도, 중세 항해의 중심지였던 리스본의 부두에서도 인간은 저마다 자기 자신을 위한다. 그렇지만 정확히 말해서, 각자는 자기 자신에게 지지를 받기 바라고, 자기 자신에게 의견을 묻는 데만 익숙했다.

그런데 16세기 초 독일의 시민들, 특히 상인들은 많은 돈을 벌기 시작했다. 행운이 그들에게 미소를 지었다. 그런데 세상의 전통들은 그들에게 명예로운 지위를 마련해주지 않았다. 또한 세상의 모든 도덕적 원칙들은 돈벌이가 변변치 못한 사람들을 위해서만 세워진 듯했다. 그러니 이 모든 전통과 원칙이 상인들에게 얼마나 성가시고 적대적으로 보였겠는가? 그들은 그 굴레에서 벗어나기를 열망했고 도덕적 원칙들의 정당성에 의문을 제기했다. 돈을 벌 때만 제외하고 그들이 어떤 억압에서 자유롭지 못할 이유가 있겠는가? 어쩌면 돈놀음에 대한 비난이 있을 것이다. 이자를 받고 돈을 빌려주는 행위에 대한 금지 말이다. 물론 다른 제한도 있겠지만, 그들의 생각은 더 멀리까지 나아갔다.

즉, 그들이 문제 삼는 것은 중세의 모든 낡은 정신과 낡은 사고방식이었다. 분명 영주를 먹여 살리기 위해 만들어졌지만 생산자로 하여금 먹고사는 일 외에 아무런 이득도 가져다주지 못하는 직업들. 단 한 사람의 소비자만을 위해 물건의 질과 가격을 보증하는 데 열중하는 관헌들에 의해 유지되는 최저가의 개념. 16세기 사람들의 정신 속에 여전히 강하게 남아 있는 이런 관념들은 그 후에도 오랫동안 변함없이 지속되었다. 오늘날은 완전히 사라졌는가? 물론 사람들은 예전과 달라졌다. 실질적으로 자본주의 정신의 초기 대표자들은 그런 관념에 대해 강력하게 이의를 제기했다. 소비가 늘어나면 비싸게 팔려는 속셈으로 초기에 헐값으로 파는 행위, 가격을 마음대로 올리고 내리는 농간, 매점과 독점, 질과 양에 대한 눈속임, 약자와 가난한 자에 대한 파렴치하고 사정없는 착취. 부정직한 행위로 돈을 버는 데 혈안인 10개국의 사람들과 그들이 왕래하던 황금 도시들을 보면서 사람들은 그런 부정직한 행위들을 익혔다.

교회는 전통과 낡은 도덕의 수호자다. 그런데 교회가 그 진부한 전통과 도덕을 단호히 옹호하는 것은 거추장스러운 부담이 되어 모두를 짓누른다.

상인들은 교회를 좋아하지 않는다. 교회는 그들을 제약하고 옭아매며, 반항자이자 공공의 적으로 지탄한다. 교회는 여전히 막강한 힘으로 그들을 증오하고 비난했으며, 그로 인해 종종 폭동을 야기한다. 완성한 도덕 혁명이 그 시대 사람들의 정신과 의식 속에서 겨우 싹트는 정도에 불과했기 때문이다. 그러므로 도시에서는 얼마나 많은 남녀가 여전히 고리대금으로 살아가고 있고, 농민들을 가증스럽게 착취함으로써 부를 쌓고 있으며, 새로운 형태의 도둑질들을 은밀하고 집요하게 자행하고 있었던가. 그렇지만 낡은 생각에 갇혀 자본가의 온갖 형태의 착취를 의식하지 못한 농민들은 거대 은행가와 대상인들의 실제적인 지배자들을 비난한다. 하지만 농민들은 여전히 그들의 실체를 알아보지 못한다.

그들은 교회와 교회제도, 세속화된 교회의 모든 낡은 정신에서 비롯되는 무언가가 여전히 자기들의 이익을 침해한다고 여겨서 마음에 들지 않았다.

경제적 이익이 걸린 다툼이나 재산 문제에서 사람들은 저마다 자신을 위할 줄 안다. 신의 문제와 관련해서도 마찬가지다. 인간과 신 사이에 위치한 신부들과 수도사들. 그들은 신이 인간의 희생(헌신)에 대해 은혜와 공덕을 베풀 거라는 생각에서 세속을 등지고 고행으로 가득 찬 삶에 스스로를 바친다. 아우구스부르크나 뉘른베르크의 부유한 상인들은 이런 성직자들을 더 이상 이해하지 못한다. 그들의 종교적 열의가 무슨 소용인가? 그 평온함이 상인의 부산함을 비웃는 것 같은, 자기들이 창조주와 피조물들 사이에 있다고 주장하는 그 무위도식자들은 상인들에게 어떤 마음을 품게 하는가? 귀찮고 쓸모없는 존재들이며 기식자들인 것이다. 성직자들은 사람들이 자기들 없이는 살아갈 수 없고, 살아갈 줄도 모른다고 생각하는가? 인간은 저마다 자신을 위해 살 줄 안다. 그러니 애써 일하고 수고하는 사람들에게서 십일조를 받는 대신 당신들이나 스스로 일하기를 바란다. 소매를 걷어붙이고 모두가 하는 그 흔한 일에 용감하게 매진하기를 바란다. 사람들이 더는 요구하지도 않는 중재를 제의하는 일을 그만 멈추기를 바란다.[41] 인간은 누구나 신 앞에 서게 되면 자기 행위에 책임을 질 것이다. 만일 성직자들이 교리의 난해성과, 그들만이 가르칠 자격이 있다는 식으로 종교적 해석의 어려움을 내세운다면 그들이야말로 제멋대로 종교를 복잡하게 만드는 것 아닌가? 또 그로써 자신들을 없어서는 안 될 존재로 만들 게 아닌가? 참다운 종교란 모두가 쉽게 이해하는 명증하고 직접적인 언어로 신은 인간에게, 인간은 신에게 말할 수 있어야 한다.

사람들은 아직 어렴풋하지만 어떤 분명한 힘이 커지고 있음을 느꼈다. 그러나 1520년경에 그렇게 생각했던 이들은 '독일인들' 전부가 아니라 도시민들 가운데 일부만 그랬을 뿐이다. 왜냐하면 여전히 서로간의 일체감이 전혀 없었기 때문이다. 농민들의 견해도 귀족들의 견해도 신부들의 견해도 합치되지 않았다. 계층의 구분은 여전히 분명했다. 제후·기사·상인·농민 등 각 계층은 십인십색의 전혀 다른 종류의 생활관습과 사고 및 도덕을 가지고 있었는데, 심지어 상반되기까지 했다. 홀바인 같은 화가의 초상화를 통해서도 이런 면을 엿볼 수 있다. 그는 부유한 상인들과 유력한 시민들을 정력적이지만 인간다운 모습으로 그렸다. 그에 반해 제후와 그의 아내들은 호화롭지만 이상야릇한 복장에, 때로는 부어올라 당혹스럽고 때로는 비쩍 말라서 간사하고 불안해 보이는 반수신 같은 모습의 얼굴을 그렸다. 그것은 쳐다보기만 해도 섬뜩한 느낌을 주었다. 두 모습의 독일을 보는 것 같다. 하지만 제발트 베함[42]의 조각 작품 속에는 열광적으로 원무를 추는 우둔하고 거친 목신 같은 농민들이 있다. 그렇지만 여기저기 흩어져 있는 독일 기병들에게서 상처 남은 얼굴들, 기사전쟁 시대(Raubrittertum)[43]의 초췌하고 고약하며 맹금류 같은 기사의 얼굴들은 보이지 않는다.

독일들은 서로간에 빈번히 대립하고 적의를 품었다. 그렇지만 시민계층이 지배적이었다. 그들은 수적으로나 문화적으로 우월했고 도덕적으로 신망을 얻었기 때문이다. 시민계층은 조금도 의심의 여지없이 혁명적인 노력을 이해하고 지지하며 아마도 성공으로 이끄는 데 필요한 능력을 지니고 있었다. 그런데 그전에 먼저, "나를 따르라"고 외치게 될 영웅이 어떤 대가와 불화, 이어 어떤 희생을 치른 뒤에 말인가? — 만일 그 영웅이 따뜻한 가슴과 비범한 재능을 가진 시민이 아니라면. 만일 그 영웅이 구체적인 실행에는 전혀 관심을 갖지 않는다면? 또 공상에 빠진 눈초리로 신만 갈망하면서 인간의 노력은 덧없다 여겨 경시하는 그런 계시 받은 인간에 불과하다면? 과연 그들이 오랫동안 그를 따를 수 있겠는가? 그들은 자신들이 무엇을 원하는지 알고 있으며, 자신들이 출발한 경주로를 쉽게 이탈할 사람들이 아니었다. 선두에 서서 그들을 이끌 사람과, 정중함을 잃지 않고 확실하고 끊임없이 그를 들볶게 될 사람들 사이에 운명적으로 어떤 싸움이 벌어져야 했던가? 1517~1520년까지 복잡하고 혼란스러운 독일은 바로 그 사람 뒤를 따라 껑충껑충 뛰어가고 있었다. 그런데 그는 쉬이 자기 길에서 벗어나 그들의 길로 밀고 들어갈까? 문제는 바로 그 점이었다.

독일 앞에서의 루터

루터는 자신의 신앙을 주의 깊게 살피고 마음의 평화를 추구하는 데 온통 마음을 쏟았다. 특히 1516년에는 직무에서 오는 많은 걱정에 사로잡혀 있었다. 그런 까닭에 1517년 이전에는 자신의 개인적인 기질을 분석해볼 시간도, 아니 그 기질이 나타나는 것을 바라볼 기회조차 갖지 못했다. 게다가 순종적인 그 아우구스티누스 수도회 수도사는 아직 자기 자신을 잘 몰랐는데, 기질이야 말할 필요가 있겠는가?

신학자들이 루터의 신학 체계라고 부르는 것은, 사실 이데올로기적으로 정립된 것이 아니다. 다시 말해 느끼고 원하고 살아 있는 인간과 무관한 개념들의 결합체가 아니다. 루터에게 그의 신학 체계란 삶과 믿음과 소망의 근거다. 그것은 하나의 힘(원리)이다. 그리스도교적인 삶과 그 삶의 목적·양식·정신에 관한 진리인 것이다.

1517년 비텐베르크 성 교회 문에 논제를 게시하는 그는 자신이 그 진리를 갖고 있다는 사실을 알고 있다. 아니, 더 정확히 말해 진리가 자기 안에 살아 숨쉬고 있음을 느낀다. 물론 진리의 모든 양상을 표현하기 위해서는, 명확히 규정해야 할 많은 사상적 내용과 이어야 할 논리적 고리가 많이 남아 있다. 신학자들은, 루터가 속죄에 대한 흠잡을 데 없는 이론을 구성하기 위해 어떤 단계를 밟아 면벌부에 대해 조사했는지 가르쳐주고 있다. 아직 더 모색해봐야 할 필요가 있음을 루터는 알고 있고, 그렇다고 말한다. 그는 또 일부러 말하지는 않지만 핵심에 있어서는 자신이 틀리지 않았음을 본능적으로 알고 있다. 그러니 어떻게 그가 틀리겠는가? 그는 자신이 믿는 바를 가르친다. 그런데 그가 믿는 바를 그에게 계시해준 이는 바로 신이다. 그는 1517년 10월 11일 마인츠의 알브레히트에게 보내는 편지에서 처음부터 끝까지 줄곧 그 점을 강조하고 있다. 그것은 자기 안에 자기편의 신을 가진 한 사람의 편지였다…….

교만이다! 이것은 데니플레의 말이다. 그러나 바티칸의 그 기록보관소 문서관보의 심리분석은 역시나 조금은 티롤 사람답다. 교만이라 그가 말했는데, 종교사에서 그 정도로 교만한 자는 얼마나 많던가! 가장 겸손하다고 말하는 신비주의자들 가운데서도 얼마나 많은가! 하지만 다음 사실에서는 의견일치를 볼 필요가 있다. 즉, 루터는 자신의 지성에 대해 오만함을 갖지 않았다. 그는 자기 사고의 놀라운 활력과 역량을 자기 만족감 차원에서 생각하지 않았다. 만일 그가 오만함과 자기 만족감에 대해 생각했다면, 바로 그런 점들을 경계하기 위해서이리라. 이를테면 모든 지적 오만에 맞서 싸우고, 그것을 사탄의 활동으로 단죄하며 맹비난하기 위해서 말이다. 1517년에는 그 비난이, 앎의 욕망에서 그토록 완벽한 세속의 화신인 에라스무스를 향하기도 했다.

루터는 자기 안의 신에게 너무도 강하고 격정적이며, 열렬하게 밀착되어 있다고 느낀다. 그가 사람들에게 말할 때면, 그것은 바로 신의 마음의 말이다. 이를테면 하라는 대로 온순하게 자신을 온통 내맡기고 있는 그를 지배하는 신의 마음의 말. — 그것은 적어도 처음에는 루터에게 두 가지 상반된 감정을 양립시켰는데, 하나는 그의 교리가 완성되지 않았다는 점이고, 나머지 하나는 그 교리가 신이 계시했다는 점이다. 루터는 1516년의 『로마서 강해』에서 숨김없이 이렇게 썼다. "신의 입김에 의해 인도된 사람들은 생각과 견해가 유연하며, 그들이 별로 가고 싶어하지 않는 곳으로 신의 오른손에 의해 기적적으로 인도된다……." 그러나 그 교리는 조금씩 담금질되고 자리를 잡을 것이다. 1522년 3월 5일, 작센의 선제후에게 보낸 유명한 편지에서 루터는 이렇게 주장한다. "선제후 각하께서도 이 사실을 아십니다. 아니, 만일 모르신다면 지금 확인하십시오. 즉 저는 복음을 인간으로부터가 아니라 오로지 우리 주 예수 그리스도의 은혜로 하늘로부터 얻었습니다." 그리하여 그는

'그리스도의 종'과 '복음 전도자'라는 호칭에 긍지를 가지게 된다. 우리가 앞서 그 시발점에 대해 언급했던 필연적인 발전의 자연스러운 종착점인 것이다. 1539년의 글은 그 발전의 완성 근거를 우리에게 설명해준다. 루터는 "바로 이것이 나의 교리다"라고 감히 말할 이단자가 어디 있으며, "내가 설교하는 모든 것은 나의 교리가 아니라 신의 말씀이다……"라고 말한다.[44] 그래야 한다. 그렇게 썼던 루터는 그 점을 누구보다 잘 알고 있었다.

비판정신이 태생적으로 거의 없는데다가 비판할 필요도 느끼지 않는 그 사람에게, 어떤 불가항력적인 힘인들 그토록 완전한 확신을 가져다줄 수 있었겠는가? 그런데 비판적인 관점에서 보면 그런 확신이란 또 얼마나 큰 약점이기도 한가. 타인의 생각과 견해를 온전히 이해하지 못하고, 모든 반론에 신경질을 내며, 자신을 반대하는 자들에게 분내고 역정을 낼 것이다. 그러므로 틀림없이 루터를 반대하는 적, 아니 특히 진리를 반대하는 적들이 생겨날 것이다. 왜냐하면 루터는 이 세상에서 신의 진리를 계시 받은 사자이기 때문이다. 진리라고? 적들은 진리를 보지 못한다. 그러므로 눈먼 자들이다. 하지만 그렇다고 할지언정 적어도 덮인 눈꺼풀을 통해 진리의 희미한 빛줄기는 보리라! 그들은 자발적으로 눈먼 자들이요, 악인이며 저주받은 자들이다. 분명히 그렇다. 그리하여 예민하고 온화하고 감상적인 마음, 그 깊은 곳에서 끊임없이 욕설이 독일인 방식으로 치밀어 오른다. 난폭하고 노골적이며 재치도 없이 해대는 아주 상스러운 욕설은 곧 도를 넘어선다. 그럼으로써 수도원의 도덕적 속박은 차츰 루터를 제어하지 못할 정도가 된다. 루터는 평민의 거친 성격을 자기 안에 지니고 있었다. 그것은 고상함이 없는 환경에서 자란 광부의 아들로서 몸에 밴 거칠음이었는데, 하층 신분에 가까운 집안 내력의 결점일 수밖에 없었다. 하지만 어쩌면 적어도 처음부터 어느 정도 가지고 있었던, 인기 있는 설교자들이 직설적으로 공격하고 자유분방하게 욕하는 식의 화법에 익숙했던 탁발 수도사의 거칠음이기도 했다. 그런데 정말 루터는 일찍부터 그 도가 지나쳤다…….

루터는 사욕(私慾)이 없다고 느끼고 또한 믿고 있었으며, 신에 대한 사랑과 더불어 오로지 이웃 사랑만이 자기를 인도한다는 증언을 스스로에게 하고 또 할 수 있는 그런 유형의 인간이었다. 만일 자기 앞에 일반적인 반대뿐 아니라 음험한 거부와 증오, 그리고 배신행위(루터가 그렇게 해석하게 될 행위)와 맞닥뜨린다면 — 그는 무슨 일인들 할 수 없겠는가? 특히, 그가 동시에 서로 반향을 일으키며 자신이 지배하지만 이번에는 오히려 자신을 지배하여 면전에 광적인 열의를 뿜어대는 군중들과 완벽한 일체를 이룬다고 느끼며 또 그렇게 믿는다면 말이다……. 두 무리, 즉 그가 고삐 풀리듯 긴장상태가 해소되어 아주 즐겁고 원기 왕성하게 뒤쫓는 한 무리와, 그를 미칠 정도로 괴롭히는 다른 한 무리 사이에서 그는 더 이상 다른 사람이 아니다. 부딪치는 모든 장애물을 그는 필요 이상으로 높이 뛰어넘는다. 루터에게는 순수한 피 같은 것이 있다. 이를테면 다른 사람이 자기를 추월하여 더 빨리 달려가는 것을 참지 못하고 내달리는 일종의 동물적인 순수함과 악착성인데, 거기에 대해 자긍심을 가진다…….

"나는 그들이 맹렬함을 드러내 보이면 보일수록 더 멀리 나아간다! 나는 그들이 뒤에서 짖어대도록 앞서 있던 곳들을 떠난다. 나는 그들이 그곳들을 향해 짖어대도록 더 멀리 나아간다"(Ego, quo magis illi furunt, eo amplius procedo; relinquo priora, ut in illis latrent; sequor posteriora, ut et illa latrent). 1518년 3월에 츠비카우의 한 설교자에게 쓴 편지[45]의 이 문구가 대표적이다. 루터의 성격과 정신의 본질을 가장 잘 보여주는 네댓 개의 자료 가운데 하나로 분류할 만한 가치가 있다. 하지만 사람들은 얼마나 많은 다른 자료를 내세울는지!

1년 뒤, 루터는 슈타우피츠에게 이렇게 쓴다. "신이 나를 휘몰아가고 있습니다. 안내해주기는커녕 앞으로 내몰고 있습니다. 나의 주인은 내가 아닙니다. 휴식을 갈망합니다. 나는 지금 이렇게 혼란에 빠져 있습니다……." 또 이렇게 말하기도 한다. "에크, 이 음험한 양반이 나를 또 다른 싸움 속으로 끌어들이고 있습니다. 당신은 보게 될 것입니다. 그만큼 주님은 내가 잠들지 못하게 신경을 쓰십니다!" 대단히 도전적이고 도발적인 이런 태도는 1520년 『교회의 바빌론 포로』 초반부에서도 계속해서 보인다. "원하든 원치 않든 나는 날마다 더 박식해지지 않을 수 없다. 너무도 많은 대가들이 앞 다투어 나를 부추기고 자극하기 때문이다!" 그리하여 그는 자기를 공격하여 계속해서 앞으로 나아가지 않을 수 없게 했던 사람들, 다시 말해 자신을 성장하게 만든 실제의 장본인들로 프리에리아스[46] · 에크[47] · 엠제르[48]를 든다. 그리하여 훗날 자신의 결혼에 대해서도 이렇게 말할 것이다. "나는 사탄과 그 떨거지들을 비웃어주려고 결혼했다……."

이와 같은 구문들에는 루터의 격렬함, 결코 계산적이지 않은 성격, 과격한 언사, 무서운 폭언 등 그의 모든 면모가 드러난다. 그런 루터였기에 1521년 8월 1일 멜란히톤에게 이런 편지를 쓴다. "대담하게 죄를 짓는 죄인이 되게나"(Esto peccator et pecca fortiter). 또한 제롬 벨러[49]에게도 1530년의 아주 놀라운 편지를 쓰는데, 탁월한 심리 자료인 그 편지에 대해서는 뒤에서 다시 다룰 것이다. 이 모든 열렬한 외침은 매우 개인적인 견해를 보편적인 신학체계로 적용하기 위한 일종의 전환을 얼마나 잘 보여주고 있는가! 또 아주 개성적인 기질과, 그 기질에서 비롯되는 동시에 그 기질을 드러내기도 하는 그 독단론자 사이의 상호침투와 지속적인 상호작용을 얼마나 잘 보여주고 있는가.

그런데 이렇게 성숙한 그 사람은 강하고 두려운 존재로 여겨졌다. 이유는 그가 타인의 사상을 놀라울 정도로 수월하게 이해했기 때문이 아니라, 정반대로 자신의 내적인 꿈을 추구하고 종교적인 활력과 열의가 끊임없이 솟아나는 샘을 자기 안에 지니고 있었기 때문이다. 그러니 루터로서는 다른 사람들이 자신의 말을 신뢰해 자기를 따라온다고 생각하고도 남았다.

그러나 실제로는 사람들이 능란하게 올가미를 놓으며 천천히 앞서 감으로써 자신들의 사냥감(루터를 가리킴 – 옮긴이)을 숲 속 가장 깊은 곳으로 유인하고 있었다. 그리하여 그 사람은, 비텐베르크에서 자신의 논제를 게시함으로써 수도사와 신학자 신분이라는 좁고 닫힌 세계 밖으로 발을 떼어놓았다. 그는 앞서 묘사한 그 독일을 향해 첫 걸음을 단호히 내디뎠던 것이다. 그런데 정확히 말하자면 그에게 무서운 힘을 불어넣게 되는 것은 바로 그의 나약함이었다.

자신을 이끄는 명석한 지성과 스스로를 완벽하게 자각하는 힘이 있었다면 어땠을까? 자기에게 불리하게 분열되고 갈라진 그 독일, 20개의 적대적인 독일로 이루어져서 상반된 불화의 목소리가 저마다 해결책을 요구하는 독일에서 과연 루터는 자신의 적용점을 찾을 수 있었을까? 루터가, 완벽하게 결합되어 오해의 소지를 전혀 남기지 않는 일관성 있는 사상체계를 분명하게 변호하는 논리학자였다고 해도 여럿으로 갈라진 독일의 혼란스럽고 무용한 주장에 또 하나의 목소리를 더하는 데 불과했으리라. 만약 행동으로 옮기기 전에 먼저 검토부터 하고 단단한 땅에 발을 내딛는 신중하고 양식 있는 사람이었다면, 그는 분명 에라스무스처럼 말하고 행동했을 것이다. 루터는 위대한 업적이나 선행을 성취하기 위해, 또 고상하고 경건하고 독실한 삶을 살아나가기 위해 애쓰는 사람이 아니었다. 그랬듯이 그는 논리학자나 현자가 아니었다. 맞닥뜨린 이의·반대·반론들을 지성으로는 이해하지 못했지만, 위압적이고 활기찬 태도로 아주 일관성 있게 그 문제들을 조정했다. 그럴 수 있었던 이유는 반대 입장들을 거추장스럽게 여기지 않고 자신의 본능적인 충동에 따랐기 때문이다. 루터는 교부나 신학자가 아니라 예언자였다.

그런 사람이었기에 전대미문의 그 어려운 일을 해냈던 것이다. 무정부 상태의 독일을 지도하는 것. 그가 열렬히 원하는 것을 독일도 하나같이 원하고 있다는 환상을 잠시 그 독일에 심어주는 것. 그리하여 그는 몇 달 동안 수많은 불협화음을 내는 목소리들로 훌륭한 합창대를 만들었으며, 탁월한 하나의 노래인 그의 합창곡을 단 하나의 정신으로 만천하에 내놓게 되었다.

그러나 놀라운 화음이 과연 오랫동안 지속될까? 명민하고 주의 깊은 관찰자라면 누구나 그 화음이 절대 1517년부터 모습을 드러낼 수도 없고 드러내지도 않으리라는 사실을 알았다. 그런데 바로 그것이 한 사람의 주인공과 부화뇌동하는 규율을 가진 나라 사이에서 플롯이 얽히고설키며 결말로 이어지는 드라마의 모든 비밀이었다.

제3장

에라스무스, 후텐, 로마

루터는 에라스무스의 정신적 아들이며 아류다.
이를테면 에라스무스의 개혁 욕망을 실현하는 자라는 식의
편견 말이다. 오해다. 그것도 맨 먼저 생겨난 오해다. 하지만
곧 다른 오해들이 생겨났고, 그것은 더더욱 심각했다.

1517년에서 1525년까지 루터는 말하고 설교하고 공격하고 자신을 옹호한다. 그랬기에 당시 그가 행하는 일에서 신학자들은 교리를 찾고, 역사학자들은 한 인간을 찾는다. 즉 사람들과 싸우는 인간, 사람들이 친구로서 끌어들이거나 적으로서 내치는 인간, 때로는 저항하고 때로는 되는대로 살면서 끊임없이 싸우고 덤벼드는 한 인간을 찾는다. 우리는 당연히 여기서 너무도 완전하고 변화무쌍한 이 극적인 이야기를 자세히 다루지는 못한다. 이 작은 지면에서는 가장 감동적인 우여곡절들마저 묘사하지 못할 것이다. 다만 한두 가지의 문제에 집중해보자.

당신은 경건하지 않다

예를 들면, 애당초 1517년에 마르틴 루터는 무엇을 하기 원했던가? 아니, 질문이 잘못됐다. 그는 아무런 계획을 세우지 않았다. 사건에 대해 따져보거나 숙고해보려는 의지가 없었다. 그런데 그 의지는 갈수록 그로 하여금 적극 나서서 자신을 표명하고 자기의 믿음을 밝히게 했다. 그렇지만 루터가 사람들에게, 다시 말해 계층과 국적을 불문한 모든 이들에게 자신을 들끓게 만든 종교적인 열정을 조금이나마 전하고 싶어 몸이 달았던 것은 사실이다. 자신의 비장한 감정과 사심 없는 진실을 전하려 했고, 신의 절대성과 전능성 그리고 자비로움에서 오는 무한한 자유를 자기 양심 속에 느끼게 한 열정과 열의를 최대한 그들에게 전하려 했던 것도 사실이다…….

바로 그런 방법으로 그는 밖이 아니라 안으로부터 요구받은 종교개혁을 하려고 힘썼다. 물론 밖으로 명백히 드러난 교회의 악습을 치유할 생각은 없었다. 더 정확히 말하면, 그 점에 대해서는 부차적으로 생각할 뿐이었다. 그가 보기에 그것은 목표가 달성되면 저절로 해결될 일이었다. 그런데 그 목표란 인도자를 잃은, 더 정확히 말해 위험한 인도자들로 인해 길을 잃은 성도들이 신을 향한 그들의 마음과 내적 성향 및 태도를 변화시키는 일이었다.

유럽 전역의 그리스도인들 가운데 식견이 있고 선의를 가진 일군의 사람들이 수년 전부터 그런 류의 개혁을 열망하고 있었다. 그들을 오늘날 이른바 인문주의자라고 부르며, 그들이 공동으로 계획한 개혁을 우리는 훗날 그들의 이름으로만 진술한다. 이는 확실히 만족스러운 측면도 있지만 어떤 선입견을 가지고 단순화시킨 측면도 있다. 그럼에도 불구하고 당시 상황을 잘 고찰해보면, 그 시대의 지식인들과 교양인들에게 다음과 같은 흐름이 상당히 확산되어 있었다. 즉, 그들은 지난 오랜 세월의 흐름 속에 역사라는 이름으로 기생하는 많은 사건들에서 '초대 교회'의 칙령을 다시 찾아내려 했다. 쓸데없이 복잡해지기만 한 교리에서 성경이 분명히 말하지 않은 부분을 삭제하려 했다. 그리고 덜어낸 그 모든 부분을 '인간이 만들어낸 것'이라 명명하고, 그것을 믿는 의무에서 벗어나 오직 신의 율법에만 복종하기를 바라는 그리스도인들을 자유롭게 해주려 했다.

게다가 그리스어와 라틴어 교육을 받은 이른바 고전 찬미자들은 움트기 시작하는 인문학 연구와 인쇄술에 힘입어 고대인들의 작품을 복원하고 보급하고 있었다. 그들은 그리스도교와는 무관한 그 고대 사상의 대가들에게 단순히 말 잘하는 가르침이나 문자 그대로 문학적인 충족만을 요구하지 않았다. 그들은 고대의 건물을 중세 양식의 건물에 붙이기 적합한 장식 소재로 변화시키는 '건축가들'처럼 그 대가들의 작품을 이용하지는 않았다. 그들은 대가들의 사상을 자기들 것으로 만들었으며, 그 사상으로부터 인간에 관한 영감을 풍부히 얻었다. 거기에서 교리와는 무관한 이타주의적인 도덕 원리를 길어 올렸다. 그것은 보배와 같았다. 그들은 그것을 자신들이 꿈꾸어왔던 대로, 좀더 인간화되고 유순해진 그리스도교의 가치를 드높이는 데 비할 바 없는 도움을 주었다고 주장했다. 당시 유럽에서는 그런 흐름을 강력하게 대표하는 한 사람이 있었다. 바로 에라스무스였다. 그는 프랑스인을 비롯해 영국인·독일인·플랑드르인·폴란드인·스페인인 그리고 이탈리아인들에게까지 높이 평가되고 존경을 받았다. 그는 실천적인 라틴어 저술가로 다방면에 걸쳐 재능이 뛰어났고 박식했다.

대중연설가인가? 통솔력이 있는 사람인가? 그는 너무도 섬세하고 신중하고 분별 있는 사람이었다. 그래서 방대한 지식과 날카로운 비판정신을 중요한 자질로 여기는 교양인층에 머물렀다. 그 밖을 벗어나 돌격 태세를 갖춘 공격의 선봉장으로서 영향력을 발휘하지는 못했다. 외부의 노골적이고 난폭하고 사나운 공격 앞에서는 더더욱 그랬다. 유력한 인물들과, 이해관계가 복잡하고 상충하는 유럽의 정세를 잘 아는 그가 어떻게 그런 모험의 최종 승자가 되리라 믿을 수 있겠는가? 그는 유럽을 두루 돌아다녔다.[50] 유수의 수도들마다 머물며, 유럽의 많은 지식인들뿐만 아니라 실제 지도자들이었던 귀족·정치인들과 만나 대화했다. 특히 그는 확고한 저력을 지니고 있으며, 군주들에 대한 외교적 영향력과 풍부한 물질적·정신적 자원을 가진 로마 교회가 당시 어떤 의미인지를 잘 알고 있었다. 그러므로 로마 교회의 위력을 과소평가하는 일이 없도록 조심했다. 그리하여 루터의 방식이 아니라 자기만의 방식으로, 자신이 바라는 대로 그리스도인의 전통적인 삶의 토대를 바꾸고자 했다. 또한 그 그리스도의 철학은, 확신과 열의(위험성이 없지는 않지만 절대적으로 필요한 선결조건이다)를 가지고 설명하고 설교했던 그 영(靈)의 종교가 승리를 구가하도록 해주어야 했다. 그러기 위해서는 교회 안에 남아서 난폭하지 않고 소란스럽지 않게 지속적으로 교회를 공부해야 한다. 결코 교회와 결별하지 않을 뿐 아니라 나아가 자기의 정신과 감정에도 반하는 과격한 단절로 인해 추방되는 일이 없어야 한다는 사실을 깊이 이해하고 있었다.

루터의 초기 작품들이 출판되어 그 이름이 유럽 전역에 회자되고 있을 때, 가장 먼저 감동을 받은 이는 연구자들이었다. 아우구스티누스 수도회의 한 수도사가, 면벌부를 찬양하는 자들의 변조된 교리 앞에 95개조 논제로 맞서며 큰 반향을 불러일으키자 인문주의자들은 몸을 떨었다. 그들은 에라스무스의 작품들을 출판했던 인쇄업자 프로벤이 95개조 논제의 모음집을 스위스 바젤에서 출판했을 때—1519년 2월과 8월에 다시 찍어낸다—루터의 항의와 설교가 담긴 책자들을 서로 차지하려고 했다. 그리하여 그들은 순진하게도 즉각 그 수도사를 에라스무스의 조수나 보조인 정도로 치부해버렸다.

여기 되는대로 그랬던 한 사람을 들어본다. 리에즈 출신으로 별로 알려지지 않은 랑베르 올로니위(Lambert Hollonius)라는 사람이다. 1518년 12월 5일, 그는 루터의 글을 읽고 흥분하여 에라스무스에게 열렬하고 순진한 편지를 한 통 쓴다.[51] 겉만 보고 속단하는 그와 같은 많은 선량한 사람들 역시, 그 수도사가 율법에서 얼마나 자신들을 더 자유롭게 해주었다고 우리에게 확인시켜주는가. "종교 예식들에 대한 엄격한 준수 문제로부터 내 정신을 보다 더 자유롭게 해주었습니다"(mentem reddidit liberiorem, antea caeremoniarum observatiunculis frigidissimis servientem). 그리하여 루터의 생각을 더 깊이 이해하지도 않은 채 그 해방자를 인문주의자의 깃발 아래 자동적으로 몰아넣어버린다. "오, 우리는 얼마나 복 받은 사람들인가요? 안내자이자 지도자이며 완성자이신 당신이 쓴 글과 책으로 인해 참된 그리스도교가 다시 태어나게 된 이 시대를 살고 있으니 말입니다"(o nos beatos, quibus contigit hoc saeculo vivere, quo indice, duce ac perfectore te, et literae Christianismus verus renascuntur?). 우리는 단지 편지를 쓴 사람이 하찮은 신분이었기 때문에 이 증언을 인용할 뿐이다. 그는 중대한 판단의 오류를 범했다. 그것은 당연하고 불가피한 일이었다.

그렇지만 올로니위를 비롯한 그 시대 대부분의 사람들이 에라스무스에 대한 루터의 진정한 생각, 다시 말해 처음부터 에라스무스에 대해 그토록 단호하고 분명했던 루터의 생각을 몰랐다는 사실을 잊지 말자. 그들은 슈팔라틴—루터의 가장 유력한 보호자 가운데 하나인 작센의 프리드리히 선제후의 전속 신부—이 아직 세상에 전혀 알려지지 않았던 루터를 대신해 1516년 12월 11일 에라스무스에게 썼던 편지를 알지 못했다. 그는 편지에서 수도사 루터의 이름을 언급조차 하지 않았다. 그는 루터를 "신학자로서의 면모만큼이나 종교적인 삶에서도 훌륭한 아우구스티누스 수도회의 한 수도사"[52]라고 불렀다. 슈팔라틴은 자신에게 소중했던 그 무명인을 대신해 다양하게 이의를 제기했다. 그러나 그것은 사실상 루터의 생각이었다.[53] 마찬가지로 우리는 1518년 당시의 사람들은 몰랐던, 1516년 10월 19일 루터가 슈팔라틴에게 보낸 편지를 알고 있다. 95개조 논제를 게시하기 1년 전의 그 편지에서, 아우구스티누스 수도회 수도사는 자기가 에라스무스를 근본적으로 반대하는 이유의 하나를 다음과 같이 썼다. 이 말은 그 후에도 점점 더 거친 형태로 수없이 반복된다. "에라스무스와 나의 견해차는 여기에서 옵니다. 즉, 성서해석이 문제될 때 에라스무스는 히에로니무스를 더 좋아하는 반면, 나는 아우구스티누스를 더 좋아한다는 사실입니다."[54]

조숙하고도 놀라운 판단이다. 여기서 우리는 이미, 아주 큰 의미를 지니는 루터의 강한 증오가 표출될 차후의 모든 글들을 짐작해보게 된다. 예를 들면 코르다투스[55]의 모음집에 거의 나란히 적혀 있는 1533년의 다음 발언들이 있다.[56] "나는 에라스무스를 마음 깊이 증오합니다." "내가 히에로니무스만큼 증오하는 저자도 없습니다"(inter scriptores, nullum aeque odi ut Hiernimum). 히에로니무스는 인문주의자들의 수호성인이다. 오늘날 고요한 서재 속 전형적인 학자의 보기 좋은 모습이 담긴 그림과 판화들을 많이 볼 수 있다. 거기에는 한 노학자가 두꺼운 책들이 놓인 책상 앞에 앉아 있고, 발아래 사자 한 마리가 평온하게 졸고 있다. 벽에는 챙이 넓은 추기경의 아름다운 모자가 걸려 있다. 그런데 1533년의 그 구문들이 무슨 소용인가?

1517년 3월 1일, 이미 루터는 친구 랑[57]에게 이렇게 쓰고 있는데 말이다. "나는 에라스무스를 읽고 있네. 그런데 갈수록 그를 좋아하는 마음이 줄어들고 있어."[58] 그러고는 자기의 생각을 더욱 분명히 밝히면서 그 인문주의자가 "그리스도와 신의 은총을 열렬히 옹호할 사람 같지는 않아" 두렵다고 고백했다. 경멸하듯 그렇지만 통찰력 있게 그는 자신의 신학적인 교리에 기초해 다음과 같은 판단을 내린다. "그 분야에서 에라스무스는 르페브르 데타플보다 훨씬 더 무지해. 그에게는 인간적인 것이 신적인 것보다 더 우세하네." 단호하고 분명한 이 모든 구문들을 당대 사람들은 전혀 알지 못했다. 그런 구문들이 존재하리라는 사실조차 짐작하지 못했다.

어떻게 그럴 수 있었을까? 1516년부터 한 무명의 수도사는 그 사람을 거침없이 공격했다. 신앙이 문제되자 그의 인간적인 탁월함이나 그동안 인정받은 권위는 별로 아랑곳하지 않고 공격을 해댔던 것이다. 그런데 아주 놀랍게도, 생각하고 글을 쓰는 사람이라면 전 세계 누구나 그 사람의 비범한 재능을 찬양했었다. 그는 지적 기량이 풍부한 벌써 51세의 인문주의자로서 정말 초인적인 노력의 결과로 6년이 걸려야 하는 일을 단 8개월 만에 해냈다. 바로 10권의 방대한 저작인 『성 히에로니무스 저작집』(1516년 4월 1일~8월 26일)을 연거푸 프로벤 출판사에서 펴냈다. 또 1516년 2월, 원전에 기초한 라틴어 번역 성서[59]와는 별도로 그리스어판 『신약성서』를 출판했던 위대한 주석가였다. 그는 한마디로 정신의 왕이었다. 지상의 왕과 제후, 귀족, 고위 성직자 그리고 지식인들이 영국·프랑스·독일 등 사방에서 그 대담하고 용감한 정신과 뛰어난 재능을 앞 다투어 찬양하고 있었다. 성 카피토[60] 주교는 바젤의 자기 교회에서 아마 초대교회의 한 교부에게나 그랬을 것처럼 그 사람에 대해 강해했다. 글라리스의 일개 무명의 사제 울리히 츠빙글리는 알려진 대로 에라스무스의 집으로 순례를 다녀온 직후(1516년 4월 29일), 감사와 겸손, 찬사가 넘치는 감동적인 편지로 그 사람에게 경의를 표했다.[61] 때가 이러할진대, 어떻게 동시대인들이 지적인 영웅인 에라스무스를 루터가 경멸했으리라고 의심할 수 있겠는가? 어떻게 그들이 루터를 그 많은 인문주의자들과 고대 사상의 열렬한 애호가 무리들 사이에 포함시키는 일에 주저할 수 있겠는가?

그들은 확실히 실수했다. 그런데 후대인들 역시 모두 그들처럼 잘못 생각했다. 1907년 앙드레 메이에르(André Meyer)는 섬세함과 통찰력으로 가득 찬 그의 작품[62] 전반부에서 종교에 대한 루터의 초고들을 보면 "그와 그 위대한 인문주의자는 서로 가깝다"고 여전히 진술하고 있지 않은가? 에라스무스처럼 루터도 "교회의 타락에 대해 자주 눈물 흘렸으며, 탐욕에 젖은 성직자들로부터 억압받고 기만당하는 가엾은 독일 국민을 보는 것이 고통스럽다"고 진술하지 않았던가? — 그는 다시 이렇게 썼다. 그 보잘것없는 수도사는 "로테르담의 위대한 신학자와 같은 결론에 도달했다. 즉, 교황권의 남용에 제동을 걸어야 하며, 복음의 시대에 가졌던 믿음의 순수성을 되찾아야 한다." 이로부터 논리적인 다음의 말이 나온다. "그들의 사상 사이에 몇 가지 불일치하는 점이 존재하는데도 불구하고, 루터가 일찍이 에라스무스와 가까웠다고 생각하는 것은 자연스럽다."

1900년에는 1900년대로 글마다 진실이 모두 다르다면, 1927년(뤼시앵 페브르의 이 저술이 집필 완성된 해를 가리킴 – 옮긴이)에는 1927년대로 오류나 부정확성 역시 모두 다르다. 그런데 우리가 이 문구를 옮겨 적는 것은 처음부터 끝까지 그 책 전체가 해대는 비판을 되풀이하기 위해서가 아니다. 그 주장들에 대해, 이미 루터가 에라스무스를 읽으면서 자기 마음속에 기술해놓은 "당신은 경건하지 않다"(Du bist nicht fromm!)라고 단호하고 화해할 수 없는 발언을 내세워 반대하기 위해서도 아니다. 그것은 20세기의 이 저술이 나중에 16세기의 아주 중대한 사실, 즉 1516년과 1520년 사이 루터와 에라스무스주의자들 사이에 있었던 불화의, 또는 이 말이 괜찮다면, 오해의 발생과 생성 과정을 이해하는 데 큰 도움을 주기 때문이다.

인간과 신의 관계에 대한 모든 개념들을, 따라서 신앙적·그리스도교적 삶과 도덕적 실천—이런 것들은 에라스무스의 사상과 피상적으로 이해한 루터의 사상을 얼핏 닮았다고 여기게 만드는 유사성에 그쳤다—에 대한 모든 개념들을 바꾸려 했던 신학 안의 개인적이고 독창적이며 혁명적인 주장으로 시간을 끌지 말고, 믿음의 순수한 원천으로, 더 정확히 말해 믿음의 유일한 원천으로 돌아가는 것. 복음이란 통속적인 언어로 표현되어 성직자 계층과의 불리한 차별 없이 대다수 신도들의 손에 쥐어주는 것. 그 원인과 기원을 정확히 규명하려 들지 않는 '악습'의 폐지. 너무나 당연한 이런 관례적인 문구들에 누가 의견을 달리하겠는가? 사람마다 표현은 조금씩 달랐으리라는 사실, 십중팔구 그럴 수 있다. 그런데 에라스무스와 그 지지자들로 분류되는 사람들에게 종교개혁 현장의 토대는 같지 않았던가? 1518년에는, 1907년의 앙드레 메이에르처럼 말했을 사람은 아무도 없다. 즉, '"그들의 사상 사이에 몇 가지 불일치하는 점이 존재하는데도 불구하고," 루터가 에라스무스와 합심하는 것은 당연했다'고.

에라스무스 자신은 어떤가? 그토록 섬세하고 명민한 정신적 재기(才氣)를 지녔음에도 불구하고, 그는 사람들이 루터와 자신을 두고 타협을 모르는 두 정신의 대표자로 대립시켰다는 사실을 일찍이 깨닫지는 못했다. 그렇다고 놀라지는 말자. 다시 한 번 말하건대, 그 시기의 두 사람 사이에는 승부가 되지 않았다. 루터는 에라스무스를 이해하고 판단하기 위해 모든 것을, 즉 그의 미완성 작품을 포함해 방대한 저작 전체를 가지고 있을 정도였다. 반면 에라스무스는 루터를 이해하기 위해 아직 아무것도, 아니 거의 가지고 있지 않았다. 그러므로 에라스무스가 처음에는 자신에게 소중한 입장이었던 '그리스도 철학'의 전파와 발전을 위해 루터의 열의와 재능을 이용하려 했다는 사실이 이해가 된다.[63]

1504년 에라스무스는 처음으로 "종교가 의식(儀式)과 문자에 얽매인 율법으로 이루어졌다고 주장하며, 참된 믿음을 게을리하는 사람들을 가르치려는 목적에서 한 권의 개설서를 출판했다. 바로 『그리스도교 전사의 교본』(『엔키리디온』*Enchridion Militis Christiani*)이다. 요컨대 에라스무스가 원하는 개혁의 모든 프로그램을 담고 있는 과감한 책이다.[64] 하지만 그해에는 큰 성공을 거두지 못했던 것 같다. 그 책은 다시 출판되어 1515년, 특히 독일에서 열광적인 독자들을 얻게 되었다. 1518년 여름, 그는 프로벤에게 그 책의 재간행을 맡기면서 알자스 지방의 한 신부 폴 볼즈에게 헌정하는 긴 서문을 써넣었다. 그것은 하나의 선언문이었다.[65] 에라스무스는 평소의 습관대로 조심스럽지만 단호하게 그 서문에서 하나의 작업을 아주 능란하게 실행했다. 그는 자신의 권위를 이용함과 동시에 절도 있게 루터를 옹호해주었던 것이다. 그는 그 격정적인 아우구스티누스 수도회 수도사의 이름을 언급하지 않도록 조심했다. 하지만 암시로 가득 찬 한 구문에서 그는 자신이 강력히 주장하는 비판의 자유에 대한 옹호자가 되기를 자임했다. 그것은 그를 위한, 또한 분명히 루터를 위한 일이었다. "마찬가지로 우리에게 이렇게 주의를 주는 어떤 사람이 있다. 즉, 교황이 내리는 은총을 믿기보다 선행을 믿는 편이 더 낫다. 그는 은총을 단호히 비난한다고 말하려는 것인가? 아니면, 그리스도의 가르침이 보다 더 확실하다고 가르치는 길을 교황이 내리는 은총보다 더 좋아한다고 말하려는 것인가?" 에라스무스는 루터의 견해를 자유롭게 해석하고 있다. 그러나 술책은 노련함으로 가득 차 있었다.[66] 그 인문주의자는 그 수도사를 가리키면서 말하는 것 같았다. "그는 내가 찾고 있는 그런 사람이다. 분명 열성적인 사람이다. 그런데 들어보라. 내 방식으로 그의 불만과 이의들을 설명해주겠다. 그가 나의 입을 통해서 말을 하면, 당신들은 이구동성으로 '그의 말이 옳다'고 말할 것이다. 뿐만 아니라 그의 비판들은 개혁과 쇄신의 완전한 프로그램의 서문이다. 그 프로그램을 나는 1504년에 그리스도인들에게 제안했다. 나는 1518년 『그리스도교 전사의 교본』 개정판에서 다시 한 번 그것을 그리스도인들에게 제안한다." 노련하고 영리하며 유연한 전략이다. 이 전략은 1518년 에라스무스가 아직도 루터를 잘 알지 못했음을 여실히 보여주고 있다.

그런데 누가 이 오류를 그에게 말해줄 수 있을까? 오직 한 사람 루터뿐인데, 그는 몇몇 친구에게만 보낸 사적인 편지에서 불만을 털어놓았다. 하지만 비록 루터가 기질적으로 여전히 거칠었지만 많은 이유에서 그 불만을 거칠고 적나라하게 폭로할 수는 없었다. 그랬다면 결별이겠지만, 루터는 에라스무스와 결별할 수도 없었다. 아마 혼자였다면 그렇게 하는 데 주저하지 않았을 것이다. 루터는 더 이상 혼자가 아니었다. 주변에는 친구들, 지지자들, 그리고 자신을 신봉하는 이들뿐만 아니라 에라스무스의 신봉자들까지도 있었다. 그들은 한쪽에 충실하기 위해 다른 쪽을 맹렬히 비난할 수 없었다. 그는 주위의 압박으로 인해 서서히 필요한 행동을 취하게 되었는데, 1519년 3월 28일에 그 행동의 하나로 에라스무스에게 첫 편지를 보냈다. 겉으로는 공손과 순종의 말투로 가득한 편지[67]였지만 실은 아주 거만하고 당돌한, 이를테면 내 편이냐 적이냐를 묻는 최고장(催告狀)이었다.

그런데 에라스무스도 자기 입장을 말하기가 자유롭지 않았다. 루터가 자신의 지지자 가운데 한 사람이라고 말하기도 또 그렇게 생각하기도 곤란했다. 자신의 관점에서 보기에 루터가 범하고 있는 엄청난 오류들을 비난하기도 쉽지 않았다. 왜냐하면 눈치가 빠른 적들은 지체 없이 자신과 루터를 긴밀하게 엮어놓아버렸기 때문이다. 루터는 에라스무스의 추종자라는 것이다. 불가능한 일도 아니었다. 또 에라스무스의 대리인이라는 것이다. 그 인문주의자는 그때부터 루터에 대한 모든 비난이 곧 자신을 향하게 된다는 사실을 이해해야 했다. 인문주의자적 개혁의 입장, 곧 그 자신의 입장에 치명적인 타격이 가해지는 일이었다. 그러니 어떤 대가를 치르더라도 증오심을 품은 수도사들이 루터를 이단으로 배척하는 일만은 막아야 했다. 루터를 위하고 보호하기 위해 제후들과, 고위 성직자들 그리고 이름 있는 식자들 사이에서 중재를 해야 했다. 여론을 형성하고, 그 여론을 신성불가침한 것으로 만들어야 했다. 끝으로, 루터를 압박해 돌이킬 수 없는 지경에 이르지 않도록 신중하게 행동하겠다는 약속을 받아내야 했다. 엄청난 일이었다. 에라스무스는 그 일에 전념했다. 그는 용감했고 능숙했다.

그리하여 서로에게 마음의 지주(支柱)가 되었다. 즉, 한쪽은 에라스무스가 마음껏 섭취한 그 이교의 고대문명에서 얻은 것을 지주로 삼았고, 다른 한쪽은 바울의 교리와 아우구스티누스의 성전(聖傳)에서 얻은 것을 지주로 삼았다. 루터는 오로지 또한 열렬한 그리스도인이었고, 에라스무스는 인간의 지혜로 가득 채워진 그리스도 철학을 지극히 신봉하는 현자였다. 그런 두 사람 사이에 행동을 가능케 하는 일종의 타협이 성립된다. 그렇기 때문에 식자들 사이에는 이런 편견이 생겨났는데, 그것은 너무나 뿌리가 깊어서 아직도 사라지지 않고 있다. 즉, 루터는 에라스무스의 정신적 아들이며 아류다. 이를테면 에라스무스의 개혁 욕망을 실현하는 자라는 식의 편견 말이다.

오해다. 그것도 맨 먼저 생겨난 오해다. 하지만 곧 다른 오해들이 생겨났고, 그것은 더더욱 심각했다.

후텐주의자들

독일 역사에서 1518년과 1519년은 특별히 혼란스러웠던 두 해다. 1519년은 하나의 사건, 즉 막시밀리안 황제의 사망으로 시작된다. 로마 교황청 사무국은 1518년 내내 그 일이 가져올 결과를 예상하고 여파를 해결할 방법에 매달렸다.

1월 12일 막시밀리안 황제가 사망했을 때, 그 몇 달 전부터 후보자들은 황제 선출에 대비하고 있었다. 프랑수아 1세는 선제후들의 표를 매수했다. 그러나 막시밀리안 황제는 카를 5세를 위해 그 표들을 고집스럽게 되샀다. 푸거 가는 막후에서 선거에 필요한 막대한 자금을 조달해주었다. 그동안 영국의 헨리 8세는 자신의 선출 가능성을 점쳐보고 있었다. 그리고 루터의 보호자 프리드리히 선제후는 합스부르크 가에 대해서처럼 발루아 가에 대해서도 적대적이었던 교황이 그동안의 외교노력 덕분에 우호적으로 외교단을 보내올지 기회를 기다리고 있었다. 선거 열기는 고조되었다. 막시밀리안 황제의 사망으로 선거인단의 투표가 확실시되자 더욱 달아올랐다. 카를에게 3회, 프랑수아에게 3회 모두 여섯 번이나 매수된 선제후도 있다는 이야기가 돌기도 했다.

그런데 승부는 제후들만의 일이 아니었다. 독일 전역에서도 갈수록 관심이 뜨거워졌고 결과를 예의주시하고 있었다. 약삭빠르고 대담한 풍자 작가들은 혼란스러운 여론에 기름을 부었다. 선거운동 기간에 외국인 후보자, 즉 강력하고 권위적인 프랑스 왕에 반대하는 과장된 말들을 로마와 교황에 대한 공격과 함께 쏟아냈던 것이다. 이처럼 우리가 앞서 동기로 지적했던 그 외국인 혐오가 표면화되었다.

자유, 자유! 이것이 그 모든 지지자들의 슬로건이었다. 오로지 그 사람을 붙들기 위해 마치 신문사 앞에서 부르짖는 기자들의 슬로건 같은 것 말이다. 그의 계획을 뭐라고 정의하기는 어렵지만 대중에 대한 영향력이 놀라웠던 한 사람이 있다. 바로 그 기이한 울리히 폰 후텐이다. 그에 대해 칼코프(Paul Kalkoff)는 최근 저서[68]에서 '독일의 국민적 영웅'이라든가 '종교개혁의 강력한 촉진자'라든가 하는 평가를 무너뜨리고 그를 조심성 없고 오로지 자기 신분의 이익에만 신경 쓰는 한 기사(騎士)의 역할로 국한시켰다. 그러나 그의 재능은 의심의 여지가 없었다.

마찬가지로 그의 놀라운 활동력, 자기 주변에 모여드는 모든 사람들을 통해 조장했던 엄청난 언론전, 끝으로 종교개혁의 성공에 대한 그토록 큰 기여에 대해서는 두말할 필요가 없다…….

투표해야 하는 결정적인 순간에 이르자 뒷거래, 협약, 고가의 매수와 같은 행위들은 더는 할 수 없었다. 게르만 민족주의라는 거대한 물결이 그런 하찮고 사소한 문제들을 뒤덮어버렸던 것이다. 동요하고 혼란스러웠다. 하지만 이상하게도 시민들과 귀족들, 크로투스 루비아누스[69]에서 후텐에 이르는 일군의 인문주의자들, 그리고 기사전쟁의 지도자 프란츠 폰 지킹겐[70]에서 아우크스부르크의 부호 야코프 푸거까지도 합심케 했던 여론의 압력이 작용하고 있었다.—사실, 프랑스의 왕에 맞설 각오로 1만 2,000명의 보병과 2,000명의 기사들이 자발적으로 프랑크푸르트의 성문들마다 집결해 있었다. 그런 분위기에서 1519년 6월 28일, 합스부르크 가의 카를 5세가 선거에서 이겼다.

그런데 그 나흘 전인 1519년 6월 24일, 마르틴 루터와 얼마 전 그의 열렬한 친구가 된 멜란히톤, 그리고 동료이자 비텐베르크 대학 신학부 학장이던 카를슈타트가 마차를 타고 라이프치히에 성대하게 입성했다. 젊은 바르님 폰 포메른 공작을 따라 무장한 200명의 비텐베르크 학생들이 그들을 호위했다. 그들은 게오르크 공작의 초청으로 플라이센부르크 성의 큰 홀에서 잉골슈타트 대학의 신학자 요한 에크를 만나기 위해 왔던 것이다. 에크는 가톨릭 교리의 옹호자로서 두려운 상대였다.

중세의 전례에 따라 교구 서기(주교 비서) 앞에서 인기 있는 설교자가 견고한 논리의 삼단논법과 인용이나 성구(聖句)들을 순발력 있게 쏟아내며 상대방을 제대로 한방 먹이는 그런 현학적인 토론이었던가? 글쎄, 그럴지도 모르겠다. 그러나 청중으로 가득 찬 그 라이프치히 홀의 귀빈석 뒤로는 황제 선거로 여전히 예민한 채 귀를 세우고 있는 전 독일이 있었다. 독일은 점점 더 분명히 루터에게서 전투력과 파괴력을 감지했다.

1518년 4월 3일, 후텐은 한 친구에게 이렇게 쓰면서 비웃었다.[71] "아마 자네는 아직 모르고 있겠지? 작센 지방의 비텐베르크에서 한 파당이 얼마 전 교황의 권위에 맞서 반란을 일으켰네. 반대 파당은 교황의 면벌부를 옹호하고 있다네……. 몇몇 수도사들이 두 진영 간에 싸움을 부추기고 있어. 과격해지고 격앙되긴 했지만 쾌활하고 두려움을 모르는 반대 파당의 우두머리들은 대로(大怒)하고 욕설을 퍼붓고 눈물을 흘리며 운명을 탓하네. 그들은 글을 써서 출판업자들에게 달려가기까지 한다네……. 그들은 살의가 섞인 명제들과 거기서 파생된 여러 주장들, 그리고 기사들을 팔고 있어. 나는 그들이 곧 서로에게 죽음을 선사하기를 기대하네……. 왜냐하면 우리의 적들이 철저히 사분오열되어 가능한 한 가장 끈질기게 서로 끝장내버리기를 바라기 때문이야!"

그런데 1519년 10월 26일 후텐은 더는 농담을 하지 않았다. 그는 자신의 계획에 따라 루터를 은밀히 받아들일 가능성을 고려하고 있었다.[72] 어떤 계획인가? 정확히 말하기는 쉽지 않다. 그러나 분명한 것은 공격 방향을 로마로 틀었다는 사실이다.—후텐과 그의 친구들이 혐오하는 오래되고 거대한 수도 로마, 신앙심도 없으면서 그토록 거만한 로마, 돈벌이에 혈안이 된 탐욕스러운 고위 성직자들이 있는 그 로마에 기꺼이 반항하는 인문주의자의 증오심이었다. 아래 인용은 바로 크로투스 루비아누스의 말이다. 그는 후텐의 친구이며, 젊은 시절 후텐이 풀다 수도원에서 도망치는 데 도움을 주었고, 1515~1517년에는 그와 함께 유명한 『우자(愚者)의 편지』를 집필하기도 했다. 그는 루터에게 이렇게 썼다.[73] "로마에서 나는 두 가지를 보았습니다. 하나는 고대인들의 유적이고, 다른 하나는 삿된 교리를 떠벌리는 연단입니다. 첫 번째 광경은 얼마나 즐거웠는지! 두 번째 광경은 얼마나 수치스러웠는지!" 자기 계급의 대변인이자 기사전쟁 시대[74]의 지도자요 상징인 프란츠 폰 지킹겐의 대변인으로 교회 재산에 번쩍이는 눈길을 보내고, 귀를 잘라버려야 한다고 말할 정도로 수도사와 신부들을 증오하고, 일어나는 것이 불가능한 일도 아니기에 그 전란을 선동하는 질투 어린 한 기사의 증오심. 끝으로, 그렇지만 특히 탐욕스러운 그 이탈리아 사람들, 즉 크로투스 루비아누스가 썩은 시신을 찾는 허기진 맹금류로 묘사하는 추기경들, 교황청 소속의 고위 성직자들, 주교들, 교황 특사들, 수도회의 고위 성직자들, 그리고 법률가들에 대한 독일인들의 증오심.[75] 독일 밖의 그 탐욕스러운 인간들과 은행가의 갈고리 손가락을 가진 피렌체 출신의 교황, 그의 맹신자들, 그의 고위 성직자들, 그의 대사들! "독일은 그런 자들로부터의 자유를 원하고 자기 자신의 주인이 되고 싶어한다." 보름스 의회 때 조반니 드 메디치(교황 레오 10세)가 교황 특사 히에로니무스 알레안더(Hieronimus Aleander)에게 내린 지시에서,[76] 다음 말을 반복할 정도로 그런 위협과 협박이 있었다. "독일은 얌전히 순종하라고 하시오! 교황청은 최근 독일에 제국을 주었소. 만일 독일인들이 교황청에 대해 인종과 숭배, 충성을 한다면 그 제국을 독일에 그대로 둘 것이오. 그렇지 않으면……." 그 말에 대해 알레안더는 같은 그 시에브르(Chièvres) 사람이 교황 특사인 자신을 향해 '교황'이 아닌 '당신의 교황'이라고 부자연스럽게 표현하는 것은 놀랍다.[77] 바로 이것은 교황에 대한 독일인들의 증오와 경멸을 보여주고 있다…….

이 모든 것을 그들은 루터에게 솜씨 좋고 끈질기게, 그리고 넌지시 말해주고 있었다. 온갖 방법으로 은밀하게 말해주었다. 그들은 루터를 얼마나 잘 알고 있는가! 크로투스 루비아누스는 그 이야기들(과격한 종교 논쟁자를 크게 격노하게 만든다) 가운데 하나를 루터에게 다음과 같이 말해주는데, 얼마나 악마처럼 능란한가.

"그는 무엇을 하거나 무슨 말을 하든지 하기도 전에 비난을 받습니다. 그의 논증들은 그를 아주 우스운 인간으로 만듭니다! 그런데 만일 그가 성 바울 같은 한 무리의 사람들에 의지한다면, 로마를 조용하고 무시해도 좋은 곳으로 만들어놓을 것입니다. 그렇습니다! 무찌르기 위해서는 그에게 이성보다는 사람들, 즉 게르마니아가 필요합니다! 게르마니아는 이미 그에게로 눈을 돌리고 있습니다. 벌써 기다리고 있었습니다. 그가 게르마니아가 이렇게 말하는 것을 들으면 좋겠습니다. '나는 말이오, 마르틴. 습관적으로 자주 당신을 조국의 아버지라 부릅니다. 사실 당신은 사람들이 금자탑을 세워줄 만하고 매일 축하연을 베풀어줄 만한 그런 인물이오. 가장 먼저, 범죄적인 오류에 빠져든 한 국민에게 감히 벌을 주는 자가 되었던 당신에게 말이오!'"

동요하는 그 몇 달 동안 그렇게 편지들을 주고받았다. 후텐이 멜란히톤과 루터에게, 크로투스 루비아누스가 후텐과 루터에게, 기사 질베스터 폰 샤움베르크가 루터에게. 사람들은 그 편지들의 의미와 영향력을 충분히 주목하고 있는가?

루터는 백 퍼센트 그의 민족 그의 나라 사람이다. 사고하고 느끼고 행동하는 방식에서 근본적으로 독일인이다. 사람들은 그렇게 말했다. 때로는 지나칠 정도로 말이다. 그렇지만 수도원에서 루터가 생각했던 것은 그리스도인들이지 독일인들이 아니었다는 사실을 잊지 말아야 한다. 자신의 확고한 믿음을 깨닫고 그 비밀을 전하려 할 때 그가 생각한 대상은, 자기 민족이나 같은 언어를 쓰는 사람들이 아니라 만인(萬人)이었다.

에라스무스주의자들도 루터를 그렇게 알고 있었다. 그들은 루터의 말에 가장 먼저 전율했고, 그들의 시야는 한 나라의 국경선에 머물지 않았다. 그들은 국적을 딱히 뭐라고 말하기 힘든 한 사람을 이미 스승으로 받아들이지 않았던가? 로테르담 사람들은 자기들의 도시에 그가 태어났다는 사실을 자랑스럽게 여겼다. 그런데 진정으로 세계적인 그 천재가, 어떤 점에서 발루아 사람들, 파리 사람들, 그리고 안트베르펜 사람들의 소유라기보다 그들의 전유물이란 말인가? 에라스무스의 조국은 학문적인 그리스도교 세계라 불렸다. 그는 그 세계를 위해 일했고 사고했고 훌륭한 저술과 박식한 논설들을 출판했다. 그러기에 그가 열망했던 것은 이런저런 나라의 좁은 경계 안에 칸막이 쳐지고 구획된 교회의 개혁이 아니라, 그리스도교 전체의 쇄신과 해방이었다. 그것은 너무도 자유롭고 원대해서 사도들, 신부들, 그리고 교부들로 경계가 지어진 드넓은 영역 안에서조차 갑갑해 보였다. 에라스무스는 자신의 종교를 동시대인들의 열망과 일치시키기 위해 그 영역을 넘어서 훌륭하고 무한한 고대 사상으로부터 도움을 청했다.

그는 라틴과 게르만, 앵글로색슨, 모든 슬라브 국가들, 폴란드, 스페인, 영국, 프랑스, 독일, 이탈리아 등 어디를 가든 찬미를 받았고 자기 사상에 동의하는 표시들을 만났다. 나아가 — 그의 서한 속에서 자주 언급되듯이 — 르네상스의 새로운 정신이 득의양양하게 승리한 소식 같은 것들을 접했다. 그럴 때에 그는 허영에서가 아니라 통일성에 대한 생각과 열의에서 얼마나 즐거워했겠는가? 도처에서 열렬하고 뿌리 깊은 민족주의가 성장하고, 사라져가던 중세의 초국가적 권력들이 약화되어가고 있던 그때 말이다. 그리고 한 영민한 관찰자가, 종교적 사건이 정치적 사건을 동반하면서 민족정신이 믿음의 영역에서 통일된 그리스도교 정신을 위협하기 시작했다는 사실을 이미 깨달은 그때 말이다. 그러니 굉장한 희망이 솟지 않았겠는가? 르네상스를 통해서, 즉 고대문화를 섭취한 이성적인 정신의 형성과 전파를 통해서 사람들은 13세기의 사람들이 이상(理想)으로 여겼던, 정신적으로나 도덕적으로 조화를 이루는 문명의 부흥을 보게 되었던가? 그러한 문명은 16세기의 인문주의자들이 더욱 광범위하고 자유롭게, 더욱 깊은 지혜를 가지고 실현하게 될 터였다.

모든 인문주의자들은 순수한 믿음과 열정적인 활동으로 에라스무스의 그런 꿈을 자진해서 격려하고 지지할 수 있었다. 그들은 루터의 마음속 생각을 들어보려고도 하지 않은 채 그를 전(全) 그리스도교 세계에서 에라스무스의 단기(團旗)를 따르는 그 형제와도 같은 명예로운 무리에 포함시켜버렸다. 그리하여 그들은 루터를 다시 나라 밖으로, 비좁은 그 조국 밖으로, 구세주 예수를 믿는 모든 이들을 위해 광대한 세계의 빛나는 태양 아래로 끌어냈다. 그리고 루터에게 길을 보여주었다. 그것은 그들의 지도자를 따라 저마다 능력껏 편력했던 길이다. 하지만 그것이 비록 그리스도인들의 올바른 길이긴 했지만 제대로 따르기에는 어렵고 힘들었다. 로마는 자기 속에 폐쇄적으로 틀어박힌 채 그 길을 질시의 눈으로 감시하고 있었다. 하지만 그리스도교 세계는 말의 온전한 의미에서 교회의 일부 지역이 아니라 전체 교회의 개혁으로 치닫고 있었다.

그런데 반대로 울리히 폰 후텐, 크로투스 루비아누스, 그리고 이 명망 높은 지도자들을 따르는 그토록 많은 익명의 사람들은 마르틴 루터에게 전혀 다른 길을 가리켰다. 그들의 관심은 종교도 그리스도교 문명도 아닌 독일의 교회였다. 다시 말해 교황권과 독일의 관계였고, 종교적인 관계만큼은 아니어도 정치적이고 경제적인 관계였다. "마르틴이여, 나는 당신을 조국의 아버지라 부르곤 한다"(Ego te, Martine, saepe Patrem Patriae soleo appellare). 영광스런 이 말은 얼마나 유혹적인가? 또 얼마나 영예로운가? 실제로 큰 반향을 일으킨 이런 표현으로 후텐주의자들은 비텐베르크의 반항적인 수도사를 찬양했다. 그럴 때에 루터는 후스주의자[78]들에게 큰 박수갈채를 받으면서도 에크로부터는 후스주의자라고 비난을 받았다. 그런 점에서 라이프치히 논쟁의 절반의 패배자였던 것이다. 후텐주의자들은 루터를 좁지만 겉보기에 더 쉬워

보이는 민족주의의 길로 끌어들이려고 했다. 그들은 어떻게 그 패배자에게 그가 가진 야망과 계획을 축소하라고 권유했던가? 바로 루터 앞에 큰 유혹거리 하나를 내보였던 것이다. "독일인이 되시오. 독일을 생각하시오. 당신의 과업을 바로 여기 현장에서 우리를 위해 실현하시오. 지지자들 말이오? 눈을 떠보시오. 당신을 기다리고 있는 많은 도시의 이 모든 시민들을 보시오. 반란을 은밀히 선동하고 있는 이 모든 농민들을 보시오. 당신을 도울 각오가 되어 있는 이 모든 귀족들을 보시오. 왜 멀리서 찾으려는 것이오? 당신이 원하기만 하면 됩니다. 신호만 보내면 됩니다. 과업은 완성될 것입니다."

그런데 후텐은 루터 곁에 있는 예기치 못한 보조인, 즉 교황청을 발견했다. 왜냐하면 그 당시 유럽과 교회가 처한 상황에서 보면, 그리스도교의 내부 개혁은 그것이 실현 가능하든 그렇지 않든 간에 교회 안에 머물며 거기에서 신중하게 행하는 한 사람에 의해서만 시도될 수 있었기 때문이다. 에라스무스는 그 점을 잘 알고 있었다. 그러나 루터는 에라스무스만큼 잘 알지 못했다. 그리하여 로마는 서둘러 루터를 교회분리 쪽으로 밀어붙였다.

당신은 믿소, 믿지 않소?

그것은 교묘하게 추론된 하나의 마키아벨리적인 계획에 따른 결과였던가? 그렇게 주장한다면 경솔한 처사일 것이다.[79] 레오 10세의 측근들은 비텐베르크와 마인츠에서 속속 들려오는 걱정스러운 소식에 분명 충격을 받았다. 그러나 적의와 앙심, 그리고 질투가 그 비극적인 상황에서 중요한 역할을 했다. 한편 교회분리의 발생 과정에서 메디치 가문 교황의 아주 분명하고도 중대한 책임이 있다. 그것은 공범자들을 내버려두었다는 점이다. 또 처음부터 루터를 가톨릭교회에서 배제시키려고 이른바 사전 계획한, 어떻게 보면 선험적인 의도를 드러냈다는 점이다. 처음부터 로마의 작심을 보여주는 그 거만한 현학자 마촐리니(프리에리아스)의 문제든, 아니면 그 싸움에서 정치 협잡꾼—루터의 눈에는 가증스러운—의 행태를 보여준 아주 경솔한 사이비 특사 밀디츠[80]의 문제든 말이다. 열의가 있고 존경할 만한 삶을 사는 그리스도인이었던 카예탄[81] 추기경을 심문관으로 선정한 처사도 적절치 않았다. 그는 도미니크회 수도사이자 토마스파 신봉자로서 루터 같은 사람의 말을 이해할 수 없었다. 그렇지만 다른 이유가 있었다……. 그 사람들이 그토록 신속하게 이단을 규탄하고 처벌을 요구하며 이내 최악의 경우에 이르렀던 이유는 이렇다. 즉 교회를 이끄는 자들이, 자신의 영혼 깊이에서 신앙의 심대한 원천을 찾는 데 몰입한 한 사제의 당돌하기까지 한 노력을 이해할 줄도 받아들일 줄도 몰랐기 때문이다.

루터의 가르침과 설교에서 그들은 무엇보다 먼저 후텐 같은 사람들 때문에 민감하게 반응하지 않을 수 없었던 정치적 위험 같은 세속적인 '결과들'을 생각했다. 그러니 불안정한 독일에서 루터는 단지 위협적인 파괴자였던 셈이다. 그들은 루터가 모든 것을 무너뜨려버리게 놔둘 참이었던가?—모든 것이란 무엇을 말하는가? 전통적인 믿음의 토대들인가, 교리적 건축물인가? 아니다. 그것은 게르만 세계에 대한 교황청의 입장들을 말한다. 그중에서도 먼저 정치적 입장이다! 그것은 한순간도 지체하지 말고 그 난폭한 자를 진압하는 일이다. 곧 거기에 대한 논의를 보게 되리라! 1518년 7월, 헌법상의 재판관인 기누치[82]와 프리에리아스가 루터를 로마로 소환했던 것도, 후텐이 데리고 가려 애썼던 그곳으로 교황이 그 '이교의 시조'를 떠밀었던 것도 그런 이유에서다. 교회가 다시 한 번(그러나 이번에는 돈으로보다 더 비싸게!) 알렉산데르 6세, 율리우스 2세, 그리고 레오 10세의 이탈리아와 유럽에 대한 정치적 비용을 청산해야 했던 것 또한 그런 이유에서다. 그런데 막시밀리안 황제가 (교황청이) 성공하도록 도움을 주었다면 여전히 정치적인 측면에서였다. 그로서는 그 대가로 교황청이 제국 황제의 선출에서 카를 5세를 입후보로 받아들이도록 하기 위해 충성할 필요가 있었던 것이다. 8월 23일자 교황의 교서는 겉으로 드러나지 않은 일종의 폭력 같은 것이었다.

독일에 온 카예탄은 자신 앞으로 루터를 소환할 터였다. 그는 논쟁을 벌이지 않고, 루터가 내뱉은 말들을 취소하도록 할 것이다. 만일 루터가 거기에 따르면 용서를 받으리라. 만일 끝내 굽히지 않으면 체포해 로마로 이송하고, 도망을 친다면 파문한 뒤 제후들로 하여금 교황에게 인도케 할 것이다. 프리드리히 선제후를 만난 뒤, 카예탄은 자신의 미숙함을 바로잡으려 애썼다. 1518년 10월 초순, 그는 통행증을 발부 받은 루터와 면담했으나 별다른 성과를 얻지 못했다. 1518년 10월 22일 아우구스부르크 성당 문에—상황을 더 잘 알고 있는—교황에게 보내는 호소문을 게시했을 때 루터가 이렇게 말했다는 사실 외에는 말이다. "저를 두드려 팰 수는 있어도 제게 반박할 수는 없을 것입니다……."

물론, 사후에 다음과 같이 말하기는 쉬운 일이다. "선견지명이 있다! 로마는 95개조 논제의 신학 속에 지니고 있는 악의적인 것을 잘 보았다." 하지만 루터가 그 시기 고의로 결별을 추구하고자 했던가? 다시 말해, 일찍이 그가 교회분리에 동의했다는 말인가? 경솔한 사람이었는가? 조소하기는 쉽다. 그리하여 이런 대답을 한다. "그래, 맞아……. 루터는 기꺼이 복종했을 거야. 로마가 루터주의자가 되었다면 말이야……." 그게 정말 사실인가? 이교에 대해 교회가 항상 폭력으로 대응했던 것은 아니다. 교회는 남은 것을 구하기 위해 아주 빈번히 구제 가능성이 희박한 것을 희생시킬 줄 알았다. 뿐만 아니라 제거하기를 각오하고 완전히 소화시킨 뒤 흡수할 줄도 알았다. "내가 틀렸다는 것을 증명해보라"고 말하는 루터에게, 그저 "복종하겠느냐, 아니면 목숨을 내놓겠느냐?"라고 대답하는 것이 현명한 일이었는가?

실례가 필요한가? 카예탄은 아우크스부르크에서 루터를 심문할 때, 특히 "교황이 면벌의 근거로 삼는 교회의 보물들"에 관한 교리[83]에 대해 루터의 해석을 비난했다. 루터는 그 보물들은 충분히 규명되지도 않았고 모든 그리스도인이 충분히 알지도 못한다고 썼다. 또 그 보물들이 물질적인 부를 허락하지는 않는다고 통렬하게 말했다. 그리고 면벌부 설교자들은 그 부를 나누어 갖지 못한다. 그런데도 그들은 그것으로 부를 축적하다니! 그런데 루터는 교회의 보물은 그리스도와 성인들의 공로에 있지 않다고 주장했다. 이 모든 것은 당시 루터가 십자가 신학이라 부르는 개인적이고 심오한 개념에 기초를 두고 있다. 즉 수도사의 내면 깊은 곳, 그 마음속에서 비롯된다. 카예탄은 어떤 토론도 거절했다. 그것은 교황 클레멘스 6세의 교서[84]에 따라 확실히 해결된 문제였기 때문이다. "그 교서는 나의 주장이 옳음을 인정합니까?"라고 루터는 말했다. 카예탄은 단호하게 말을 중단시키면서 이렇게 말했다. "당신은 믿소, 믿지 않소?"(Credit, vel non credit)

카예탄이 루터의 또 다른 부분인 그의 칭의 교리를 비난했던 것은 사실이다. 누구도 믿음을 통하지 않고 의로워질 수 없다(neminem justificari posse nisi per fidem). 분명히 이것은 매우 중요한 문제다. 요컨대 카예탄이 라이프치히 논쟁 이전 1518년 여름에 표명한 그대로 정말 루터의 교리는 어떤 망설임도 거리낌도 없이 이단적이었는가? 역사가는 그 점에 대해서는 말할 자격이 없다. 단지 하나의 사실만 환기시킬 수 있고, 마땅히 그래야만 한다.

그즈음 몇 년 동안은 일군의 신학자들의 교리 활동에 관심이 쏠렸다.

그중 몇몇 신학자는 교회 내에서 높은 지위에 올랐는데, 그들은 칭의에 대해—교단 밖의 사람치고는—루터와 너무도 닮은 견해를 뒤늦게 (트리엔트 공의회가 한창 진행 중일 때) 표명했다. 1539~1551년까지 아우구스티누스 수도회 회장이었고, 1561년 추기경에 임명되어 1563년에 죽을 때까지 그 직무와 함께 교황 특사 임무를 수행한 지롤라모 세리판도[85]도 그랬다. 바로 그때 몇몇 사람들(그들은 아우구스티누스 수도회의 수도사들은 아니었다!)의 격분에 세리판도는 토마스파와는 상반되고 루터와는 유사한 과감한 사상을 치열하게 설명했고 옹호했다. 그렇다면 그는 루터로부터 그 사상을 물려받았던가?

수도참사회원 파키에는 『가톨릭 신학사전』에서 서둘러 세리판도에게 내려진 그러한 혐의를 벗겨주었다. 그것은 우리 역사가들에게 상관없는 일이다. 그러나 사실은 여전히 남는 법이다. 그 교황 특사이자 추기경은, 엑수르게 교서에 의해 파면된 40년 뒤, 그리고 이단자 루터의 사망 17년 뒤 파키에가 이렇게 쓰지 않을 수 없다고 생각하는 바의 교리들을 공의회가 한창 진행 중일 때 지지했지만 별 탈이 없었다. "교회가 그 사상과 그 사람들(세리판도, 루터)을 아주 상반된 방식[86]으로 다루었다는 점은 빈축 살 일이 아니다……. 교회사에서는 어느 시대나 서로 비슷한 몇몇 신학이 그처럼 다른 취급을 받았다……. 그런 차이의 진짜 이유는 교리 자체에 기인한다.……세리판도와 그의 동료들은 신에 대한 인간의 책임과 도덕 의무를 항상 주장했다. 루터는 그 반대로 자유를 맹렬히 거부했다. 그리하여 믿음은 스스로의 힘으로 실재하는 죄를 무력화시킨다는 사실을 주장하기 위해, 루터는 방대한 양의 인용 문구를 통해 보여준다." 좋다. 그런데 언제 적 문구들인가? 라이프치히 논쟁 이전인가? 다음 사건들을 기억해보자. 즉 에크와의 논쟁이 있기 약 1년 전인 1518년 10월 12일에서 14일까지 루터가 아우크스부르크에서 카예탄 앞에 출두할 때—이미 로마 교황청의 심판자들은 더 이상

격식을 차리지 않고 그를 이단자로 선언해버렸다. 그 혐오스러운 동료를 투옥하라는 지시가 이미 독일 아우구스티누스 수도회 원장에게 전달되었다. 1518년 8월 23일의 교서는 그를 단죄하기 위해 이미 교회와 국가를 동원하고 있었다…….

그런데 라이프치히 논쟁 직전인 1519년 2월에 루터가 독일어로 출판한 『몇몇 글에 대한 강연』(*Unterricht auf etliche Artikel*)을 참고해보라.[87] 확실히 개혁과 관련된 생각들이다. 그 시대의 신학을 정화하려는 과감한 노력이다. 그런데 성인들에 대한 예배(이 예배를 통해 우리는 신을 숭배하고, 신에게 기도하게 된다)의 문제든(70쪽), 기도와 선행으로 구원받을 수 있는 연옥에서 신음하는 영혼들에 관한 문제든, 그 영혼들이 괴로워하는 고통에 대해서나 신이 그 영혼들에 우리로 하여금 동의케 하는 방식에 대해 전혀 모르는데도 불구하고("나는 모른다. 그리고 아무도 충분히 알지 못한다고 여전히 나는 말한다"[weiss ich nit, unt sag noch das das niemant genugsam weiss]), 또 교회의 율법이 문제가 되는데도 불구하고 (루터가 쓴 바에 따르면, 십계명의 율법은 황금에 난 흠과 같다. 금과 귀금속이 목재와 지푸라기보다 우월하듯이[wie das Golt und edel Gesteyn uber das Holtz und Stroo]), 마지막으로 자신의 피로 교회를 영광스럽게 했던 성 베드로와 성 바울, 그리고 수백 명의 순교자들 및 모든 기성 권력(그 모든 기성 권력도 마찬가지로 신에게서 왔다)과 마찬가지로 존중해야 하는 교황권을 생각하여 떠날 수 없는 로마 교회에 대해 논함에도 불구하고, 20~40명 정도의 신학자 또는 인문주의자들만이 그 시대를 위해 그들 편에서 그 정도로, 때로는 보다 더 격렬하고 대담하게 이야기했을 뿐이다. 그렇지만 그들은 추적을 당하여 로마 교황청에 소환되지도 않았고, 이단자로 간주되지도 않았으며, 세속 권력에 의해 고발당하지도 않았다…….

여기서 우리가 묘사한 그 루터의 모습을 상상해보자. 그는 신학자다운 사상을 당당하게 표명하는 것이 아니라 자신의 믿음으로 살고 믿음에 열광하고 믿음에 즐거워했던 사람이다. 그러니 "당신은 믿소, 믿지 않소?"와 같은 가부간의 물음에 대해 그가 얼마나 큰 분노를 느꼈겠는가! 그에게는 생명보다 더 소중한 것이, 오로지 신의 말씀을 끊임없이 묵상함으로써 그토록 극심한 불안을 대가로 — 물론이다 — 얻게 된 확신, 그 깊은 확신이 문제였는데 말이다…….

더군다나 그가 자기 주위를 둘러보니……뭐라고, 자기가 이단자라고? 사람들에 의해 주저 없이 감옥에 처넣어지는, 두 손을 결박당한 채 미리 내려진 판결문의 낭독을 듣기 위해 재판관 앞으로 끌려가는 그런 인간들 가운데 하나라고? 그런데 작센의 선제후 프리드리히는 신심이 깊은 열렬한 가톨릭 신자가 아니었던가? 최근에 그 독실한 사람이 면벌부와 성유물 수집가가 되어 있었다. 오랫동안 그의 야심은 교황으로부터 황금 장미장[88]을 구하는 것이었다. 그런데 그가 루터를 지지하고 있었다. 루터를 카예탄에게 넘겨주기를 거부했다. 그렇다면 그는 루터를, 해쳐서는 안 되는 훌륭한 그리스도인으로 여겼던 것인가?

그런데 1518년 4월 말, 하이델베르크에서 토론을 하기 위해 루터가 만났던 사람들 — 교부들, 아우구스티누스 수도회 수도사들, 도미니크 수도회 수도사들, 그리고 토마스파들 — 은 자기들의 입장에 매여 루터의 주장을 따를 수 없었다. 하지만 루터를 극도로 피하지는 않았다. 비텐베르크 대학은 루터를 혐오했던가? 루터의 스승이자 아버지와도 같았던 훌륭한 조언자 슈타우피츠는 제자와 관계를 끊었던가? 루터의 행위를 비난했던가? 그는 카예탄 앞에서 루터의 편에 섰고, 루터를 감옥에 보내는 일을 용납하지 않았다. 그러면 루터에게 왔던 그토록 열성적인 청년 그리스도인들, 이를테면 하이델베르크에서 루터에게 매료되었던 마르틴 부처와 루터의 열정적인 말에 열광한 멜란히톤 같은 이들도 모두 이단이란 말인가? 위험한 한 범죄자에 꾀인, 한 이단자의 지지자와 신봉자들 모두가 이단이란 말인가?

그렇다. 에라스무스는 이번만은 옳았다. 그에 따르면, 로마가 그토록 적극적이고도 신속하게 루터를 고발했던 것은 그가 '교황권과 수도사들의 복부(腹部)'를 건드렸기 때문이다. 후텐 역시 옳았다. 그에 따르면, 루터가 위험하게도 독일의 성문에서 들고 일어나 그 이탈리아 사람들(로마 교황청)에게 이제 그만 독일을 착취하라고 주장했기 때문이다. 하지만 충동적이고 예민한 루터가 그 분명한 사실 앞에 어찌 눈을 감을 수 있겠는가?

그처럼 로마는 수단과 방법을 가리지 않고 후텐이나 크로투스 루비아누스 같은 이들이 걸었던 길로 루터를 떼밀었던 것이다. 로마는 토론도 거의 없이, 미연에 방지해야 할 그런 범죄적인 이단자로 루터를 치부해버렸다. 그러면서 점점 단일한 가톨릭교회 밖으로 루터를 쫓아내고 있었다. 하지만 루터는 아주 진솔하고 분명하게 주장했다. 가톨릭교회 안에서 살다가 죽기를 원한다고. 가톨릭교회는 교회분리의 방침을 선택하고는 루터에게 과감히 맞섰다. 교회는 마르틴 루터의 길 위에 있을 평화의 문을, 다시 말해 교회의 내부 개혁이라는 문을 조용히 닫아버렸다.

루터가 그 길을 지났을지, 또는 만일 그 길을 지나는 것에 교회가 동의했다면 무슨 일이 닥쳤을지, 거기에 대해서는 묻지 말자. 단지 이 사실 하나만은 인정하자. 즉, 설령 그가 그렇게 원했을지라도, 또한 그가 1518년의 독일에서 그렇게 할 수 있었을지라도, 루터는 어쨌든 로마 때문에 물의를 일으키지 않거나 결별하지 않고는—그가 한없이 빈정거리며 조롱했던 '자기도취의 신학'과는 상반되는—'십자가의 신학'을 설교하기 힘들었으리라. 그런데 20세기에 이르는 동안 로마 교회가 때로는 아주 수상쩍은 양식으로 살과 피를 다시 만드는 일을 터득한 그 실제적인 힘과 놀라운 활기와 능력을 과소평가하지 말자.—"황당무계한 일이야! 수도사가 이교를 설파했으니 말이야!"라고 말하는 사람들에게 신경 쓰지 말자. 지금, 정작 교회를 신뢰하지 않는 듯 보이는 이는 역설적으로 바로 그런 자들이다. 최근 한 석학이 두꺼운 책 두 권을 통해, 교황이 자신의 권리 회복을 위해 독일에 어떻게 양종(兩種) 성찬식[89]을 양보했는지, 또 그뿐만 아니라 그리 짧은 기간에 다음 교황들이 어떻게 그 양보의 모든 결과를 무효화시켜버렸는지를 다시 보여주지 않았던가? 다음과 같이 표현하는 것을 용서해주기 바란다. 교회에는 결코 위(胃, estomac)가 모자라지 않았다…….

어쨌든 운명의 아이러니였다. 특히 민족적 배타주의와 국가 간의 대립을 초월해 공동의 희망 속에서 형제와 같은 성도들의 단결을 실천하고 유지하는 데 기여했던 것은 로마 교회였다. 그런데 이미 말했듯이 루터교는 구세주의 보편적인 메시지를 독립적인 한 국가 제도의 제한된 계획 아래 종속시켰다. 그로 인해 역사 속에서 종교개혁이 아닌 작은 개혁들이 있으리라는 결론을 얻게 될 시점을 어설프게 서둘러 앞당기려 애썼던 것도 바로 가톨릭교회였다.

제4장

1520년의 이상주의자

세속과 어떠한 결탁도 없는 한 사람이 평화로운 수도원
안에서 신앙심으로 뜨거운 열정적인 수도사의 교회를 꿈꾸었다.
그것은 세기의 여명기에 음향을 순수하고 감미롭게 만드는
아주 아름다운 이상주의였다.

영향력에 관한 연구는 무엇이 되었든 하나의 중요한 문제를 제기한다. 특히, 한 개체로서 인간의 영향력 연구에서는 그의 작용과 반작용을 설명하는 것이 중요하다. 그런데 인간 개체가 부분으로서 어느 정도까지(역사가가 그 주위에 세우게 마련인) 집단적인 힘의 작용에 영향을 받는가?

외부의 영향을 너무 유순하게 받아들이거나 너무 철저하게 받아서 자신이 사라지거나 아니면 적어도 다른 사람에게 녹아 스며들어가버리는 사람들이 있다. 또 반대로 닫혀 있어서 뚫고 들어가거나 접근할 수 없는 사람들도 있다. 그런 이들에게는 아무런 영향도 주지 못하며, 어떤 것도 침범하지 못한다. 쾌활한 낙천가이면서 까다로운 루터는 많은 사람들에게 동의는 하되 그렇다고 아무나 함부로 따르지는 않으며, 그러면서도 모두에게 영향을 받음으로써 그의 의식은 더욱 풍성해진다.

귀족을 향한 성명

루터가 많은 이들에게 두루 동의했다는 사실은 전혀 놀랄 일이 아니다. 그렇게 하지 않을 수 없었다. 그는 행동하고 싶었으나, 인간이란 혼자서 행동할 수 없는 존재이기 때문이다. 또한 세상은 순수한 사람들, 물질적이지 않은 신앙, 그리고 정신적인 존재로만 가득 차 있는 것도 아니기 때문이다. 뿐만 아니라 사람들은 루터의 어떤 성격적 면이나 본성적 특성에서 다음 사실을 잘 안다. 즉 거칠고 다혈질적이며 근본적으로 서민적인, 그러면서도 노력할 때면 극도로 긴장하는 루터가 지자들의 간청을 미리 알고 대처해 그들의 희망을 저버리지 않았는지를 말이다. 지지자들은 그 사람 안에 있는 더없이 귀중하고 순수한 힘을 얻으려고 애썼다.

루터는 타고난 논쟁자였다. 그는 반대 의견은 그것이 무엇이든 참지 못했고, 물의를 일으키는 것마저 개의치 않았다. 그의 행동거지는 사람들에게 인기를 끌었는데, 한마디로 그는 튀는 공과도 같은 사람이었다. 그런 그를 잡을 수 있다고 감히 말하겠는가? 그는 급작스레 튀어 올라 저 멀리 달아난다. 그리고 숨을 헐떡거리며 어쩔 줄 모른 채 따라오는 사람들을 뒤돌아보며 조롱한다. 그런데도 그를 따라 잡을 수 있다고 생각하는가? 그러면 그는 다시 너무도 거칠게 튀어 올라 달아난다. 대담한 그 사람은 문득 자신이 홀로 있다는 사실을 의식하고 놀라움과 두려움에 휩싸인다. 그러면서도 그 상태를 즐기기도 한다……. 그는 아무 괴로운 일 없이 평온하게 지낼 때조차 가능한 한 격렬하고 예측할 수 없는 그 튀어 오름의 행동을 계속한다. 그것은 우리를 당황하게 만든다. 그 나라 사람들은 그의 그런 행동에 질겁했고, 지금도 그렇다. 하지만 우리보다는 덜하리라. 그 행동을 확인하더라도 우리는 그리 마음이 놓이지 않는다…….

알려진 예 하나만 들어보자. 앞서 우리가 환기했던 너무도 유명한 그 "대담하게 죄를 지어라"(Pecca fortiter)[90]는 말을 루터가 썼을 때, 그의 마음은 평화로웠음에 유의하자. 그는 전혀 투쟁하고 있지 않았다. 그는 한 친구에게 편지를 썼다. 어떤 친구냐고? 멜란히톤이다. 그 편지의 주제는 '은총의 지고(至高)의 힘'이다. 루터는 이렇게 설명했다. "만일 자네가 은총에 대해 설교한다면, 허구가 아닌 실제의 은총을 설교하게. 만일 그 은총이 실제적이라면 정말 죄를 없애주어야 하네. 신은 상상의 죄인들을 구원하시지는 않을 걸세. 그러니 대담하게 죄를 짓는 죄인이 되게! 그러나 죄와 죽음을 이기신 그리스도에 대한 믿음을 굳건히 하고, 그분께 더욱 크고 기쁜 소망을 두게!"

점진적인 모습이다. 자신의 생각으로 가득 찬 그는 한 걸음 한 걸음 앞으로 나아간다. 그러다가 갑자기 흥분하여 튀어 오른다. "자, 받아들이게! 죄인이 되게!(Esto peccator) 그런데 적당히 죄를 짓지 말게. 단호하고 철저하게 죄를 짓게!(pecca fortiter) 장난으로 죄를 짓는다고? 아닐세. 진실로 확실하고 엄청난 죄를 짓는 것이네!" 유명한 문구다. 하지만 여기에 주석을 좀 달겠다. 나는 바르트부르크에서 보낸 이 편지가 독실하고 현명한 멜란히톤을, 다시 말해 이 세심하고 연약한 그리스어 학자를 난잡하고 방탕한 생활에 빠지게 부추길 목적은 없었다고 생각한다. 마찬가지로 루터의 삶 전체가 그런 하찮은 기쁨들로 채워졌다고도 생각지 않는다. 그러나 잊지 말아야 할 점이 있다. 그것은 우리를 한없이 어리둥절케 하고 우리 안의 절도 있는 정신—슈펭글러 같은 이는 여기에 파우스트적인 정신[91]은 전혀 없다고 경멸적으로 말할 것이다. 확실히 그러리라—에 반하는 과격한 추론 양식이다. 그렇지만 루터는 그렇게 추론하는 신경질적인 사람이었고, 구조할 수단도 없이 드넓은 바다 속으로 마구 뛰어드는 충동적인 사람이었다. 그런 루터를 조정하고 부추기고 자극하는 일, 그것은 책략가들에게 어떤 기능을 했는가?

20년 동안 사람들과 실제 접촉도 없이 수도원에서 살아온 루터였다. 그런 수도사인 만큼 세상이나 정치나 생계비를 버는 힘든 기술에 대해 그가 아는 게 무엇이 있었겠는가? 루터가 사람들 속으로 뛰어들었을 때, 그들은 관념적 존재들인 것이다. 루터에게 그들은 미덕과 악덕의 부자연스러운 결합체였다.—그는 이 결합체의 실제 행동과 일어날 수 있는 반응에 대해 알지 못했다. 그러니 몽상에 빠져 길의 위험을 헤아릴 줄도 모르고 곧장 앞으로만 달려가는 열성적인 인간들이 살면서 부딪치는 온갖 난관, 어쩔 수 없는 체념과 한계, 그리고 환멸과 실패의 고배 같은 것을 루터가 어떻게 생각할 줄이나 알았겠는가?

루터는 몇 주간 비교적 마음이 평안했다. 그런데 1520년 초부터 줄줄이 일어난 사건이 불안케 했다. 1월 18일, 가장 두려운 적이었던 요하네스 에크가 교황청으로부터 루터의 유죄판결을 받아내려는 분명한 의도를 가지고 로마로 떠났다. 4명으로 이루어진 위원회(그중에는 카예탄도 있었다)의 한 사람으로 임명된 에크는 자신의 계획에 호의적인 초안 하나가 작성된 것을 보고 즐거워했다. 1520년 6월 15일, 추기경 회의에서 오랜 토론 끝에 교서 엑수르게 도미네(Exsurge Domine, 주여 일어나소서)[92]가 로마에서 공표되었다. 돌이킬 수 없는 일이 벌어진 것이다.

그렇지만 교서 자체가 루터를 파문하지는 못했다. 다만 그의 견해를 단죄하고, 그의 작품들을 불태워 없애도록 명했으며, 루터가 복종하도록 60일의 유예기간을 두었다. 그러나 사람들은 루터가 복종하지 않으리라는 사실을 알고 있었다. 그리하여 7월 중순부터 두 위원인 에크와 알레안더는 교서를 공시하도록 브란덴부르크, 마이센, 마그데부르크 교구로 파견되었다. 에크는 9월 21일과 29일에 임무를 수행했다. 같은 달 말, 알레안더는 안트베르펜에서 카를 5세를 만나 그의 의사를 확인하고, 10월 8일 루뱅에서 루터의 책과 글들에 대해 판결 선고하는 일을 엄숙히 주재했다.

그리하여 1월에서 6월까지, 그리고 10월 한 달 동안 루터를 둘러싼 압박은 점점 커지고 있었다. 1519년 7월 초, 라이프치히 토론에서 에크는 말을 둘러대며 위클리프와 후스라는 두려운 이름을 언급하기 시작했다. 8월, 엠제르는 자크(Jean Zack)에게 쓴 편지에서 같은 주제를 다시 언급하는 데 만족했다. 그는 후스파에 대한 비난으로부터 루터를 변호했지만 위선일 뿐이었다. 교서 발간과 함께 더는 그런 배려가 없었다. 루터는 이제 유사 이단자가 아니었다. 그는 자기 안에서 스스로에 의해 이단자가 되었다. 에크는 그렇게 되기를 원했고, 그렇게 된 사실을 로마에 보고했다. 이단자 루터는 어떻게 될 터인가?

작센의 선제후 프리드리히는 확실히 루터에게 호의적이었다. 그러나 그와 같은 귀족들의 호의는 또 얼마나 불안정했던가! 만일 황제가 개인적으로 논쟁에 뛰어들고 교서를 집행하도록 모든 수단을 쓴다면 루터는 어떻게 되는가? 더 정확히 말해서, 용감했던 루터이기에 과연 어떻게 될 것인가? 루터는 지지자들이 필요했다. 그리고 이내 지지자들을 얻었다. 에라스무스가 적극적이었고 후텐도 행동했다. 루터는 그들 학자와 기사 사이의 견해차에는 눈을 감은 채 도움을 받아들였다.

너무도 신중한 에라스무스는 그때 자신의 평판이 위태로울 정도로 "교황청으로부터 루터에 대한 판결 중지와 다른 해결 방법을 얻어내기 위해, 필요할 경우 최대한 공손을 표하면서 압박하는" 운동을 벌이고 있었다. 그리하여 레오 10세를 비롯한 다른 여러 사람들에게 재치 있고 용기 있는 편지를 썼다. 루터를 구하기 위해서였는가? 물론이다. 하지만 무엇보다 그리스도교를 개혁하려는 자신의 소망을 위해서였다……[93]

후텐 역시 분주히 움직였다. 그는 루터에게 만일의 경우 프란츠 폰 지킹겐이 보호해주리란 약속도 했다. 처음에 후텐은 그토록 완전한 믿음을 가진 그리스도인과 직접적으로 관계를 맺는 일이 조금 난처했다. 하지만 위험을 무릅쓰고 결단 내렸다. 그리하여 1520년 6월 4일, 후텐은 수도사에게 첫 편지를 쓰는데, 이는 곧 독일 밖으로 퍼져나갔다.[94] 편지의 첫 두 문장은 이랬다. "자유 만세! 자유 만세!"(Vivat libertas) 이것은 교서 엑수르게가 공표될 수 있는 발언이었다. 루터는 프리드리히가 자기를 저버리더라도 순순히 인도하지 않으리라는 사실을 알고 있었다. 귀중한 확신이었지만, 그것이 저항할 용기를 북돋워주지는 않았다. 루터는 자기 안에서 용기를 끌어내야 했다.— 그는 자신의 절규가 억눌리지는 않으리라는 희망을 갖고 있었다.

아무튼 에라스무스와 후텐의 도움만으로도 대단한 일이었다. 그렇지만 후텐 같은 사람이 루터를 돕기 위해 했던 행동을 단순한 하나의 선행에 한정시키지는 말자. 그 두려운 논쟁자는 그때 로마를 상대로 과격한 싸움을 주도했다. 1520년 4월, 마인츠의 셰퍼 출판사에서 여러 다른 대담들과 함께 『파디스쿠스냐 로마의 삼위일체냐』가 출판되고, 곧이어 로마 가톨릭에 반대하며 교회분리에 대한 작품들을 집필함으로써 '주사위는 던져졌다!'(Jacta est alea)는 격언[95]을 거듭 실행했다. 교서가 발간되자 후텐은 그것을 신속히 입수했다. 신랄한 논평과 함께 완전히 반교황적이고 악의적인 비평을 출판해 전 독일이 알게끔 충분히 보급시켰다.[96] "루터에 관한 문제가 아니다. 우리 모두의 문제다. 교황은 단 한 사람을 향해 칼을 뽑지 않는다. 그는 우리 모두를 공격할 것이다. 내말 잘 들으시오. 당신들은 독일인이라는 사실을 잊지 마시오!" 이 모든 내용은 라틴어로 씌어졌다. 그 순간 후텐은 자신의 독자를 더 늘려야 한다는 사실을 깨달았다. 그리하여 신속히 라틴어에 독일어를 섞은 격렬한 풍자문들을 출판해 비판의 목청을 드높였다…….[97]

루터는 그 풍자문들에 대해 알고 있었으며, 또 읽기도 했다. 루터는 거기에 쓰인 어휘와 표현들을 차용하는데, 1520년 7월 10일 슈팔라틴에게 보내는 편지에서 로마 가톨릭과 결별하겠다는 의지를 결정적으로 통고하는 데에 "주사위는 던져졌다" 등의 말을 차용한다. "나는 그들과 화해하고 싶지 않다. 주사위는 던져졌다!"(Nolo eis reconciliari.. Alea jacta est)[98] 또한 자유에 대한 관심을 차용하는데, 머지않아 그리스도인의 자유에 관한 훌륭하고 세련된 논문에서 그 자유의 의미를 새롭게 부여할 것이다. 끝으로, 그는 풍자문에서 논거들을 이끌어냈다. 순진한 면이 없지 않지만 1520년 2월 24일의 편지에서 그는 슈팔라틴에게 후텐의 (『파디스쿠스냐 로마의 삼위일체냐』의) 재판에서 『콘스탄티누스의 기진장(寄進狀)』에 대한 로렌초 발라[99]의 저작물을 읽으면서 느낀 분노의 감정을 전했다.[100] 그러고는 한동안 되는대로 살았다. 루터는 서서히 변화했다. 반로마적인 독일 민족주의의 논거들과 주제들, 그리고 모욕은 그에게 익숙해졌다……. 이미 그 논거들과 주제, 그리고 모욕은 1520년 5월에 씌어져 6월에 출판된 로마 교황권에 대한 그의 거친 소책자 몇 쪽에 영감을 주었다. '바빌론의 창녀'에 관해 제후들에게 보내는 첫 호소는 이랬다. "너, 바빌론의 붉은 창녀여!"(Du, rote Hur von Babilonien). 더 명확히 말하면, 그 논거들과 주제는 이미 프리에리아스의 풍자문에 대한 그의 격렬한 답변에서 발견된다. 거기에서 우리는 교황절대권주의자들의 피에 젖은 손을 씻으라며 그리스도인들에게 보내는 그 유명한 권유를 볼 수 있다. 특히 1520년 8월, 그 논거들과 주제는 루터에게 스며들어, 공적(共敵)에 대한 독일인들의 결집을 알리는 트럼펫처럼 『독일 그리스도인 귀족에게 보내는 성명』을 발효케 한다…….

루터의 『파디스쿠스』라고 할 수 있는 이 책은 명백히 후텐의 작품에서 영감을 받은 것이다. 활기와 열정으로 끓어오르는 대목들은 역사가를 강력히 끌어당긴다. 그러니 그런 유혹을 이겨내면서 해부하고 분석해야 하는 역사가에게는 이 책이 얼마나 예사롭지 않은 자료인가?

로마와 교황, 그리고 교황청에 대한 가차 없는 공격. 크로투스 루비아누스와 그의 친구들이 퍼부었던 것과 유사한 욕설들. 교황청의 권력 남용에 대한 격렬한 고발. 약탈적인 교황권으로 인해 착취당하는 독일의 저항과 반항에 대한 권고. 파렴치한 행동을 너무나 빈번히 저지르는 성직자들을 비판하면서 제후들과 귀족들, 그리고 필요하면 불성실하거나 비난받아 마땅한 교황을 퇴위시킴으로써 그리스도인들의 자유를 수호해야 할 의무가 있는 유력자들을 향한 호소. 이것들은 후텐과 그의 친구들을 만족시키기 위한 내용들이다.

그러나 모든 그리스도인은 사실 성직자 신분에 속하며, 직무를 제외하고는 그들 사이에 차별이 없다. 신부·주교·교황 등 모두가 세례에 의해 성별되며, 서품은 신부에게 그 직을 영원히 부여하는 성사(聖事)가 아니라 단지 세속 권력의 뜻대로 해임할 수 있는 직책의 임명일 뿐이다. 바로 이런 주장들은 자신들의 존엄성에 그토록 긍지를 갖고 자신들과 신 사이의 모든 중재를 도무지 참지 못하는 시민들을 즐겁게 해주었다.

그리고 모든 그리스도인을 위해, 성서를 읽음으로써 신도 공동의 자산인 신의 말씀을 먹을 권리를 요구하는 일이었다. 그것은 저마다 사고하고 생각하는 바에 따라 권리를 행사할 수 있는 관용의 절대성을 선언하는 것이었으며, 스콜라 신학과 그 대표자들을 집요하고도 맹렬히 공격한 것이었다. 그 공격은, 비록 대학 개혁에 대한 몇 가지 여담과 아리스토텔레스와 아리스토텔레스주의에 대한 몇 가지 부당함이 있는바 꼭 마음에 드는 것은 아니었다. 하지만 결국 학자들과 인문주의자들, 그리고 에라스무스주의자들을 집결시키는 데 필요한 일이었다…….

끝으로, 정치·경제·사회에 관한 독특하지만 결국 일관성이 너무 없는 개혁 프로그램의 개요가 제시되었다. 즉흥적으로 만든 무분별한 프로그램 같았다. 그 책에서는 신부들의 결혼을 요구하고, 사치의 상징인 향신료 사용에 대해 선전포고를 하며, 독일인들의 음주벽과 폭음에 대해 맹공을 퍼붓는다. 또한 구걸에 대한 구호와 예방 대책, 고리와 고리대금업자, 은행과 푸거 가를 고발한다. 그런데 이 모두 뒤죽박죽인 논리에 촌스러운 미문조의 표현들임을 확인할 수 있다. 하지만 불만이 있는 수많은 이들을 감동시켜 결집할 수 있게 만든다. 어떤 사람들은 루터가 비난하는 해악들로 고통받고 있었기 때문이고, 또 다른 사람들은 그 해악들에 대한 치유책을 찾거나 제시하고 싶었기 때문이다.

그리하여 전 민중이 사용하는 독일어로 쓰인 이 작은 책은 서점에서 불티나게 팔려서, 6일 만에 4,000부나 나갔다. 이는 전대미문의 판매량이었지만 조금도 놀랄 일은 아니었다. 그 책은 만인을 대상으로 했고, 그리하여 모든 계층에서 그 책을 구입했다. 알레안더는 교황의 교서를 발표하러 독일에 왔을 때 이렇게 적어놓았다.[101] "독일의 9할이 외쳐댔다. '루터 만세'라고. 그를 따르지는 않았지만 그 나머지 1할도 합세해 이렇게 외쳤다. '로마를 죽여라'고."

새로운 교회 세우기?

그런데 루터는 일을 시작하게 되었는가? 주사위는 던져졌는가? 그는 전력을 다해 방대한 자신의 계획을 실천하는 일에 매달리게 되었는가? 결국 『독일 그리스도인 귀족에게 보내는 성명』은 제후들에게 보내는 호소였다. 그러므로 루터는 제후들을 움직이게 했고, 후텐과 그의 친구들과 협력해 힘을 쏟았으며, 독일 민족운동의 선두에 서서 로마에 대한 공격을 이끌어갈 위대한 인물을 그들과 함께, 그들처럼 찾게 될 것이다. 합스부르크 가의 카를 5세나 그의 형제 페르디난트나, 아니면 마인츠와 마그데부르크 교구의 성직을 겸하는 석연치 않은 대주교 알브레히트 폰 브란덴부르크도 불가능한 일은 아닐 것이다.

하지만 루터는 전혀 움직이지 않았다. 조금도 행동하지 않았다. 후텐의 직접적인 권유에 행동으로나 교섭으로도 응하지 않았다. 오직 글만 쓸 따름이었다. 『독일 그리스도인 귀족에게 보내는 성명』 『교회의 바빌론 포로』 『그리스도인의 자유』 등등. 그런데 『성명』에서조차 분명 그는 주저했고 모색했다. 어쩌면 그는 완전히 이해하지도 못하고 싸웠는지 모른다. 그의 계획은 무엇인가? 독일을 개혁하는 것인가, 아니면 그리스도교를 개혁하는 것인가? 국가의 개혁인가, 아니면 가톨릭의 개혁인가? 독일만을 대상으로 하는 거라면 후텐이 쓰게 되는 많은 글도 있었다. 그런데 교황권이나 교황청의 이 개혁과 공의회에 대한 이 호소들은 전 그리스도교 세계와 관련되었다. 이는 확실히 약간의 혼란스러운 생각을, 다시 말해 어쨌든 간단한 표현으로 단순화시키기는 어려운 아주 복잡한 생각을 드러내는 것이었던가?

루터는 아마 동의는 했을 테지만, 요구에 마구 따르지는 않았다. 그는 여전히 그 자신, 다시 말해 수도원의 사람, 탑의 사람으로 남아 있었다. 그리고 마침내 그 사람은 자신에게 납득할 만한 확신을 얻게 되었고, 그 설득력 있는 '믿음에 의한 칭의'의 개념을 만들어냈다. 그 개념은 자신의 필요에서 지극히 사적인 모습과 특징을 가진 너무나 개인적이고 감동적이었다.

국가의 개혁과 보편적 교회의 개혁, 즉 독일의 개혁과 가톨릭의 개혁 가운데 루터가 하나를 택하지 않았다고 말해서는 안 된다. 그는 택할 필요를 느끼지 않았다. 양자택일의 문제는 그의 생각에서 멀어졌다. 그는 자기 주위에서 언급되는 단어들을 사용했다. 그는 독일의 상황에 눈을 뜬 독일인으로 자신의 경험에서 많은 것을 얻었다. 그리하여 아주 자연스럽게 그 위대한 언어의 장인이자 타고난 웅변가는 자신의 연설과 팸플릿, 그리고 열정적인 호소를 위해 사람들이 그에게 사용하는 표현과 욕설과 이미지들을 이용했다. 그렇지만 그의 의도는 순수하며 세속의 어떤 이익과의 결탁도 없었다. 그의 정치적인 시야는 좁아서 전혀 마키아벨리적이지 않았으며 너무도 순수했다! 지지자들은 그를 앞으로 떠다밀고는 자신들은 사냥한 짐승의 고기를 기다리며 입을 꽉 다문 채 있겠다는 악착스러운 목표를 가진 일종의 포식성 인간들이다. 만일 명민한 사람이 루터에게 그 비열하고 이기주의적인 목표를 폭로하여 알려준다면 얼마나 분개하겠는가? 매우 아름답고 순진한 그의 절대적 이상주의는 그런 역겨움에 초연한 태도를 취하게 했다.

로마는 오로지 자신과 다른 모든 이의 구원에만 마음을 쓰는 한 그리스도인의 외로운 길을 가로막았다. 그의 논거를 들으려 하지도 않았고, 온통 신으로 충만한 그의 마음 깊숙이 내려가보려고도 하지 않았으며, 그리스도와 말씀의 명백함에 눈을 뜨려 하지도 않았다. 그런 로마는 그를 단죄했다. 로마에 화 있으라! 실제로 루터는 그리스도와 복음에 대한 해석자요 사자가 아니고 무엇이던가? 따라서 로마는 다름 아닌 그리스도와 복음을 단죄했던 것이다. 바로 그것이 핵심적인 문제였다. 징세가 없고, 관료주의가 없고, 세속적인 세계의 정치가 없는, 결과적으로 의무가 없는 경건하고 신성한 로마. 그 로마 역시 그의 말을 들어보지도 않고 단죄했다면, 루터가 보기에 적그리스도의 화신이 아니고 무엇이겠는가?

사실 로마는 신성하지 않았다. 악덕의 발상지이자 죄의 소굴, 나쁘고 해로운 욕망과 가증스러운 탐욕의 근거지였다. 로마는 루터에게 왜곡되고 비겁한 방법으로 움직였다. 로마는 원칙이 아니라 이익을 위해서, 착취 받는 독일을 자신의 압제 아래 두기 위해 갖은 노력을 다했다. 루터의 주변 사람들은 하나같이 그런 말을 되풀이했다. 그런데 루터가 그 사실을 몰랐을까? 그는 자신의 우렁찬 목소리로 그것을 말하고 외쳐댔다. 수많은 독일인들이 같은 말을 반복해줌으로써 그의 목소리는 더욱 커졌다. 그러나 그것은 부차적인 일이었다. 그런데 루터가 설령 논쟁자로서 모든 역량을 쉼 없이 쏟아 붓고 대중의 박수갈채를 받으며 로마와의 그런 성전(聖戰)을 치렀을지라도, 그것은 하나의 삽화적 사건에 불과했으리라. 교황은 적그리스도였다. 그렇다. 그는 루터의 믿음에 의한 칭의, 마음을 안정시키는 동시에 열광케 했던 십자가의 신학을 인정하지 않았고 받아들이기를 거부했기 때문이다.

그런데 배가된 활력과 힘을 가지고 행동하는 그 당시 루터에게는 다른 모습이 있었다. 즉 자기와 같은 동료들이 사용하는 라틴어로 글을 쓰는 신학자였다. 자기 일을 끈질기게 해나가면서 자신의 원칙으로부터 더욱더 대담한 결과를 끊임없이 이끌어냈다. 우리는 여기서 당연히 그 과정에 대한 루터의 이야기를 개략적으로 묘사할 이유는 없다. 한 운명의 곡선을 복원하고만 싶다. 그렇지만 그 운명을 이해하는 일과 그 신학의 발전 상태가 무관하지는 않다. 그런데 루터는 그 혼란스러운 몇 달 동안 무엇에 전념했는가? 바로 교회의 교리를 세우는 데 전념했다.

논란이 많은 주제다. 그렇다면 어떤 교회인가? 계층화된 교회이지만 그 지도자로 로마의 교황이 아니라 독일의 대주교를 두는 독일의 교회인가? 진정 세계적인 가톨릭교회, 부패에서 해방되어 거듭난 로마 교회인가? 그런데 그런 교회를 어떻게 세운단 말인가? 새로운 계획에 기초한 중앙집중화 방법으로? 각 나라의 교회가 연맹하는 방식으로? 물론 이는 한 역사가가 이론적으로야 세울 수 있다. 루터는 그와 같은 방식을 전혀 생각하지 않았다. 그런 중요하지 않은 일에 대해 무관심 이상으로 루터의 심중을 잘 말해주는 것도 없다.

1520년 루터는 암중모색 뒤에 교회의 개념을 정했다. 그것은 로마 교회처럼 방대하고 강력한 조직이 아니었다. 즉 세례를 받은 모든 성도들을 교구별로 분류하여 그들에게 축성(祝聖)된 신부들(독단적인 교리의 설교자들, 7성사의 요술적 경로를 통한 은총의 제조자들)의 권위를 강요하는 그런 세속적인 체계가 아니었다. 세속 권력의 지원을 받는 총체로서의 눈에 보이는 교회—이렇게 말해도 괜찮다면—그 집단적인 교회에 루터는 눈에 보이지 않는 자신의 참된 교회를 대립시켰다. 그 불가시적인 교회는 참된 믿음으로 사는 사람들만으로 이루어진다. 즉 그 사람들은 같은 진리를 믿고 같은 신의 동일한 모습의 매력에 쉽게 빠져들며, 똑같은 하늘나라의 지복을 기대한다. 또 신의 대리인인 교황에 대해 군대식으로 복종하는 그 외적인 유대에 의해서가 아니라, 마음에서 마음으로 영혼에서 영혼으로 영적인 기쁨 가운데 깊은 교제를 통해 만들어지는 내적이고 은밀한 유대로 결합되어 있다.

말뜻 그대로 은밀한 유대다. 실제로 그 참된 신도들은 어떻게 그들 주위의 무리들과 구별될까? 그들은 어떻게 자기들을 참된 신도라 말하고, 특별한 무리로, 위선과 형식을 중시하는 믿음에서 벗어나 '성인의 통공(通功)'[102]으로 통합된다는 자부심을 가질까? 당파적인 종교심은 결코 루터의 마음에 들지 않았다. 참된 신도들은 이웃 속으로 뛰어들어 그들을 등지지 않고 반죽을, 이를테면 너무도 자주 차가워지고 둔해지는 육체에 활기를 불어넣는 생기 있고 따뜻한 영혼을 발효시키는 누룩이 되는 것으로 만족했다.

사람들 사이에나, 그리스도인들 사이에는 차별도 계급도 없다. 세례와 복음, 그리고 신앙을 통해 신의 자녀가 된 사람들은 모두 평등하다. 모두가 사제다. 그런데 만일 그들 가운데 어떤 사람들이 더 특별하게, 예를 들면 가르치는 일과 설교의 직무를 맡게 되었더라도 남보다 우월하다고 생각하지 말아야 한다. 그들은 단지 인간의 한 임무에 헌신하는 것이며, 그들을 지명한 이가 언제든 마음대로 해임할 수 있는 관리자일 뿐이다……. 마찬가지로 약간의 규범이 만들어지더라도, 군주국가에서 군주가 신도 공동체의 구성원으로 행동하거나 민주국가에서 주권자인 민중의 훌륭한 대표들이 말씀의 가르침을 기획하고 자격을 갖춘 성직자 집단을 육성하며 도시와 마을에 필요한 학교를 세워주는 일에 전념하더라도, 주지하듯이 그 규범도 집단도 전혀 신적 권위의 성질을 띠지 않는다.

신이 직접 자신들에게 말씀의 의미를 정의내리는 책임을 맡겼다고 말할 수 있는 종교집단은 현재에도 없고 과거에도 없었으며 미래에도 없을 것이다. 그런 자격으로 신앙의 맹목적인 복종을 요구할 수 있는 종교집단도 없다. 사람들에게 일정한 믿음이나 성사의 관례를 강요하기 위해 세속의 재판권에 도움을 구할 권리가 있는 종교집단도 없다. "세례를 원치 않는 사람은 그냥 놔두라"고 루터는 1521년 단호하게 말했다. 그 신부의 입에서 나온 놀라운 말이다.[103] 또 이렇게 덧붙였다(1521년의 문구다). "성찬식을 필요로 하지 않는 사람은 그렇게 할 권리가 있다. 고해성사를 하려고 하지 않는 사람도 그렇게 할 권리가 있다." 얼마 후 1523년에도 같은 선언을 했다. "신앙은 절대로 자유로운 것이다……. 남의 마음을 강요할 수 없다. 돕는다는 이유로 열심을 다할 때조차도 말이다. 그럴 경우 적어도 나약한 사람들에게 거짓말을 하게 하거나 마음속 생각과는 달리 말하게 할 것이다."[104] 무관심과 적의, 그리고 무신앙에 대해 1520년의 루터는 한 가지 치유책밖에 몰랐다. 말씀을 전하고 그 말씀이 마음을 움직이도록 맡겨두는 일이다. "말씀이 아무런 결실도 얻지 못한다면 완력은 더더욱 말할 필요가 없다. 그 완력이 세상을 피로 물들일지라도 말이다. 이단은 영적인 힘이다. 그 힘을 철퇴로 두드려 팰 수도 없고 불을 질러 태워버릴 수도 없으며 물속에 빠뜨려 익사시킬 수도 없다. 그렇지만 신의 말씀이 있다. 승리하는 것은 바로 그 말씀이다!"

이처럼 세속과 어떠한 결탁도 없는 한 사람이 평화로운 수도원 안에서 신앙심으로 뜨거운 열정적인 수도사의 교회를 꿈꾸었다. 그것은 세기의 여명기에 음향을 순수하고 감미롭게 만드는 아주 아름다운 이상주의였다.

그렇기 때문에 루터는 타파했고 거부했다. 견고한 교계 제도와 낡은 관습, 토지와 재판의 견고한 기반을 가진 가톨릭교회로부터, 현재 여전히 경쟁관계에 있는 교회들에 맞서는 선명하게 윤곽이 잡힌 눈에 보이는 교회로부터, 유럽에 문화와 전통의 강력한 통일성을 유지시켜주는 문명을 수호하는 교회로부터, 로마제국의 진정한 계승자인 그 세속적인 웅대한 건축물로부터 루터는 멀어지고 무관심해졌다. 1520년 12월 10일, 그는 비텐베르크에서 교서 엑수르게를 불태운다. 그러나 1년 전 라이프치히 논제의 『해설서』에서 그는 이렇게 썼다. "나는 자유롭고 싶다. 그것이 공의회의 권위든, 대학의 권위든, 교황의 권위든, 어떤 권력과 권위의 노예도 되고 싶지 않다. 왜냐하면 나는 그것이 한 가톨릭 신도에 의해 주장되든 한 이단자에 의해 주장되든, 그것이 어떤 권위에 의해 인정되거나 거절되든 내가 진리라고 믿는 바를 확신 있게 주장할 것이기 때문이다." 그 선언 이후 이전 교회에 대한 것은 더는 남아 있지 않았다. 그런 교회는 철저히 무너졌다. 그 토대까지도 말이다.

그러면 루터는 다시 짓게 될 것인가? 무엇 위에, 어떤 토대 위에? 율법? 그는 '그리스도인은 모세의 율법에서 해방되었다'고 말했다. 다시 말해 구약의 전례뿐만 아니라 모세가 유대인들에게 준 십계명에서도 해방되었다고 얼마나 열심히 주장했는가. 유대인들에게 주었던 것이지, 결코 그리스도인들에게 준 것은 아니다. 그러나 확실히 모세는 교부다. 그것도 위대한 교부다. 그는 우리 그리스도인들의 입법자인가? 절대 아니다. 율법? 도대체 그리스도인에게 율법은 무엇인가? 그리스도는 율법을 폐하고 이기시지 않으셨는가? 율법 안에서 태어난 그분은 율법의 살인적인 무게에 짓눌려 있는 만인을 구원하기 위해 율법의 요구에 굽히지 않으셨던 것 아닌가? 그리스도는 우리에게 율법의 반대, 다름 아닌 복음을 주셨다.

그러면 말씀은? 그런데 루터가 각별한 애정이 담긴 어조로 그토록 자주 말하고, 그만큼 소중한 그 말씀을 그는 어떤 뜻으로 말하는가? 말씀이란 무엇인가? 성서 전체인가? 살아 있는 교황의 권위를 부인한 그였으니, 신도들 위로 자신의 개인용 '종이 교황'(성서)을 세우려 하는가? 그 시기에 루터는 그렇게 생각하지 않았다. 그는 그리스도인으로서 자신의 자유를 지키려 했다. 자유를 노예로 만드는 어떤 세상 권력도 인정하려 하지 않았다. 그럴 권리가 성서에 씌어 있다고 할지라도 말이다. 그렇지만 그는 성서를 국민들에게 선물할 것이다. 그것은 독일어로 전체를 번역한 매우 훌륭하고, 때로는 그 어휘의 풍성함에 두려움을 느낄 정도의 선물이다. 믿음은 한 성구 — 그것이 어떤 것일지라도 — 에 달려 있지 않다. 믿음은 한 문자에 — 그 문자가 그토록 높은 곳에서 떨어진 것이라 할지라도 — 예속될 수도 없다. 믿음은 모든 성구의 안주인이다. 믿음은 그 자체가 스스로 얻는 그 확신의 이름으로, 모든 성구에 대한 통제권을 가진다. 믿음은 말씀에 직접 의거한다. 그런데 말씀은 죽은 문자인 성서나 "갓난아이 모세를 담아둔 그 보잘것없는 조그만 골풀 바구니"가 아니다. 그것은 모세 자신, 즉 세계를 채우는 살아 움직이는 물질적이 아닌 그 무엇, 하나의 영, 하나의 목소리다. 그것은 은총의 메시지, 구원의 약속, 구원에 대한 계시다.

그리하여 열렬한 시기의 그 루터는 인간을 신과 마주해놓는다. 그들 사이에는 중재자가 없다. 그는 "나 자신이 신이 말하는 것을 들어야 한다"고 말한다. 그런데 어떻게 듣는다는 말인가? 교리에, 교리 대전(大典)에 자기의 오성을 집중함으로써? 그것은 얼마나 어리석은 짓인가!

"말씀을 설교할 수는 있다. 그러나 오직 신 한 분을 제외하고는 어느 누구도 그것을 인간의 마음에 새길 수 없다." "자기 마음속에 신에 대한 참된 믿음을 가지고 있는 사람을 제외하고" 영적인 것에 대해 판단할 자 이 지상에 아무도 없다. 모든 것은 헛되고 쓸데없으며, 유해한 모든 것은 그렇게 사라진다. 모두가 항상 어디서나 믿어야 하는 바를 규정하고 있는 교리. 성도들에게 신의 은혜를 전할 권리를 불경스럽고 터무니없이 가로채는 성직자 계급. 수없이 바치는 희생처럼 교만으로 얼룩진 헛된 기도와 고행을 우쭐거리며 신에게 드리는 (온갖 규율과 온갖 수도회와 온갖 복장의) 수도사들로 이루어지는 수도원 제도. 자신의 비참을 확실히 알고 있는 영혼이 경이롭고 거룩한 신과 내밀하게 교제하는 그 믿음이 아닌 한 모든 것은 사라진다. 그런 교제란 더러워진 피조물과 신과의 숭고한 혼례인바, 그 신은 피조물을 오욕에서 건져 올리시고 속죄받지 못할 죄를 떠안으시며 대신 지혜와 천복을 선물로 건네주신다.

창조주와 피조물 사이의 그런 관계에 기초하여, 즉 믿음 속에서 일체가 되는 영혼과 정신들을 은밀하게 결속시키는 보이지 않는 교회에 대한 이 개념에 기초하여 1520년의 루터는 거부하고 무너뜨리려 했던 그 로마 교회를 보이지 않는 교회로 대체하기 위해 어떻게 새로운 교회를 지을 것인가? 마음속에 넘쳐흐르던 감정들과, 내부에서 들끓고 있던 열렬한 신앙심과, 자기 안에 있으면서 자기를 떠받쳐주고 있던 그 믿음에 부합하는 새로운 교회를?

보름스에서의 용기

그런데 짓다, 세우다, 건축하다 같은 단어들은 어떤 것도 루터가 생각하는 말이 아니었다. 다시 말해 그의 속생각과 내면의 감정, 본심을 나타내는 말이 아니었다.

물론 그의 믿음이 세상 사람들에게 다음과 같이 말하도록 부추기지는 않았다. “나는 당신을 알고 싶지 않다. 당신은 악이다. 죄악이고 비열함이고 부정(不正)이다. 그러니 나는 당신을 멀리한다.” 작은 수도사의 방에 칩거했는가? 그는 그 방에서 나온다. 마음을 다하여 그 금욕주의를 버린다. 세상은 신이 만들었다. 그러기에 우리를 그 세상 속에 두었던 것도 신이다. 신이 우리를 두었던 곳에 있자. 양심에 부끄럼이 없이 일상의 일을 완수하자. 농부는 밭을 갈고, 하녀는 청소를 하고, 대장장이는 모루를 두드려 칭찬받을 만한 훌륭한 작품을 만든다. 그리스도인들을 교화하는 것이 직업인 훌륭한 복음 설교자처럼. 그러니 그 훌륭한 복음 설교자는 쉴새없이 주기도문이나 중얼거리는 가증스러운 수도사보다 훨씬 나은 존재다. 루터는 이 말을 1520년부터 했고, 갈수록 더 힘주어 되풀이했다. 그리고 이 말이 순종적이고 근면한 시민들과 민중들 사이에서 어떤 반응을 불러일으켰는지는 짐작이 된다. 자신의 영관(榮冠)을 자기 손으로 벗겨버린 그 성직자가 아주 비천한 그들의 일을 그토록 칭송해주었으니 말이다.

그런데 이 세상은 루터의 믿음의 중심이 된다. 루터의 믿음은, 아브라함이 아내와 자식들과 하인들을 두었지만 마치 아무도 없었던 사람처럼 행동했듯이 이 세상을 활용했다. 왜냐하면 족장인 그는 참된 기쁨은 오직 영적인 부에서만 얻어진다는 사실을 알았기 때문이다. 이 세상에서 사는 것, 좋다. 이 세상이 우리에게 자유롭고 정직하게 제공해주는 평화로운 행복을 누리는 것, 그 또한 좋다. 감관과 마음의 기쁨. 자연이 주는 쾌락과 자연에 대한 애착. 즐거움을 주는 오래된 포도주 한 잔, 새끼 동물이 유연하게 뛰어오를 때의 우아함, 생기 있는 두 눈의 깊은 광채, 입맞춤에 다소곳해진 한 여인의 입술, 천진난만하게 조잘대는 어린 아이의 귀여운 모습. 그리스도인은 아낌없이 신께서 주시는 이 보물들을 후회 없이 만끽하기를 바란다. 또한 아주 침착하게 그 신의 선물을 향유하기를 바란다. 그렇지만 그 보물들에서 항상 초연해질 수 있기를. 그 보물들을 갖는 순간 마음으로 단념할 줄 알기를. 그것들의 실상을 보기를. 이를테면 인간이 그 보물들을 통해 믿음을 가지도록 신이 특별히 설치한 무대의 소품들임을 깨닫기 바란다.

그런데 신으로부터 왕홀과 왕관을 넘겨받은 그 그리스도인 통치자들이 어떻게 지상의 사물들에게 지배를 받겠는가? 루터는 세상 왕국의 그 방문객들에게 죄와 사망, 그리고 불행을 가로질러 자신이 그린 그리스도교 왕국을 구경시켜주었다. 서두르거나 두려워하지 않으면서 말이다. 그는 악의 힘들을 피하지도 두려워하지도 않았다. 그 힘들 가운데 어떤 것도, 이를테면 사탄도 사망도 배고픔도 갈증도 칼이나 화마도 그를, 진정한 자기를 침범하지 못하리라는 절대적 확신으로 그는 그 힘들을 제압했다. 게다가 다스려서 자신의 요구에 따르게 했다. 그리하여 각각의 힘으로부터 반대의 힘을 이끌어냄으로써 죄로부터 의를, 가난으로부터 부를 얻었다.

그렇기 때문에 믿음은 루터에게 세상에 대한 완전한 지배를 가져다주었다. 믿음은 신에 대한 절대적인 신뢰이기 때문이다. 그렇지만 그를 인도하고, 모든 활동에서 그를 지탱해주는 믿음이야말로 동시에 루터가 행위의 실천에 대해서는 관심이 소홀했고, 안정성 있는 교리를 정립하는 일에 관심이 없었다는 사실을 설명해준다. 특히 후자는 그의 본성의 변함없는 특징 가운데 하나를 아주 잘 드러내준다.

개혁자? 종교개혁의 시조에게 이런 칭호를 부여하는 것을 거절할 수 있었는데, 근거가 없는 것은 아니다. 인도자? 그는 확실히 신의 부름에 응했다. 그러나 그가 마음속 깊이 원했던 것은 인도하는 일이 아니라, 아버지의 손을 잡고 걸어가되 한눈팔지 않고 따라가는 아이처럼 맹목적인 믿음으로 신의 안내를 받아 데려가고자 하는 그곳으로 따라가도록 하는 일이었다. 조직하는 것? 규칙과 규정을 정하고 세우는 것? 그게 무슨 소용인가? 무엇 때문에 그 헛된 일들을 그렇게 중시하는가? 교회, 즉 순수하게 영적인 단체인 그 보이지 않는 교회는 참된 신도들의 믿음이 있는 곳이면, 또한 참된 신도들의 믿음이 나타나는 곳이면 어디에나 존재한다. 중요한 것은 바로 그 점이다. 그 외에, 이를테면 성직자를 모집하거나 단체를 조직하는 등의 일들은 재미없는 문제다. 무엇 때문에 그런 문제들을 영구히 해결해야 하는가? 그것은 얼마 정도의 임시 규칙만으로도 충분하다.

교리를 발전시키고 전파하는 데 필요한 최상의 조건을 보장하기 위해, 세상의 귀족들과 협상하는 것은 또 하나의 헛된 일이다. 정치는 제후들의 일이다. 국사(國事)인 것이다. 그런데 국사와 한 성도의 마음속에 자리한 그리스도교 사이에 어떤 공통점이 있는가? 국가가 교회를 보호해주어야 하는 것. 만일 교회가 부당하게 공격을 당하면 국가가 교회를 방어해주어야 하는 것. 만일 교회가 자산을 가지고 있으면 국가가 그것을 관리해주어야 하는 것. 그런 일들을 떠맡음으로써 국가가 신도들을 성가신 수고로부터 해방시켜주는 것. 좋다. 그와 마찬가지로 신도들이 단 한 명의 그리스도인과 관련된 일에 온전히 헌신하는 것도 그들의 자유이리라. 그런데 왜 여기서 다시 흔들려야 하는가? 복음의 승리와 교회의 구원. 그런데 뭐라고, 이토록 큰일들이 인간의 노력에 달려 있다고? 그렇지 않다는 것을 루터는 잘 안다. "세상 사람들이 정복을 당했고 교회가 구원받았던 것은 바로 말씀에 의해서다. 말씀으로 교회는 부활할 것이다!" 1520년에 한 말이었다.[105] 이것은 더 유명한 또 다른 말을 사전 예고했다. 비텐베르크에서 들려오는 소식들에 흥분해 바르트부르크의 은자가 칩거를 중단할 때 선제후에게 한 거만한 말이었다.[106] "이 사건을 타개하기 위해 선제후께서는 아무런 시도도 하실 필요가 없습니다. 왜냐하면 신께서는 선제후 각하의 염려와 조치를 허락하시지도, 하실 수도 없기 때문입니다. 저에 대한 염려와 조치도 마찬가지입니다. 신께서는 인간들이 모든 일을 그분의 장중(掌中)에 맡기기를 원하십니다!"

자신을 전부 신에게 내맡기기, 신 안에서 완전한 평화 찾기. 말이 났으니 이 점을 지적하자. 즉 너무도 자주 신랄하게 비난받았던 도덕에 대한 루터의 초연함과 무관심 역시 이런 말로 설명된다는 사실을. 우리는 루터가 얼마나 단호하게 자신의 마음 깊숙이 도덕적 인간과 그리스도인을 구별하고, 구별해야 한다고 주장하는지 잘 알고 있다. "이 사실을 알기 바란다! 즉 도덕적 인간인 것, 선행을 많이 행하는 것, 덕이 높고 존경받을 만한 훌륭한 삶을 사는 것과 그리스도인이 된다는 일은 별개다."[107] 의롭고 착하고 도덕적이기 때문에 그리스도인은 아니다. 믿음을 통해 신이 자기 마음속에 임하게 될 때 그리스도인이다. 그러니 더는 도덕성에 관심을 가질 필요가 없다. 도덕은 인간 의지의 열매일 수 없다. 그것은 믿음의 열매다. 만일 인간이 자기 안에 신을 가지면, 만일 신이 인간 안에서 역사하시면 성령으로 변화된 인간의 의지는 자연스럽게 아름다운 행위와 선한 행위를 하게 된다. 그런데 그 변화는 일시적이 아니라 영원히 획득된다. 성령에 따라 움직이는 인간의 의지는 "전에 그것이 악을 원하고 사랑하고 소중히 여겼던 것처럼, 항상 선을 원하고 사랑하고 소중히 여긴다."[108] 확실히 신에게 자신을 온통 내맡김에서 오는 평화다. 하지만 감정의 격동과 위협, 고뇌 그리고 괴로움 들이 생겨날 것이다. 그럴 때 신에 대한 절대적인 믿음은 신도의 마음속에 인내와 힘, 활력과 용기의 마르지 않는 샘이 되어줄 것이다. "우리의 신은 견고한 성채이시다!"(Eine feste Burg ist unser Gott). 루터의 영혼 저 깊은 곳에서 솟아오르는 외침이다. 그가 표출시키는 이 감정은 그의 삶에서 문자 그대로 초인적인 용기와 기쁨을 수없이 가져다주었다. 보름스에서 보여주었던 그런 용기와 기쁨을 말이다.

보름스의 루터. 왜 그토록 많은 사람들은 이 극적인 일화에서 터무니없이 과장된 폴 들라로슈[109] 식의 판화 하나만을 얻는 데 그쳤어야 하는가? 루터의 마음을 파악하는 데 그토록 귀중한 그 이야기를 새로운 관점에서 바라보자.

왜, 어떤 마음에서 아우구스티누스 수도회 수도사는 제국의회에 갔는가? 사람들은 이 문제에 대해서는 전혀 자문해볼 생각을 하지 않는다. 관례는 놀라움을 느끼지 못하게 만든다. 인간은 이미 배운 것만 고분고분하게 되풀이한다. "의회에 소환된 루터는 통행권을 가지고 그곳에 간다. 그리고 거기에서……." 그런데 그가 소환에 응한 것이 그렇게 평범한 사실인가?

교황의 교서는 그리스도교 세계에서 그를 추방했었다. 교서는 집행될 필요가 있었다. 그러면 엄격하게 집행할 수 있는 사람은 누구였던가? 황제인가, 아니면 더 정확히 말해 그 로마의 왕인가? 그런데 카를 5세는 독일인들이 별로 알지 못하는 아주 젊은 사람으로, 경험이 별로 없고 신망도 없으며 실질적인 힘도 없었다. 그렇기에 제후들과 교섭하지 않을 수 없었다. 제후들 가운데 특히 한 사람이 할 말이 있었는데, 작센 선제후 프리드리히 현공이었다. 그런데 그는 루터를 보호하고 있었다. 물론 다른 제후들이 모두 그와 견해를 같이한 것은 아니다. 그러나 모두가 자기 영토를 가진 최고의 권력자라는 점에서는 연대감을 가지고 있었다. 자기 백성들에 대한 권리나 황제가 자기들에게 주장하는 권리가 문제될 때면 모두 단결했다. 뿐만 아니라, 그 교서에 대해서는 반론도 아주 많았다. 양심에 거리낀 점이 있었다는 것이다. 로마에서조차 과격파들의 조언에 귀 기울이는 교황을 우려하는 이들이 있었다. 독일에서는 많은 사람들이, 비록 루터의 새로운 교의를 모두 따르지는 않았지만 그렇더라도 오류를 증명하지도 않고 루터를 단죄하는 처사에 분개하고 있었다. 그런데 그때 에라스무스의 전략은 교서가 위조일 뿐이라고 말하는 한편, 또 믿는 척하면서 재검토의 여지를 남겨두는 것이었다.

따라서 교황청으로부터 단죄의 임무를 부여받은 두 명의 교황 특사 카라치올로[110]와 알레안더는 난처한 입장에 처하게 되었다. 그들은 프리드리히에게 가서 루터의 글들을 불사르고 신병을 확보해줄 것을 간청했다. 선제후는 1520년 말 별로 고무적이지 않은 몇 마디 말로 그 요구에 답했다. 루터를 체포하라고? 할 수 없었다. 그는 루터에 대한 교황의 판결에 불복했었다. 그 요구는 해제되었다. 그의 글을 불사르라고? 그 일도 할 수 없었다. 그럴 권리가 있을 만큼 루터의 글들을 조사하거나 토론해보지 않았다. 양식 있고 공정한 심판자들 앞에 그 수도사를 출두케 하는 것이 더 나은 일이었다…….

그렇게 해서 교황 특사들의 반대에도 불구하고 루터를 제국의회에 소환하는 방안이 나왔던 것이다. 이 아이디어는 많은 난관을 무릅쓰고 진전을 보였는데, 그 난관의 내용은 우리에게 별로 중요하지 않다. 그러니 우리는 1521년의 제국의회의 이야기를 반복할 필요도 요약할 필요도 없으리라. 그 이야기는 파울 칼코프의 훌륭한 책에서 얼마 전 다루어졌다. 1521년 3월 6일, 합스부르크 가의 카를 5세 황제는 그의 "존경하고 친애하는 충실한" 마르틴 루터에 대한 통행증을 발부했다. 26일 성금요일, 제국의 사자 카스파르 슈트롬이 통행증을 수도사에게 전달했다. 그리하여 4월 2일, 슈트롬의 마차를 따라 아우구스티누스 수도회의 규칙에 의해 동원된 수도사 한 명을 포함한 네 사람과 다른 한 대의 마차에 동승하고 루터는 제국의 수도로 떠났다…….

일은 아주 간단하다. 그런데 그 소환이 의미하는 바는 무엇이었는가? 소환장이 루터에게 도착했을 때 제국의회는 이미 오래 전부터 루터를 신경 쓰고 있었다. 2월 13일, 알레안더는 그 사건에 대해 의원들 앞에서 일장 연설했다. 그러자 19일, 제국의회는 그 회답으로 당사자의 말을 들어보지도 않고 한 사람의 독일 국민을 단죄할 수는 없다고 선언했다. 그렇게 제국의회는 로마에 대한 독일의 불만이라는 까다로운 문제를 제기했다. 그리하여 카를 5세가 개입했던 것이다. 그는 루터가 출두한다면 토론하기 위한 것은 아니라고 선언했다. 자기 이름으로 출판된 작품들을 직접 쓴 것으로 인정할지, 그 작품들에 담긴 오류들을 철회할 의향이 있는지를 루터에게 질문할 것이다. 그런데 루터가 비텐베르크에서 슈트롬에게 통행증을 받은 그날, 독일 전역에는 이미 그 이교의 시조가 쓴 작품들을 불태우라는 칙령이 공포되었다…….

루터는 모든 사실을 알고 있었다. 그는 알레안더가 몹시도 분주히 움직이고 있다는 것과, 26일의 칙령이 효력을 입증하듯 그 로마의 왕에 대해 영향력을 갖고 있다는 것을 알고 있었다. 마찬가지로 루터는 오직 자신의 말을 철회하라는 당부만을 받으리라는 사실도 알고 있었다. 그렇다면 보름스에 가는 일이 무슨 소용인가? 3월, 그는 슈팔라틴에게 보내는 편지에서—루터는 아직 통행증을 받지 않은 상태였다—아주 분명히 밝혔다. "나는 단지 철회만을 위해 소환된다면 보름스에 가지 않겠다고 카를 황제에게 답신을 보낼 생각입니다. 마치 내가 이미 그곳을 다녀온 것처럼 느껴집니다."[111] 그런데 26일 그는 사자에게서 통행증을 받고, 4월 2일 길을 떠난다. 그 이유는 무엇인가?

슈팔라틴에게 보내는 19일자 편지의 한 문구가 아마 그 이유를 말해줄지 모른다. 그는, '철회하기 위해서라면 보름스에 가지 않겠다'라고 했다. 그러면서 이렇게 덧붙였다. "혹시 황제가 나를 죽이기 위해 소환해놓고, 불응하면 그걸 핑계 삼아서 나를 '제국의 적'으로 공포할지라도 나는 그의 소환에 응할 것입니다. 신의 가호가 있기에 피하지 않겠으며 말씀을 저버리지 않겠습니다. 그 냉혈한들이 내 목숨을 가져가기 전까지는 멈추지 않을 것임을 확신합니다. 그러나 가능하면 교황주의 자들만이 나의 죽음에 죄가 있기를 바랍니다."[112] 이 문구는 아주 놀라울 정도로 고양된 루터의 감정을 보여준다. 그런데 만일 우리가 루터와 신에 대한 그의 절대적인 믿음을 알지 못한다면…….

소환장을 받으면 조금의 지체나 숙고도 없이 응하는 정부권력의 존경을 받는 그런 자처럼 루터가 보름스로 떠나지는 않았다. 루터는 불길 위를 걷는 사람처럼 보름스에 갔다. 마음속으로 자신의 목숨을 희생으로 바치면서, 나아가 위험에 처한 사람이라면 누구나 자기 힘의 깊은 원천(루터에게는 그것이 신에 대한 무조건적이고 흔들리지 않는 믿음이다)에서 길어 올리는 구원에 대한 불굴의 믿음을 견지하면서 그는 돌진해 나아갔다. 루터는 순교의 길을 가듯, 아니면 개선식에 참석하러 가듯 보름스로 향했다. 결국 이는 한 가지 현실의 두 측면이다. 그러나 개선식은 신 앞에서 신에 의해 치러져야 한다. 그가 믿는 것은 인간들도 그들의 도움도 아니었다. 반대로 있는 힘을 다해 그 모두를 거부했다. 그의 이상주의가 이때보다 더 순수하고 더 비타협적인 적이 없었다. 1521년 2월 27일, 슈팔라틴에게 폭력적인 방법을 거부하면서, 아니 더 정확히 말해 폭력에 호소하기를 거부하면서 루터는 이렇게 썼다.[113] "나는 그런 잘못을 범하지 않았습니다. 내가 로마 가톨릭에 제한을 가하도록 독일 귀족들을 부추긴 것은 검을 통해서 하라는 얘기가 아닙니다. 결의안과 칙령을 통해서 하라는 말입니다. 그 편이 쉬운 일일 것입니다. 무장하지 않은 성직자 무리에 대항해 싸우는 것은 여자들이나 어린 아이들과 싸우는 것과 같습니다." 바로 전 1월 16일, 같은 사람에게 보내는 편지에서 또 이렇게 말했다. "나는 사람들이 복음을 위해 폭력이나 살인을 저지르며 싸우는 것을 원치 않습니다……. 적그리스도조차 폭력 없이 시작했습니다. 그러니 마찬가지로 그것은 오직 말씀 하나로 분쇄될 것입니다."

사실 루터가 소환에 응하러 갈 때 전혀 위험에 처하지 않았다. 다시 말해, 보름스 여행은 안전했을 뿐만 아니라 예기지 않은 사태도 일어나지 않았다. 이 사실에 대해 무슨 이유를 대든, 또 뜨끈뜨끈한 방안에서 편히 뒹굴며 지껄여대든 그것은 전문 논쟁꾼들의 자유다. 하지만 혼란스러운 독일에서 그 결정적인 순간, 가장 둔감한 사람들조차도 그 사건에 관여된 세력의 막강한 위세를 느끼고 있었다. 그런 때였으니 만큼 얀 후스와 그 콘스탄츠에서의 최후에 대한 생각이 당연히 루터와 그의 모든 친구들, 그리고 분명 그의 모든 적들의 마음을 떠나지 않았다……. 아니 그런데? 그의 신은 뒤에서 밀어주고 앞에서 끌어주고 있지 않은가. 루터는 더 이상 주저하지 않았다. 자신의 믿음을 증언하고, 자신의 신을 증명하기 위해서 떠났다.

불안했지만 성공적인 여행이었다. 에르푸르트에서는 그를 성대히 맞아주었다. 그가 다녔던 대학에서는 귀한 손님으로 환대해주었다. 파문당한 자로서 루터는 자신의 옛 수도원 예배당에서 수도사들에게까지 설교했다. 마찬가지로 고타와 아이제나흐에서도 설교했다. 그는 그동안 줄곧 아팠는데, 이 즈음 알 수 없는 병으로 신음했다. 사탄의 간계와 함정에 대한 생각이 그를 떠나지 않았다. 그렇지만 모든 상황에 과감히 맞서도록 힘을 주었던 일종의 열렬한 내면의 기쁨과 용기 또한 그를 떠나지 않았다. 사탄이 무엇을 할 수 있었던가? 그는 4월 14일 프랑크푸르트에서 슈팔라틴에게 이렇게 썼다. "그리스도는 살아계십니다. 우리는 지옥의 모든 문과 하늘의 모든 권세가 막으려고 할지라도 보름스로 들어갈 것입니다."[114] 그 다음날 4월 15일, 서둘러 먼저 보낸 제자 부처가 오펜하임에서 루터를 기다리고 있었다.

보름스의 분위기는 험악했다. 재원(財源)도 군대도 없는 카를 황제에게 제후들이 대항하고 있었다. 교황 특사들은 겁을 먹고 있었다. 하층민들은 거리에서, 또 그들 영주의 관저 창문 아래에서 격한 욕설로 가득 찬 독일인들의 신도송(信徒頌)을 불러댔다. 도시와 시골에서는 성직자와 수도사, 그리고 부자들에 대항해 폭동이 일어나고 있었다. 파문된 그 수도사의 인기는 그칠 줄 모르고 치솟았다. 그의 초상화가 가는 곳마다 후텐의 초상화와 함께 내걸렸다. 후텐은 지킹겐의 성채인 에베른부르크의 성벽 위에서 독일과 관련된 팸플릿을 다량으로 뿌렸다. 사람들은 귀족들이 굶주린 사나운 맹수처럼 검에 손을 얹어놓고 분노에 몸을 떨고 있는 것을 느꼈다. 사람들은 에베른부르크에서 보내올 싸움의 신호를 기다리고 있었다…….

당시에 비밀 집회가 여기저기서 열리고 있었는데, 만일 루터가 우연히 그 모든 혼란의 현장 가운데 있게 된다면……. 사람들은 루터가 자기 친구들의 집뿐만 아니라 적들의 집에 오는 것조차 두려워했다. 그리하여 한 가지 계획이 생겨났다. 그 여행자의 목적지를 보름스가 아니라 에베른부르크로 방향을 바꾸는 일이었다. 그곳에 있으면 루터는 지킹겐과 후텐의 보호와 감시 아래 안전할 테고, 얀 후스의 운명을 두려워하지 않아도 되리라. 그는 거기에서 기다릴 수도 있고, 누가 오는 것을 볼 수도 있으며, 토론할 수도 있으리라. 이렇게 부처는 루터에게 찾아와 제안했다. 그러나 루터는 단호히 거절했다.

그는 보름스로 갔다. 그 누구도 그 어떤 것도 보름스로 가는 길을 막지 못하리라. 반드시 그 도시에 입성할 것이다. 그리스도를 선포하고 모든 것을 그리스도에게 맡기기 위해 베헤모스[115]의 거대한 아가리 이빨 사이로 발을 들여놓을 작정이다. 그것은 전진하고 있는 힘이었다. 아무도 그 힘을 가로막지 못할 것이다. 4월 16일 오전, 루터는 보름스에 입성했다. 백 마리의 말이 그가 탄 마차를 호위했다. 2,000명이 그의 숙소까지 뒤따랐다. 다음날 17일, 그는 처음으로 황제와 마주했다.

대결은 신통치 않았다. 다음의 두 질문이 있었다. 그의 이름으로 출판된 모든 작품이 그 자신의 것인지, 잘못된 주장을 철회할 뜻이 있는지를 말이다. 루터는 질문을 던지는 트리어 종교재판소 판사에게 상기된 낮은 목소리로 그 책 가운데 어느 하나도 부인하지 않는다고 대답했다. 나머지 질문에 대해서는, 너무 심각한 문제여서 루터는 겸손하게 답변의 유예기간을 요청했다. 루터의 이 말에 사람들은 놀랐고 실망했다. 그들은 마지못해 24시간의 유예기간을 주었다. 심문은 다음날인 1521년 4월 18일 목요일 저녁회의가 모두 끝난 6시경에 재개되었다. 루터는 사람들로 가득해 열기가 후끈 달아오른, 횃불들이 환히 밝히고 있는 방으로 다시 안내되었다. 이번에는 명쾌하게 말했다.

그의 책들? 거기에는 세 종류가 있었다. 하나는, 그리스도교 교리를 설명한 책으로 너무도 복음적이어서 적들조차 유익하게 여기고 있었다. 그런 책들은 철회할 게 아무것도 없었다. 다음 하나는, 교황권과 교황제 실행을 강도 높게 공격한 책들이다. 이 역시 철회할 게 전혀 없었다. 철회했다면 적그리스도에게 문과 창문을 활짝 열어주는 꼴이 된다. 마지막 하나는, 루터를 건드렸던 적들을 대상으로 쓴 시사성 글들이다. 이는 확실히 지나치게 신랄한 면이 있었다. 그런데 어쩌란 말인가? 루터가 싸우는 것은 권력의 횡포와 신의 모독이었다. 그들은 루터의 말을 들어보려고 하지도 않고 단죄할 게 아니라, 그에게 심판자를 몇 명 붙여서 그 사상을 토론해봄으로써 어떤 점이 위험한가를 증명해보여야 한다.

트리어의 판사가 말을 이었다. "토론은 없습니다. 책들을 철회합니까, 안 합니까?" 그러자 루터의 유명한 말이 있었고, 그 말은 즉각 여러 나라 말로 번역되어 독일 밖으로 퍼져나갔다. 가장 원문에 가깝게 번역해보자.[116] "성서의 증거나 명백한 논리로 나를 납득시키지 않는 한(나는 교황도 공의회도 믿지 않습니다. 교황과 공의회가 너무도 빈번히 잘못을 범하고 스스로 모순되는 말을 했습니다.) 내가 쓴 문구들을 부인할 생각은 없습니다. 신의 말씀이 내 양심을 사로잡고 있습니다. 그것이 무엇이 됐든 철회는 할 수도 없고 원하지도 않습니다. 양심을 거슬러 행동하는 것은 위험이 없지도 않고 정직하지도 않기 때문입니다. 신이시여 저를 도우소서. 아멘!"

떠들썩하게 소동이 일었다. 욕설과 환호를 뒤로하고 루터는 자리를 떠났다. 그는 숙소로 돌아왔다. 초조해하는 친구들을 보자 두 손을 들어 이렇게 두 번 외쳤다. "해냈어! 나는 끝까지 해냈다고!"(Ich bin hindurch). 다음날, 전 세계는 "교황을 비판하는 글을 쓴" 수도사 루터의 위대한 거절을 알게 되었다. 루터를 잘 안다고 생각했고 그를 사랑했던 사람들은 그의 용기에 놀랐다. 하지만 그들은 초인적인 그 용기의 동기를 알지 못했다.

"그는 다음 날 다시 와서는, 자신이 이런저런 작품을 썼으며, 누가 반대 의견을 입증해 보이지 않는 한 자신의 말을 옹호하겠으며 죽음도 두려워하지 않겠다고 말했습니다." 안트베르펜 포르투갈 해외상사의 한 비서관은 베르헌 옵 좀(Bergen op Zoom)에서 포르투갈 국왕에게 보내는 4월 25일자 편지에서 이렇게 4월 18일의 그 유명한 장면을 이야기했다(그 소식은 날개달린 듯 퍼져나갔다). 그 뉴스 제공자는 계속해서 말했다. "그 주지의 사실들 가운데서도 특히 사람들의 말에 따르면, 교황 특사는 그의 말을 들으며 사색이 되었다고 합니다." 또 이렇게 덧붙였다. "모든 독일 국민과 제후들이 그의 편을 들었습니다. 이번에는 그가 위기를 모면할 수 있을 것 같습니다."[117]

실제로 독일의 전 국민이 그에게 가까이 다가와 떠받들고 애정을 표하며 무한 신뢰를 보내주었다. 그는 굴하지 않았다. 트리어의 대주교와 그의 종교재판소 판사 코흐레우스(Cochläus), 그리고 그 밖의 사람들은 루터가 뜻을 굽히도록 몹시 노력했으나 허사였다. 루터는 물러서지 않왔고, 어떤 것도 부인하지 않았다. 그런 태도는 그에게 많은 대가를 치르게 할지도 몰랐다. 루터는 괘념치 않았다. 아니, 비록 생각했을지라도 그것은 아마 뭐라 말할 수 없는 자신감에 넘쳐 순교의 소망을 품어보기 위해서였으리라. 순교의 소망은 마음속 깊은 곳에서, 또 귀족과 제후들의 면전을 향해 진리의 말씀을 단도직입적으로 선포하기 위한 그 예언자적인 열광 속에서, 그리고 고독에 기인한 예언자적인 격렬한 긴장감 속에서 — 얀 후스와 사보나롤라를 생각하면서 — 생겨나는 것이었다.

루터는 납치되기 하루 전날인 4월 28일, 루카스 크라나흐에게 이렇게 알렸다. "나는 가두고 숨겨주는 대로 가만히 있을 생각입니다. 아직 그곳이 어디인지조차 알지 못합니다. 아! 폭군의 손에, 특히 미친 듯이 날뛰는 게오르크 공작의 손에 죽음을 맞이하면 얼마나 좋을지! 하지만 적절한 때가 오기까지, 나는 그 선량한 사람들의 조언을 무시하지는 않겠습니다."[118] 이 말에는 친구들에게 자기를 변명할 어떤 필요성과 함께 실망하는 모습이 담겨 있다. 무슨 말인가? 그 대단한 종교적 고양(高揚)이 이런 결과밖에 낳지 못했던 것이다. 그렇지만 루터는 자기를 희생했다. 3월 19일자 슈팔라틴에게 보내는 편지를 기억해보라. 게다가 4월 20일 루터에게 보내는 후텐의 다음 편지를 다시 읽어보라. 그 기사는 이렇게 썼다. "당신은 위대한 철회 거부 이후의 이틀을 그리워할 것입니다. 당신에게는 당신을 옹호해줄 사람들도, 필요하면 당신의 원수를 갚아줄 사람들도 없지 않을 것입니다."[119] 또 우리가 앞서 인용했던 루이 페르난데스(Ruy Fernandez)의 이런 문구도 있다. "그는 이번에는 위기를 모면할 수 있으리라 봅니다." 그렇더라도 이제 어떤 이들처럼 보름스에서 루터가 전혀 위험에 처하지 않았다고 생각할 수는 없으리라. 하물며 그에게 자기 자신을 비롯하여 모든 것을 초월하게 했던 순전히 내적인 열광과 종교적인 열의로 가득 찬 그 며칠 동안 루터의 진짜 감정들에 대해, 끔찍한 오해를 범하는 사람들을 또다시 따르고 싶은 마음은 더더욱 없을 것이다.

보름스에서 루터의 용기는, 적을 직접 공격하고 정복한 뒤 마음대로 굴복시키려는 한 당파 지지자의 용맹함이 아니다. 후텐이 다음과 같이 썼던 것은 적절하다. "광기 어린 가증스러운 악마들에 맞서기 위해, 나에게 지금 칼과 활과 화살 그리고 포탄이 필요하다는 사실을 압니다." 자기에게 억지로라도 가만히 지내라고 말하는 사람들을 루터가 유감스럽게 생각하는 것은 적절하다. 만일 사람들이 그렇게 조용히 지내라고 하지 않았다면, "나는 성지(로마)에서조차 그 주교관을 쓴 노예들에게 저항하는 반란을 선동했을 것입니다."[120] 루터의 용기는 전적으로 영적인 것이었다. 윌(Robert Will)이 그의 훌륭한 책 『그리스도인의 자유』에서 말했듯이, 루터는 눈에 보이지 않는 비가시적인 세계와 끊임없이 접촉하고 있음을 느꼈다. 루터는 다음 사실을 알고 있었다. 즉, 자신이 자기를 위한 신을 가지고 있다, 자기의 교리는 거역할 수 없다, 그리고 자기의 적들은 사탄의 도구들일 뿐이다. 『그리스도인의 자유』에서 대담하게 "우리는 신을 지배한다"(Wir sind Gottes mächtigi)고 말했던 것처럼,[121] 루터는 자기가 신을 지배하고 있기에 자기 마음 깊이 그렇게 신을 지니고 있다는 강렬한 기쁨이 있었다. 그것은 인간을 초월하여 너무도 높은 곳에 있는 절대자에 대한 (절대자의 소유에 대한 만끽과 함께) 사랑을 유지하는 희열과 환희를 그에게 일깨운다.

마찬가지로 다음 사항을 다시 말할 필요가 있는가? 보름스에서의 '양심에 반하는 행동을 하지 않음'(Contra conscientiam agere)을 구세계에 대해 우리가 양심과 사상의 자유에 대한 엄숙한 선언이라고 여기는 일을 경계해야 한다. 루터는 결코 '자유주의자'가 아니었다. 이 단어 자체가 그에게는 무정부주의의 냄새를 풍기게 할 정도다. 윌은 다시 이렇게 잘 말해주고 있다. "그의 양심은 해방에 대한 욕망보다는 내적 의무에 대한 요구에 더 사로잡혀 있었다."[122] 루터는 저마다 자신의 능력을 자유롭게 활용해야 하고, 교리에 대한 인간 이성의 권리를 선언해야 한다는 주장을 옹호하려고 하지 않았다. 반대로 그는 이성과 신앙을 그가 인정했던 단 하나의 권위에 복종시킬 것을 주장했다. 그는 교회와 성전, 그리고 교황에 의거하는 가톨릭 신도처럼 유일한 권위를 자기 외부에서 찾지 않고, 자기 내부에서 얻었다. 루터가 살아 있는 근원의 힘으로 이해했던 것은 바로 신의 말씀이었다. 우리 각자 안에 있으며, 모든 강요보다 더 강한 필연성의 창시자인 그 신의 말씀 말이다.

그런데 인간의 말은 저마다의 운명을 가진다. 루터가 자신의 저항에 부여했던 의미가 무슨 상관이던가? 이미 그 저항은 더는 그에게 속하지 않았다. 그의 주변에 모였던 무리들, 즉 정치인·지식인·기사·시민·하층민 그리고 불안으로 고통스러워하는 성직자 들은 그 수도사가 말을 할 때마다 자기들만의 방식으로 받아들였다. 그런데 그들의 그런 태도가 루터를 위험에서 벗어나게 해주기도 했다. 루터의 행위에서 그들은 저마다 자기 욕망을 추구했다. 그리하여 한 시간이면 루터는 그들을 모두 만족시킬 수 있었다. 그들 모두는 루터의 말을 들을 때면 두려움이 없는—계시를 받은—어떤 예언자가 그에게 강렬한 목소리를 부여해주었다고 생각하고는 계속해서 그들의 꿈을 품게 되었다는 사실을 인정하자. 하지만 오래 가지 못한 한 시간의 환상이었다. 서로 대립되는 현실주의들과, 사소한 일들은 거들떠보지도 않는 루터의 이상주의 사이에는 가장 일치한다고 생각할 때조차 피할 수 없는 불일치가 이미 행해지고 있었다.

제5장

바르트부르크에서의 몇 달

루터는 돌연 고요와 고독, 한가로운 평화를 맞이한다.
아무것도 보이지 않는다. 미래는 물론 지금 현재도 불확실하다.
숨어 지내게 되는 이 성에서 그는 무엇이었던가?
자유인인가 아니면 포로인가?

1521년 5월 4일, 알텐슈타인 계곡을 거쳐 고타로 가는 길. 마차 한 대가 숲속을 지나고 있었다. 그 마차에는 마르틴 루터가 타고 있었다. 그런데 루터는 친척집을 방문한 뒤 자신의 동료 암스도르프와 수도회의 규율에 따라 동원된 아우구스티누스 수도회의 수사 요한 페첸슈타이너와 함께 비텐베르크로 돌아가고 있었다. 그때 느닷없이 몇 명의 기수가 그들 일행에게 달려들었다. 동료 수사는 필사적으로 도망쳤고, 암스도르프는 큰 소리를 지르며 저항하는 척했다. 루터는 말에 태워져 숲속 어딘가로 끌려간 뒤 밤까지 기다렸다가 먼 곳을 빙 돌아 튀링겐 고지의 어느 성으로 안내되었다. 이제 루터는 '융커 외르크'라는 이름으로 신분을 숨기고 1521년 5월 4일부터 1522년 3월 1일까지 약 1년 동안 그곳에 머물 터였다. 금줄을 목에 걸고 검을 옆구리에 찬 융커 복장을 하게 되고, 수염과 머리를 길게 길렀다.

선제후 프리드리히는 기발한 이 습격 계획에 동의했다. 그는 루터를 넘겨주지 않기 위해 마음을 썼으며, 공개적으로는 황제에게 맞서지 않으면서 여우처럼 영악하게 행동했다. 그렇게 아주 잘 짠 계획인데다가 불리하게 말할 목격자도 없었다. 프리드리히는 이 납치 사건을 통해 그 이교의 창시자 루터를 보호했다(적들이 보기에 루터는 이미 궁지에 몰려서 덴마크나 보헤미아로 망명 갈 처지에 놓여 있었다). 즉, 그는 교활하고 집요한 알레안더가 카를 5세와 그의 고문들로부터 마침내 받아냄으로써 1521년 5월 15일 제국의회에서 엄숙히 공표된 보름스 칙령의 가공할 결과에서 루터를 구해주었던 것이다. 선제후 프리드리히는 자신이 처한 곤경에서 지혜롭게 벗어나면서도, 나아가 개혁가 루터가 막 일을 시작하는 초기 단계에서 할 수 있는 행동에 영향을 미쳤다. 그런데 그 영향이 지니는 의미에 대해 여전히 평가가 제대로 되지 않고 있으니 더 열심히 조사하고 진지하게 평가해야 마땅하리라.

혼란스러운 독일

독일은 크게 동요하고 있었다. 황제가 선출되고 그 과정에서 우여곡절이 있었으며, 엑스 라 샤펠에서 황제 대관식이 열렸고, 보름스 사건이 일어났다. 독일 국민들 가운데 가톨릭 신도들과 루터 지지자들이 동맹하여 로마를 비판하는 수많은 불만의 글들을 집필했다. 또한 루터는 위대한 거부를 했으며, 마침내 용감하면서도 집요한 태도를 취하는 등 극적인 사건이 연이어 일어났다. 이 모든 일들은 신경을 곤두서게 했다. 여기에 더해 후텐과 그의 지지자들, 그리고 루터와 그의 친구들이 만들어낸 각종 팸플릿들은 급기야 정신을 극도로 자극했다.

팸플릿들의 내용은 거친 말과 성급히 표출된 감정들로 넘쳐났는데,

이를 조악한 에를랑겐 8절판이나 조그마한 바이마르 4절판으로 읽는다는 건 정말이지 그 내용에 누가 되는 일이다. 사건들의 '관련성'에 유의하며 인용들을 냉철하게 연결하는 데 힘을 쏟는 성실한 학자가 아니라면, 그렇게 발표된 글들을 어떻게 이해할 수 있겠는가? 재미 삼아 또는 지혜를 얻고자, 아니면 열의에서 한 번쯤 읽어보려는 사람들은 비텐베르크의 출판사들에서 펴낸 원본 책들을 찾아보기 바란다. 그 책들은 만들기 쉽고 가벼우며, 호화롭지는 않지만 깨끗한 활판 인쇄가 눈을 편안하게 해주고 정신과 상상력을 생생하게 북돋워준다……. 책들의 제목은 밝고 뚜렷하게 보이며 독일식으로 장식된 아름다운 액자 형태 안에 새겨져 있다. 보통 출판된 날짜나 출판사 이름이 없지만, 첫 면에는 큰 반향을 일으킨 비텐베르크의 아우구스티누스 수도원 수도사 마르틴 루터의 이름이 새겨져 있다. 많은 경우에 그의 초상화도 그려져 있다. 그것은 작가 미상의 작품도 아니요, 순전히 영혼만을 그린 것도 아니다. 그것은 살과 뼈가 있는 한 인간의 초상이었다. 그림을 보면 두드러진 광대뼈 아래로 각진 턱이 보이고 표정은 무뚝뚝하다. 그 눈에서는 이상한 마력을 느끼지 않을 수 없었다. 빛이 나고 생기가 넘쳐 그 시대 사람들에게 깊은 인상을 남겼다. 적들은 무언지 모를 악마성을 그의 눈에서 보았으며, 허다한 언어로 묘사해보려 해도 표현할 말이 부족했다. "그 수도사의 눈은 얼마나 깊은가! 그의 정신은 끔찍한 환상을 품고 있음이 분명하다!" 카예탄의 이 말은 루터에게 충격을 주었다.[123] 그런데 이런 말들을 어디에서나 쉽게 찾아볼 수 있다.

첫 면부터 다음과 같은 표현들이 웅크린 채 독자들에게 튀어오를 준비를 하고 있다. "자유로이, 나는 정직하고 자유로운 독자를 선택한다!"(Liber, candidum et liberum lectorem opto). 유럽 전역에서 읽혔던 1518년의 『95개 조항 면벌부 논제 해설』 서문의 호소는 십자가를 지거나 십자가에 못 박힌 예수의 이미지로 다가온다. 1521년의 『개인 미사의 폐지에 관하여』(*De abroganda Missa*)의 제목 바로 아래 부분에서 투사인 수도사는 아모스의 말을 빌려 이렇게 묻는다. "사자가 부르짖은즉 누가 두려워하지 아니하겠느냐?"(Leo rugiet, quis non timebit, 아모스서 3:8) 그리하여 영혼은 예언자들의 날개를 타고 완악하고 거친 유다를 향해 날아간다……. 그러나 작품 속으로 들어가자마자 사람들은 얼마나 불안감을 느끼는가! 마음의 평안을 주면서 동시에 두려움을 주는 노골적인 말들, 직설적이고 박식하며 능란하면서도 사심 없는 말들이 놀랍게 혼재되어 있지 않던가? '개인 미사의 폐지에 관하여'라는 제목도 불안감을 준다. 미사를 폐지하는 것은 그리스도에게 죄를 범하는 일이 아닌가? 하지만 공공연히 출판된 책이다. 첫 마디는 대문자로 "JHESUS"라고 씌어 있다. 그 아래 이런 헌사가 있다. "비텐베르크 아우구스티누스 수도원의 내 형제들에게. 그리스도의 은총과 평안이 함께하기를!" 그런데 이것이 신실한 그리스도인이자 신앙심 깊은 수도사의 책이란 말인가? 의심하지 말자. 이어지는 면에서 '항의'라는 말을 읽게 된다. 시선을 끄는 제목 아래에 이런 격렬한 말이 보인다. "나는, 이 책의 서두에서 내가 교회의 의식, 대사제들의 결정, 입증된 이야기들, 그리고 기존의 관습에 반하여 말한다고 나를 비난하는 그런 미치광이들에 대하여 항의한다……."[124]

모든 것이 주저하는 신도들을 동요시키기에 얼마나 잘 갖춰진 듯 보이는가! 그런데 『95개 조항 면벌부 논제 해설』 역시 그와 똑같은 방식 똑같은 교차편집 놀이를 하고 있다. 먼저, 온건주의자이자 타협적인 사람으로 수도회의 특출한 인물인 슈타우피츠에게 경의를 표하는 존경 어린 서문이 있다. 이어 레오 10세에게 보내는 엄숙하고 격한 편지가 있으며, 다시 이목을 끄는 위대한 선언이 나온다. "나는 맨 먼저 성서에, 그 다음 로마 교회가 인정하는 대사제들의 말에 근거하지 않고는 아무 말도 어떤 주장도 하지 않을 것이다."[125] 마음이 놓이는 원칙이다. 하지만 스콜라 신학 교부들은 어땠을까? 루터는 이렇게 말을 잇는다. "그리스도인의 자유에 대한 권리들을 행사하는 나는 그 가운데 좋은 것은 지키고, 그 나머지는 버릴 것이다." 소심한 사람들은 불안해하지 않겠는가? 아우구스티누스 수도회 수도사는 짧지만 강력한 두 문장의 말로 그들을 다시 붙잡는다. "이단자라고요? 적들이 무슨 말을 하고 무슨 짓을 하든 나는 절대로 이단자가 아니오!"[126] 곳곳에서 이와 똑같은 방식으로 대처하고 있음을 본다. 거기에는 혁명적인 단호함과 당황스럽게 하는 교리적 항의가 혼합되어 있다.

사람들은 그런 글의 구성과 조합이 편치 않았다. 이치를 따지는 이성과, 아주 올바르고 명쾌한 논리의 글을 접하고 있는 게 아니었다. 한 피조물이 우리에게 몸을 내맡기는데, 대립과 적대 행위 속에서 그의 삶은 더욱 분명해진다. 그는 사상의 냉혹한 법칙에 맞서 싸우지만 때로 물결치는 대로 흔들리는 불쌍한 하나의 피조물이다. 그러면서도 단숨에 절대 속에 머무는 강인한 한 인간이다. 그는 중요하지 않은 일들은 무시함으로써 오히려 지배하고, 열렬한 마음들을 빼앗음으로써 오히려 황홀케 한다…….

루터. 그렇지만 후텐과 다른 사람들도 있었다. 이른바 지지자들, 숭배자들, 그리고 익명의 사람들이었다. 수많은 새 떼와도 같은 팸플릿들(Flugschriften), 즉 문을 부수고 들이닥치는 것처럼 통속어로 신랄하게 씌어진 팸플릿들이 있었다. 친구들의 설교와 토론, 열띤 말들이 있었다. 사회적 증오가 들끓고, 계급 사이는 적대적이며, 이익이 상충하는 오랜 원인이 있었다. 그 외에도 신속히 퍼져나가는 말들과, 가슴과 영혼 깊숙이 파고들어와 잊히지 않는 비수 같은 말들이 있었다.

역사가들인 우리는 루터의 정확한 의도와 생각에 바탕을 두고 그에 대해 조심스럽게 설명한다. 반면에 신학자들은 루터를 논평하고 해설하며 주석을 단다. 그런데 이렇게 하면 썩 좋다. 하지만 "무엇을 생각하든 각자의 자유다!"(Gedanken sind Zollfrei)라고 루터가 외쳤을 때, 동시대인들은 역사가나 신학자로서 그 말에 귀를 기울였던 것이 아니다. 그들 안에서는 단순화된 하나의 이미지가 떠올랐을 뿐이다. 그것은 제국의회에 출두해 위엄 있게 앉아 있는 황제와 교황 특사들 앞에서도 결코 주눅 들지 않았던 루터의 모습이다. 즉 자신이 한 말을 취소하라는 그들의 명령에 '그렇게는 못 하겠다'고 큰 소리로 외쳤던 단호하고 고고한 모습이었다. 하지만 천만에 말씀이다. 사실 그들 안에서는, 그 수도사가 내뱉은 말들이 강렬하게 살아 움직이고 비상한 모습으로 살고 있었다.—그 말들은 입 밖에 나오자마자 솟구쳐 오른 뒤 아주 높고 견고한 장벽을 뛰어넘어 절대 속에서 오랫동안 노닐게 된다.

루터는 아무것도 인간의 영혼을 구속하지는 못한다고 수없이 말했다. 세상을 지배하는 것은 불멸하는 영혼이었다. 그러니 어떻게 영혼이 외부로부터 자신이 구속받는 것을 두고만 보겠는가? 어떻게 영혼이 자신의 목소리가 아닌 다른 목소리에 귀를 기울이겠는가? 교황, 공의회, 교부들 그 무엇에도 귀 기울일 만한 가치가 없다. 성서의 구절조차도 중요하지 않다. 만일 영혼이 오직 자기 안에서만 진리를 찾는다면, 찾을 것이다. 그처럼 인간의 영혼은 찬양을 받는다. 하지만 루터는 그런 영혼의 모든 주도성과 지성, 지극히 개인적인 모든 의지를 인정하지 않는다. 루터는 신이 임재하여 고무시키는 한에서만 그 영혼이 세상의 사물을 지배한다고 생각한다. 신학자들이 이 점을 주목한 것은 바람직하다. 하지만 그들은 내적 싸움 중인 한 수도사에게, 체계적으로 반항하고 게걸스럽게 술을 마셔대는 그런 정신의 측면이 있다는 사실은 별로 신경을 쓰지 않았다. 이런 루터가, 모든 권위를 뒤엎으면서 그 시대에 가장 숭배 받고 견고한 집단적 신앙 체계를 와해시켜버리는 때의 루터보다 그들에게 더 중요했다. 그들로 하여금 자신들이 가진 개념들을 자유롭게 발전시키는 데 필요한 환경을 재창조할 수 있도록 동일한 하나의 영감에 매료된 자들의 교회라는 잘 준비된 피난처와, 칭의 교리라는 아주 잘 짜맞춰진 구원의 길을 그들에게 제공해주었기 때문이다. 칭의 교리는 대담함과 회한의 혼합물으로, 가톨릭 신앙의 망명자(fuorusciti)가 될 사람들을 안심시키고 도와주어, 공동의 경험 주위로 결집시키는 데 놀랍도록 적합한 것이었다…….

그리하여 루터의 행동은, 금방 흥분하는 신경질적인 독일에 동요를 부추기는 하나의 원인을 더했다. 신비에 싸인 5월 4일의 그 사건은 마침내 극도의 흥분을 야기했다.

많은 판화들이 독일에 대한 충성과 독일의 자주권을 외치던 투사 후텐과 나란히 묘사해 보여주던 그 루터는 어떻게 되었는가? 그를 납치해 안전하게 머물게 해준 사람은 지킹겐이었는가? 안전 통행증이 있는데도 그를 체포하라고 시킨 자는 알레안더였는가? 프리드리히에게서, 말하자면 그의 피보호자를 가로챈 자는 적수였던 귀족 베하임이었는가? 불길한 소문들이 떠돌고 있었다. "그들이" 루터를 죽였다는 것이다. 갱도 안쪽에서 칼에 찔려 피를 흘리고 있는 루터를 발견했다는 것이다. 헛된 한탄과 분노가 치밀어 올랐다. 뒤러의 일기 하나만 살펴보자.[127] 그 위대한 화가는 5월 17일 금요일 그 소식을 안트베르펜에서 들었다. "그가 아직 살아 있을까? 그들이 살해했을까? 나는 알지 못한다. 만일 그들이 죽였다면, 루터는 그리스도교의 진리를 위해 죽음을 받아들인 것이다." 그렇다면 도대체 이게 뭐란 말인가? 루터가 시도한 모든 일들이 수포로 돌아가고 마는 것인가? 뒤러는 계속해서 말한다. "오, 신이시여, 성령의 계시를 받아 당신의 거룩한 교회의 부서진 잔해를 그러모아 다시 조립하고, 우리에게 그리스도인답게 사는 법을 가르쳐주었던 그이 같은 사람을 다시 보내주소서! 오 신이시여, 만일 루터가 죽었다면 이제 누가 우리에게 그토록 명료하게 당신의 거룩한 복음을 가르쳐주겠습니까?" 누구라고 했는가? 몇 달 전 뒤러 자신이 연필로 투박하고 거친 느낌이 나도록 독특하게 스케치했던 바로 그 사람이다. 그는 종교와 세속 지식의 대가로서 많은 독일인들과 그리스도인들처럼 여전히 걱정스럽게 로마와 루터 사이의 최종 중재를 기다리고 있었다. "오, 로테르담의 에라스무스여, 당신은 어느 쪽을 택하렵니까? 세속의 부당한 폭정 권력을 보시오. 어둠의 세계가 가진 저 힘을 보시오. 그리스도의 기사여, 우리 주 그리스도를 호위하며 과감하게 말을 타고 가시오. 진리를 지켜주시오. 순교자들의 영관을 받으시오. 당신은 이미 늙어버린 노인이 아닙니까?…… 이제 그만하시고 당신의 목소리를 들려주시오. 그리스도의 말씀처럼 지옥문들과 로마의 왕관은 당신에게 조금도 저항하지 못할 것입니다!" 가슴을 에는 듯한 부르짖음이다. 하지만 그 시기에 에라스무스는 힘이 부쳤고 패배감에 젖고 있었다. 나아가 그는 여러 진영들 사이에 받아들여진 인문학이 앞으로 양쪽 진영의 공격을 받으리라 예견하면서 마운트조이[128]에게 우울한 편지를 썼다.[129] 과연 순수한 진리는 사람들에게 설교하여 온 세상을 흔들어놓을 만큼 가치가 있는가? "진리의 계시로부터 어떠한 열매도 기대할 수 없을 때, 우리는 그 진리를 말하지 않을 수 있고, 말하지 않는 것이 좋습니다. 그리스도는 헤로데 앞에서 죽임을 당했습니다."

바르트부르크에서의 놀라운 노역

루터는 교황 앞이나 제후들 앞에서도 침묵하지 않았다. 그토록 한가한 동시에 충만했던[130] 바르트부르크에서, 그 몇 달을 차분히 보내는 동안 그의 정신적 상황이 어떠했는지 이해하려 노력해보자. 반복되는 그동안의 많은 관례적인 표현들, 즉 실망스럽게 비치는 루터의 삶을 그럴싸하게 꾸미는 데 탁월한 쓸데없는 논쟁들과, 루터의 조금은 회의적인 경험에 대한 하찮은 글들에서 벗어나자.

루터는 교황의 교서가 내려진 판결 선고에서부터 보름스의 황제 앞에 출두하기까지 겪었던 일과 같은 경험을 그 몇 달 동안 하게 된다. 신경질적인 한 인간과 상상력이 풍부한 인간, 그리고 열정적이고 격정적인 한 인간을 상상해보라. 그 사람은 양심의 가책으로 몹시 괴롭지만 자기 안에서 비장한 감동과 확신이 마르지 않는 샘처럼 솟아오르는 것을 느낀다고 자부했다. 또 그 열렬한 그리스도인은 얼마 전 세상 모든 사람들 앞에서 교회와의 결별을 선언했다. 그런 뒤 자기 안에서 역사하고 말씀하시는 신의 이름으로 완벽하게, 또는 분열됨 없이 결별을 완성했다. 그는 격렬한 싸움을 마쳤던 것이다. 제국의회에서 소진되기는 커녕 그 보름스 여행을 위해 축적해두었던 활력이 여전히 자기 안에서 준동하고 있음을 느꼈다. 그랬던 그가 느닷없이, 지금까지 자신의 풍부한 상상력으로도 결코 그려본 적 없는 아름다운 환경 속으로 들어오게 되었던 것이다. 몇 명의 무장괴한들에게 극적으로 납치되어 당도한 그곳은 바로 성이었다. 두꺼운 성벽으로 둘러싸여 있고, 성문은 사람들의 통행을 금지하고 철저히 감시되고 있었다. 다른 쪽 성문들도 모두 빗장이 내려져 있었다. 루터는 돌연 고요와 고독, 한가로운 평화를 맞이한다. 아무것도 보이지 않는다. 미래는 물론 지금 현재도 불확실하다. 숨어 지내게 되는 이 성에서 그는 무엇이었던가? 자유인인가 아니면 포로인가? 선제후의 진짜 의도는 무엇인가? 또 자신의 의연함은 어떤 것인가? 황제가 알게 되면 어떻게 대처해야 하는가? 하지만 사실 루터는 이런 질문들을 신경 쓰지 않았다. 반대로 신이 어떤 운명으로 자신을 이끌어갈지 생각해보기는 했으나, 실제 처한 다음과 같은 상황으로 갈피를 잡지 못했다…….[131] 즉, 변장한 기사 복장, 길어지는 턱수염, 거추장스러운 검, 익숙지 않은 생활방식, 그리고 아마 일 년 내내 양념한 짐승고기로 풍성할 숲 속 성의 그 음식 말이다.

건강상의 위기도 닥쳤다. 이미 오래전부터 앓아온 위장병이 악화된 것이다. 루터는 자주 인용되곤 하는 멜란히톤에게 보낸 편지들에서 그 시대 사람치고는 매우 솔직하고 노골적으로 자신에 대한 생각을 말한다. 그들 두 사람은, 보통 문명사회가 개인의 생리적인 비밀과 관련해서는 자연스럽게 내보이게 마련인 그 조심성이 거의 없는 듯했다.[132] 또한 루터는 활동상의 위기도 맞은 것이다. 외부의 일과 목표가 없는 삶, 칩거와 포로의 삶을 어떻게 견뎌나갈 것인가? 루터는 무료함 가운데 잠시 자기 자신 안에서 맴돈다.[133] 그는 주저한다. 자신의 그런 행동을 자책함과 동시에 그 망설임을 즐기기도 한다. 추운 오전에는 게으름을 피우며 침대의 포근함 속에 빠져 지내고, 정오가 되면 성주 한스 폰 베를렙쉬[134]에게 훌륭한 식사 대접을 받는다. 두 하인이 주방에서 가지고 올라오는 요리들을 너무나 신기한 듯 맛보며 즐긴다. 그러다 밤이 오고, 육체노동을 하지 않아 크게 피곤하지 않은 몸을 침대에 누인다. 그럴 때면 눈앞에 온갖 영상들이 스쳐지나가고 소용없는 한탄이 저절로 새어나온다. 주위에 살아 있는 다른 피조물들의 영적인 숨결이 자신의 숨결과 뒤섞이는 것을 느끼지 않으면 살 수가 없는 그 단호한 개인주의자를, 채워지지 않는 사랑의 욕구가 끊임없이 괴롭힌다…….

바르트부르크의 차갑고 깊은 정적 속에서, 또 풍부한 상상력이 만들어낸 온갖 환영들이 떠나지 않는 캄캄한 밤의 어둠 속에서, 다정하고 포옹과도 같은 한 존재의 따스함을 생생히 느낄 수 있다면 얼마나 감미로울까? 루터는 "억누를 수 없는 불꽃 같은 육욕의 갈망"과 식욕, 관능적 욕망, 게으름, 무위, 수면에 대한 애착 들을 느낀다. 1521년 7월 13일, 루터는 친애하는 멜란히톤에게 보내는 유명한 한 편지에서 이 모든 끔찍한 죄로 더렵혀지고 있는 자신을 솔직하게 참회하고 있다.[135] 루터의 "추한 고백"은 바로 그런 인간의 욕망에 관한 것들이었다. 이 대목에서 아주 우스울 정도로 당혹스러워하는 루터주의자들의 슬픔에 잠긴 눈에 비치는 너무도 분명한 진실성을, 루터에 대한 것이라면 무엇이든 이용하려고 혈안이 된 적들이 가만히 놔두겠는가? 루터주의자들의 눈에 비친 그 진실성이란 루터가 수도사로서 조금은 남아 있다고 보는 일말의 겸양, 양심의 가책, 그리고 비밀스럽게 음미하는 자기 만족감을 가지고 빠지게 되는 것을 말한다.

만일 루터가 그의 마음속에 깊이 자리 잡고 있는 숨은 결점들과 관능적이고 퇴폐적인 욕구를 폭로해 백일하에 보여주고자 하는 좀 병적인 취향을, 요컨대 후안무치하게 마구 파헤쳐지고 드러난 그의 잡다한 오점들 속에서 최초의 순결과 완전한 칭의의 해방 감정을 찾으려는 루터의 강박적인 염려였다는 사실을 헤아리지 못한다면, 그런 사람은 분명 '독일인'이 아닐 것이다. 이상의 것들이 바르트부르크에서 할 일이 없을 때 루터의 조금은 분별없는 동반자들이었다. 그러나 그 분별없는 동반자들은 '적수'라 할 수 있는 훌륭한 동반자들과 사이가 좋았다. 그런데 그 적수에게 자신의 옛 이름 가운데 하나인 사탄이라는 이름을 부여한다. —『탁상담화』는 우리에게 사탄의 공적(功績)에 대해 풍부하게 말해준다. 바르트부르크의 은거자는 끊임없이 그 사탄에 대항하여 싸운다.[136]

하지만 그가 순수함과 조화로움을 추구하는 자신의 고양된 감정 앞에서, 쾌락에 대한 욕망, 신성모독에 대한 유혹, 그리고 죄에 대한 끔찍한 갈망의 실현을 그친다 할지라도 그는 여전히 사탄이 그리워질 것이다…… 이러한 욕망·유혹·갈망은 루터에게 필요하다. 이 모두는 고통과 구원에 대한 그의 취향을 충족시키기 위한 일종의 소품들이다. 오점을 순수함으로 다시 바꾸기 위해서는 먼저 오점들 가운데 둘러싸여 있어야 한다…….

사탄은 언제고 그를 떠나지 않는 동반자다. 루터는 그런 동반자를 난폭하지 않게, 또 온화하게 대한다. 이를테면 일종의 온정을 가지고 이야기한다. 『파우스트』 제1권의 서막에서 주님이 그 유명한 게르만 사탄의 화신인 메피스토펠레스에게 하는 말을 듣는 것 같으리라.

"나는 너의 동류들을 결코 증오한 적이 없다. 부인하는 영들 가운데, 권모술수와 간계의 영이 가장 마음에 든다……. 인간의 활동이란 너무 자주 해이해진다. 인간은 게을러지는 성향이 있다. 그러니 나는 인간에게서 활동적이고 불안해하는, 필요한 경우 심지어 만들어내기도 하는 한 동반자, 즉 악마의 모습을 자주 보노라……."

그렇지만 아무것도 과장하지 않도록 주의하자. 루터는 한가하게, 유유자적하고 거나하게만 지냈는가?(Otiosus, otiosus et crapulosus?) 그는 육체적으로 무위하고 지나치게 틀어박혀 지내는 생활, 활동가에게는 견디기 힘든 서재에 파묻혀 지내는 삶을 고통스러워한다. 루터는 자기 처지에 대해 이렇게 쓴다. "나는 하루 종일 앉아 있다"(Sedeo tota die). 또 기름진 음식을 먹는 생활에 만족해하는 것이 아니라 괴로워하고 투덜댄다. 사실 루터에게 '한가하게'(Otiosus)라는 수식어는 불필요한 말이다. 부디 우리는 그 다음에 따라오는 '일에 바쁜'(negotiosissimus)이란 말을 빼놓지 말자. 또한 다음의 짧은 문구도 잊지 말자. "나는 쉬지 않고 글을 쓴다"(Sine intermissione scribo). 바르트부르크에서의 한가(otium, 또는 무위)는 분명 루터에게 나쁜 잡념을 불러일으키게 했다. 하지만 우리 가운데 가장 튼튼하고 활동적이며, 강건한 육체노동자들일지라도 그 한가의 강력하고 놀라운 '생식력'(다산성)을 찬미하지 않을 자 누가 있겠는가?

적들조차 루터의 노역 앞에서는 고개를 숙인다. 우리는 그리자르의 큰 책에서 그 시기 루터의 지적 산물의 모든 일람표를 볼 수 있다. 아니, "할 일이 아무것도 없다던" 바르트부르크에서 그렇게나 엄청난 노역을 했다니 놀랍다! 그 스트라스부르 사람들이 후대의 프랑스인들을 위해 라틴어로 번역하게 될 『성모 마리아 송가 주석』(『마니피캇 주석』*Das magnificat verdeutscht und ausgelegt*), 새로운 설교 형태를 창조하게 되는 주일과 축일을 위한 『교회 강론집』(*Kirchenpostille*), '새로운 것'(nouvelletez)의 선전자들이 라틴어에 이어 프랑스어로 번역하게 될 『열 명의 나병환자들의 복음』, 반란에 대한 경고문인 『폭동과 소요를 피하기 위해 모든 그리스도인들에게 보내는 진실한 충고』(E*ine treue Vermahnung zu allen Christen, sich zu hueten vor Aufruhr und Empoerung*), 그리고 생생한 이미지들의 소재로 많이 이용되는 『그리스도와 적그리스도의 순교자 수난기』(*Passional du Christ et de l'Antéchrist*)가 있다. 또한 수도사 서원에 관한 두 편의 글, 미사에 관한 두 편의 글, 보름스의 진부한 입장이나 코에나 도미니(Coena Domini, '최후의 만찬'이라는 의미 – 옮긴이) 교서에 대한 질 줄 알면서도 대항하는 몇 번의 싸움……, 이밖에 또 무엇이 더 있던가? 아름다운 열정에서 시작한 독일어 성서 번역을 빼놓을 수 없다. 바르트부르크에서 1521년 12월에 시작해 1522년 9월에 출판된 신약성서의 번역이다…….

문체의 대장간

사탄과의 싸움, 잉크병과의 씨름, 그리고 다른 온갖 것들과의 싸움. 그렇다. 상상 속에서 행해지는 지독한 싸움들이다! 게다가 우리 시대의 가장 하찮은 사람에게조차, 그토록 터무니없이 흉악한 것들로 가득 찬 뇌를 가진 그 불쌍한 루터에 대해 기분 좋은 우월감을 갖게 하는 지독한 싸움들……. 그런데 그 지독한 싸움들이란 무엇인가? 엄청난 분량의 성서 전체를 독일어로 번역—이를테면 독일인들에게 자국어로 된 성서를 선물하는—을 시도하는 루터의 싸움에 대해 좀더 이야기해보면 어떨까?

그렇다. 그것은 다루기 어려운 언어와의 싸움이다. 더 정확히 말해 두 언어와의 싸움인 것이다. 루터는 두 언어를 자기 안에서 일치시켜야 했다. 두 언어 사이에 존재하는 괴리를 제거해 하나로 만들어야 했다. 결함 있는 두 금속을 단단하고 탄력성이 있는, 말하자면 담금질이 잘된 하나의 금속으로 만들어야 했다. 이를테면 한쪽에는 서민들의 거칠고 투박하고 조악한 언어가 있다. 그것은 통속적이고 조잡하지만 무수한 이미지와 풍부한 방언을 지닌 언어다. 다른 한쪽에는 관공서의 차갑고 부자연스러운 인공적인 언어가 있다. 그것은 14세기부터 작센 행정부가 사용해오던 언어다. 그리하여 두 관용어를 일치시켜야 한다. 정확하고 자연스러우며 간결한 표현, 진정한 독일시적인 표현, 이를테면 아이가 어머니의 말을 듣고 이해하는 것처럼—어머니가 자신의 아이들과 말하듯이—독일의 서민들이 그리스도의 말씀을 접하고 이해할 수 있도록 해줄 표현을 찾아야 한다. 독일적인 것과 그렇지 않은 것을 판단하기 위해 오직 자신의 본능과 직감만을 따르는 일이다. 그렇게 찾고 마침내 발견해내고, 그렇게 싸우고 끝내 승리한다. 그렇다. 실제로 그 고독한 일상은 무엇으로 가득 채워지는가?

언어와 문체에 대한 싸움들이다. 물론 또 다른 싸움들이 있다. 그것은 결코 이해하기가 간단치 않고 쉽지 않은 성구(聖句)들과의 싸움인데, 그 역시 마찬가지로 힘겨웠다. 가장 박식한 사람들까지도 물러서게 할 정도로 난해한 성구들과의 끝없는 난투전이었다. 물론 뒤에서 루터에게 조언해주는 멜란히톤이 있었지만, 그는 멀리 있었다. 루터가 신학자들과 친구들로 이루어진 작은 성서위원회의 도움을 받게 되는 때는 그 훨씬 뒤인, 특히 1539년부터다. 그러니 당분간 그는 혼자다. 홀로 싸울 수밖에 없다. 삭제하고 정정한 표시로 온통 뒤덮인 바이마르 판 성서의 자필 원고 몇몇 대목은 루터가 치열하게 싸운 모습을 여실히 보여준다. 그리하여 그 결과를 우리는 잘 알고 있다. 그것은 말씀의 놀라운 소생이다. 문헌학자의 차가운 분석이나 학술적인 작업이 전혀 아니다. 하물며 개인적인 문체의 완성을 추구하는 '예술적 작업'은 더더욱 아니다. 얼마 전 자신을 낫게 해준 기적의 치료제를 형제들에게, 사람들에게, 그리고 만인에게 전해주고 싶은 의사의 감동적인 노력도 아니다. 그것은 복음을 읽으면서, 다시 말해 영혼의 양식인 요한복음과 바울의 소중한 로마서를 비롯해 그 밖의 서신서들을 통해 성서의 핵심(이 모든 책 속의 진정한 씨앗과 열매der rechte Kern und Mark unter allen Büchern)을 명상하면서 자신이 발견한 치료제를 입증하고자 하는 한 설교자의 행복하면서도 감동적인 노력이다.

루터의 문체. 얼마나 흥미로운 연구 주제인가! 그 연구를 위해 문헌통계학자나 문법학자는 필요 없으리라. 그렇다. 느끼는 한 인간이 필요할 뿐이다. 언어 속에서 그 언어를 통해, 뿌리 깊은 원시사회적 상태로 인해 이미 우리로부터 너무도 멀어진 한 시대 전체의 사상과 부분적으로 우리 시대와는 낯선 그의 논리, 시각적 이미지에 대한 청각적·후각적 이미지의 우위, 그리고 그의 억제할 수 없는 음악에 대한 열정을 알고 간파하여 환기시키는 심리학자 겸 역사가가 필요하다.[137]

몇몇 아주 훌륭하고 뛰어난 대목에서, 무어(Will Grayburn Moore)는 루터의 문체에 대한 문학적 연구의 개략을 기술했다.[138] 공격적인 문체에서부터 그토록 거친 기법에 이르기까지(그것을 아는 일은 루터의 작품 이해에도 매우 중요하다) 루터의 그 놀라운 언어와 지극히 개성적인 문구 구성에 대해서는 정신분석학적 측면에서 더 폭넓고 깊은 연구가 있어야 할 것이다. 반면 나는 한 종교개혁가의 사상과 그의 의도에 대해 이야기하고 싶다. 비장한 대화와 친숙하게 말하기, 독자에 대해서뿐만 아니라 그리스도나 악마에 대해서 직설적이고 격렬한 공격들. 루터는 싸우는 존재가 되어가는 사상의 화신이다. 그에게서는 모든 것이 싸운다. 그 싸움은 그 자신보다 더욱 거칠다. 루터는 때로 그 싸움에 대해 사과한다.[139] "그것은 내 잘못이 아니다……. 본래 나는 사탄들과의 싸움에 끊임없이 투신해야 하는…… 그런 존재로 태어났다……. 맞다, 나의 주먹은 너무나 싸우기를 원하고 호전적이다. 난들 별 수 있겠는가?"—그렇지만 우리는 우리의 정숙한 얼굴을 가릴 것이다. 빈축을 살 만하고 무례한 그 작센인 루터가 교황에 대해 말할 때,[140] 심지어 그리스도에 대해 말할 때조차, 아니 모든 것에 대해 말할 때에는 말이다! 그러나 그의 말의 구조를 연구해보라. 역사학자로나 심리학자로서 그의 문체를 연구해보라. 루터의 정신 속으로 들어가 그 이미지와 사상의 세계를 탐구하고, 너무 가깝거나 멀기도 하고, 너무 친절하거나 불쾌하기도 한 그 사고의 맥락 방식을 발견해보라. 솔로몬 왕의 아가(雅歌)의 여백에 그의 투박한 영혼이 아래 인용된 것처럼 노래하는 그 방식을 말이다.

> 나는 사론의 꽃이요 골짜기의 장미로다.
> 여인들 중에 내 사랑은
> 가시덤불 사이에 있는 장미 같도다.
> 남자들 중에 나의 사랑하는 자는
> 야생 숲 속 가운데 사과나무 같구나.
> • 바이마르, 성서 I, 633.

두 모습의 루터가 있다. 하나는, 한 움큼 들꽃을 꺾어 향기를 맡으면서 라이프치히로 논쟁을 벌이러 떠나는 루터다. 다른 하나는 전자와 비교할 때 거칠고 증오에 찬 폭언, 그리고 조악한 문채(文彩)에 도취하고 열광함으로써 자신의 목적을 망각하는 루터다.—즉, 그는 난폭한 미치

광이처럼 넘치는 자신의 힘을 제외하고는 모든 것을 망각한다. 그렇다. 루터의 문체는 분명 흥미 있는 연구주제다.

이상주의가 먼저

루터의 문체 문제는 여기서 이만하기로 하고, 엔더스 판 제3권에 있는 바르트부르크에서 보낸 편지들로 돌아가보자. 기존의 해설에 개의치 말고 새로운 시각으로 그 편지들을 읽어보자. 그러면 오래도록 면밀한 조심성을 힘겹게 견지하면서도 — 적의 마음을 사로잡는 일과 지지자를 붙잡아두는 일에 — 아주 능란한 사람의 정신 상황을 명쾌하게 들여다볼 수 있으리라 생각되기 때문이다.

먼저, 루터가 도착할 때 그에게 어떤 강박관념이 있었다는 사실을 실감할 수 있다. 교황은 루터를 파문했다. 1521년 4월 29일의 파문 교서(Decet Romanum Pontificem)는 엑수르게 교서에 의한 단죄를 재차 확인함으로써 교황의 의무를 다했다.[141] 황제는 루터가 더는 법의 보호를 받지 못하게 했다. 1521년 5월 26일의 보름스 칙령은 마침내 그를 공공의 적으로 만든 것이다. 따라서 그리스도인은 누구나 그를 마주치는 즉시 죽여도 그만이며 아무런 벌을 받지 않을 것이다. 벌을 받을까 두려워하기는 고사하고 되레 박수갈채를 받을 것이다. 그게 루터에게 무슨 대수인가? 그의 양심 속에서는 신의 목소리조차 큰 소리로 이렇게 말하고 있지 않았던가? '네가 옳다. 끈기 있게 밀고 나가라!' 그렇지만 그의 납치사건이 있고 얼마 지나지 않아 — 정확히 10일 뒤[142] — 쓴 편지에는 심문에 대한 불안과 걱정이 은밀하게 배어 있음을 어찌 느끼지 못하겠는가? 편지에서, 루터는 보름스에서 돌아왔을 때 헤르스펠트 사제가 정성껏 묵을 거처를 마련해주고, 성도들에게 설교할 수 있게 해주었으며, 그리고 아이제나흐 주민들이 그 보름스 전사의 용기를 훌륭하게 보상해주는 등 열렬히 환영해준 일을 슈팔라틴에게 이야기한다.

루터는 그런 추억에 우쭐해하거나 만족해하지 않았다. 그는 자기 안의 그 보름스 영웅을 찬미하지 않았다. 하지만 루터 역시 분명 자신의 귀환 광경에 감동했다. 그 풍경은 그로 하여금 자신이 정말 사람들에게 말씀에 대해 풍성하고 유익한 해석을 해주었다는 생각을 더욱 굳히게 했다. 그토록 믿음이 깊은 많은 성도들이 말씀을 청하고, 각별한 친절을 보여주었기 때문이다. 그렇지만 유익한 말씀을 박해하려는 자들에게는 증오심과 적개심을 가중시켰다. 또한 무엇보다 루터 자신의 양심에 유난히 걸리는 한 가지 질문을 제기했다(그 질문은 그냥 지나치는 짧은 문장들 속에 보인다). 즉, 보름스에서 그는 과연 용기 있게 자신의 일을 해냈던가? 말씀의 사자요 그리스도의 사자인 루터는 자신에게 온통 생명력을 불어넣어주시는 그리스도의 숨결을 느꼈다. 그 존재만이 오직 흔들림 없는 용기와 의연함, 그리고 믿음을 주고 있었다. — 그는 교활하고 용의주도한 사람들, 그리고 신의 지혜에 대해 적대적인 인간의 지혜에 너무나 많은 인간적인 걱정과 양보를 드러내지 않았는가? — 그는 신께서 자기에게 맡긴 이런 종류의 임무를 저버리지 않았는가? 즉, 맡은 일을 감당하지 못하고 모시는 주인에게 합당하지 못한 그는, 확실히 그가 다른 강렬함과 강경함, 그리고 예언자들과 성령의 최고권자에 합당한 전파력을 주었어야 했을 말씀의 그 표명을 사회·정치적인 사소한 일들보다 아래에 두지 않았는가? 인간의 능력과 신의 필연성 사이의 변함없고 신중한 조정자인 슈팔라틴에게 쓴 다음 편지의 문구는 많은 사실을 말해준다.[143]

"나는 두려움에 떨고 있습니다. 내 양심은 흔들리고 있습니다. 왜냐하면 보름스에서 당신과 당신 친구들의 조언을 따라 그 우상들 앞에 새로운 엘리야를 일으켜 세우기는커녕 오히려 내 안의 성령이 약해지도록 내버려두고 말았습니다. 만일 내가 그 우상들 앞에 다시 앉는 일이 일어난다면, 그것들은 다른 우상들의 말에 귀를 기울일 것입니다! 그 문제는 이제 지긋지긋합니다."

갑작스럽게 터진 강력한 폭발이다. 이는 강렬한 빛으로 바르트부르크 은자의 내면 감정을 우리에게 밝히 알려준다. 그 종교개혁가의 생애를 주기적으로 들려주는 전기 작가들은 보통 그 긴 기간에 대해 크게 관심을 두지 않는다.—어떤 작가들은 경건하게, 어떤 작가들은 신랄하게, 또 몇몇 작가들은 종종 편견 없이 이야기한다(그것은 당연히 추파를 던지지 않고 말하고 싶은 것이 아니다)— 그 작가들은 루터가 여름 한 철, 가을, 그리고 긴 겨울 바르트부르크에서 체류한 시간을 그리스어와 히브리어를 열심히 공부하고, 성서를 번역하며, 강론·편지·논문을 집필하는 작업들로 채운다. 나머지는 수면, 플루트 연주, 악마와의 싸움만으로도 충분하다. 하지만 루터는 어떤 마음 상태로 그 은둔을 받아들였던가? 사람들은 이 문제를 거의 제기하지 않는다. 아니, 더 정확히 말해 그 답변은 자명한 것 같다. 납치의 공범자라 할 수 있는 루터 자신도 억류를 기뻐할 수밖에 없었다. 바르트부르크의 두터운 성벽 뒤에서 안도의 한숨을 내쉴 수 있었다. 누구도 체포하러 오지 않을 것이고, 그런 만큼 목숨의 위협을 두려워하지 않아도 되었다.

그런데 실제로 루터가 위험에 대한 생각에 사로잡혀 있었다고 보는가? 순교에 대한 끊임없는 공포 속에서 살았다고 생각되는가? 분명 그도 인간이었다. 멜란히톤에게 보내는 편지들은 그 점을 잘 보여준다. 그런데 오늘날 세상의 많은 사람들은, 개인적인 경험이나 가까운 타인의 경험을 통해서 다가오는 죽음의 위협을 인간이 얼마나 본능적으로 잘 저항할 수 있는지를 알고 있다. 그렇지만 동시에 그들은 또 알고 있다. 마음이 인간의 본능적인 반응을 얼마나 쉽게 진정시키는지, 아니 더 정확히 말해 마음이 인간을 땅 위로 들어 올려서는 그가 원치 않는

데도 죽음이라는 극도의 위험상황 속으로 내던져버릴 만큼 강하다는 사실을 말이다. 그렇다면 루터는 어떤가? 보름스에 갔을 때 자신을 희생하리라 각오했다. 그의 내면은 희생을 은밀히 갈망했고, 후스와 그의 화형대를 떠올렸다. 루터는 적어도 그 희생을 받아들였다. 그랬기에 바로 몇 개월 뒤 그 보름스 여행에 대해 말할 때, 야릇하게 어떤 아쉬움의 어조가 없지 않았던 것이다. 그는 베헤모스에게서 살아 돌아왔다. 신의 뜻에 축복이 있기를! 그런데 루터는 정말이지 지나치게 신중했던 것은 아닐까?

실제로 1521년 5월 12일, 요한 아그리콜라에게 보내는 한 편지에서 이렇게 썼다. 그가 바르트부르크에 머문 지 채 일주일도 안 되었을 때였다.[144] "나는 매우 특별한 한 포로입니다……. 내가 이곳에 머물고 있는 까닭은 내 의지에 따른 것이기도 하고 반하는 것이기도 합니다. 내 의지를 따른다 함은 이곳에 머물기를 신이 원하신다는 뜻이고, 내 의지에 반한다 함은 사람들 앞에 나서서 말씀을 전하고자 하는 나의 욕망이 너무나 확고하기 때문입니다. 그렇지만 나는 아직 그럴 만한 인물이 못 됩니다!" 같은 날 그는 훨씬 더 가까운 마음의 친구 멜란히톤에게 더 분명하고 감동적인 말을 써 보냈다.[145] "안녕하신가! 필리프. 이 시간에 자네는 무엇을 하고 있을까? 싫었지만 받아들일 수밖에 없는 이 은거 생활에서, 신의 영광을 드러내는 위대한 일이 내게 일어나도록 기도해 주고 있지는 않은가? 아, 내 결심이 자네의 마음에 드는지 몹시 알고 싶다네! 내가 마치 과감하게 맞서기를 포기한 것처럼 보이지 않을까 염려스럽네. 하지만 그들의 의지와 생각에 맞설 수단이 지금 내게는 보이지 않는다네……. 그렇지만 내가 원하는 일은 단 한 가지뿐일세. 내 목을 내밀고 날뛰는 적들에게 당장이라도 달려가 부딪치는 일 말일세!"

그렇기 때문에 사람들은 남이 시키는 대로 기꺼이 받아들여야 한다고 루터를 설득했었다. 그것은 루터를 위해서였던가? 지킹겐이 오래 전부터 자신의 성과 군인들을 내주겠다고 말했지만, 루터는 '기사들의 왕'인 그의 제안을 거절했다. 결국 루터는 다른 이유로 설득이 되어 결심을 하게 됐다. 후일을 대비하는 것, 선제후가 바라는 역할에 수긍하고 잠시 연기(演技)를 하는 것, 바로 그렇게 함이 그가 그동안 벌여왔던 일들을 지키고, 머지않아 변함없는 비텐베르크 친구들을 다시 만날 수 있는 가장 적절한 방법이 아니었겠는가? 이것이 그의 감정을 자극해 마음을 움직이게 했다. 그리하여 루터는 마음을 굽혔고, 약속을 성실히 이행했다. 또한 은신처에 대한 비밀을 그럭저럭 지켜나갔다. 루터는 바르트부르크 성에 있다는 사실을 부인했는데, 자기가 그곳에 있다는 것을 아무도 모르리라 확신했다. 그렇지만 사람들은 그가 인적이 없는 곳에서 고립과 은둔, 그리고 은자의 신세에 힘들어한다는 사실을 얼마나 많이 느끼는가! 신변의 안전이 보장되자 그는 벌써 은신처를 떠나 먼저 에르푸르트로, 이어 비텐베르크로 내려갈 생각을 했다. 어쨌든 그는 비록 금족령(禁足令)에 복종했지만 자신의 생각과 말, 그리고 양심까지 타인의 명령에 굴복시키려 하지는 않았다. 선제후는 교황이나 황제들처럼 그를 구속하지는 않았다.

선제후라고? 놀라운 것은, 사람들이 그에 대해서는 명확히 설명하지 않는다는 점이다. 바르트부르크에서 쓴 루터의 모든 편지는, 선제후에 대한 감사의 말을 단 한 마디도 찾아볼 수 없었다. 반대로 제후들를 향한 노골적이고 거친 말은 좀 있었다. 그들 가운데는 프리드리히도 있었다. 자주 루터 자신이, 다시 말해 그의 태도가 그의 무례한 말의 구실로 이용된다. 8월 11일, 슈팔라틴에게 보내는 편지에서 바르트부르크 성에 억류되어 있는 그 손님은 자신의 부양비에 대해 불편한 마음을 드러낸다. 도대체 누가 이 비용을 부담하는가? 성주 한스 폰 베를렙쉬인가? 루터는 그가 아니기를 바랐다. 만일 그렇다면, 그는 훌륭하지만 재산이 많지 않은 그 선량한 사람에게 폐를 끼치면서까지 그곳에 잠시도 머물고 싶지 않았다. 그렇다. 틀림없이 선제후가 루터의 생계비를 댔을 것이다. 그러니 모든 게 잘됐다. 루터는 더 이상 제후의 관대한 혜택을 받는 사람이 아니라, 오히려 제후에게 그가 부정하게 취득한 것에 대해 반환 기회를 주고 있는 셈이다. 그리하여 루터는 노골적으로 이렇게 말한다.[146] "만일 누군가의 돈을 써도 된다면, 우리는 그것이 제후들의 돈이어야 한다는 사실을 안다. 왜냐하면 제후치고 어떤 식으로든 도둑이 아니기는 불가능에 가깝고, 아니 있을 수 없는 일이기 때문이다." 그 종교개혁가의 말은, 브랑톰 경[147]이 유쾌하게 풍자한 교수형에 처해진 그 "마트의 아이"(enfant de la matte) 이야기와 뜻밖에 일치한다. 그 아이 역시 그레브 화형장의 사다리 끝에서 자기는 가난한 사람들이 아니라 제후와 귀족들의 재산을 도둑질했다고 민중들에게 소리쳤다. "그들은 우리보다 더 큰 강도이며 매일 우리를 약탈한다. 그러니 우리에게서 도둑질해간 것을 돌려달라고 요구하는 일이야말로 너무나 정당하다."

어쨌든 루터는 다른 편지에서 슈팔라틴에게 이렇게 털어놓으며 자신을 정당하게 평가한다.[148] "나는 천성적으로 궁정을 혐오합니다." 이런 실토가 선제후의 전속 사제인 그를 놀라게 하지는 않았으리라.

따라서 바르트부르크 성에 있는 루터는 자신을 선제후의 은혜를 입은 사람이라고 느끼지 않았고, 그렇게 생각하지도 않았다. 오히려 선제후가 자신에게 은혜를 입었다고 여겼다. 루터는 선제후를 곤란한 상황에 빠뜨리지 않기 위해 신체적인 칩거를 받아들였다. 그러나 판단과 사고의 자유까지는 수용할 수 없었다. 결코. 그렇다. 그것은 말할 필요도 없다. 슈팔라틴이 제후의 바람을 명령조로 전하자 루터의 감정은 격하게 폭발한다! 그는 소리를 지른다.[149]

"우선 나는 당신이 내게 말하는 것, 즉 내가 그 마인츠 사람을 비판하는 글을 써서(내가 실제 그랬는지 알브레히트 폰 브란덴부르크의 말을 들어보세요) 정치적 평화를 깨뜨렸다고 제후께서 용납하지 않으리라는 말을 받아들일 수 없습니다. 차라리 당신이 사라지든지, 제후께서 사라지시든지, 아니면 세상사람 모두가 사라지든지! 나는 그 마인츠 사람을 만들어낸 장본인인 교황에게 저항했을 뿐입니다. 나더러 교황이 만들어낸 자에게 굴복하라고요? 공공의 평화를 깨뜨려서는 안 된다니, 당신들 정말 명언을 날리시는군요. 그런데 그가, 바로 불경스럽고 퇴폐적이며, 신성을 모독하는 행위로 신의 영구적인 평화를 깨뜨리고 있다는 사실을 당신은 용납할 작정인가요? 슈팔라틴은 그렇지 않겠지요. 제후께서도 그럴 테고 말입니다. 그리스도의 양들을 위해서, 그밖에 다른 사람들에게 모범이 되기 위해서 온 힘을 다해 탐욕스러운 그 늑대에 맞서야 합니다."

그리고 얼마 후 당시 그 마인츠 사람의 비서였던 카피토에게 이렇게 편지를 쓴다.[150] "당신은 내게 부드러움과 조심성을 요구합니까? 당신의 말을 이해합니다. 그런데 그리스도인과 사이비 신앙인 사이에 어떤 공통적인 기준이 존재합니까? 내 견해는 이렇습니다. 즉 모든 것을 비난하고, 모든 것을 비판하며, 모든 것을 꼼짝 못하게 해야 합니다. 또 아무것도 고려하지 말아야 하고, 어떤 일에서도 공범자가 되지 말아야 하며, 아무것도 용서하지 말아야 한다는 것입니다. — 진리가 당장 자유롭고 순수하게, 적나라하게 우뚝 서지 않는 한 말입니다!" 그렇다. 1520년의 이상주의자는 바르트부르크 성의 육중한 빗장 뒤에서도 정신과 생각이 바뀌지 않았다.

폭력, 혹은 말?

억류가 시작될 때부터 루터는 자신이 사랑해 마지않던 비텐베르크에서 벌어지고 있는 일련의 사건들을 불안한 심정으로 지켜보고 있었다. 마음속에는 자신에게 각별히 맡겨졌다고 느끼는 적은 양 떼에 대한 걱정이 크게 자리 잡고 있었다. 그리하여 그 무렵부터 루터의 시야가 독일의 상황으로 좁혀지기는 했다. 하지만 1521년 11월 1일 게르벨[151]에게 보내는 편지에서 다음과 같은 의미심장한 말을 하지 않았던가? "나는 나의 게르만인들을 위해 태어났고, 또 그들을 위해 봉사해야 하지 않겠는가"(Germanis meis natus sum, quibus et serviam?)[152] 그는 모든 이들 중에서도 비텐베르크 사람들을 가장 애정을 가지고 염려했다.

사사로운 감정에 연연하기 때문이 아니라, 자신이 아니면 모든 일을 그르치게 되리라 생각했기 때문이다. 루터는 자신이 복음의 훌륭한 해석자라는 사실을 분명히 안다. 그는 스스로 얻게 된 평화의 공로를 신에게로 돌린다. 한편, 바르트부르크 성에 머무는 동안 쓴 것으로, 그 야만의 시대에 보기 드물 만큼 섬세한 감정과 표현이 돋보이는 일련의 감동적인 편지들이 있다. 그 모두 필리프가 자신을 신뢰하도록 하기 위해 쓴 것들인데, 겸손하고 교제를 두려워하는 지식인의 소심함 때문에 그동안 제자에 대한 신뢰를 마음껏 표현하지 못했던 것이다. 루터는 1521년 5월 26일 제자에게 이렇게 편지를 쓴다.[153] "나는 갈지라도 복음은 사라지지 않을 걸세. 오늘 자네는 나를 뛰어넘는다네. 자네는 엘리야를 이어서 갑절의 성령으로부터 계시를 받은 엘리사라네."[154] 좀더 뒤쪽에 가서 그는 이렇게 말한다. "자네가 내 후임이 되어주게. 신의 선물과 은혜를 나보다 더 많이 받은 자네이니 말일세." 다시 더 뒤에 가면 이렇게 말한다. "자네들은 목자가 없어 방황한다고? 아, 그건 얼마나 슬픈 일인가. 그런 말을 들으면 얼마나 끔찍한지 모른다네. 하지만 자네와 암스도르프, 그리고 다른 여러 동지들이 있는 한 목자가 없는 게 아니네! 그렇게 말하지 말게. 신을 노하시게 하지 말게. 신께 배은망덕한 사람이 되지 말게!" 그리고 10월, 페스트가 비텐베르크를 위협할 때 루터는 즉각 슈팔라틴에게 이런 편지를 쓴다. "부탁입니다. 페스트가 퍼지기 전에 필리프를 안전한 곳으로 떠나게 해주십시오. 그 사람 같은 인재는 구해야 합니다. 신께서 많은 영혼들을 구원하기 위해 그에게 맡기신 말씀이 사라지지 않도록 말입니다!"

그렇다. 루터는 줄곧 멜란히톤에게 지도자로서 말하고 행동할 수 있도록 도와주고 권면한다. 바르트부르크의 그 루터는 걱정이 많았지만 주 안에서 복된 은자였을 뿐이다. 그는 자기 자리를 누군가에게 도둑맞을까 두려워하는, 다시 말해 매일 아침 '나라의 권력을 누군가 지나치게 독점하지는 않을까?' 하고 불안에 떠는 정치인이 아니었다. 인간의 힘든 현실과 변덕스러운 마음, 정념과 제멋대로인 생각들에 맞서 싸우는 완고한 이상주의자였다. 그런 그의 모습은 유난히 흥미롭다…….

튀링겐 숲 속의 그 성에서 루터는 바깥세상 사람들의 정신 속에서 태동하고 있는 거대한 작업을 가능한 한 면밀히 지켜보고 있었다. 그것은 개혁자들이 유포하는 참신하고 대담한 사상들이었다. 또한 너무나 때 이르거나 결과를 충분히 고려하지 않은 채 빈번히 쏟아내는 제안들이었다. 그리고 격렬함과 분노를 지닌 한편, 은인자중하며 소심함도 비겁한 두려움도 없는 아주 진실되고 도량이 넓은 군중들의 폭력이다.— 루터는 이 모든 것을 받아들여 검토하고 기꺼이 감수해낸다. 그뿐만 아니다. 원하지 않은 칩거지만 할 일이 많았다. 1521년 그 여름과 가을의 사건들은 신속히 진행되었다. 도처에 소란과 외침, 난투극, 폭언과 폭동으로 큰 소요가 일어났다. 수많은 반교권주의적인 팸플릿들이 동요를 일으키고, 교회를 떠난 신부들과 수도원에서 해방된 수도사들이 군중들을 크게 자극했다. 여기저기서 성직자에 대항하는 폭력혁명이 개시된 듯 보였다. 6월에는 에르푸르트에서 도당들이 무리를 지어 달려가 성직자들의 거처를 약탈하고 뒤집어엎었다. 그 사건들이 본보기가 되어 갈수록 곳곳에서 사건이 터졌다. 평온한 일상을 누리던 사람들은 두려움에 떨며 불가피하게 그들을 일벌백계하고 진압해야 한다고 말했다. 루터는 그런 폭력적인 흐름에 반대하고 이렇게 반박했다.[155] "안 된다. 우리 가운데 누군가가 온건에 반하는 설교를 할 경우, 복음은 결코 그의 편에 서지 않는다. 그리하여 그런 이유로 말씀을 떠난 사람들이 열중하는 것은 말씀 자체가 아니라 말씀의 연기(演技)다……. 신을 모독하는 설교자를 야유하는 것은, 분노 없이 그의 교리를 그대로 받아들이는 것보다 차라리 그 죄가 더 가벼우리라." 그는 더 앞서 이렇게 말했다. "우리는 개가 짖지 못하게 해달라는 요구를 받는 그런 정도의 사람들밖에 되지 않을 생각인가?"

루터도 점점 통제하지 못할 제안들이 쏟아지다보니, 이론적 사변과 적용 사이의 중요한 문제가 제기되는 것도 사실이다. 이를테면 폭력으로 개혁을 실행하는 것, 즉 로마의 적그리스도에 대한 그리스도의 승리를 폭력으로 돕는 일이 정당한가? 도시에서는 수백 명의 지지자들이 루터를 옹호하며 행동에 나섰다. 그러나 루터는 거기에 반대했다. 그렇지만 과연 그런 입장을 오래 유지할 수 있을까?

실제로 또 다른 문제들이 발생한다. 그 못지않게 급박하지만 어쩌면 해결하기가 더 어려운 문제들이다. 1521년 5월, 루터의 제자이자 1516년 논제의 집필자 베른하르디가 켐펜(Kempen)의 주임신부로서 정식 결혼을 한다. 신부들의 독신은 신에 의해 정립된 제도가 아니기 때문에 교리적으로 보아도 루터가 왈가왈부할 수 없는 일이었다. 그런데 실제로 그랬던가? 그는 아주 당혹스럽고 불만스러웠으며, 좀 비웃기도 했다. 그렇지만 저항의 바람은 수도원마다 불었다. 각처의 수도사들, 특히 아우구스티누스 수도회 수도사들이 수도원을 버리고 속인이 되었다. 바로 그들이 결혼할 권리를 주장했다. 자유롭게 정결서약을 한 사람들은 그 약속을 깰 수 있는가? 그럴 경우, 그들은 루터가 1518년 신성모독의 죄 가운데 가장 무겁다고 말한 죄를 범하는 게 아닌가?

그 문제에 찬성한다고 말할 법한 한 사람이 있다. 루터가 잘 아는 이다. 그는 바로, 이전에 라이프치히의 투사였고 오래 전부터 비텐베르크의 수도참사의원·대학교수·부주교로 있었던 카를슈타트다. 엑수르게 교서에 의해 명목상 이단으로 지명된 그는 집요하고 열렬하며 모든 게 뒤죽박죽인 사람이었다. 1521년 5월, 그는 국왕 크리스티안 2세가 개혁을 생각하고 있던 덴마크로 떠났다가, 이내 쫓겨난 6월에 다시 비텐베르크로 돌아왔고 한창이던 그 싸움에 뛰어들었다. 그는 즉각 독신 문제에 매달렸다. 사실, 자기 자신을 위해서도 그 문제가 해결되기를 기대했고 — 그는 1521년 12월 26일에 결혼한다 — 다른 사람들을 위해서는 교리적으로도 문제를 풀어야겠다고 작정한다. 그는 각종 인용과 성구들을 방대하게 동원해 논문을 작성한 뒤 자신의 견해와 주장을 밝힌다. — 그의 말은 큰 반향을 불러일으켰다.

그런데 루터는 어떻게 말하는가? 그의 태도가 항상 그렇듯, 이상할 게 전혀 없었다. 먼저 그는 망설인다. 우회 수단을 쓴다. 수도사의 결혼? 그런데 그들이 정결서약을 한 것은 자기들의 뜻에 따라 충분히 자유롭게 한 선택이다. 어떻게 그들이 그때부터 그 서약으로부터 해방될 수 있을까? 그사이 카를슈타트는 결혼지지 운동을 이어가고, 루터는 성찰을 계속한다. 루터는 여전히 머뭇거렸고 조심스러워했다. 1521년 8월 6일, 다시 슈팔라틴에게 재미있는 다음의 편지를 쓴다.[156] "분명 우리 비텐베르크 사람들은 수도사들에게까지 여자를 줄 것입니다. 하지만 나는 절대 아닙니다!" 그렇지만 루터는 다시 심사숙고한다. 생각을 정리한다. 그 문제가 뇌리에서 떠나지 않았다. 그러다가 돌연 1521년 9월 9일,

멜란히톤에게 편지 한 통을 보낸다.[157] 그는 마침내 자신의 생각을 발견했던 것이다. 카를슈타트의 논증은 어떤가? 불완전하다. 그의 관점은 어떤가? 잘못되었다. 사실 그 서약은 교만한 정신상태에서 행해졌다. 즉, 수도사들은 서약할 때 그 일이 선행이라 생각하고 성덕을 얻기 위해, 결과적으로 영원한 천복을 얻기 위해 서약에 기댄다는 것이다. 그런 서약은 잘못되었고, 나쁜 것이며, 당연히 무효다.

카를슈타트는 인생의 경험을 바탕으로 해결책을 제안했다. 혁명적일 정도로 생소한 이 제안 앞에서, 루터는 처음에 주저하면서 본능적으로 뒷걸음질 친다. 이어 천천히 적응하며 숙려에 들어간다. 이 낯선 하나의 생각을 루터는 자신만의 것으로 만든다. 이는 실로 그 종교개혁가의 깊은 양심에서 우러나올 수 있는 생각이었다. 생각이 마무리될 때, 즉, 타인이 자신에게 건넨 생각들을 실제로 받아들이게 될 때, 말뜻 그대로 타인의 생각들을 자기의 것으로 만들 때, 그 순간 갑작스러운 폭발이, 앞서 언급한 그런 갑작스러운 비약이 일어난다. 이제 루터는 자신을 움직이게 했던 사람들을 과감하게 앞서 간다. 하지만 처음에 루터는 주저하는 자, 입장을 정하지 못하고 망설이는 자, 불안해하는 자 바로 그런 사람이었다. 그 시기에 루터는 온통 이런 식이었다.

그렇게 수도사의 결혼에 찬성한다. 그렇게 양종 성찬식과 미사에 찬성한다. 이 점에 대해 다시 카를슈타트는 언변이 뛰어난 아우구스티누스 수도회 수도사 가브리엘 츠빌링의 도움을 받아 싸움을 걸었다. 루터는 다시 주저하고, 모색하고, 맴돌다가 돌연 마음을 정한다.—즉 처음에 낯설게 보이는 교리들을, 자신의 생각과 묶어주는 끈이나 수단을 발견했을 때 그렇다. 항상 그런 식으로 주의 깊게 노력했다. 노력이라고 말할 것까지 있을까? 집요함을 추구하는 욕망, 감정적 일치에 대한 욕망, 모든 것을 오직 자기 자신의 경험으로부터 끌어내려는 욕망, 그리고 옳든 그르든 논리적인 이유 때문에 결정하는 게 아니라 자신의 깊은 믿음 속에서 오랫동안 해결책을 시험해보고자 하는 욕망은 루터에게 본능적이었다. 그는 전혀 변하지 않았다. 직접 성배로 축성된 포도주를 마시고, 신부가 단식을 지키지 않고, 심지어는 세례 전날 번번이 고해도 하지 않은 채 성체를 건네주고 그 빵을 먹는 행위 들은 혐오스럽고 물의를 일으키기에 충분했다. 그런데 그 새로운 성사들을 원하는 거친 남자들과 호기심 많은 여자들은 제단으로 몰려와 서로 싸움을 벌였다. 그러는 동안 루터는 예배와 성사의 실천에 대한 자신의 견해를 더욱 명확히 밝혀야 할 사안들에 온통 정신을 빼앗겼다. 변함없는 자신의 그 열렬한 이상주의에 충실한 채, 분쟁과 몰려다니는 인파를 초월한 채 지낸다. 그렇게 그는 신에 대한 절대적 믿음 속에서, 어느 때보다도 희망으로 가득 찬 정적주의(靜寂主義)[158] 속에서, 너그러운 관용을 지니되 강요에 대해서는 완강히 거부하며 조용히 지낸다…….

지도자가 아닌 신자로

안 된다. 강압은 안 된다. 폭력 역시 안 된다. 아니, 더 정확히 말해 폭력행위는 안 된다. 민심이 동요하고 성급한 젊은이들은 거리로 뛰쳐나온다. 신부들은 공격을 받고, 수도원 몇 곳은 약탈되어 수도사들이 수모를 당한다. 물론, 그 모든 상황에 대해 루터가 굳이 분노하는 척 위선을 떨 필요는 없다. 하지만 어쨌든 그와 같은 소요의 방식은 옳지 못하다. 교황주의를 와해시키는 데 그런 소요와 폭력이 무슨 소용인가? 무엇보다 유일하게 효력이 큰 신의 말씀이 하도록 놔둘 일이다.[159] 선동자들의 위선적인 그 열의를 부채질하는 것은 사탄이 아닐까. 복음주의자들을 헐뜯으려고 애쓰는 사탄 말이다! 1521년 12월, 루터는 이렇게 외친다.[160] "교황과 주교, 신부 그리고 수사들과 나는 칼이 아닌 입 하나로 싸웠다." 바르트부르크에서도 루터는 그 점에서 변함이 없었다. 그러나 주변 세상은 이미 변하고 있었다.—독일과 그의 제자들은, 빠르게 그리고 아주 크게.

루터에게 행위는 별로 중요하지 않다. 그가 양종 성찬식과 개인 미사에 대한 자신의 견해를 밝힌 이상 성도들이 성배로 포도주를 마시든 성체의 빵으로 만족하든, 신부들이 개인 미사를 올리든 말든 그에게는 상관없다. 게다가 그는 통일성을 맹목적으로 숭배하지도 않는다. 본질적인 것, 이를테면 양쪽이 모두 살아 있는 믿음의 개념을 가지는 데 동의만 하면 된다. 두 교단이 전례에 대해 다른 주장을 한다 해도 상관없었다. 그것은 그저 무의미하거나 또는 칭찬받을 만한 다양성일 뿐이다. 그러나 동시대인들을 비롯해 자국민들과 제자들은 루터를 이해하지 못한다. 그들은 루터가 말하는 완전히 영적인 교회 개념을 부인하지 않았지만 그렇다고 만족해하지도 않았다. 그들은 성사와 교계제도, 율법을 제대로 따르지 않았던 그 해묵은 교회의 반대편에 또 다른 교회가 세워지는 모습을 애타게 기다렸다. 그들이 앞 다투어 비난한 바 있는 그 모든 적폐가 일절 없으며 전혀 다른 종교의식과 전례, 다른 율법을 지닌 교회였다……. 이는 카를슈타트나 츠빌링 같은 사람들이 교회에 대한 루터의 생각을 오해하게 되는 첫 대목인데, 그들은 그 오해를 함부로 악용했다.

오해는 거기에 그치지 않았다. 이어지는 오해들 가운데 가장 심각한 것도 아니었다. 사람들은 인종 문제에 대한 루터의 권고와 자숙과 사심 없는 조언에 대해 잘못 이해하고는 그 조언을 따를 의향이 별로 없다고 말한다. 만일 과감한 결단력의 소유자들이 자신들의 능력만큼 신의 말씀을 돕는다면 그 말씀은 더 빨리 역사하지 않을까? 그들은 그렇게 생각하고, 또 그렇게 말한다. 나아가 행동으로 옮긴다. 그런데 루터는 걱정하면서 거듭 냉정을 호소한다. 그는 그렇게 수동적인 태도를 오래 유지할 수 있을까? 이미 1521년 12월, 루터가 은거지에서 비텐베르크로 돌아온 뒤 쓴 『폭동과 소요를 피하기 위해 모든 그리스도인들에게 보내는 진실한 충고』의 한 문장은 그의 마음을 잘 보여준다. 뉘우침이었던가? 확실히 그것은 아니다. 왜냐하면 이미 『독일 그리스도인 귀족에게 보내는 성명』에서 루터는 그와 아주 유사한 말을 언급했기 때문이다. 폭동은 안 된다. '만유'(萬有, Herr Omnes, 살아 있는 모든 존재)는 하나의 권리, 즉 침묵하는 권리만 있을 뿐이다. 그런데 농민들의 주인인 제후들은 어떤가?

아, 만일 제후들 자신이 행동에 옮겨, 많은 독일인들로 하여금 부정한 방식으로 행할 수밖에 없는 개혁을 추진한다면 그것은 반란도, 죄를 짓는 폭력도, 신의 의지에 대한 반항도 아닐 것이다. 합법적인 권력이 일으키는 개혁은 반란의 성격이 없다. 그렇다. 독일을 교황제로부터 벗어나게 하려면, 루터가 그 권한 남용과 위험성을 비난했던 교회의 널브러진 잔해들을 치우게 하려면 "세속권력과 귀족들이, 즉 각지의 제후와 영주들이 그들의 영지에서 합법적인 권력을 행사해야 하리라." 이제 루터의 생각을 요약해보자. 그는 이렇게 말한다.[161] "권력을 조심하라. 권력이 아무것도 시도하지 않고 명령하지 않는 한 너의 손과 입, 가슴을 가만히 붙잡아 두라……. 하지만 만일 네가 권력을 움직일 수 있다면, 그 권력이 행동하고 명령하도록 해도 된다."

성급하게 루터의 모순을 규탄하지 말기 바란다. 이 글을 쓸 때 루터는 여전히 양심에 대한 심판을 보류했다. 루터는 사상과 종교 활동의 외적 표현 영역만 제후들에게 내맡긴다. 어쨌든 루터는 그렇게 말할 수 있고, 그렇게 생각할 수 있다. 그러나 명확하지 않고 모호하지만, 신중한 이 문장은 얼마나 미래를 보지 못하고 한쪽으로 편향된 시각을 드러내고 있는가. "세속권력과 귀족들이, 즉 각 제후와 영주들이 그들의 영지에서 합법적인 권력을 행사해야 할 것이다." 이 종교개혁가는 우렁찬 목소리로 주장한다. '눈에 보이는 교회는 안 된다! 무엇을 생각하든 각자의 자유다! 설교와 말씀에 대한 명상 없는 인간의 행동은 안 된다!' 이런 생각의 배경에는 영적 영토주의(지주주의)의 역설적인 체계의 윤곽이 명확하게 드러나 있다.

바르트부르크 성에서 지내는 동안 루터는 앞날에 대한 걱정을 잊고 지낸다. 그는 자신의 입장을 견지하고 더욱 넓히고 공고히 한다. 루터는, 자신의 견해와 주관적인 진리들—그는 이것들이 자신이 가고자 하는 방향 및 내적 성향과 점점 더 일체감을 강하게 느끼고 있었다—의 유기적이고 일관성 있는 통일체, 즉 그의 사상 체계 속에 다른 사람들이 자기들 마음대로 잘못 말하거나 불순한 동기(즉, 반루터주의 또는 유별난 루터주의)로 설교하는 사상들, 비판들, 그리고 새로운 사상들을 보충해 넣는 데 성공했다. 이것은 사람들과의 첫 접촉으로 인해 얻은 결실들이었다.

따라서 루터는 자신의 이상주의에 더욱 자신감을 얻어, 스스로 쌓았던 견고한 벽 뒤로 더 이상 피하지 않는다. 루터에게 자신의 이상주의는, 젊은 날의 투쟁에 진저리를 치고 환멸을 느끼는 한 노인이 세계에 맞서기 위해, 또한 성벽 아래에 와서 힘을 잃어버리는 부질없는 폭동에 맞서기 위해 틀어박히는 일종의 피난처가 아니다. 이것은 사실이다. 그러니 종교개혁 당시 그 열정적인 영토 병합의 노력에서, 당장은 약하고 죽은 것 같으나 장차 모든 것을 부수어버릴 싹을 파악하기 위해 루터와 루터교의 미래와 역사를 알아야 할 필요가 있다. 그런데 우리가 할 수 있는 이야기는 이미 다 했다. 실제로, 계시를 받은 그 위대한 자, 뛰어나고 열정적인 그 그리스도인의 뜨거운 영혼에서 나오는 것은 한 편의 시였지 행동계획은 아니었다.

제3부

자기 세계에 틀어박힘

제1장

재세례파와 농민들

> 사방에서 민심이 동요하고 있다. 그들은 눈을 크게 뜬 채 지켜보고 있다. 그들은 더 이상 권력에 억압당하려 하지 않으며, 억압당할 수도 없다. 이 모든 것을 주관하시며 제후들에게 임박한 위협과 위험을 숨기는 것은 바로 주님이시다. 그들의 무분별과 폭력을 통해 모든 것을 이루는 것도 바로 그분이시다. 피투성이가 된 독일을 보는 것 같다!

마르틴 루터에 대한 기존의 이야기는 단순성이라는 큰 장점이 있었으나 복잡 미묘한 부분은 간과했다. 예를 들면 다음과 같다. 루터는 적폐에 대해 들고 일어났다, 바르트부르크에 감금된 그는 운동의 방향을 잃고 있었다, 폭한들이 모든 것을 뒤죽박죽으로 만들어버렸다, 염려스럽게 변해버린 상황을 통제하기 위해 루터는 물러서면서 스스로 모순되는 말을 했다, 또는 먼저 한 자신의 말을 부인하기까지 했다 등등.

'모순'은 정중한 사람들의 말이다. '부인'(否認)은 적들의 말이다. 한쪽은 평범한 말이고, 다른 한쪽은 거친 말이다. 우리는 아래 제시된 한두 개의 사전 관찰을 조건으로 뒤의 말을 사용할 것이다.

앙드레 지드는 어느 날 개인적인 추억을 언급하며 이렇게 말했다. "묘사할 때는 반드시 선택을 한다. 그런데 가장 난처한 점은, 동시에 복잡하게 발생한 상황들을 차례차례 연속해서 일어난 일처럼 묘사해야 하는 것이다." 이는 아주 눈길을 끄는 표현이다. 그런데 역사가들인 우리는 이 말이 갖는 교훈을 얼마나 자주 무시하는가? 즉, 루터의 사고방식들에 고루 순번을 매긴 뒤 그것들을 질서정연하게 차례로 거론할 때, 역사가들은 마치 거기에 인위적인 면이 전혀 없는 것처럼 생각하고 그 '엄정하고 객관적인' 연대기에 매우 만족해한다는 것이다.

앙드레 지드는 또 강조한다. "나는 대화적인 존재가 아니다. 내 안에서는 모든 것이 서로 다투고 반박한다." 이 정도의 표현까지는 아니지만 그 비슷한 문장을 루터의 『탁상담화』에서 어렵지 않게 만난다.

적어도 사람들은 니체가 그랬듯이 대화체에 반대하며 이렇게 지적하고 싶어할 것이다. "아, 내 안에는 두 개의 영혼이 살고 있다"고 대담하게 소리치는 독일인 루터는 착각하는 게 있다고. 그렇다. 루터는 두 영혼이 아니라 꽤나 많은 영혼을 자기 안에 지니고 있었다.

둘째로, 그렇지만 다음 말은 자명한 사실이다. 우리는 루터에게서 자질 없는 고객의 요구에 따라 설계도를 변경해야만 하는 불우한 건축가의 모습을 더는 찾아볼 수 없으리라. 루터와 그의 시대 사람들과의 관계에 대한 이야기는 기존에 받아들여졌던 것보다는 좀더 복잡하게 보인다. 만일 루터를 반대자들의 궐기 앞에서 허물 벗는 뱀처럼 인격을 즉각 바꿔 갑작스러운 부인을 대가로 대중에 대한 영향력을 회복하는 그런 인간으로 만든다면 루터와 동시대인들의 역할을 한꺼번에 축소시키는 일이다. 그는 아무렇지도 않게 갑작스럽게 돌아설 수 있는 사람이 아니었으며, 동시대인들 또한 그렇게 유연하게 그를 따를 수 있는 사람들이 아니었다. 그들에게서 루터에게로, 또 루터에게서 그들에게로 다양한 작용과 반작용의 주고받음이 있었다.

다음 설명은 그 마음과 정신의 교류를 느껴보게 하기 위함이다.

츠비카우

루터는 고립을 견디기 힘들어했다. 또한 짤막한 편지 대신 다른 방법을 통해서 일어나고 있는 일련의 사건들을 알고자 했다. 그래서 바르트부르크를 빠져나와 1521년 12월 4일부터 9일까지 비텐베르크에 몰래 나타났다.[1] 그는 모두에게 다시 신뢰와 기쁨을 주었다. 그런 뒤 하늘나라에 있는 '새들의 성'[2]으로 다시 올라갔다. 마음과 정신의 평온을 찾은 그는 부활절까지 그곳에 머물기로 결심했다. 그리고 석 달이 채 지나지 않은 1522년 3월 5일, 느닷없이 또 은신처를 떠났다. 두 명의 스위스 청년이 어느 날 밤 예나에 있는 '흑곰' 여관에서 보았을 때처럼 루터는 기사 복장의 모습을 하고 서둘러 자기가 사랑하는 비텐베르크로 향했다. 그리고 더는 바르트부르크에 돌아가지 않을 작정이었다.

그런데 가는 길에 라이프치히 근처 보르나에서 작센의 선제후에게 유명한 편지 한 통을 보냈다.[3] 장문이지만 내용이 풍성해 루터를 아는 데 꼭 필요한 자료다. 그 편지는 거칠고 오만불손하며 대단히 솔직하고 자유로운, 그러면서도 동시에 다정하고 인간적이며 열광적이었다. 요컨대 서사시다운 면이 있었다. 흥미로운 문구들 가운데 어떤 것은 4세기가 지난 지금도 감동이 여전하다. 우리는 1522년 아직 추위가 매서운 봄에 루터가 동요하고 있는 도시와 불만의 웅성거림으로 가득한 곳들을 향해 바삐 내려가고 있을 때, 그의 마음 깊이 일어난 모든 생각을 그 편지에서 읽을 수 있으며, 또 읽을 필요가 있다.

먼저 루터는 자신이 바르트부르크로 갔던 이유가 선제후를 위한 일이었음을 그에게 환기시켰다.

"저는 선제후 각하가 원하는 대로 1년 가까이 숨어 지냈으니 아주 크게 양보한 것입니다. 제가 칩거한 것은 두려움 때문이 아니라는 사실은 사탄도 알고 있습니다! 보름스에 갔을 때, 사탄은 제 마음을 잘 읽었습니다. 지붕의 기왓장만큼이나 많은 사탄이 있었다 해도 저는 그 속으로 즐겁게 몸을 던졌을 것입니다!"

이 말에는 루터에게 여전히 남아 있는 아쉬움과 강박관념이 엿보인다. 그것은 용감히 행동했지만 실망과 괴로움, 양심의 가책을 가득 안겨준 그 과거 일에 대한 기억이다. 프리드리히가 마련해주었던 은신 생활을 정리하면서 루터가 맨 처음으로 떠올린 생각은 여전히 그 제후를 위한 일이었다. 만일 자신의 갑작스런 결정으로 인해 제후의 평판에 해를 끼치고, 또 자신을 돕기 위해 선제후가 조치를 취했다는 사실이 드러남으로써 보름스 칙령을 집행하지 않겠다는 선언을 얻어내려고 그랬던 게 아니냐 하고 선제후가 생각하게 된다면? 루터는 있을 수 있는 이런 의심을 불식시킬 필요가 있었다. 바르크부르크 성의 도망자는 의심을 풀고자 노력했다. "저는 선제후께 보호를 간청할 마음이 전혀 없습니다. 당신이 저를 보호할 권한이 있고 그럴 의향을 품고 계신다 생각했다면 저는 비텐베르크로 가지 않을 것입니다……."

사실, 루터는 "한 명의 선제후가 보호해주는 것보다 훨씬 더 엄중한 보호를 받으며"[4] 그곳으로 갔다. 신께서 모든 것을 돌봐주셨기에 사람의 도움이 필요 없었기 때문이다.

"이승에서는, 믿음이 깊은 사람이 가장 듬직한 보호자입니다. 그런데 제가 느끼기에, 선제후께서는 아직 믿음이 얼마나 약하신지 모릅니다. 그런 당신이 저를 보호하고 해방시켜주실 분으로는 보이지 않습니다……."[5]

프리드리히는 루터를 내버려두는 수밖에 달리 더 할 일이 없었다. 게다가 루터는 선제후에게 그가 해야 할 의무를 분명히 써 보냈다.

"사람들 앞에서 어떻게 행하셔야 하는지 말씀드리겠습니다. 선제후답게 황제의 권위에 복종하십시오. 황제께서 선제후 관할하에 있는 도시와 농촌들, 그곳의 백성들, 그리고 재산에 대해 제국의 규칙에 따라 다스리게 놔두십시오. 만일 황제가 그 권위로 저를 체포해 죽이고자 한다면 저항하지도 반대하지도 장애가 되는 어떤 행위도 하지 마십시오. 왜냐하면 권력은 그것을 확립한 자 외에 누구에 의해서도 무력해지거나 거역되어서는 안 되기 때문입니다."

루터는 이렇게 말을 맺었다.

"그들을 보내 저를 데려가게 하시든지, 아니면 다른 사람을 시켜 저를 데려가게 하시든지 하세요. 어느 쪽이든 선제후께 조금의 걱정이나 폐를 끼치지도, 위험부담을 드리지도 않고 잘 이루어질 것입니다. 타인을 위험에 빠뜨리거나 위협하면서까지 그리스도인이 되는 것, 그리스도는 제게 그렇게 가르치시지 않았습니다!"[6]

고상한 어조와 부정할 수 없는 진실성이 깃든 말들이다. 루터가 무릅썼던 것은 가상의 위험이 아니었다. 프리드리히는 그 사실을 잘 알고 있었다. 그는 루터가 떠나기 전날[7] 바르트부르크에 머물 것을, 적어도 1522년 봄으로 공지된 뉘른베르크 제국의회(그 기간 동안 루터는 물론 고귀한 그의 보호자에게도 두려운 협박이 수차례 가해졌다)가 끝날 때까지만이라도 기다리라고 다시 명령했다. 싸움에 다시 뛰어들게 되는 날 바로 직전에 진심을 담아 토로했던 강직한 말들은 루터의 본성을 얼마나 잘 드러내고 비춰주었던가?

자기 목숨을 바치는 것, 순수한 꿈을 안고 무기도 없이 포화가 빗발치는 길을 홀로 가는 것, 너무도 앞장서서 사태에 관여함으로써 갑작스레 나타나는 위험 앞에 본능적으로 몸을 움츠리고, 그 순간 뒤로 물러설 수도 없어 오히려 죽음만이 손쉽고 불가피해 보이는 상황. 수많은 사람들이 기꺼이 그렇게 했으며, 그렇게 할 수 있다. 루터는 자신을, 또 자기가 할 수 있는 일을 정확히 인식하며 그들처럼 순교에 몸을 맡겼다. 이상을 신봉하고 섬길 뿐이지 이상을 세우는 사람이 아닌 그들처럼 말이다.

그런데 1522년 3월, 그 종교개혁가는 프리드리히의 권고를 따르지 않고 급히 다시 비텐베르크로 떠났다. 그를 더는 참지 못하게 했던 불가피함이란 무엇이었을까?

1520년 5월부터 후스파의 지역인 에르츠게비르게(Erzgebirge)의 북쪽에 위치한 작센의 작은 도시 츠비카우에서 소요가 일어나고 있었다. 신부이자 천계론자인 토마스 뮌처[8]는 장인들, 특히 직조상인들을 등에 업고 그곳에 '그리스도의 왕국'을 세우려 했다. 왕도 없고 통치자도 없으며, 영적인 권력도 세속적인 권력도 법 또한 없으며, 교회도 예배도 없는, 따라서 성서에 근거해 직접 다스리는 자유로운 백성들의 왕국을 세우려 하고 있었다. 순박한 사람들을 에덴의 꿈으로 이끌어서 일종의 공산주의의 은혜를 맛보게 해줄 왕국이었다.

츠비카우 당국은 겁을 집어먹고는 엄중히 대응했다. 그들을 대거 체포해 운동을 무산시켰다. 뮌처는 도망갔고 남은 자들이 그를 대신했다. 그리하여 1521년 12월 27일, 그들 가운데 축융공(縮絨工: 모직을 납작하게 만드는 공인 – 옮긴이)이었던 세 사람 니콜라우스 스토르흐, 토마스 드레히젤, 슈티프너라고도 불리는 마쿠스 토뫼가 마침 안전한 은신처를 찾아서 비텐베르크로 들어왔다. 루터는 그 바로 3주 전에 다시 바르트부르크의 자기 방으로 돌아갔다.

세 명의 전도자는 비텐베르크에 들어오자마자 수많은 성령의 은총과 계시를 직접 받은 성직자들로서 자신들의 임무를 수행했다. 그들은 기이한 교리와 계시를 받은 자로서 자신감이 있었다. 그리고 루터에 대해서는, 소심하지만 진짜 예언자들이 신에게로 뛰어드는 데 필요한 세속적인 교리의 발판 역할을 해주는 데 아주 적절한 개혁가라고 말했다. 그러면서도 루터에게 존경과 경멸이 뒤섞인 시선을 보냈다. 이 모든 것과 함께 불평등을 낳는 학문을 비판하고 육체노동을 옹호했다. 또한 여성들, 안수로 병을 고치는 사람들, 그리고 계시를 받은 사람들(우리가 그들에 대해 정확히 아는 바는 없어도 동시대인들에 대한 그들의 영향력을 과장할 우려는 별로 없다)에 의해 이어지고 전해진 그 낡은 신앙과 미신의 유산을 민중의 마음에서 몰아내야 한다고 선동했다. 바로 이런 점들로 인해, 몇 주 만에 츠비카우의 도망자들은 염려스럽기는 했지만 비텐베르크의 주민들에게 인기를 끌었다. 그런 청중들의 최선두에서 카를슈타트는, 갑자기 새로운 은총으로 불타올라 '면허장 없는' 그 천계론자들에게 한 사람의 학자로서, 뛰어나고 유명한 한 지식인으로서의 지지를 표했다.

예언자들은 곧 행동으로 옮겼다. 그들은 교회로 달려가 끔찍하게 교회를 망가뜨렸다. 불안이 가중되었다. 아무도 스토르흐와 그 패거리들에 맞서려 하지 않았다. 멜란히톤은 어떻게 해야 좋을지 몰랐다. 소심한 그는 그들의 굉장한 확신에 큰 감명을 받고 있었지만, 성령에 대해 제대로 알고서 경배해야 하는데, 그냥 무심히 지나쳐버린 데 대해서는 불안해하고 있었다. 멜란히톤은 루터에게 도움을 청하고 그를 불렀다. 오직 그만이 이런 혼란 속에서 상황을 정확히 판단하여 모든 것을 제자리로 돌려놓을 수 있었다. 그만이 참된 예언자적 통찰력을 갖고 그렇게 할 수 있었다.

루터는 조금도 주저하지 않고 출발했다. 자신의 경쟁자들에게 대중의 인기를 빼앗길까 두려워서 그랬던가? 그 무슨 어리석은 말인가? 루터로서는 멜란히톤과 그가 책임을 맡고 있는 그리스도인 공동체가 자신을 부르니 달려갈 의무가 있었기 때문이다. 또 자신의 확고한 믿음이 행동하게 했기 때문이다. 그 예언자들은 사탄의 편이었다. 사탄이 진리에 저항하여 그들을 이용하고 있었던 것이다. 그러니 정체를 벗겨 폭로할 필요가 있었다. 끝으로, 많은 사람들이 츠비카우 당국이 이미 뒤쫓고 있었던 사람들에 대해 엄중한 조치를 취해야 한다고 요구하고 있었기 때문이다. 그렇다. 루터는 견딜 수 없었다. 그 일이 최고의 관심사였다! 즉, 피를 흘려서도 안 되고 형벌이 내려져서도 안 되었다. 1522년 1월 17일, 루터는 슈팔라틴에게 이런 편지를 썼다.[9]

"나는 무엇보다 그들이 우리를 이용해먹으려는 사람들에 의해 투옥되기를 바라지 않습니다……. 피를 흘리지 않고 칼을 뽑지 않고 연기 나는 두 짚단의 불꽃을 조용히 끌 수 있다는 사실을 사람들이 의심하지 않았으면 합니다……. 하지만 당신은 선제후께서 그 예언자들의 피에 손이 더럽혀지지 않도록 신경 쓰세요!"

말씀에 대한 믿음이 이런 글을 쓰게 힘을 주었다. 신께서는 그를 말씀의 사자, 말씀의 주석가로 만들지 않으셨던가? 그의 엄중한 의무는 사탄의 음흉한 시도를 막고자 말씀의 장벽을 세우는 일이 아니던가? 이런 상황 앞에서 선제후의 사정이나 제국에 대한 배려, 그리고 정치적인 조심성이 루터에게 얼마나 영향을 미쳤으리라 보는가?

3월 6일, 루터는 비텐베르크에 도착했다. 전날에는 보르나에서 프리드리히에게 그 유명한 편지를 썼었다. 3일 뒤인 9일 주일날, 그는 설교단에 올랐다. 설교는 일주일 동안 이어졌다.

설교는 매혹적일 만큼 간결했고 힘이 있었으며 명료했다. 특유의 절제와 절도, 공정함에 대한 탁월한 감각이 있었다. 모두의 마음을 사로잡고 압도하는 타고난 재능으로 남자와 여자, 지식인과 서민들의 종교적 열망을 넉넉히 채워주었다. 그들은 루터에게서 자신들이 그렸던 영웅을 발견했다. 카리스마 있고 조금은 통속적이며, 그러면서도 불끈 쥔 주먹으로 가슴을 쿵쿵 칠 때면 영락없이 당찬 영웅이자 사령관이었다. 게다가 신체조건도 아주 멋지게 어울렸다. 탁 트인 이마가 앞으로 튀어나와 있으며 안공에 박혀 있는 두 눈은 예사롭지 않은 광채를 발했다. 그의 말은 수세기 전부터 종탑 꼭대기에서 좌우로 힘차게 움직이며 울려 퍼지는 환희의 종소리처럼 사람들에게 생기를 불어넣으며 진동했다.

그랬기에 일주일 만에 모두의 마음을 다시 끌어모았고, 과격한 사람들조차도 그의 평온한 힘에 감동을 받았다. 설교하는 말씀만이 최고의 권위를 가진다고 한 루터의 말은 옳았다. 이어 다른 지역에서도 사람들이 동요하고 유혹을 받게 되자 루터는 다시 그곳으로 떠났다. 알텐부르크, 보르나, 다시 츠비카우, 에르푸르트, 그리고 바이마르에서 사람들은 그를 보았고, 설교를 들었으며, 그 말의 힘을 체감했다. 가는 곳마다 성공적이었다. 군중들은 루터의 말에 압도되고, 그의 말은 힘과 절제가 조화를 이루었다. 그야말로 루터 자신을 고무시키고 사람들의 마음을 사로잡고 압도하는 특유의 위력으로 모든 이들에게 보여주었던 아주 멋진 이상주의다.

설교냐, 행동이냐?

하지만 다음 날이면 또 모든 것이 반복되었다……. 그는 군중의 마음을 사로잡은 뒤 데리고 가려던 곳으로 데려가야 했다. 능력과 타고난 재능이 충만한 사령관에게는 식은 죽 먹기였다. 그런데 어떤 이름으로 불리든 위원회라는 게 있었고, 그 위원회는 끈질기고 집요하고 굽힘 없이 루터를 밀어붙였다.

루터는 다시 떠나지 않았다. 사람들은 그의 소심함과 어정쩡한 행동을 비판하기 시작했다. 이제 사람들은 정해진 것처럼 그의 '배반'에 대해 말할 것이다. 이는 비극적인 상황이었다. 천계론자들—루터는 그들로부터 군중을 구해냈다—은 그를 능가하기 위해 루터 자신과 그가 보인 모범과 반항을 끌어다 쓴다. 그들은 넘어진 루터의 몸을 발로 밟고 훨씬 더 높아지려고 한다. 신비를 추구하는 개인주의자들은 영혼을 보이지 않는 세계, 그 심연에 즐거이 머물게 했다. 그들은 교회도 예배도 교부도 필요 없이 개인 신앙 안에서 고독한 기쁨인 퇴폐적 쾌감에 도취되기를 갈망했다. 재세례파들은 성령의 계시를 받아 완전한 평등 속에서 공산주의의 기쁨을 누리고자 했다. 그들은 그렇게 선택받은 자들만 모인 신의 왕국을 추구하는 열광주의자들이었다. 그들은 모두 루터에게 자신의 초상이 비친 거울을 건네며 이렇게 말하는 것 같았다.

"이봐, 당신이야. 방자했던 젊은 시절의 당신이라고. 그런 당신이 우리를 비난할 텐가? 우리가 말하는 것은 이전에 이미 당신이 말했던 거야. 다만 더 논리적이고 더 자유로운 우리는 끝까지 가려고 해. 당신은 비겁하게 길가에 주저앉아 어깨나 으쓱하면서 우리가 지나가는 모습을 보기나 하라고."

그럴싸하다. 루터는 재빨리 그 논증을 따져볼 수 있었다.

1522년 8월 24일, 루터는 지난날의 동료 카를슈타트를 반박하고자 그의 세력의 본거지인 오를라뮌데로 갔다. 사람들은 루터를 접대했던 어느 보좌 판사의 집 앞에 운집했다. 이어 떠나가는 그의 마차를 둘러싸고 위협하면서 즐거워했다. 루터는 모욕을 당했다. "어서, 썩 꺼져버려. 가다가 목뼈나 부러져버리라고!" 특히, 어느 구두 상인과 장인들이 즉석에서 논객이 되어 우스꽝스러운 말들을 내뱉었다. 그 모든 것들에 루터는 큰 충격을 받았다. 며칠 전 예나에서 카를슈타트와 개인적으로 충돌했던 만큼 그 충격은 더욱 컸다. 갑작스러운 일이었다. 루터는 그가 명명한 '알슈퇴트(Allstädt)의 정신'—즉, 성상(聖像) 파괴자들과 교회 파괴자들의 폭동과 살인 정신—을 비판하는 설교를 했는데, 성마른 카를슈타트가 대담하게도 '흑곰' 여관으로 정적 루터를 직접 찾아왔다. 상황은 끔찍했고, 곧 싸움으로 번졌다. 반목하는 두 신학자가—카를슈타트는 긴장한 탓에 신랄했고, 루터는 빈정거리듯 냉정한 척했지만 실제로는 그렇지 못했다—목격자들을 앞에 두고 서로에게 정식으로 신청한 '결투'였던 셈이다. 루터는 지갑에서 1플로린을 꺼내 상대방에게 주었다. 그러자 카를슈타트는 사람들한테 내보이면서 이렇게 말했다. "친애하는 형제들이여, 이것이 아로고(Arrogo)[10]라고 하는 것입니다. 루터 박사에 반대하여 글을 쓸 권리가 내게 있다는 표시이지요. 여러분 모두가 증인이 되어주시오!" 그러고는 동전을 종이에 싸서 호주머니에 넣고, 합의의 표시로 루터의 손을 잡았다. 루터는 그의 건강을 위해 건배했다. 카를슈타트는 그에게 해명을 했다. 그들은 다시 부드러우면서도 가시 돋친 몇 마디 말을 주고받았다. — 그러고 나서 마지막으로 악수를 하고 헤어졌다.[11]

우리가 알고 있는바, 행동가이자 종교개혁가인 그 루터가 반발에 자극을 받아 깊이 생각하고 명철한 눈으로 사태를 파악하며 선택하고 결정하고 행동하게 되는 것은 바로 그때였다. 확실히 늦었다. 하지만 마침내 사람들은 그와 함께 나설 수가 있었다.

한편, 루터를 위협하고 그의 저술들을 힐난하며, 그의 지지자들을 박해하는 세력이 강한 가톨릭 제후들 무리가 있었다. 그들은 전통에 대한 애착이 강했고, 조만간 폭동이 일어나리라는 두려움이 있었다. 폭동이 임박한 사실은 그들 눈에만 보였던 것은 아니다. 도시의 영향력 있는 시민들은 물론, 처음에 에라스무스와 같은 길을 가는 루터를 지지했던 식자들에게도 그렇게 보였다. 이를테면 알브레히트 뒤러의 친구이자 뉘른베르크의 귀족이었던 빌리발트 피르크하이머[12] 같은 사람들은 대격동이 다가오고 있음을 직감했다. 이미 지치고 실망하고 흔들린 그들은 했던 말을 정정하기도 하고 번복하기도 했다…….

다른 한편, 자신의 생각을 끝까지 밀고나가지 않는다며 루터를 비난한 과격주의자들도 있었다. 그들은 루터의 무엇을 비난했던가? 너무 많은 가톨릭의 전례, 즉 종교상의 의례와 성사를 계속 유지하는 데 대해. 동시에 그들처럼 그리고 또 그들과 함께 이 지상에서 그리스도의 왕국을 실현하기 위해 애쓰지 않는 데 대해. 제후들에게 권력은 필요하며 신이 그것을 원하신다고 공언하는 데 대해. 요컨대, 그들이 이미 여명과도 같이 기쁘게 맞아들이고 있는 정치·사회적인 이 혁명을 위해 온 힘을 기울이지 않는 데 대해 비난했다.

이 두 무리 사이에 세력이 크지는 않지만 루터를 지지하는 무리도 있었다. 그들은 루터를 믿었다. 그러면서도 불안해했으며, 내심 그 지도자가 자신들을 제자리걸음만 시키고 있다고 생각했다. 그들은 확실히 루터가 말할 때 깊은 영향을 받았다. 루터의 솔직담백함, 유쾌한 낙관주의, 그리고 온통 사랑으로 넘쳐나는 너그러움에 마음을 달래고 열광했다. 그러다가 그가 침묵할 때면 그들 역시 침묵을 지키며 다시 조용히 지냈다. 그들이 루터의 목소리를 듣고 떠났던 로마 교회 앞에, 루터는 새 교회를 세우는 데 왜 그토록 지체했던가? 크고 넓고 새로운 아주 현대적인 교회, 질서가 확립되고 의식(儀式)이 정착되고 교리도 규정되고 전례 역시 잘 통일된 그런 교회 말이다.

사실, 한판 승부가 벌어질 수 있었다. 행동가라면 그럴 수 있었으리라. 어떻게? 자신의 기질에 따랐으면 말이다. 궁지에서 벗어날 길은 많이 있었다. 교량을 끊어버리는 방법이 있다. 즉 단단한 독일 땅의 튼튼하게 다진 토대 위에 견고하게 세워진 교회로 피하는 것이다. 교회는 반발과 혁명에서 보호해주는 은신처였다. 누구에게나 난공불락의 요새인 교회로 피해버리면 되지 않는가? 아니면 반대로 운동에 앞장서면 된다. 자중지란을 일으켜 과격주의자들을 약화시키고 부숴버리면 된다. 재건이 불가피하기에 승자에게 고르게 다질 자유로운 땅을 얼마간 남겨두고는 모조리 휩쓸어버리는 무시무시한 대변동의 선봉에 서는 것이다. 행동가에는 위험이 친구다. 그런데 루터는? 그는 행동해야 한다는 사실을 느끼지조차 못했다.

아무것도 해명해주지 못하는 설명은 그만두자. 확실히 루터는 출신 때문인지 생각이 짧은 소시민이었다. 그는 오랫동안 직업 수도사였는데, 말하자면 그것은 명상가일 뿐이다. 그러니 그가 본능적으로 증오했던 정치인이나 법률가들과는 상반됐다. 그는 자기를 둘러싸고 있는 세상을 전혀 몰랐다. 정치와 경제, 그리고 사회적인 문제들 말이다. 『독일 그리스도교 귀족에게 보내는 성명』에서 그가 그런 문제들 중 몇몇에 대해 해결책을 제시하고자 쓴 글들은 오히려 그 사안에 대해 무지하다는 사실만 확인시켜주었다. 그 점은 분명히 말할 수 있다. 핵심은, 그리고 사실은 1520년과 마찬가지로 1524년에도 그 문제들이 그에게는 마치 아무 일도 아닌 것 같았다는 점이다.

루터는 말씀의 사도였다. 주님께서 그에게 말씀의 깨우침을 통해 드러내고자 했던 모습 그대로 말씀을 가르치는 일, 바로 그것이 현세에서 그의 임무, 유일한 임무였다. 그런데 그는 말씀이 세속의 문제들에 적용되지 않는다고 생각했다. 복음은 세상사에 대해, 이를테면 정의가 이 세상을 다스리는지, 그렇게 되게 하려면 어떻게 해야 하는지를 아는 데 관여하지 않는다. 정반대로 복음은 부당함을 용서하고 관조하고 감내하라고, 십자가를 짊어지라고 그리스도인에게 가르친다. 그것이 인간으로서 그리스도인의 운명이다. 그러니 그는 순종하는 마음으로 그 운명을 받아들여야 한다. 그렇지 않으면 그리스도인이 아니기 때문이다.

이때부터 루터에게서 (뛰어난 논문을 썼던 1520년의 루터와 마찬가지로 1523년의 루터에게서) 이 세상을 더 공평하게 만들기 위해 행동하려는 관심은 찾지 말기 바란다. 그는 분명 한 인간으로서 이 세상을 살 뿐이다. 인간의 법에 순종하고 다양한 제도에 지배를 받으며 독일 한가운데에 살고 있는 한 사람의 독일인이다. 그런 식으로 그는 옳든 그르든 제후들의 정치와 농민들의 지위, 그리고 은행가들의 활동에 대해 자기 견해를 가질 수 있을 것이다. 실제로, 그는 자신의 생각을 갖는다. 『탁상담화』를 읽어보면 사람들은 종종 그렇게도 말할 수 있으리라. 상관없다. 마르틴 루터가 신경을 써야 했던 것은 세상의 왕국이 아니었다. 그의 믿음은 그리스도의 보혈에 집착하고 있었기에, 그 밖의 다른 데에는 관심이 없었다. 그러면 자신의 교리와 전례, 예배의식에 부합하여 엄격히 규정되고 제대로 정리된 루터의 교회를 세우는 일에 대해서는 어떤가? 아니다. 루터는 그 문제에도 관심이 없었다. 1523년과 1524년에도 그 점은 변함이 없었다.

교회, 국가

루터의 교회? 그 시기에 루터는 얼마나 여러 번 이 말과, 이와 관련된 이야기에 반대했던가? "당신은 루터가 아니라 오직 그리스도만 믿습니다. 루터는, 그가 무뢰한이든 성인이든 이리 뛰고 저리 뛰며 돌아다니도록 내버려두세요.[13] 나는 루터를 알지 못하며 알고 싶지도 않습니다. 나는 루터에 대해서가 아니라 그리스도에 대해서 설교하고 있습니다. 그럴 수 있다면 사탄이 루터를 끌고 가버려도 좋습니다. 그가 그리스도와 기쁨만을 우리에게 남겨놓는다면!" 일률성에 대해서는, 강력하게 그 위험성을 지적한다. "예배의식의 통일을 확립하기 위해 우리의 것들을 공의회에 회부하는 일은 신중하지 못한 행동으로 보입니다. 교회가 그런 형식적인 것들로 본 모습이 아닌 다른 모습을 갖기를 바라지 않습니다. 무엇 때문에 영혼에 율법과 장애물이 되는 공의회의 결의서로 교회를 강제해야 합니까?" 영적 통일, 즉 "믿음의 통일과 말씀의 통일"[14]이 보전되기만 하면, 각 교회들이 서로를 모델로 삼거나 서로의 고유한 관례를 좋아하는 것은 각자의 자유입니다.

루터에게서 성상이나 양종 성찬식, 고해(告解) 등 심각하게 견해가

갈리는 예민한 문제들에 대해 규칙을 정하겠다는 약속을 얻어내려고 애쓰지도 말 일이다. 루터는, 견해를 가지라고 요구하는 사람들에게 단 한마디로 잘라 대답할 뿐이다. "나는 자질구레하고 부차적인 문제들에 대해서는 관심이 없소." 1524년 12월 15일자의 편지에서, 그는 스트라스부르의 그리스도인들에게 이 점을 분명히 말하고 있다.[15] 카를슈타트의 큰 잘못 가운데 하나는 신도들에게 그리스도교의 본질이 아닌 것을 생각하게 했다는 점이다. "파괴된 성상의 잔해, 폐지된 성사, 그리고 세례 반대." 그 안에서 그리스도교의 본질을 찾아야 했다. 루터는 '덧없고 공허한 것들!'(Rauch und Dampf)이라고 외쳤다. 또 이렇게 소리쳤다. "바울(고린도전서 8:4)은 말한다. '우리는 우상이 세상에 아무것도 아님을 안다. 그것이 아무것도 아니라면, 그 아무것도 아닌 것을 위해 왜 그리스도인의 양심을 가두고 희생하는가?'" 루터는 또 수없이 주장했다. "고해는 강요에 의해서가 아니라 자발적으로 자유롭게 할 때 유익하다." "미사는 희생도 아니고 선행도 아니다. 미사는 '신앙의 증거와 신의 은혜'[16]를 나타낸다." 우리는 1523년에 단도직입적으로 말했던 사람을 기억한다. "나이 때문이든 배가 고파서든 양심 때문이든, 수도원에 머물려고 하는 사람들을 내쫓지 말라. 그들을 그와 같은 상태로 만든 것은 모두의 무분별이고 잘못임을 알아야 하기 때문이다. 사람들은 그들 스스로 벌어먹고 살 수 있도록 가르쳐준 것이 아무것도 없다."[17] 루터는 1524년 가을(정확히 10월 9일 오후)까지 확실히 교황에 도전하고 조롱하면서도 아우구스티누스 수도회 수도사복을 고집스럽게 벗지 않았다. 뿐만 아니라 그는 약자들을 지지하기 위해 그렇게 쓰고 있다.[18]

사람들은 그런 루터를 재촉하고 밀어붙이고 독촉했다. 하지만 그들이 얻는 것이라고는, 이미 스스로 검증한 해결책들을 다시 명상하고 손질하고 더 깊이 연구해 마음 깊이 뿌리내리게 한 그가 행동하지 않기 위한 보다 더 의식적인 이유를 가져다줄 뿐이었다. 고집을 부려, 사람들은 루터에게서 몇 가지 문화 단체에 대한 밑그림을 얻어냈다. 그렇지만 임시방편적이고 불완전한 것들이었다. 이제 사정은 어떻게 달라질 것인가?

그에게 모든 인간의 구원은 최고의 보석인 그리스도에 대한 믿음에 속해 있기에 외적인 예배는 신과 성도 사이의 자유로운 관계를 방해할 뿐이다. 1523년 루터는 예배 순서에 대한 견해를 밝히는 데, 그 해 12월에 『비텐베르크 교회를 위한 미사 및 성찬식의 순서』(*Formula Missae et Communionis*)를 발간한다. 이어 독일 미사에 노력을 기울이고 1526년 1월 『독일 미사와 예배 순서』(*Deutsche Messe und Ordnung Gottesdiensts*)가 빛을 본다. 문서에 나오는 순서들은 별로 일관성 없고 논리적이지 않지만 루터가 그 문제들을 두고 타협하기 위해 기울인 관심이 드러난다. 타협들. 낡은 신발을 대하듯 그 문제들을 대하라. 한번 낡으면 사람들은 버리려 하기 때문이다. 타협하는 데 문제가 될 뿐이라면 그는 그런 문서를 결코 출판하지 않았을 것이다. 참된 신도는 마음으로 신을 찬양한다. 하층민과 무지한 사람들을 위해 그는 마지못해 양보를 한다. 그렇지만 그것은 신중히 생각한 끝에 내놓은 양보다. 눈에 보이는 교회, '의식주의자들'이 그에게 경계(境界)를 분명히 정할 것을 권유하는 그 눈에 보이는 교회. 교회를 조직하고 행정을 맡고 자산을 관리할 임무는 교회의 몫이 아니었다. 루터는 그 임무를 국가에 맡겨야 한다고 고집한다. 그가 그 임무를 얼마나 부차적으로 생각하고 관심을 쏟을 가치가 없다고 생각하는지는 이제 그만 이야기해도 충분하다.

그런데 정확히 국가는 무엇이고 정치와 제후들은 무엇인가? 이미 루터는 1521년의 『폭동과 소요를 피하기 위해 모든 그리스도인들에게 보내는 진실한 충고』에서 이 민감한 사안에 대해 견해를 밝힌 바 있다. 사람들이 끈질기게 그의 견해를 요구했고, 재세례파들이 완고하고 극단적으로 그 문제를 다루었기 때문이다. 또한 시커멓고 위협적인 구름이 독일 상공을 무겁게 짓누르고 있었기 때문이다. 맹인들처럼, 이를 테면 무심한 사람들조차 지평선에서 무섭게 솟구쳐 오르는 모습을 그냥 흘려보내지 않을 수 없는 구름이었다. 그는 1522년 12월 『세속권력에 관하여』에서 전에 이미 다루었던 내용을 더욱 단호하고 폭넓게, 정연하게 되풀이할 것이다.

사람들은 루터가 제후들을 좋아한다고 말하거나 비난하지는 않았다. 선제후 프리드리히에 대해 앞서 인용한 그런 말들을 했던 그였다. 이전에 선제후를 만나거나 또는 자주 찾았던 행동에 대해 오점이라고 말하며 자신을 변명했던 그였다.[19] 그리스도인이자 말씀의 기별자로서 그는 세상의 권력을 무시한다. 그는 민중들에게 권력의 악덕과 수탈, 그리고 죄악에 대해 숨길 게 아무것도 없었다. 루터는 제후들에 반항하며 준비되고 있는 폭동을 예견한다. 1522년 3월 19일 이렇게 쓴다. "사방에서 민심이 동요하고 있다. 그들은 눈을 크게 뜬 채 지켜보고 있다. 그들은 더 이상 권력에 억압당하려 하지 않으며, 억압당할 수도 없다. 이 모든 것을 주관하시며 제후들에게 임박한 위협과 위험을 숨기는 것은 바로 주님이시다. 그들의 무분별과 폭력을 통해 모든 것을 이루는 것도 바로 그분이시다. 피투성이가 된 독일을 보는 것 같다!"[20] 제후들이 야수를 사냥하는 것처럼 인간을 사냥해도 아무 문제가 없던 시대는 이제 갔다. 무슨 말인가? 그리스도인들을 괴롭히는 부당하고 잔인한 폭군들과 악랄한 압제자들에 맞서 들고 일어나야 한다는 말인가? 그건 미친 짓이고 불충이리라. 끔찍한 제후들. 그런데 신께서는 그들이 그렇게 끔찍하기를 원하신다. 만일 신의 섭리가 그러하다면 그들은 벌을 받으리라. 그게 아니라면 제후들에 대항하기 위한 사람들의 모든 시도는 터무니없는 짓 이상의 신성을 모독하는 행위이리라.

제후들은 재앙이되 신에게 속한 재앙인 것이다. 제후들은 신께서 악인들을 복종시키고 악에 물들어 있는 인간 사회를 공포정치로써 질서를 잡고 외적 평화를 이루게 하기 위해 고용한 무장한 하인들이며 경찰관들, 그리고 형리들이었다. 루터는 권세의 무가치를 열렬히 부르짖는 설교 작가의 어조로 이렇게 쓴다. "우리의 신은 강력한 군주이시다. 그분에게는 유서 깊고 부유한 귀족 형리들, 즉 제후들이 필요하다."[21] 이때부터 오만하고 보기 싫은 인물들은 필요하고 합법적인 존재들이다. 그들의 오점이 무엇이든 존경을 받을 만하다. 적어도 속세의 질서 속에서 제후는 제후였다. 속세는 선량한 사람들이 책임감 없고 하찮은 인간들, 즉 채찍과 감옥이 필요한 범죄자들과 분별없는 인간들, 악인들을 생각하며 애덕의 정신으로 인내하고 제후들을 받아들여야 하는 유일한 곳이었다. 하지만 영적 질서 안에는 자신들의 신과 대면하는 그리스도인들만이 있다.[22] 그러기에 제후들은 영적 질서 안에서는 자신들의 특권을 전혀 요구할 수 없고, 믿음의 문제에 대해 결정을 내리거나 그리스도인들이 무엇을 믿어야 하고 무엇을 믿지 말아야 할지 법으로 정할 생각을 하지 말아야 한다. 하지만 그들의 백성들은 다르다. 복음에 따라 선포되는 자비와 애덕의 정신은 그리스도의 왕국에서만 피어나게 된다. 세상의 왕국에서는 애덕과 자비가 아니라 분노와 엄격한 정의, 그리고 이성에 기초한 인간의 법이 만사를 지배한다…….

그처럼 예전 자신의 생각에 충실한 루터는, 영적 삶과 육신의 삶을 극단적으로 대립시키기를 고집한다. 그는 계속해서 인류를 그리스도인과 속인이 공존하는 집합체로 정의한다. 속인은 통치에 복종하고 제후에게 복종하고 법을 따르는 존재다. 그리스도인은 통치에서 해방된 자유인으로, 그들이야말로 신부이고 왕이다. 적어도 이론상으로는 기발한 해답이다. 거기에서는 두 왕국의 경계가 어렵지 않게 그어진다. 그러나 믿음 안에서 그리스도인의 감정과 세속의 의무가 크게 충돌하는 혼란이 일어날 때, 세심하게 구별해야 한다는 일종의 시험을 견뎌낼 수 있을까? 1524년 여름부터 슈바벤의 농민들이 이 질문에 대한 대답을 책임지게 되었다.

농민들

마르틴 루터의 그 유명한 배신의 사건인 농민전쟁. 기존의 관례는 그렇게 이해하려고 한다. 그럴지도 모르겠다. 하지만 그렇지 않을 수도 있는 것 아닌가?

우리는 1524~1525년의 반란이 어떠했으며, 이전에는 어떤 반란들이 있었고, 지도자든 주동자들이든 어떤 다양한 계층과 파벌들이 거기에 참여했는지에 대해서는 말할 필요가 없다.[23] 하지만 처음부터 루터가 양쪽에서 동시에 비난을 받았다는 사실에 대해 다소 놀라운 점을 지적하려면 솔직해질 필요가 있다. 한쪽 사람들에게 그는 당연히 반란의 시조요 주모자였다. 그의 교리와 설교, 좋지 못한 영향을 준 행동들이 반란을 유발시켰던 것이다. 그러기에 폭도들을 진압도 해야 하겠지만, 평화로운 독일에 바람의 씨앗을 뿌려 폭풍을 몰고 온 사탄의 앞잡이를 징벌해야 했다. 다른 쪽 사람들도 마찬가지로 당연하다는 듯 루터를 압제당하는 이들의 관선 변호인, 폭도들의 타고난 우두머리, 폭정에 대한 불가불위의 대적자로 떠받들었다. 뿐만 아니라 농민들이야말로 제후들에게 대항하는 진정한 복음의 투사들이 아니었던가? 농민들이 요구조항 맨 앞에 내세운 것은, 신부들을 직접 선출할 권리[24]였다. 말씀을 명쾌하게 해석하여 왜곡됨 없이 설교함으로써 그들에게 진정한 기도의 기회와 마음속에 참된 믿음을 가져다줄 신부들을 스스로 선택하는 것이다. 1525년 4월 말, 마침내 루터는 중재에 나서서 그의 유명한 『슈바벤 농민들의 12개 조항에 대한 평화에의 권고』[25]를 썼는데, 여기에 대해 놀라지 말자.

생각이 분명하고 주장은 간단하다. 짧은 서문에 이어, 둘로 나뉜 앞부분은 제후들과의 토론이고 훨씬 긴 뒷부분은 농민들과의 토론이며, 결론은 양측에 대한 몇 줄의 권고문이다. 그런데 루터는 무엇을 원하는가? 농민들의 요구들이 정당한지 아니면 부당한지에 대해 검토하자는 것인가? 정치·사회적인 갈등을 중재하자는 것인가? 전혀 아니다. 그렇다. 신앙에 관한 하나의 문제를 다루는 것이다.

농민들은 이렇게 말한다. "우리는 반도도 폭도도 아니다. 우리는 복음의 대변인이다. 복음은 우리의 요구가 정당함을 증명해준다." 루터는 바로 이 주장 하나만을 반대하고 나섰지만, 엄청난 격렬함과 격정, 격분을 토로하며 맞선다. 루터는 제후들에게는 대수롭지 않은 문제에 대해 두루뭉술하게 이야기한다. 귀족들 가운데 누구는 복음 전파를 방해하는데 그건 잘못이다, 주민들에게 과도한 부담을 지우는 경우가 있는데 그 역시 잘못이라고 한다. 또한 제후들 자신이 폭발시키는 분노에서 뒤로 물러나, 농민들을 "분별 있는 사람들이 술에 취하거나 양식이 없는 사람들을 대하듯" 해야 한다고 말한다. 그것이야말로 조심성일 테고, 또 말의 인간적인 의미로 볼 때 정의라는 것이다. 권력은 하인들이 주인의 변덕을 받아주는 일에 힘쓰라고 확립된 것이 아니라고 말한다. 그런데 이 생기 없는 조건법 문장이 끝나자 루터는 얼마나 명료하고 낭랑한 목소리를 되찾아 농민들을 향하여 장광설을 늘어놓으며 제압하는가! 복음이 그들을 위해 있고, 그들과 함께 있다고? 이 무슨 괴상망측하고 터무니없는 말인가! 루터를 화형에 처하고 고문하여 토막을 내도 좋다. 숨결이 남아 있는 한 그는 진리를 외칠 것이다. 복음은 폭동을 정당화시켜주는 것이 아니라, 어떤 폭동이든 단죄를 한다는 것이다.

농민들은 이렇게 말한다. "우리가 옳고, 그들이 틀렸다. 우리는 압제를 받고 있다. 그러니 그들은 부당하다." 그럴 수 있다. 그런데 루터는 한 술 더 떠서 이렇게 말한다. '나도 그렇게 생각한다'고. 그런데 그 다음의 말은 무엇인가? "잔인함도 부당함도 폭동을 정당화하지는 못한다." 복음은 이렇게 가르친다. "너희에게 나쁜 짓을 하는 자에게 대들지 말라. 만일 누가 너의 오른쪽 빰을 때리면 왼쪽 빰도 대줘라." 루터는 어떤가? 그는 일찍이 칼을 빼든 적이 있던가? 폭동을 권장한 적이 있던가? 없다. 반대로 그는 순종을 권했다. 그런데 바로 그 때문에 교황과 압제자들의 반대에도 불구하고 신은 그의 목숨을 보호해주셨고, 복음 전파를 도와주셨다. "본성을 따르려 하고 고통을 참지 못하는 자들"은 믿음이 없는 사람들이다. 그리스도인들은 칼이나 총을 가지고 싸우지 않는다. 그들의 무기는 십자가와 인종(忍從)이다. 그러니 그들을 핍박하는 권력이 정말 부당하더라도 두려움 없이 있을 수 있다. 신이 그 부당함에 대해 엄하게 대가를 치르게 하시기 때문이다. 그때까지 그들은 몸을 구부려 조용히 복종하며 참고 견디면 될 일이다.[26]

이것이 바로 『슈바벤 농민들의 12개 조항에 대한 평화에의 권고』의 견해다. 물론, 그 대조와 대조의 놀라운 희극성을 조롱하거나 강조하기는 쉽다. 한쪽에는 소란과 증오의 아우성, 분노의 외침, 그리고 방화의 불길로 넘쳐나는 농촌이 있다. 다른 쪽에는, 눈은 하늘로 향한 채 마치 자신만 보고 자기 말만 듣는 듯 볼을 부풀리고 마음을 모아 하찮은 그리스도교의 플라졸렛(Flageolet, 플루트 종류의 목관 피리 - 옮긴이) 곡이나 불고 있는 마르틴 루터 박사가 있다. 조롱하기는 쉽다. 그러나 사람들이 말할 자격이 없는 것이 하나 있다. 어려운 상황에 처한 루터가 당장 1525년에 바리새인 같은 논증들을 생각해내기 때문이다.

그의 의견인가? 이는 농민 반란에서 임시변통으로 생겨난 의견이 아니다. 1522년 3월 5일 프리드리히에게 보내는 편지[27]에 이미 단초가 보이지 않는가? "권력은 그것을 자신의 손으로 확립한 자만이 무력화시키고 무너뜨릴 수 있다! 그렇지 않으면 반란이고, 신을 거역하는 일이다!" 루터의 견해는 처음부터 끝까지 『세속권력에 관하여』(그리스도 왕국, 세상 왕국, 그런데 세상 왕국에서는 비록 명령이 부당하다 할지라도 그 왕께 절대복종해야 한다)에 기초한 1523년의 논문에 힘을 더하고 있지 않은가? 왜냐하면 이 말, 즉 때리는 자가 잘못했다. 그러니 아무도 때리는 자의 동기를 심판하지 말아야 한다는 잠언이 맞는 말이기 때문이다.[28] 그런데 사실 루터가 1525년에 농노들에게 인종을, 농민들에게는 복종을 요구할 때 생각해낸 것은 아무것도 없었다. 그는 '당신들이 마음을 써야 하는 유일한 자유는 내면의 자유다. 당신들이 정당히 요구할 수 있는 유일한 권리는 신앙생활의 자유다'라고 덧붙여 말했는데, 궁지에 몰려 살기 위해 짐승처럼 싸우는 농민들을 일갈하는 이런 표현들은 엄청난 조롱거리로 보일 수 있다. 루터가 고집스레 그런 표현에 집착할 때 거기에는 자기 자신, 즉 진짜 루터, 라이프치히와 보름스와 바르트부르크의 루터와 논리적인 일관성이 있다.

그렇다. 조롱하기는 쉽다. 그런데 본성이 짓궂은 프랑스인들이나 냉소를 보내는 반루터주의자들은 루터 같은 사람과 독일 종교개혁, 독일 역사상 독일정신의 가장 놀라운 면모 가운데 하나를 이해하기 위해 거쳐야 하는 안내자들인가?

미슐레(Jules Michlet)는 그렇게 생각하지 않았는데, 『루터에 대한 회고』(*Mémoires de Luther*)에서(정확히 말해 『슈바벤 농민들의 12개 조항에 대한 평화에의 권고』에 관해) 이렇게 쓰고 있다. "아마도 루터가 어디에서도 이토록 크게 반대한 적은 없었다." 루터에 대한 모음집을 만들 때 그 역사가는 종교적 감정의 강력한 힘과 맹렬한 위력에 특별히 민감한 반응을 보였다. 종교적 감정은 종교개혁가 루터를 지배하고 매료시키고 가득 채우고 사로잡았다. 이 감정에 대해서는 설명이 필요하다. 이는 루터 같은 인물의 역사적 자산과 영향력, 그리고 현재에도 신비롭게 지속되는 권위에 대해 정확히 설명해준다. 그런데 또 다른 것이 있다. 바로 1525년의 위기로, 중요한 점은 그것이 모든 베일을 찢어 사실을 적나라하게 드러내 보여줌으로써 마르틴 루터의 말과 역사적 행동의 가공할 결과들을 처음으로 살펴보고 평가할 수 있게 해주기 때문이다.

두려움 없는 어느 아우구스티누스 수도회 수도사가 서막을 연 운동은 루터가 생각하는 한계를 훨씬 뛰어넘어 확대되었다. 역사가들은 확실히, 그 시기 루터의 태도가 여기 참여한 모든 사람들, 즉 농민과 반란자들을 얼마나 분개케 하고 상처를 주었는지 예민하게 주목한다. 이는 역사가들의 바람직한 견해다. 그 역사가들은 루터가 오만하게 『슈바벤 농민들의 12개 조항에 대한 평화에의 권고』를 출판하고, 반란에 단호하게 비난을 퍼붓지만 중재자의 권고로 끝을 맺음으로써 싸움을 초월해 침묵하고 동정심을 가지고 행동했다는 사실에 세심한 주의를 기울인다.

1525년 봄철 농민 반란은 계속 확산되고 있었다. 도시 곳곳에서 약탈이 일어났으며, 성은 파괴되고 수도원은 훼손당했다. 튀링겐에서는 토마스 뮌처가 자산 공동체를 설립하고, 경종을 울리듯 "공격하시오, 공격해"(dran, dran!)라는 불길한 말을 되풀이하면서 지지자들에게 피로 물든 칼의 열기가 식게 내버려두지 말라고 애원하고 있었다. 그런데 제후들은 점점 조직화되어가고 있었다. 1525년 5월 15일, 프랑켄하우젠에서 뮌처의 군대가 패배했다. 생포가 된 뮌처는 곧 처형되었다. 18일, 루펜슈타인에서는 앙투안 공이 거친 농부들을 눌러 이겨 사베르네를 점령했다. 6월, 프랑켄의 농민들은 아돌츠푸르트에서 섬멸되었다. 잔혹하게 보복이 시작되었다. 유린되어 연기만 자욱하고 황폐해진 들과 텅 빈 축사에는 기근의 무서운 유령이 어슬렁거리는 그 독일에서는, 영주들이—그들 중 누군가의 말에 따르면—농민들의 두개골로 공놀이를 하고 있었다…….

1522년 12월, 루터는 『세속 권력에 대하여』에서 '심판은 엄격해야 하고, 권력은 냉혹해야 하며, 자비는 속세와 아무 관련이 없기에 진압은 감상적 취미를 버리고 잔인할 정도로까지 행해져야 한다'고 힘주어 말한다. 이는 1524년, 그의 작품 『천국의 예언자들에 대한 비판』(*Contre les prophètes célestes*)에서 분명히 밝힌, '만유'를 향해 한 말인가? 루터는 그들에게 자신들이 해야 할 일을 할 수 있도록 만드는 유일한 방법은 "야수를 사슬과 우리로 붙잡아두듯이 법과 칼로 외적 신앙심이라도 강요하는 것이다"[29]라고 말한다. 같은 글에서 그는 카를슈타트를 추방할 제후의 권리를 확립하기 위해 이렇게 썼다. "그러니 나는 이렇게 의견을 개진한다. 이 지방은 작센 제후들 것이지, 그저 손님일 뿐 아무것도 갖지 않은 카를슈타트의 소유가 아니다. 집주인은 손님이나 하인을 돌려보내거나 해고할 권리 및 권한이 있지 않은가? 그러기 전에 그들에게 설명을 해주어야 한다거나 법적으로 논의를 해야 한다면, 그는 자기 재산에 제대로 권리를 행사하지 못하고 지배당하는 불쌍한 주인에 불과하리라. 그는 진정한 주인이 아니라 손님에 불과한 것이다!"[30] — 루터는 농민들의 폭력과 1525년의 대규모 폭동 앞에서 의견을 바꿀 사람이 아니었다. 사람들은 루터를 폭동에 연루시키기를 바랐다. 그를 향한 직접적인 반대·비난·비방이 급소를 건드려서 그가 도전적인 정신으로 한 걸음 더 나아가기를 끝없이 부추겼다. 이런 것을 알면 1525년 5월 말 제후들이 진압에 성공하여 보복을 시작할 때 그가 다시 펜을 들어 "약탈하고 살인을 저지르는 농민 도당들에 반대하여"[31] 냉혹하고 가혹하며 난폭한 팸플릿을 썼다는 사실이 굳이 놀랍지는 않을 것이다.

그의 편지들은 격분에 차 있을 뿐이다. "농민들에게 그런 하늘 같은 너그러움을 보여주는 것이 어찌 옳은 일인가? 만일 그들 가운데 무고한 자들이 있다면 하느님은 롯과 예레미야에게 그러하셨듯이 그들을 보호하고 구해주실 것이다."[32] 이것은 그 유명한 말, 즉 '그들을 모두 죽이자. 하느님께서 자신의 사람들을 알아보실 것이다'라는 말과 거의 같다. "하느님께서 그들을 구하시지 않은 것은 그들이 죄인이기 때문이다. 그들이 범할 수 있었던 가장 하찮은 죄악은 침묵하여 일이 되어가는 대로 놔두어 동의하는 것이다." 그는 1525년 5월 30일, 암스도르프에게 이렇게 쓴다.[33] "내 견해는 분명합니다. 운이 막 기울었으니, 제후와 관헌들의 죽음보다는 농민들 모두의 죽음이 더 낫다는 것입니다." 그는 뮌처의 체포 소식을 듣는다. "뮌처를 본 사람은, 가장 사나운 모습으로 나타난 사탄을 보았다고 분명 말할 수 있을 것이다! 오 나의 주 하느님, 농민들 사이에 그런 영이 세력을 떨치고 있다면 정말 미친개를 다루듯 그들을 도륙할 때입니다!"[34] 그런데 보름스에서 황제에 의해 공식적으로 추방되었던 사람인 루터는 단도직입적으로 이렇게 선언한다. "반역죄로 입증될 수 있는 자는 하느님과 황제에 의해 추방당한다. 그러니 모든 그리스도인은 그의 목을 벨 수 있고 베어야 하며, 그렇게 한다면 잘하는 일일 것이다!" 그런 자는 미친개다. 그를 죽이지 않는다면? 그가 당신을 죽일 것이다.

이제 1525년의 글에 드러난 살기 띤 격분의 이유가 납득이 된다. "이 모든 이유에서, 친애하는 제후들이여,[35] 격노하시어 우리를 구하십시오. 도와주십시오. 불쌍히 여기십시오. 격멸하세요. 목을 치세요. 그럴 권한이 있으니 행동으로 보여주세요!" 그리하여 루터는 이런 결론을 내리는데, 표현으로 보면 자기의 신학을 망각하기까지 한다. "우리는 농민들이 기도하는 일보다, 제후가 피를 보는 것으로 하늘의 칭찬을 더 수월하게 받을 수 있는 아주 비상한 시대에 살고 있다!"

두 도시

우리는 그런 태도가 일으키는 결과를 예측할 수 있다. 그런 태도는 어떻게 루터를 고립시켰고, 그의 말에 큰 감명을 받고 마음이 깊이 흔들렸던 많은 사람들 가운데 가장 열렬한 일부 사람들을 어떻게 등을 돌리게 했는가? 그런데 뭐라고 하던가? 그 태도 때문에 그가 뒷걸음질 쳐 오래된 방황이 되살아나게 되었다고 했던가? 우리는 비극적인 이 시기에, 자기 의지와 달리 고민에 빠진 루터가 한 번 더 일련의 자기 생각들을 손질하고 자신의 견해를 신뢰하는 모습을 뚜렷하게 확인할 수 있다.

가톨릭 신앙이 말하는바 세상은 악하다. 너무도 악해서 인간이 아무리 노력해도 소용없다. 그러니 그가 이 세상에 몸담고 있는 한 아무리 단호하고 부단하게 노력할지라도 타고난 악의는 여전히 행동과 결의를 타락시킬 것이다. 자기 안에 희생과 덕이라는 높은 이상을 간직하고 있는 사람들에게는 단 한 가지 방책이 있는데, 세상을 피해 멀리 달아나는 일이다. 이를테면 사회를 등지고 살기, 세속을 피해 닫힌 성역 속에서 오직 기도와 고행과 금욕의 삶을 살기, 그리고 자신과 타인의 죄에 대해 속죄의 희생을 신에게 바치기 등과 같은 것이다.

루터는 그런 것은 망상이요 신성모독이라고 외쳐댔다. 세상은 세상일 뿐이다. 신 스스로가 세상이 보여주는 광경을 결정하신다. 그리고 우리를 이 비극적이고 비참한 무대 위에 마치 배우처럼 살게 하신 것도 신이시다. 도망치지 말자. 세속적으로 살자. 제후든 상인이든 재판관이든, 형리든 군인이든 우리에게 맡겨질 직무를 다하자. 그 직무들로 득을 보는 사람들을 생각해서 그 직무들의 존재를 수락하자. 그러나 그리스도인이면 다른 영역에서, 즉 우리가 구원에 대해 깊이 관심을 기울여 애덕과 자비, 그리고 지상의 세계(분노와 힘과 검의 제국)와는 무관한 지고의 미덕들을 행하게 될 그리스도의 왕국에서 영적으로 살자…….

물론 정치·경제·법률상의 불가피성에 복종하는 것. 법의 구속과 전쟁의 참혹한 고통, 그리고 제후들의 부당성을 받아들이는 것. 그런 희생은 물론 고통스럽다. 개성이 강한 루터 같은 인물은 지상의 좁은 삶의 테두리 안에서는 숨쉬기조차 힘들어, 아주 작은 움직임만으로도 모든 것을 깨부숴버릴 우려가 있다. 그는 그 사실을 잘 감지하고 또 알고 있다. 그러기에 더욱 이렇게 외친다. "꼼짝 말고 가만히 있자. 보다 더 넓게 지으려고 집을 허물어봐야 무슨 소용인가? 영원한 구속의 대가를 치르고 이 지상의 필연성에 순응하자." 무슨 상관인가. 우리의 영혼은, 우리 그리스도인의, 믿는 자의 영혼은 좁은 우리 밖으로 자유롭게 날아가지 않는가? 법도 없고 세관도 없고 국경도 없는 그 영적 세상의 경쾌한 대기 속에서 영혼은 신비로운 힘에 도취되어 얼마나 완벽한 자유를 만끽하는가. 아무 두려움 없이 미덕의 꼭대기에서 악덕의 심연으로 향하며 영혼은 불결한 것들과 오물들을 가로질러 얼마나 순수한 내적 평화의 기쁨에 도달하는가. 이를 경험한 후 이윽고 영혼은 모든 창조적 에너지의 근원으로 지고의 활력을 주는 신과 얼마나 직접적이고 즉각적으로 하나가 되는가. 사람들은 신을 에워싸며 신을 향해 다가간다. 그들의 모습을 혐오하여 태워버리는 불꽃 속에서, 수치스러운 행동에 따르는 비장한 감정, 다시 말해 죄와 악덕, 비참과 결함, 부도덕과 타락 등 모든 것이 녹아내린다.

그것은 완전한 자유이자 용서다. 법은 폐하고 죄가 사라지며 죽음을 이긴 영혼이 선악을 초월하여 살아가는 그 영역으로 들어간다. 그것이 바로 믿음에 의한 구원이다.

그러면 그리스도인에게는 어떤 확신이 있는가? 신이 그의 안에서 역사하시며 마음을 통찰하시고 그를 인도하신다. 또 삶을 일련의 풍성한 창조물로 끊임없이 채우시고 가슴을 마르지 않는 사랑의 샘으로 만드신다. 선행은 믿음에서 나오고, 선행은 다시 믿음을 자라게 한다. 그렇게 끝없는 순환이 이루어진다. "태양이 서쪽으로 질 때까지 떠 있다가 동이 틀 때까지 해 뜨는 지점에 돌아오는 것처럼, 믿음은 선행 속으로 흘러들고 선행에 의해 믿음 그 자체가 되돌아온다."[36] 그런 전망들 앞에서, 인간은 그 전망들이 가져다줄 희열을 맛보는 주인이니 이 세상의 고통과 이승의 구속은 아무러면 어떤가?

1525년의 농민 반란은 환상의 구름을 찢는 돌연한 번개였다. 그리고 루터는 두 눈으로 손에 낫과 창을 든 초라하고 무지하고 거친, 마치 과거 자신의 모습인 듯한 서민들을 보았다. 그들은 참지 못하고 그 수도사의 작은 방 칸막이벽을 온 힘을 다해 거칠고 격렬하게 흔들어댔다. 그들에게 그리스도인의 자유라는 맛좋은 과실을 허한다? 이는 너무 심한 조롱이다. 그들의 고통을 함께 느낀다? 그들의 요구를 지지한다? 결코 있을 수 없는 일이다. 이는 신을 배신하는 행위다. 뿐만 아니라 루터는 성상 파괴론자들을 반박하며 이렇게 추론한다. "성상에는 신덕이 없는가? 도대체 무슨 이유로 성상에 항의하는가?" — 그런데 이 추론은 제후들에게도 너무나 잘 적용되었다. "제후들이 인간의 영혼에 대해 무슨 권한을 갖는가? 어떤 권한도 없다. 그렇다면 진짜 인격을 훼손시키지 않는 폭정에 저항하여 일어날 이유가 무엇인가?" 안 된다. 폭도들과는 협력해서는 안 된다. 그들을 진압해야 한다. 그것도 강경하게. 주저 없이 그 무례한 낯짝들을 후려쳐야 한다.

그런 대가를 치르고 모든 사태는 다시 잠잠해질 것이다. 모든 것은 다시 만족스럽게 질서를 되찾을 것이다. 한편 여기 어떤 주인공들이 있다. 그들은 담담하게 외부적인 구속을 참아낸다. 저항하거나 반항하는 수고를 하지 않는다. 모든 고통과 수모를 받아들이지만 자기 안에서 진정한 자유를 느낀다. 그들은 예속과 법을 초월하고 기계적인 필연성에 대항하여 자유로운 정신의 반란을 불러일으키는 초인적 기쁨을 아는 보기 드문 천재들이며, 몇 안 되는 강인한 인물들이다. 다른 편의 사람들이 있다. 그들은 자신들에게 이로운 가혹함을 견디면서 이론적으로는 내면의 자유를 소유하지만 진정한 자유를 누리지 못한다. 모두를 위해 행동하고 계획한다. 그들은 다소 계몽된 전제군주제의 처방들을 가축 같은 인간들에게 내리는 가부장적 사회 속에 살아가면서 예속 상태에 순종하는 대중들이다.

루터적인 공동체는 위선적이고 소심한 도덕주의를 드러내 보인다. 작은 일들은 완벽하게 성공하지만 큰일들 앞에서는 소극성을 보인다. 그들은 비굴함을 안고 그럭저럭 발전해나간다. 한편 그 누구도 무엇도 압도하지 못하고, 정신이 무한한 공간을 편력하는 영웅적인 몇 안 되는 천재들이 있다. 그러나 그들의 몸은 지상의 비천한 진창 속에 남아 있다. 예언자적 믿음은 그 천재들을 고무시켰다. 루터적 공동체와 예언자적 믿음은 적나라한 대조를 보인다. 시민들은 어떠한가? 천국 도시의 시민들은 지상의 도시를 통치하거나 개선하기를 갈망하지 않는다. 온순한 백성과 모범적인 관리들은 군주의 명령에 철저하게 복종하는 본을 보이는데, 군주는 결국 조아린 머리들 위로 우뚝 솟아 누구 하나 이의를 제기하지 않는 권력을 홀로 갖는다.

1525년 봄, 루터의 몽상(확실하다)과 설교(어찌됐든)는 마음 깊이 불안한 만큼 더 크게 자기 확신을 외치고 있었다. 루터의 독일에 대한 모든 이야기와 철학은 그렇게 점점 구체화되어가고 있었다.

제2장

1525년 이후의 이상주의와 루터교

> 루터가 보지 못했던 것이 있다. 그의 이상주의가
> 청중을 그토록 사로잡았던 예전의 자신을 얼마나 보수적으로
> 만들었는가 하는 점이다. 루터는 자기 견해에 반하는 주장들을
> 더는 재고해보려 애쓰지 않았다. 더는 그런 주장들을 받아들여
> 자신의 생각을 풍요롭게 하거나 견해를 강화하려고 애쓰지 않았다.
> 반대로 그런 주장들을 구별하고 구분하고 배척했다.
> 그는 부자가 되기를 그만두고 가난해졌다.

위기의 시기에 루터가 썼던 편지에서 자주 반복되는 표현이 있다. "주님은 왜 이토록 순수한 마음으로 지상에서 드리는 내 삶을 받아주지 않으시는가? 주님은 왜 악인들과 핍박자들의 손을 붙잡으시는가?" 이런 표현을 접하는 사람은 어떤 의문이 목 끝까지 차오르는 것을 느끼지 않을 수 없다. 바로 그런 때 우리는 막연하지만 강한 어떤 감정, 다시 말해 다른 사람들이 도달할 수 없고, 자신도 그곳에 살도록 준비되지 않은 사람이 높은 곳에 올라 과연 버티고 서 있을 수 있을지 불안에 떠는 그 감정을 신비주의적인 언어로 해석하게 되지 않을까?

비텐베르크·보름스·바르트부르크 그리고 다시 돌아온 비텐베르크에서 루터는 그 자신 열광에 빠졌다. 그는 꺾이지 않는 이상주의로 다른 사람들도 열광시켰다. 사소한 일들은 무시하고, 세상의 권력도 아랑곳하지 않은 채 자신의 믿음을 소리 높여 외쳤다. 그는 그리스도인의 자유, 그 아름답고 서사적이며 생생한 시를 펼쳐나갔다. 처음에 놀라던 군중들은 이내 매료되었고, 루터는 신 안에 있는 희망의 낭만적인 빛줄기와 절망의 그림자를 투사하면서, 전능하신 신의 은혜와 비천하고 무력한 인간의 의지를 매우 대조적인 곡조로 번갈아 노래 부르게 했다.

루터는 그의 상징인 수도복을 입고 외롭지만 고매하고 순수하게 지내고 있었다. 그때 그를 시기하는 사람들이 나타났다. 경쟁자들이었다. 그들은 루터를 수없이 비난하고, 그에게 빚진 자유를 이용해 도리어 그를 질타하고 조롱하고, 그의 신망을 앞다투어 떨어뜨리는 적대자들이었다. 불쌍하고 무지하고 무례한 사람들은 그들의 호소에 이끌려 제후들에 맞서고 법과 기존의 사회도덕에 반기를 들고 일어났다. 1520년 그들은 그토록 눈부신 그리스도인의 자유를 흉측하게 따라하고 있었다……. 그렇다. 루터는 그런 광경을 목격하기 전에 죽어야 했으리라. 그는 이미 해야 할 말을 다 하지 않았던가?

믿음을 위해 : 에라스무스, 그는 이성이다

루터는 죽지 않았다. 그러니 적응할 필요가 있었다. 방법이야 너무나 많다. 여기서 그가 택한 방법들을 자세히 설명할 생각은 없다. 그렇게 하려면 쓰고 있는 이 책과 관계없는 별도의 책 한 권이 필요하리라. 그러니 목표에 충실하자. 심리적인 사실의 영역에 한정해서, 1525년 이후 루터의 태도 가운데 몇 가지만 지적하자. 즉 그의 반응 가운데 가능한 한 몇 가지만 제대로 살펴보자.

'나는 루터에게 감동했다. 그런데 이후 그의 모습이 아니라고 판단했기에 단절했다.' 이런 말들이 나돌 때부터 격분한 사람들은 루터의 활동을 끝장내기 위해 합세했다. 선전하던 루터의 힘도 무력화된 것처럼 보였다. 하지만 루터는 물러서지 않았다. 그렇다고 단번에 스스로 모순되는 말을 하거나 먼저 한 말을 번복하는 방식으로 시작하지 않았다. 그는 정면으로 맞섰다. 자신이 옳았다는 사실과, 자신이 설교하는 신만이 유일하고 진정한 신인 듯 자기의 결정만이 훌륭하다는 사실을 더욱 잘 증명하기 위해 주변 사람들의 주장을 강력하게 반박했다. 그는 자신의 교리를 지나치게 분명한 어조로 단정하지도 않았고, 엄격하게 경계지어 한정하지도 않았다. 루터는 교리를 수정한다고 비난하는 모든 사람을 공격했고, 알려지고 검증된 전략에 따라(그러나 그에게는 계략이라기보다는 오히려 본능이었다!) 반격함으로써 자신을 옹호했다.

모든 점에서 상황은 좋지 않았다. 1523년과 1524년에 루터는 말 그대로 돈 문제에서 가장 큰 어려움을 겪는다. 그의 편지들은 일련의 불평들로 가득하다. 루터는 인색하고 소홀하고 무심한[37] 작센 선제후의 도움을 기다렸지만 허사였다. 루터는 방법을 찾으려 백방으로 노력했다. 그는 혼자가 아니었다. 로마와 단절하고 교회에서도 미련 없이 빠져나와 비텐베르크로 달려가는 모든 사람들은, '보름스의 그 사람'을 만나 조언과 도움을 구하고 부양까지 요청한다. 그들은 독일·영국·프랑스 그리고 북유럽의 여러 나라에서도 찾아왔다. 여성들도 있었는데, 수녀원을 빠져나와 가족으로부터 외면당한 그 수녀들은 수도원을 동요시킨 그 목소리의 주인공인 루터에게 빵을, 거기에 더해 피난처와 묵을 곳까지 청한다. 루터는 그들을 모두 도와주고 유숙시켜주어야 한다. 그는 프리드리히에게 간청한다. 위협도 해본다. 때로는 울컥 치밀어 오르는 분노를 느끼며 당당히 맞서기도 한다. 프리드리히의 태도에 거칠게 응수한다. 어느 날 루터는 슈팔라틴에게 이렇게 쓴다.[38] "그렇지만 나는, 우리가 과거에도 제후께 부담을 끼치지 않았고 지금도 그렇다고 생각합니다……. 이득이라니요? 나는 이득에 대해 말하는 것이 아닙니다.

어쩌면 당신은 우리에게 빚지고 있는 그 복음의 수확을 이득이라고 생각할지도 모르겠습니다. 그런 당신은 그 복음으로부터 영혼의 구원은 물론이요, 커다란 주머니 속으로 이미 들어가버린 돈을 제외하고도 얼마나 많은 세상의 돈을 점점 더 거둬들이고 있습니까?" 이 편지뿐만 아니라 다른 편지들에서도 쓰라린 감정이 묻어난다. 그토록 헌신했건만 얻은 것이라고는 고작 무관심뿐이다…….

어쩔 수 없다. 루터는 완고하다. 그는 1524년 말과 1525년 초 "천국의 예언자들과 성상 및 성사에 대한" 비판을 요약하는 한 논문에서, 오로지 자기 영혼이 신의 심연 속으로 잠기기만을 갈구하는 신비주의적 유심론자들에 대해 정면공격하는 발언을 한다. 재세례파들, 천계론자들, 그리고 카를슈타트와 뮌처의 동조자들에게 빈정거림과 욕설을 연이어 퍼부어대며 괴롭힌다. 흙덩이가 붙은 더러운 신발이 그려진 분트슈[39] 깃발, 상대를 조롱하는 전통적 상징이 된 그 깃발을 아둔한 머리 위로 흔들어대는 농민들에게 루터는 그들이 주장하는 저항적 복음주의에 대한 자기 생각을 분명하게 말했다. 루터는 그 싸움들에 만족하지 않았다. 그는 마침내 로마의 적들이라는 그동안 대치해온 유일한 전선을 끊어버리고, 츠빙글리 · 외콜람파디우스[40] · 부처 같은 독일어권 스위스나 라인 지방의 종교개혁 지도자들에게 자신이 생각하는 (성체 중) 그리스도의 실재 교리를 강력히 주장한다…….

1524년 그는 스트라스부르의 성도들에게 자신이 처음에 빠진 유혹들에 대해 말한다. 또한 다음 주장을 고수하겠다고 말한다. "성체 안에 빵과 포도주밖에 없다. 나는 자지러지게 웃었다. 나는 싸웠다.[41] 나는 그렇게 하면(성체 안에 그리스도의 몸과 실재가 없다고 포기한다는 뜻–옮긴이) 교황권에 가장 큰 타격을 줄 수 있다는 사실을 잘 알고 있었다." 아니, 그런데 뭐라고? "나는 묶여 있다. 나는 거기에서 벗어날 수 없다. 성구가 너무도 강력해서 내 마음은 어떤 경우에도 그 성구를 빼앗기지 않는다." 루터는 환영을 보고 있었다. "그를 묶고 있던" 것은 그의 감정 그의 종교적 본능이었다. 그는 마음도 바꾸지 않고 영혼도 갈지 않고, 어떻게 자기 안으로 침투해 들어와 그의 능력을 고양시키는 신의 살아 있는 실체, 다시 말해 살과 피인 영성체 속으로 스며들어가기를 포기할 수 있었을까? 그의 전 존재는 마음과 영혼을 그대로 유지하면서 스위스 사람들의 이성적인 개념들과 공허한 신비주의 신학에 반기를 들었다. 천국의 예언자들을 비판하는 팸플릿에서, "예수 그리스도의 몸이 그토록 좁은 공간으로 축소되는 일은 이성적으로 이해할 수 없다"는 카를슈타트의 견해에 이의를 제기하며, 루터는 분별 있게 외쳤다. "아니, 만일 이성적으로만 생각한다면 어떤 신비도 이해할 수 없다!" 이렇게 멋진 말을 쏟아낸다.[42] 이것이 바로 지도자로서가 아닌 한 사람의 성도로서 루터가 발견하자마자 무차별적으로 공격해댔던 그 이성이라는 적이었다…….

그런데 그 시기에 루터는 정확히 동일하게 바로 그 적, 이성이라는 문제를 가지고 에라스무스를 공격했다. 루터는 아직 훗날의 그 루터가 아니었다. 우리가 보았듯이, 이미 그는 『그리스도교 전사 교범』의 저자에게서 볼 수 있는, 명료성을 자랑하는 명철한 지성과 신비의 적이자 직관—이는 모든 모호한 것들을 이해할 수 있게 한다—의 적인 이성을 몹시 혐오했었다. 그는 어느 날 놀라운 말을 했는데, 코르다투스의 『선집』에서 찾아볼 수 있다.[43] 1533년 봄에 한 그 말은 이렇다. "믿음에 관한 문제가 복음서로 아무리 잘 입증된다 하더라도 에라스무스 같은 사람이 조롱하는 것은 믿음에 관한 문제가 아니라 이성의 문제다."—에라스무스에 의해, 즉 이성에 의해(Ab Erasmo, id est a ratione). 이것이 바로 성직자들에게 그 비밀이 있는 아주 끔찍한 증오 가운데 하나, 다시 말해 이웃에서 구현된, 살인까지 하도록 만드는 죄에 대한 그 증오의 비밀이다. 『탁상담화』를 보면, 그 시기에 루터가 격분에 차서 에라스무스를 비판하며 쏟아놓은 장광설을 어렵지 않게 확인할 수 있다. 루터는 심장에서 머리까지 피가 솟구쳐오를 때면 아무리 존경하는 사람일지라도 사정없이 비판했다. 그런 그가 그토록 오랫동안 격렬한 분노를 내보이지 않으리라 다짐했든, 그러다가 1524년 4월에 그 "모호한 어법의 왕"이며 "교활한 인간"에게 이런 긴 편지("나를 비판하는 글을 출판하지 마십시오. 나도 당신을 비판하는 글을 쓰지 않겠습니다")를 써서 양자택일을 촉구했든, 사실 나는 그 위대한 인문주의자(에라스무스)가 살아 있을 때 받았던 모든 존경 가운데 루터에게서 받은 존경보다 더한 것을 알지 못한다. 이는 대중의 열렬한 갈채를 받는 너무도 영향력 있는 적으로부터 받은 존경이었기 때문이다.

싸움은 정녕 시작되어야 했던가? 먼저 칼을 뽑은 사람은 에라스무스였다. 1524년 9월 1일, 그는 자유의지에 대한 유명한 독설을 발표했다. 그 이유는 오늘날 잘 알려져 있다. 그런 주제의 선택만으로도 에라스무스는 다시 한 번 탁월하고 날카로운 비판적 지성임을 여실히 보여주었다. 루터는 그 점을 모르지 않았다. 그는 첫 반박에서부터 그 사실을 아주 큰 소리로 말해주고 싶었다. "당신은 나를 귀찮게 하는 교황권·연옥·면벌부 그리고 여타 하찮은 문제들에 대해 궤변을 늘어놓으며 나를 피곤하게 하지 않습니다. 당신만이 문제의 핵심을 제대로 파악하여 있는 그대로 받아들였습니다. 고맙습니다, 에라스무스!" 그런데 루터의 반박 논문인 『노예의지론』은 1525년이 저무는 12월 31일에 출간되었다. 그러니 루터가 에라스무스의 공격을 받고 난 1년 뒤인 1525년 9월이 되어서야 그 글을 집필하기 시작했던 것이다. 적수는 두려운 상대였다. 아무리 대담할지라도 그와 맞선다는 생각에 위축되지 않을 수 없었다. 그러나 루터가 글을 쓰리라는 결심을 하자마자 풍성한 생각이 힘차고 맹렬하게, 여지없이 흘러넘쳤다. 그의 믿음에 관한 모든 개념이 걸려 있는 문제였기 때문이다.

사람들이 그들의 논문을 두고 『자유의지론』이나 『노예의지론』이 아니라 '자연종교론'과 '초자연종교론'이라는 제목을 붙일 수 있었으리라고 한 말은 적절해보인다. 신의 전능함과 인간의 결정권 사이에서 하나의 타협을 협상하여, 신(루터는 신을 구원에 대한 자신의 주관적 확신의 유일하고 필연적인 보증인으로 보았다)의 비이성적 전능의 감정이 맹렬히 공격받는다는 사실을 아무런 동요 없이 받아들이는 것은 에라스무스 같은 반(半)이성론자의 자유다. 하지만 『노예의지론』의 저자는 에라스무스의 그런 작업에 신경 쓰며 시간을 보낼 수는 없었다. 자유의지의 주장과, 신의 전능함에 대한 자신의 개인적인 믿음을 조정할 방법을 알지 못했다. 그랬기에 인간의 의지가 무엇이 됐든 신의 의지를 제한하고 밀어낼 수 있다는 생각에 반대하고, 그의 본성에 어울리는 방식을 통해 단번에 극단적인 결정에 이르렀다. 그는 자유의지를 무조건 부인하고, 구원을 포함하여 인간에게 일어나는 모든 것은 절대적인 지상(至上)의 원리(신)에 따른 결과일 뿐이라는 사실과, 인간의 힘으로는 어찌할 수 없는 지속적인 행위에서는 신이 "만인의 만사를 실행한다"고 거듭 주장했다. 그런데 루터에게 그것은 이성적인 논증으로 뒷받침되는 철학적 주장이 아니다. 다시 말해 "종이에 잘 정서된 고백문을 읽는 것이 아니라 참으로 진실된" 자신의 신앙을 고백하는 한 성도의 본능적인 외침이었다. 그것은 "자기가 사랑하는 고귀한 예수를 배반하려 하지 않고", 여전히 자기 경험의 포로로서 정신 속에 항상 "그 불안과 신적인 것의 출현, 그리고 죽을 지경의 지옥 같은 고통"을 느끼면서 신을 찾고 발견하고자 했던, 그리하여 지고한 인도자의 손에 자신을 완전히 내맡기고 의지를 전적으로 포기함으로써 구원의 평화를 얻었던 한 그리스도인의 열렬한 맹세였다.

그러나 호기심 많은 구경꾼이었던 동시대인들은 그 모든 종교적 심리에 대해—그토록 풍요로웠음에도 불구하고—관심을 가질 여유가 없었다. 그들은 자유인과 노예를 내건 두 '중재자'의 돌연한 충돌 가운데, 다시 말해 한 인문주의자의 생각과 이를 해석하는 루터의 모습에서 영락 없이 드러나는 그리스도교적인 견해 사이에 돌이킬 수 없는 결정적인 단절을 보았다. 어떤 이들은 박수갈채를 보냈고, 어떤 이들은 심히 유감스러워했다. 하지만 큰 반향을 일으킨 그 논쟁 뒤에는 선택이 필요했다. 두 적대자 가운데 한쪽을 배신하지 않는 한, 루터와 그의 가르침을 지지하는 일과, 에라스무스와 그의 비판적이며 현실적인 저술을 찬미하는 일을 양립시킬 수 없었다. 그런데 루터는 그 점을 걱정하지 않았다. 단지 본성의 충동에 무조건 따랐다. 하지만 일은 그렇게 돌아갔다. 그 후로 에라스무스주의자들인 학자 그룹과 루터주의자들인 소그룹 사이에 단절의 골은 더욱 깊어져 갔다. 지도자 루터는 소그룹의 인원을 늘리기보다 오히려 제한하려는 엄격함을 보였다.

세상을 비웃다 : 카타리나와의 결혼

지도자? 루터는 그와 같은 칭호에 거부감을 보였을 것이다. 그렇게 볼 수 있는 정당한 이유가 있다. 왜냐하면 지도력이 있는 사람이라면 그런 단절을 피하거나, 적어도 숨기려고 온갖 일을 했으리라 보기 때문이다. 루터는 에라스무스에 격렬히 반대하는 대신, 오히려 그가 무슨 말을 하고 무슨 글을 쓰든 불굴의 온화함과 인내심으로 능란하게 그 인문주의자를 선구자요 꼭 필요한 한 명의 조력자로 떠받들었을 것이다. 하지만 그 같은 배려는 루터에게 얼마나 낯선가. 루터는 그 논쟁에서 어떤 이해타산보다도 더 강한 내면적 힘의 도움을 받아 자신이 완고한 이상주의자로 남으리라는 증거를 보았다. 하지만 루터가 보지 못했던 것이 있다. 그의 이상주의가 청중을 그토록 사로잡았던 예전의 자신을 얼마나 보수적으로 만들었는가 하는 점이다. 루터는 자기 견해에 반하는 주장들을 더는 재고해보려 하지 않았다. 그런 주장들을 받아들여 자신의 생각을 풍요롭게 하거나 견해를 강화하려고 애쓰지 않았다. 반대로 그런 주장들을 구별하고 구분하고 배척했다. 그는 부자가 되기를 그만두고 가난해졌다.

그런데 뭐라고? 느닷없는 감정의 폭발과 격한 흥분 상태에서의 공격, 그리고 온건함을 지향하는 매력적인 동시에 불쾌감을 주는 알 수 없는 어떤 거칠음과 순수함 등 그는 여전히 변함 없지 않은가? 때로 강렬한 종교적인 충동은 그를 숨 막힐 지경으로 이끈다. 그런데 그런 상태를 가라앉히려 애쓰기는커녕 되레 거드름을 피운다. 그는 다른 사람들과, 어쩌면 자기 자신을 당혹케 하는 일을 즐겼는지도 모른다. 도전적인 언동과 소동을 일으키는 자기 성향에 스스로 만족하며 그것을 과시한다. 1525년 6월에 그는 그런 성향을 한 번 더 여실히 확인시켜준다. 환속한 젊은 수녀 카타리나 폰 보라와 결혼했던 것이다…….

그동안 결혼하지 않겠다고 거듭 말해왔던 것은 틀림없는 사실이다. 1524년 11월 30일, 그는 슈팔라틴에게 편지를 써서 늘 말해온 이 문제에 대해 장황하게 설명했다.[44] "여태까지 그랬듯이 나는 장가가지 않을 생각입니다. 본능과 성욕이 없어서가 아닙니다. 나는 목석이 아니니까요. 그보다는 이단자들이 감수해야 할 죽음과 형벌을 기다리는 이 상황에서 결혼할 마음이 들지 않기 때문입니다." 같은 편지에서 또 이렇게 덧붙이기도 했다. "하느님께서는 그 마음을 변화시키고, 또 변화시키실 수 있으며, 어느 때고 죽이실 수도 살리실 수도 있다. 피조물인 나는 하느님의 장중에 있습니다." 4월에도, 그는 여전히 같은 생각이었다.[45] "나는 결혼하지 않습니다. 나는 모두가 비난하는 만인의 연인이니까요!" 그런데 두 달 뒤, 그는 온화하고 유순한 카타리나 폰 보라의 남편이 되어 있었다.

우리는 루터가 동료 암스도르프에게 보낸 편지[46]의 다음 문구가 어디까지 심리적인 진실성을 정확히 드러내고 있는지 결코 알 수 없다. 그 점에 대해 자문해보았자 쓸데없는 일이다. "사랑도 아니고 정열도 아닙니다. 그저 한 여인에 대한 행복한 애착일 뿐입니다!" 새신랑이 결혼 동의를 얻기 위해 친구에게 내세우는 이 말이 결혼하는 이유의 전부인가? 그 이유는 정말인가? "나는 짧게나마 더 살면 좋겠습니다.[47] 결혼하기를 간절히 바라는 아버지께 드리는 마지막 효도라고 생각합니다. 후손을 갖기 바라는 아버지의 소망을 모른 척하고 싶지 않았습니다. 나는 이번 기회에 언행을 일치시키고자 합니다. 위대하고 눈부신 복음서 속에 겁 많은 말과 행위가 얼마나 많은지 모릅니다!" 그러니 며칠 만에 결심한 결혼은 동시대인들에게는 이해할 수 없을 정도로 놀랍고 성급해 보였다. 우리는 그 결혼을, 루터가 사람들 앞에서 명백히 번복한 행위라고 생각해야 할까? 사람들은 그 영웅이 비겁하게 자신의 입장을 버렸다며, 보름스의 그 사람은 정녕 죽고 제후들의 하인이 되었다고 외쳐댔다.

루터가 자기 언행의 현실적인 결과들 앞에 아무리 초연했다 해도 어떤 면에서 하나같이 심리적으로 타격을 주는 중대한 그 사건들에 영향을 받지 않았다고 볼 수는 없다. 농민 반란과 뮌처의 처형—"그의 처형을 생각하면 마음이 괴롭다"고 루터는 자주 말한다[48]—, 카를슈타트의 망명, 에라스무스와의 논쟁, 재세례파들과 천계론자들, 그리고 다른 한편으로는 가톨릭교도들의 모독적인 운동들은 그의 책임문제가 걸려 있었기 때문이다. 파란 많은 그 시기, 여러 상황 증거에 기초해 루터의 불안과 혼란을 파악할 수 있다. 이는 큰 꿈을 실천하고 있던 사람이 무례한 적들에 의해 갑자기 깨어나 보니, 너무 높은 하늘에 있다가 너무도 낮은 구렁텅이로 추락했음을 깨닫고 맞게 되는 혼란이다. 그렇다면 느닷없이 이루어진 결혼이 루터의 혼란을 증언해주는 것일까?

나는 그 점을 부정하지 않는다. 하지만 또 다른 점이 있다. 1526년 1월 5일, 루터가 막 자신의 조카딸과 결혼한 슐도르프에게 쓴 편지[49]에서 드러나는 강한 감정이 그것이다. "나도 결혼을 했습니다. 그런데 그녀는 수녀입니다. 나는 결혼을 안 할 수도 있었을 것입니다. 게다가 결혼을 결심할 특별한 이유도 없었습니다. 나는 사탄과 그의 떨거지들, 잘난 체하는 인간들, 그리고 제후와 주교들을 비웃어주려고 결혼했습니다. 그들은 성직자가 결혼하는 것을 반대할 만큼 제정신이 아니었던 것입니다. 그런데 더욱 하느님의 마음에 들 수 있고 그들을 정신 못차리게 할 수 있는 다른 방법을 알고 있었다면, 나는 기꺼이 그것을 사용해 그들을 더 분노케 했을 것입니다!" 우리가 이미 여러 번 발견한 복잡한 마음 상태에 대한 명증하지만 아주 보잘것없는 표현이다. 확실히 도전적이고 도발적인 행위이며, 난폭한 언어다. 루터는 그런 감정에서 비롯된 행위로 또한 1521년 "대담하게 죄를 짓는 죄인이 되라" 말했고, 몇 년이 지난 1530년 제롬 벨러에게 놀라운 편지[50](루터는 그 편지에서 아주 자연스럽고 상세하게 술과 관능으로 사탄을 능란하게 처치하는 방법을 설명한다)를 쓰게 된 것이다. "사소한 어리석은 짓들로 양심의 가책을 느낄 여지를 사탄에게 주지 않도록, 조금 과하게 마시고 말다툼을 하고 방탕한 생활을 하는, 요컨대 사탄을 증오하고 경멸하는 어떤 죄를 지을 필요가 있는 때가 여러 번 있다……. 그러므로 사탄이 와서 당신에게 '술을 마시지 말라!'고 말하면 당신은 즉각 이렇게 대답하라. '네가 못 마시게 하니까 나는 마시겠다. 한껏 더 마시기겠다.' 사탄이 못하게 하는 일을 항상 반대로 해야 할 필요가 있다!"

루터는 이렇게 덧붙인다. "당신은 내가 물을 타지 않은 포도주를 더 마시고, 말을 더 자제하지 못하고, 푸짐한 저녁식사를 더 자주 하는 데에는 어떤 이유가 있다고 생각합니까? 이전에 나를 괴롭히고 조롱했던 사탄을 조롱하기 위해서입니다!" 그리하여 신앙의 잉크병 밖으로 그토록 많은 검붉은 잉크를 여기저기에 흘렸고, 계속해서 흐르게 하는 저 유명한 다음의 외침이 있었다. "오! 내가 만일 사탄을 실망시키기 위해 어떤 큰 죄를 상상할 수 있다면 바로 이것입니다. 나는 어떠한 죄도 인정하지 않으며, 내 양심은 어떠한 죄에도 자책하지 않는다는 사실을 사탄에게 알리는 것입니다!"

루터가 이같이 쓰자 멜란히톤은 큰 한숨을 내쉬며 이렇게 말했다. "아! 제발 루터 선생님이 입을 좀 다무시면 좋겠는데"(Utinam Lutherus etiam taceret). 멜란히톤은 자신이 속한 거대한 지성인 집단의 이름으로 맨 처음 공개적으로 고백했던 사람들 가운데 하나였다. 즉, 불확실함에 고통스러워하고 막연한 양심의 가책과 괜한 공포에 사로잡힌 그들의 불안을 자기 밖으로 내던지고, 사람들이 아주 잘 아는 분명한 어떤 죄 속에서 그 불안을 체현하려 지독히 애쓰고, 일종의 구원의 기쁨을 지닌 채 그 불안 속을 뒹굴면서 지나칠 정도로 내면의 학대자를 피함으로 사탄의 진을 빼놓은 뒤 "저쪽의 창공으로 다시 날아오르는" 방법을 찾는 사람들의 공개적인 고백을 했던 것이다…….

권력에 복종하기

우리는 기존의 역사가 진실성에 대해 얼마나 빈약하게 해석했는지 안다. 루터는 절대로 자신의 과거를 부인하려 애쓰지 않았다. 사람과 사건이 하나가 되어 밀어붙이는 힘에 못 이겨 굴할 수밖에 없던 그는 자신을 지나치게 괴롭히는 적대자들에 단호하고 무례하게 맞섰다. 그런 한편, 자기 힘을 보여주기 위한 본보기로 자신을 괴롭히지 않았던 사람들에게까지 공연히 달려들어 자신의 후퇴를 스스로에게 숨기려 했다. 하지만 예전의 그의 교리와 사상, 주장들에 대해서는 어떠했는가?

물론 그는 그것들에 집착했다. 마음속으로 자주 양심과 대면하여 이렇게 맹세하곤 했다. '그래, 나는 내가 한 말을 취소하지 않을 거야!' 그는 진심이었다. 그런데 혈안이 되어 끝없이 싸움을 거는 적대자들의 견해와 반박들을 몇 달 간 심사숙고하게 된다면 어찌 아무런 변화가 일어나지 않을 수 있겠는가? 그들의 주장에서 거부해야 할 대목을 열심히 찾는 순간부터 정신에 대한 정신의 은밀한 작업, 다시 말해 반은 의도적이고 반은 무의지적으로 전투태세를 취하게 되는데, 이를 정당화시켜주는 데 따르는 어쩔 수 없는 교리 수정이 완만하게나마 이루어지는 것을 막을 수는 없으리라. 마르틴 루터에게도 이런 상황이 일어났다. 그의 성정이 논쟁자의 기질인 만큼 더더욱 쉽게 일어났다.

우리는 모든 것에 주목할 수 없다. 그렇지만 신학자들은 습관적으로 매우 복잡하고 섬세한 생각의 차이를 날카롭게 파악하는 재주가 있으므로 모든 부분에 주목했다. 가장 이목을 끄는 몇 가지만 예를 들어보자.

명확히 규정된 교리를 세우는 것. 정확한 개수로 분량이 정해진 조항에 따라 신앙을 표현하는 것. 그 신앙 조항 외에는 구원이 없다고 선언하는 것. 그런데 바로 이런 점들은 루터의 근본적인 감정에 부합하지 않았다. 이전에 그는 문자와 성령을 분명하게 대립시키면서, "종교 사상이 성서 자체에 있을지라도, 그 사상의 부족한 모든 부분을 참된 성령의 이름으로 부를 수 있는" 자유를 요구하지 않았는가? 물론, 그것은 자유를 검토하는 원리(그에 대한 생각만으로도 그 원리는 온통 공포로 뒤덮일 것이다)의 이름이 아니라, 말씀이 그리스도인 자신의 가슴속에 역사함을 느끼는 내적 증언의 이름이다. 그런데 우리는 그가 처음에는 기회주의적인 말로 자기 생각을 드러내는 모습을 보았다. "당신이 당신을 위한 구체적인 말씀을 갖지 못할 경우, 성령을 너무 믿지 마라. 그것은 선한 성령이 아니라 지옥의 사탄일 수 있다……. 그런데 결국 성령은 모든 지혜와 조언과 신비를 말씀 안에 넣어두시지 않았는가?" 물론, 그는 자신이 과거에 했던 대담한 말들을 부인하지 않았다. 그렇지만 그 대담한 말들을 통속적으로, 조심스럽게 완화시켰다. 그런데 심각한 것은 그가 지금 말씀을 문자의 동의어로 만들고 있다는 사실이다. 그는 한술 더 떠 이렇게 말한다. "어떠한 문자 표현도 쓸데없이 전해지지는 않았다. 하물며 말씀은 더 말할 나위가 없다." 그리하여 이처럼 새로운 신앙 위에, 뼈와 살이 있는 교황의 대용품인 '종이 교황'(성서)이 쓸데없는 그림자를 점점 드리우게 되는 것이다.

또 다른 예로 루터는 이렇게 말했었다. "그리스도인은 법을 초월해 있다." 천계론자들은 이 말을 가로채 민중들에게 그 말을 실천하도록 권유했었다. 그만 그치자! 조심스럽게 방향을 틀어보자. 바로 경험이 있다. "지금까지 나는 어리석게도 사람들에게서 인간적인 반응과 다른 것을 기대했다. 나는 그들이 복음에 의해 인도될 수 있으리라 생각했다. 결론은 그들이 복음을 거들떠보지도 않고 법과 검에 구속 받으려 한다는 것이다."[51] 바로 이렇게 1520년의 완강한 이 도덕 무용론자는 다양한 계기를 통해 많은 방식으로 지난날의 무정부주의의 주제를 발전시키는, 본능적으로 반항적인 인간이 되었다. "세관을 두는 것은 밀수를 야기하는 일이다"(법이 공표되면 법을 속이는 일도 생겨난다Lege, fraus legis nascitur).[52] 그리하여 루터는 율법을 찾게 된다. 그는 신약성서에서 율법을 찾지 않는다. 그는 '자기 자신과 그의 대리인들을 위해서'(sibi et amicis)가 아니라면 산상설교를 다시 읽지 않는다. 그는 곧바로 구약성서로 간다.

예전에 그는 호방하게 십계명을 유대신앙의 낡은 소도구들 가운데 하나로 처박아 두었었다. 이제 그것을 성도들 위로 높이 들어올린다.

그들을 위해, 즉 "완고하고 둔한 자들, 무례하고 거친 자들을 위해 모세와 그의 믿음에, 그리고 스승인 세례자 요한과 그의 회초리에 도움을 청할 필요가 있다." 그러니 토론은 필요 없다. 복종하라. 주저하지도 불평하지도 말고. "왜 신이 이런저런 것을 명령하는지 묻는 행위는 금지되어 있다. 군말 말고 복종해야 한다." 그가 어디선가 말하듯이,[53] 당신은 다른 사람들처럼 원만하고 순순하게 행동하고 싶지도 않고, 공동의 규칙을 따르고 싶지도 않다고? 그러면 썩 꺼져라. 들판은 자유롭고, 유배의 길은 반항자들을 위해 잘 닦여 있다. 그 길 가운데 하나를 따라가면, 어쩌면 제후가 당신의 생각을 수용하여 백성의 규범으로 삼는 어떤 한 나라에 마침내 이를지도 모른다. 그때 당신은 확립된 하나의 체제를 보게 되리라. 그리하여 이제 당신은 생각을 같이하지 않는 사람에게 이렇게 말할 것이다. 꺼져라. 내가 왔던 그곳으로.

검이라면? 제후들이 있다. 그리고 새로운 방향의 '보존자'인 국가가 있다. 순수한 이상주의가 좋았던 지난 시절에 제후는 재앙이었고, 국가는 징벌이었다. 자유로운 그리스도인은 자신들을 필요로 하는 약자들을 애덕에 의해서만 받아들였다. 그런데 지금, 루터는 자유로운 그리스도인들이 지니는 그 애덕의 의무를 모호하게 유보 상태로 놓아둔다. 국가는 신이 만든 제도다. 바로 이 점이 중요하다. 1529년과 1530년, 그리고 1533년의 많은 글들에서 이 주제를 장황하게 다룬다. 전적으로 신의 의사에 근거해 최초로 적법하게 인정된 실체로서, 제후들의 절대 권력을 가지는 것은 바로 국가뿐이다.[54] 그는 1525년에 이렇게 용감하게 외친다. "우리의 교육은, 교황이 전혀 하지도 못했고 하려 하지도 않았던 것을 실현케 하는 권한과 권력을 세속의 지상권에 완전히 부여했다."

사실 "교황권의 시대에는", 그가 다른 곳에서 말하고 있듯이, 백성들이 부당한 명령조차 군말 없이 실행해야 한다고 여기지는 않았었다. 사람들은 부당한 권력이 내리는 명령에 저항할 권리가 있다고 생각했다.

그런데 부당한 권력이라고? 루터는 모든 권력이 정당하다고 주장한다. 권력은 신의 명백한 의지로만 존재하기 때문이다. 가증스러운 폭군일지라도 가장 인자한 왕에게 하듯 복종해야 한다. 폭군의 행위는? 신께서 그것을 그대로 원하신다. 폭군의 명령은? 그가 그렇게 명령하는 것을 신께서 허락하신다. 모든 제후들은 신의 대리자다. 그러므로 그들은 작은 신들이다. 루터는 1527년에 보쉬에[55]보다 먼저 이렇게 말한다. "그들의 책임을 감안하여, 그 상급자들은 신이라 불린다. 왜냐하면 그들은 하느님을 대신하기 때문이며, 하느님의 대신(大臣)들이기 때문이다." 다른 곳에서 루터의 생각은 더 적나라하게 표현된다. "세상의 제후들은 신들이고 평민들은 사탄이다."[56] 이럴진대 어떻게 그런 반란을 일으키겠는가? 누가 그런 일을 감행하겠는가? 무엇의 이름으로? 그럴 수 없다. 안 된다. "백성이 폭군에게 단 한 가지라도 부당한 짓을 하기보다는 차라리 폭군이 백성에게 백 가지 부당한 짓을 하는 편이 더 낫다." 그리하여 루터의 입에서 별 가치 없는 경험이 어설픈 표현으로 압축된, 거칠고 하찮은 격언들이 쏟아져 나온다. "의자는 테이블 위에 올라가서는 안 된다. 애들이 부모의 머리 꼭대기에서 밥을 먹어서는 안 된다." 가소롭게 위엄이나 부리는 작센인의 경구들이다. 이 말들은 유감스럽게도 상류 신분에서 아이슬레벤이나 만스펠트의 십장이나 업자들 같은 소시민으로 다시 전락하는 그 예언자의 보잘것없는 신분을 떠올리게 한다.

루터가, 신으로부터 직접 권한을 부여받은 국가에 점점 더 신장된 권한을 부여하는 모습에 놀라지 마라. 자신의 가르침을 감독하고, 교리를 확인하고, 이단자들을 몰아내면서 교회의 순수성과 내부의 건강을 감시하는 자였기에, 사실 그에게는 1533년에 이렇게 쓸 자격이 있었다. "사도 시대 이후 단 한 사람의 교부도, 단 한 사람의 저술가도, 단 한 사람의 신학자도, 단 한 사람의 법학자도 내가 했던 것만큼 냉정하고 명증하게 세속의 명령에 대한 의무감을 신의 은총으로, 신을 기초로 확립하지도, 신의 권리라고 가르치지도, 그 자체에 대한 충분한 신뢰를 갖게 하지도 않았다."[57]

'세속 상황의 인식'(Die gewissen der weltlicher Stande). 이 표현은 문제를 확장시킨다. 이것은 틀어박힌 시기에 루터가 점점 받아들이게 된 인생의 총괄적이고 새로운 개념을 나타낸다. 제후의 권력은 신의 권력의 위임이다. 세상은 총체적으로 신의 세상이기 때문이다. 1520년의 이상주의자는 오만한 무관심으로 세상을 숙고했지만 1530년 이후에는 더는 통용되지 않았다. 세상적인 것은 그의 눈에 거의 절대적인 가치를 지닌다. 이는 신의 선물이 아닌가? 그것을 누리는 것은 신을 기쁘게 해 드리는 일이기 때문이다. 우리 모두에게 이승에서의 임무와 직업, 소명을 부여하는 이는 바로 그분 아닌가? 물론 영성의 영역과 세속의 영역이라는 두 가지 구분은 존재한다. 그렇지만 그 둘 사이의 대조는 약화되고 선명함을 잃는다. 사실을 말하면, 더는 대조가 아니라 경계가 없어진 바림(그러데이션, gradation)이다.

이하 모든 것이 마찬가지다. '그는 철학을 하늘에서 땅으로 내려오게 했다'(Philosophiam de coelo in terram evolavit). 이 오래된 표현을 패러디하여 1525년 이후의 루터에 적용할 수 있으리라. 더 정확히 말해, 우리가 버릇처럼 하는 말로 활기에 넘치는 자발성, 창조적 자율성, 생명의 도약, 그리고 내면적 충동이라고 부르는 것에만 관심을 가졌던 그는 이제 빈번히 법의 기계적인 구속, 권력의 강제적이고 억압적인 행동, 그리고 사회집단의 압력에 호소한다. 요구 앞에는 법률도 소용없다.

그러나 이 모두는 간단치가 않다. 루터는 자신의 과거 가르침들을 부인하지 않는다. 때때로 다시 거론하곤 한다. 그 가르침이 마음 깊숙이 살아 있음을 느낀다. 변하지 않은 상태로 말인가? 그건 너무 과장이다.

그것은 믿음이라기보다는 지금 그에게 하나의 이상이다. 그가 자기 자신과 친구들이 길을 잃거나 헤매지 않도록 하기 위해, 그의 계시에 따르는 위험이 있는 길을 걷는 소수를 위해 마련해놓은 이상이었다.

달리 말해, 루터는 책임감을 인식하고 새롭게 전개되는 상황 앞에서, 작전을 바꾸어 이전의 모든 계획을 쉽게 포기하여 그것을 더는 생각지 않고 상황이 요구하는 대로 경솔하게 체계를 세우는 사람이 아니다. 그는 자기 안에 갇혀 사는 신경질적이고 정서가 불안한 사람이다. 하지만 맞닥뜨린 난관들, 사람들의 항의와 지나친 언행, 대중들의 둔감함과 어리석음 앞에서 거친 분노, 의욕 감퇴, 노골적인 분개를 느낀다. 그리하여 그 늙은이는 화내고 위협하고, 회초리와 채찍이란 말만 쓰는 서민으로 다시 나타난다. 혹은, 대신 무지한 자들과 교양 있는 자들이 가까이 지내는 집단들 밖에다 참다운 복음주의자 공동체를 조직하기를 꿈꾼다. 그 공동체는 마음으로 함께 예배를 드릴 것이다. 그리고 루터는 양식 있는 믿음을 가진 그리스도인들 속에서 무지한 자들과 함께 하자는 제안을 포기한다. 그러나 그때 재세례파의 '파벌성'이라는 유령이 뮌처와 카를슈타트의 적 앞에 들고일어났다. 하지만 루터는 아무것도 조직화하지 않았다. 그는 말을 했고 글을 썼다. 왜냐하면 '만유'를 위해 그렇게 해야 했기 때문이다. 그런데 16세기에 사람들이 쓰는 그런 '상스러운' 언어로 말이다. 여기서 충분히 지적하지 않은 중요한 사실 하나가 있다. 그것은 1525년 이후 루터는 거의 독일어로만 글을 썼다는 사실이다. 엘리트의 언어인 라틴어를 쓰지 않는다. 그가 말을 건네는 대상은 그리스도교 세계나 고향인 작센 지역도 아닌, 오직 독일이다. 1530년 이후 유럽에서 루터교가 제자리걸음하는 모습을, 아니 후퇴까지 하는 모습을 보고 더는 놀랄 필요가 없다. 세월이 흐름에 따라 점점 더 가톨릭 신앙을 떠나면서도 자신의 노력을 소박하게 비텐베르크의 성도들로 제한한 것은 다름 아닌 루터 그 자신이었다.

모순들. 그렇다. 정말 체계적인 것은 아무것도 없다. 돌발적인 충동, 감정의 폭발, 무례한 말들만 있다. 적응하기 위해 계속 노력하는가? 전혀 아니었다.

조금은 힘겹지만, 루터는 일상에 자리를 잡는다. 결혼한 그는 소탈하고 평범한 남편다운 농담을 한다. 그는 자신의 소중한 갈비뼈, 황후 케타(Ketha, 카타리나의 애칭 – 옮긴이)를 무람없이 꼭 안아준다. 아이들이 태어난다. 때로 돈을 좀 마련하기 위해 손수 일도 한다. 집안을 어슬렁거리고, 뜰을 가꾸고, 시계를 고치기도 한다. 그는 선제후의 배려로 전에 머물던 수도원에 거주하며, 궁색하지만 주저 없이 떠들어대는 아이들의 소리와 말리려고 널어놓은 기저귀들, 지저분한 아이들 속에서도 의연하게 살아간다. 몸집이 큰 그는 점점 둔해지고 살이 찌고 배가 나온다. 이중 턱이 되어간다. 이글거리는 눈빛을 가진 1520년의 판화 속 그 수도사와는 거리가 멀다. 1530년과 1533년의 박사 초상화를 보면, 독일 여러 도시들에서 그런 사람을 수없이 본 듯한 거북한 느낌이 들 것이다. 많은 도시에서 그와 너무도 닮은 많은 인물들을 본다……. 가톨릭 신앙을 대표하는 고위 성직자들의 순수한 얼굴(얇은 입술, 자그마한 이목구비, 그리고 흐릿하게 광채를 반사하는 맑은 눈동자)에 익숙한 사람은 상스럽고 공격적인 부류의 사람 같은 그 50대의 몸집 큰 루터가 놀랍게 보인다.[58]

그동안 박사는 비텐베르크에서 교리를 가르치며 그곳에서 먹고 마신다. 때로 연한 빛깔의 적포도주 한 통이 들어온다. 축제날에는 그 지방 맥주를 제쳐두고 통에서 포도주를 풍성하게 빼내온다. 반바지도 받았는데, 그는 보내준 사람들에게 감사를 표한다. 그 작은 행복을 기념하기 위해 때로 사람들을 깜짝 놀라게 하는 억양으로 말을 하지만 위신을 잃지 않는다. 물론 덕스러움도 잃지 않는다. 그는 인색함을 모른다. 절약조차 알지 못한다. 그는 주기를 좋아한다. 아주 소박하며 누구에게나 개방적이다. 그는 조금씩 자기 집에 하숙생을 받는다. 그들은 모두가 부러워하는 운 좋은 사람들로, 식탁에서 귀를 쫑긋이 열고 그 위인의 말을 한 마디도 놓치지 않는다. 루터는 자주 입을 다물고 말없이 앉아 있다. 하숙생들은 명상과 몽상으로 가득찬 그의 침묵을 방해하지 않는다. 또한 그는 자주 말을 한다. 거친 말들이 입에서 나온다. 상스럽기까지 하다. 해가 지날수록 각종 외설과 분뇨담(糞尿譚)에 대한 뚜렷한 취향을 갖게 되었기 때문이다.[59] 하지만 추해지는 그 큰 몸집에서 불쑥 다른 사람이 튀어나온다. 자연에 대해, 아름다운 꽃에 대해, 새소리와 짐승들의 반짝이는 깊은 시선[60] 등 모든 싱그럽고 자생적인 것들에 대해 이야기하는 한 시인의 모습이다. 그리 세련되지는 않을지 모른다. 그러나 이는 라인 지방의 화가들이 많이 묘사해 보여주었다. 장미로 가득하고 카네이션 향기가 퍼지는 전원풍의 정원들을 찾는 감상적인 방문 같은 것으로, 너무나 꾸밈없는 마음과 순수한 눈을 가진 다정하고 선량한 한 사람에 의해 이루어진 광경이다. 좋으시다면, 그가 묘사하기 좋아했던 그 소박한 낙원 안에서 한 바퀴 산책을 해보자.[61] 개와 고양이 등 사람에게 친숙한 온갖 동물 무리를 보게 될 것이다. 황금빛 털에 진줏빛 점박이가 멋진 개들은 독 없는 뱀들과 물지 않는 야수들 사이를 돌아다니고, 순수한 사람들 또한 그 모든 동물들과 어울린다. 더불어 우리도 그들과 즐겁게 보낼 것이다(et cum ipsis ludemur)…….

조금은 평범한 무구(無垢)에 대한 상상들이다. 그것들은 그가 좋아하고 그에게 쉽게 알레고리를 제공해주는 그 구름들을 즐거운 눈으로 따라가지는 못하더라도, 박사를 황홀하게 만들기에 충분하리라.[62] “비를 뿌리지 않고 지나가는 저 구름들을 보는가? 저것은 복음주의자들을 닮은 이미지다. 그들은 그리스도인임을 자랑한다. 그런데 그들이 가져다주는 과실들은 어디에 있는가?” 그럴 때면 예언자가 루터 안에 잠들어 있다. 하지만 그는 잠을 깬다.

확실히 행동하기 위해서가 아니다. 행동하는 것은 오히려 쓸데없는 짓이고 오직 한 가지만이 바람직하다는 사실을 주장하기 위함이다. 즉, 신의 품속으로 도피하는 것, 신 안에서 자신의 의지를, 이를테면 인간의 모든 결정권을 포기하는 것이다. 루터는 그 점에서는 타협이 없다. 그런데 자칫 그가 자신을 책망할 뻔했던 일이 있었다. 즉 마치 자신을 성공과 인기를 위해 제후들의 옷자락이나 받드는 말 잘 듣는 보조자로 만들어버렸던 일이다. 루터는 그들을 잘 안다. 그들 저마다의 가치를 안다. 루터는 그들의 관선변호인이 아니며, 외교적인 앞잡이도 아니다. 오히려 어떤 의미에서는 그들의 희생물이다. 어떤 경우에든 그는 끝까지 종교개혁은 정치적이 아니며, 그가 거둔 성공은 싸움이나 협상에 달려 있지 않다는 견해를 훌륭히 보여주었다. 츠빙글리와 필리프 폰 헤세가 카를 5세를 제거하기 위해 독일을 포함해 황제정치에 적대적인 모든 이들과 동맹[63]을 계획했을 때 한 사람이 들고 일어났는데, 그가 바로 루터였다. 그는 동맹 시도에 대한 지지를 거부했다. 다시 한 번 두려울 정도로 단호하게 어느 누구도 무기를 들고 자신의 합법적인 최고권자인 황제를 부인할 권리가 없다고 주장했다. 그리하여 뮐베르크의 대참사를 야기한 것은 부분적으로, 아니 대부분 루터의 태도 때문이었다.

운명의 기이한 아이러니다. 프리드리히 선제후의 조카인 요한 프리드리히는 뮐베르크 전투에서 패해 자유도 잃고 영지도 빼앗겼다. 그 불행은 단연 숙부의 피보호자였던 바르트부르크의 루터 탓이 컸다. 코르다투스의 『선집』의 이야기를 믿는다면,[64] 카펠 전투[65] 다음날 루터는 크게 기뻐한다. 특정한 몇몇의 경우에 있어서 목적은 수단을 정당화한다고 주장하며 인간의 잔인하고 악의에 찬 기쁨에 휩싸여 그는 어느 날 주저 없이 이렇게 말한다. "츠빙글리와 외콜람파디우스에 대해 말할 때 구원보다는 영벌을 알리는 편이 훨씬 더 낫고 확실할 것이다. 왜냐하면 그렇게 하는 쪽이 살아 남은 그들의 추종자들을 구하고 보호하는 일이기 때문이다." 하지만 다음의 말들에 주의를 기울일 필요가 있다. "만일 내가 성찬 형식론자들과 화해 협정을 체결했다면, 내 손에 카펠 전투의 피를 묻히리라."[66] 또는 "츠빙글리는 공개적으로 이렇게 외쳐댔다. '누구도 우리를 막지 못할 것이다. 헤치고 나아가자. 그러면 3년도 못 되어 스페인·영국·프랑스 그리고 독일 전역이 복음에 정복된 모습을 보게 되리라!'[67] 아, 그는 자기 상상 속의 승리로 스스로 패배했다. 그는 복음의 가르침을 크게 왜곡했다. 그는 교황권을 너무도 강화시켜서 오늘날 모든 스위스인이 다시 교황권에 충실해지고 있다."

여기에서, 냉혹하고 혹독한 비판만 하는 것은 아니다.[68] "츠빙글리는 한 살인자로서의 죽음을 당했다!"—이 말은 정치적 활동을 하지 않는 것을 철칙으로 삼아서 자신이 행한 한 번의 자숙을 통해 얻게 된 세속적인 이익에 만족해하는 사람의 기쁨이다. "기다리기." 루터는 기다린다. 그러면서 때로 이상한 예언들 속으로 도망친다. 세상은 너무도 악하고, 제후들은 비열하고, 지상의 모든 권력은 그 의무를 다하지 않는다. 승리하는 이는 적그리스도가 아닌가? 그리스도는 적그리스도를 퇴치할 준비를 전혀 하지 않는가? 그분의 강림과 최후의 심판에 대한 전조들은 늘어나고 있지 않는가? 루터는 기다린다. 루터는 예언한다. 날짜와 시간을 예언한다. 투르크가 갈수록 맹렬히 독일로 돌진할 때, 그는 투르크를 그리스도교 세계의 문을 두드리는 곡(Gog)과 마곡(Magog)[69]으로 떠받든다. 1545년 부활절, 그는 그 큰 신비를 알고 말하는데, 그 신비는 행해질 것이다. 지상의 세계는 무너지고 의인들은 영생을 얻을 것이다.

루터주의와 루터교

우리는 신혼 때 많은 남자들이 갖는 익숙한 몽상들을 잘 이해한다. 눈앞의 실망스러운 현실을 더욱 잘 이해한다. 즉 결혼한 남자는 많은 제약을 받고 세속화되고 길들여지고 얽매일 수밖에 없다. 그 예언자가 겪었던 일상의 경험들을 생각해보면, 아주 가까이 있는 감동적인 내세에 대한 루터의 연모를 더더욱 잘 이해할 수 있다. 그러나 루터는 쉽게 길들지 않고, 얽매이는 삶에 익숙해지지 않는다. 실제로 그는 결혼의 구속을 잘 이해하지 못했고 반항하는 사람으로서 항상 야릇하게 말을 했다…….

그는 과거에 했던 정결서원 때문에 끝없이 양심의 가책을 품고 있는 수도사였다. 많은 성직자들이 빈정대는 주민들 앞에서 뻔뻔스럽게 내연관계와 간음죄를 쏟아냈다. 그는 그 상처를 낫게 하는 치료제이자 탈출구, 그리고 수단으로서 정결서원을 정의했던 수도사였다. 그런 그였기에 평생 어떤 거리낌이 남아 있을 수밖에 없었다. 물론, 그는 나중에 그의 그리스도교적인 결혼 개념의 폭을 넓히고 융통성을 부여하려고 애썼다. 1532년에 그는 결혼은 경제와 정치, 그리고 믿음의 기반이라고 주장한다.[70] 그런 취지의 발언을 많이 한다. 그는 결혼을 신이 내린 축복이고 창조주의 마음을 흡족케 하는, 신이 권하고 유지하고 축복을 내리는 최상의 생활방식이라 가르친다. 대자연 속에서도 동물들끼리, 식물들끼리, 암석들끼리, 심지어 미네랄들끼리 결합하는 일이 존재하지 않는가?[71] 어느 날, 『제3의 서(書)』[72]의 8장과 파뉘르주보다 앞서 루터는 인간의 신체 가운데 음부를 가장 성실하고 아름답다("우리 신체 중에서 가장 존귀하고 탁월한 부분[honestissimae et praestantissimae partes corporis nostri])고까지 주장하게 된다. 왜냐하면 음부는 인류를 보전하고 영속시키기 때문이라는 것이다.[73] 그의 외설적인 답변은 고자인 남자들에게 충격을 주기도 했다.[74] 그러나 루터는 처음에 부부간의 성적 인 의무를 죄라고 말했다. 양심적인 수도사의 편견이 그를 지배했던 것이다. 그런 비관주의는 그에게 아담의 타락에 의한 인류의 원죄, 완전한 타락에 대한 개념을 만들게 했다. 가장 존귀한 부분이라고? 그렇다. 그러나 죄를 통해 음부는 치부가 되었다. 이를테면 가장 추하게 만들어진 부위가 되었다. 중대한 결론이다. 만일 루터가 결혼을 생리적 본능의 충족에 포함시킨다면 말이다…….

보편적이고 불가피한 그 욕구를 그는 "마시고 먹고, 침을 뱉거나 화장실에 가고" 하는 다른 생리적 욕구와 동일시한다. 그 뒤에 이렇게 말한다. "하지만 그것은 죄다. 만일 신이 부부에게 그 죄를 뒤집어씌우지 않았다면 그것은 순전히 신의 자비 때문이다." 모호하고 대립될 수 있는 견해다. 그러니 이런 생각으로는 결혼과 간음죄(간통)가 거의 구분되지 못한다. 사실 결혼은 하나의 욕구 충족을 보장하기 위한 것만으로 충분하지 않는가? 그렇기에 제2의 결혼, 즉 유익하고 의무로부터 자유로운 중혼의 문이 열린다. 이와 관련해 필리프 폰 헤센과, 그의 후처 마르가레테 폰 데어 잘레, 그리고 1539년의 '고해적인 조언'에 얽힌 애통한 이야기가 있다.[75] 하지만 사람들은 또한 반향을 크게 일으킨 다음의 유명한 독설을 이해한다. "만일 당신의 아내가 거절하면 당신의 하녀를 취하라!"[76] 아니면 코르다투스의 『선집』에는 다음과 같은 놀라운 말도 있다.[77] "'아, 경애하는 신이시여!'(Ach, lieber Hergott)라고 그 성직자는 외쳤다. 자기 아내와 자식들을 사랑하는 일은 얼마나 대단한 일이냐!" 자기 안에서 요동치는, 법 준수를 거부하는 오래된 무정부주의의 기반을 한 번 더 허물어뜨리며 이렇게 말한다. "법은 반란을 야기한다. 개인의 삶에서도 그렇다. 너무도 지당한 사실이다. 그 때문에 우리는 딸은 사랑해도 아내는 사랑하지 않는다. 아, 자기 아내와 자식을 사랑하는 남자는 훌륭한 남편이다!" 이 모든 말은 충격적이며 우리를 놀라게 한다. 그런데 물속에서 헤엄을 잘 치면서도 때로는 '만일 내가 이렇게 물속으로 빠져 들어가버린다면?' 하고 생각하는 한 남자의 불안과 신경과민을 누가 확실히 해석해낼 수 있을까?

어쨌든 그는 제자와 친구 등 주변사람들 속에서 지적이고 도덕적인 위안을 찾았는가? 이를테면 한 대가의 자유로운 가르침을 고스란히 규범으로 받아들이는, 추종자와 시종의 기질을 가진 그 유순하고 범속하고 착한 청년들과 함께하는 그의 식탁에서 찾았을까? 또 그의 설교단 아래 무례한 대중, 즉 단순한 진리를 반항적인 두뇌 속에 집어넣어주기 위해 단조롭게 말해주어야 하는 그 무식한 대중에게서 찾았을까? 신도들에게 새로운 복음을 가능하게 하는 세상에 대한 그 영적인 지배와, 유일하게 그것만이 '의인화(義認化)하는' 그 열렬하고 창조적인 믿음은 그에게 무엇을 의미하는가? 아무 의미도 없다. 루터가 사망하는 해인 1546년에 멜란히톤은 우울하게 말했다. 하지만 루터 자신은 어떤가?[78] "농민들? 무식쟁이들이다. 그들은 믿음을 만들어내는 이는 우리이지 신이 아니라고 생각한다. 그들에게 물어보면 '물론이지요, 믿고말고요'라고 대답한다. 하지만 그들은 아무것도 믿지 않는다!" 그런데 시민들에 대해 그는 더 나은 생각을 가지고 있었던가? 아! 1532년 파이트 디트리히가 기록한 다음 독설은 얼마나 깊은 회의를 드러내는 태도인가?[79] "만일 '내가 원하기만 한다면'(si vellem) 설교 세 번에 모든 비텐베르크 주민을 과거의 오류 속으로 다시 빠져들게 할 수 있을 것이다. 필리프만 제외하고. 또 당신들 가운데 두세 명만을 빼놓고 말이다. 정말 얼마나 적은 수인가. 오, 나는 내가 이전에 가르쳤던 것들을 못마땅하게 여기지 않는다! 아주 만족스럽게 말할 것이다. 물론 '그러나'라는 소사(小辭)를 덧붙이리라. '그 모든 것은 완벽하게 정확하다. 그러나 우리는 더 나아져야 한다.'— 이런 말에는 뭔가 놀랄 만한 점이 있다. 그런데 뭔가. 사람들에게 교황을 잊게 만드는 것은 그들에게 그리스도를 가르치기보다 더 어렵다." 루터는 이 말을 식사를 같이하는 사람들에게 자주 토로하곤 했다. 그런데 1533년 1월 어느 날, 케타와 주고받은 다음 대화[80]는 또 얼마나 흥미로운가?

"당신은 성녀라고 생각하지 않지요?" 박사가 느닷없이 이런 질문을 던지자 카타리나는 깜짝 놀라 반박한다. "성녀라고요? 한량없이 큰 죄인인 제가 어찌 그럴 수 있겠어요!" 그러자 박사는 옆에서 듣고 있던 사람들을 증인 삼아 이렇게 말했다. "보시오, 저 교황주의적인 가증스러운 대답을. 저 말이 영혼을 얼마나 타락시켰는지, 얼마나 골수까지 스며들었는지! 저 말은 우리의 선행과 악행에 대해서밖에 시선을 두지 않아요!" 그러고는 카타리나에게 다시 말했다. "당신은 세례를 받았기에 그리스도인이라고 믿는 거지요? 그렇지요? 그렇다면 당신이 성녀라는 사실도 믿으세요. 세례의 효력이 너무도 커서 우리의 죄를 더 이상 존재하지 않게 만들기 때문이 아니라, 지옥에 떨어지지 않게 만들기 때문이오!" 대담하면서도 순진한 이 교리는 전적으로, 전형적이고 본질적으로 루터적이다. 그렇지만 카타리나 폰 보라는 그 가르침을 명심하는가? 박사와 함께 매일 살아가는 그녀는 그 점에서 루터 하면 교황의 죽음과 성찬식에서의 성배, 결혼한 성직자, 독일어 미사, 금요일의 소시지(라블레 식으로 말하면, 사순절 기간의 절식을 어긴 순대)를 기억했던 모든 사람들보다 훨씬 더 루터적이었는가? 글쎄, 카타리나가 어떠했을지는 잘 모르겠다. 그런데 그녀보다 훨씬 더 영특하고 중요한 다른 사람들은 어떤가? 이를테면 멜란히톤은 어땠을까?

섬세한 인문주의자이자 그리스 문명 연구가인 멜란히톤은 인생 초반에 함양한 문학에 대한 소양으로 새로운 교리를 매력적으로 치장해 주었다. 그가 스승인 루터의 제자 자격이 있는지 없는지는 사람들이 잘 안다. 1521년 그는 『신학총론』(*Loci Communes*)에서 루터의 교리를 처음으로 확실하고 정확하게 정식으로 요약한 사람이었다. 스승의 사상은 그를 얼마나 사로잡았던가. 그는 제2의 루터였다. 스승과 같은 격렬함, 놀라울 정도의 풍부한 상상력과 창의력, 그리고 예언자적인 열정과 열의는 없었지만 말이다. 반면에 그는 스승보다 더 논리적인 사람이었고, 스승의 교리에 진정 협조적이고 화해를 꾀하는 데 있어서 더 나은 실행자였다. 그는—만일 루터가 지지를 받아들이기 원했다면—인문주의자들에게 루터를 받아들이게 하고, 에라스무스주의자들에게 그를 지지하도록 하는 일을 아주 잘해냈을 사람이다.

그런데 1525년에 둘 사이에 위기가 발생한다. 농민 반란 때문에 생겨난 위기가 아니다. 농민 반란은 완벽하게 의견이 일치한다. 그리고 그 온화한 멜란히톤은 흥분하여 우중(愚衆)에 반대하면서 루터의 태도에 기탄없이 동의한다. 어떤 의미에서는, 그가 반란자들에게 더 강경하고 적대적이다. 그들에게 경멸과 혐오가 뒤섞인 증오심을 표출한다. 그런데 1525년은 무엇보다도 루터가 결혼한 해다. 그 결혼은 멀리 바라보는, 비텐베르크나 선제후의 작센보다 더 멀리 바라보는, 육체적인 욕구는 없지만 센스가 있는 멜란히톤을 무척 놀라게 하고 충격을 주고 분노케 한다. 결혼은 실수다. 멜란히톤은 결혼이 루터에게 득이 되는 모습을 전혀 보지 못한다. 그의 생각에, 결혼으로 루터는 잃을 것밖에 없다. 또 1525년은 에라스무스와 단호하고 명백하게, 돌이킬 수 없이 결별한 해다. 중재의 여지도 없이 두 견해가 격렬히 충돌하고 말았다. 멜란히톤은 에라스무스를 높이 평가하고 찬미했기에, 그를 향한 루터의 미친 듯한 격노에 동참할 수가 없었다…….

멜란히톤은 숙고한다. 그리고 다시 일어선다. 1527년, 비텐베르크에 페스트가 돌자 그는 예나로 간다. 그렇게 전염병의 직접적인 노출을 피하고, 루터의 개인적인 영향력에서 벗어난다. 하지만 상황을 살핀다. 그는 예전 가톨릭교회의 규율에서는 벗어났지만 루터교리의 의미를 깊이 이해하거나 통찰해보지도 못한 채 방향을 잃고 어찌할 바 모르는 사람들을 주위에서 많이 본다. 그는 도덕적·종교적·사회적 혼란을 보고 두려워한다. 무엇보다 도덕적인 혼란을 본다. 그들은 믿음에 의한 칭의와 신의 은총에 의한 구원의 교리를 제멋대로, 이기적이고 악의적인 편견을 가지고 해석하는 사람들일 뿐이었다. 더 나은 사람이 되고 선행을 하려 노력하는 일, 자기 자신에 몰두하는 일, 그것이 무슨 소용인가? 우리의 본능을 억압하지 말고 우리의 나쁜 성향을 억제하지 말고 기다리자. 신이 오셔서 우리 자신이 행할 수 없는 그 선을 실현하실 것이다……. 그리하여 멜란히톤은 두려워하면서, 대응한다.[81]

루터가 예정설을 설교하고, 에라스무스에 반대하여 분별없고 거칠고 위험한 논문인 『노예의지론』을 쓴 것은 정말 옳지 못했다. 그가 자유를 부정함으로써, 그를 이해하지 못하는 대중들에게 개인적이고 도덕적인 모든 노력과 결정권도 단념케 하는 것은 옳지 못했다. 멜란히톤은 1525년 라틴어로 쓴 그의 『방문자들을 위한 지침서』(*Articles de visite*)에서 그 점을 지적한다. 1532년 『로마서 강해』에서 훨씬 더 분명하게 지적하고, 1535년 『신학총론』에서는 충분히 부연 설명한다. 그는 다시 한 번 구원의 사역에서 인간의 의지와 인간 협력의 몫을 되풀이하여 말한다. 신학자들이 말하는 것처럼, 그는 다시 신인협력설의 지지자가 된다. "신은 자신이 원하는 자를 구원하신다"고 말하는 루터에게 멜란히톤은 이렇게 대답한다. "아닙니다. 신은 그분을 원하는 사람을 구원하십니다."[82]

예정설에 관한 문제다. 1535년부터 멜란히톤은 예정설을 믿지 않는다. 예정설만으로 정말 충분한가? 대중들 사이에서 퍼져가는 그 부도덕에 다른 원인은 없는가? 오직 믿음에 의한 칭의의 교리 또한 수정해야 하지 않는가? 이렇게 멜란히톤은 또 다른 한 부분에서 루터로부터 멀어지면서 믿음을 받아들이는 것과 함께, 받아들여야 하는 쪽에서 그전에 도덕적인 준비와 회개가 있어야 함을 요구한다. 루터에게서처럼 더 이상 믿음의 결과로서가 아니라, 멜란히톤이 말하는 율법과 자연이성을 연결시키는 회개가 있어야 한다. 다른 한편, 율법을 받아들여 개심(改心)이 행해지면 그리스도인에게는 더 이상 아무 할 일이 없는가? 자기 안의 죄의 왕국을 완전히 무너뜨리기 위해 끊임없는 싸움, 영혼의 구제를 위한(성화를 이루는) 싸움을 계속하지 않아도 되는가? 회개와 영혼의 구제(성화)라는 두 개념 위에 루터의 교리와는 매우 다른, 그리스도인으로서 삶의 한 이론이 세워진다. 이러한 삶은 물론 은총에 의해 시작된다. 그러나 삶의 향상은 인간 속에 신의 모습을 복원하고, 신과 결합하며, 그리고 선행을 실천할 때 이루어진다. 그리하여 멜란히톤의 사상은 그 창시자와 함께 사라지지 않을 것이다. 루터교회에서 진척을 보이게 될 것이며, 점점 루터교리에 융합되어갈 것이다. 그리고 대스승의 사상을 대체할 것이다.

바로 루터가 살아 있을 때, 사랑하는 제자의 정신 속에서 이러한 완화작업, 수정작업, 전면 보수작업이 이루어진다. 정신 속에서뿐만 아니라 저술과 온갖 성격의 글에서도 동일하게 이루어진다. 루터는 그 사상을 읽고 공부한다. 때로는 거기에 대해 할 말이 있었지만 아무 말도 하지 않는다. 자신의 생각을 반박하는 사람에 대해 그토록 신속하고 맹렬하게 공격했던 그인데, 자기만의 비법을 가지고 썼던 그 거칠고 단호한 글을 쓰지 않는다. 그는 보지 못했거나, 아니면 보려고 하지 않는 것 같았다. 이상한 광경이다. 루터는 여전히 살아 있고, 그의 입에서 흘러나오는 말을 존경스럽게 받아들이는 제자들을 거느리고 있었다. 그런 루터 아래서 많은 부분 루터교와 다른 또 하나의 루터교가 형성되고 있는 것이었다. 다르지만 반대하지 않는다. 그런데 예정설이나 구원에서 인간의 협력은 전혀 무의미하고 부차적인 문제가 아니다.

총애하는 제자에 의해 스승은 절반이 부인되었다. 스승의 그 이상한 태도에서 한 가지 설명만 찾아보자. 혼돈으로 이끄는 비밀스런 길들에 놀랍도록 적응을 잘하는 복잡한 영혼 루터에게 쉬이 움직일 수 있는 지하 통로를 뚫고, 은밀하고 구석진 곳들에 무리하게 이르도록 하려 하지 말자. 하물며 루터의 신학과 대조를 이루는 멜란히톤의 신학 분석에서 멜란히톤과 루터의 고전적인 비교에 더더욱 만족하지는 말자. 멜란히톤의 주체적인 행동에서 흥미를 끄는 부분이 있다. 그것은 처음에 그의 생각을 키워주었던 사람에게 조금씩 반대하며 일어서는 한 사람의 모습이 아니다. 또한 신학의 두 위인 또는 두 별의 대립이 아니다. 한 종교의 발명가, 한 '음유시인'의 샘에서 흘러나오는 독창적인 개념들 앞에서 오직 자신들의 목적에 따르도록 하기 위해서만 그 발명가의 지도를 따르는 대중들 공동의 정신상태가 일으키는 반응이다. 실제로 멜란히톤의 신학은 루터의 사상을, 루터를 해방자로 환호하며 받아들였던 시민들의 요구에 맞춘 것 외에 도대체 무엇이란 말인가? 하지만 얼마나 많은 오해의 대가를 치르는가?

루터와 멜란히톤 사이에 그런 것은 아니지만, 루터와 동시대인들 사이에는 분명 그렇다. 집단은 개인에게 영향을 받고, 개인의 사고는 집단의 사고에 영향을 받기 때문이다. 무릇 모든 타협이 그렇듯이. 결국 불안정한 하나의 중간 타협이다. 이를테면 이론적으로 규범을 정한 신학자의 작품이 아니라, 행복한 동시에 고통스럽기도 했던 경험의 작업이었기에 존속 가능한 타협 말이다.

결론

두 국민이 네 태중에 있구나.
두 민족이 네 복중에서부터 나뉘리라.
— 창세기 25:23

라우터바흐의 일기는 아주 놀라운 탁상담화 하나를 우리에게 남겨주었다. 1538년 6월 27일, 마르틴 루터는 비텐베르크에서 멜란히톤과 함께 저녁식사를 하고 있었다. 두 사람은 우울했다. 그들은 미래에 대해 이야기했다.

박사가 말했다. "다음 세기에는 얼마나 많고 다양한 대가들이 올까? 혼란은 극에 달할 거네. 타인의 견해나 권위에 지배받기를 아무도 원치 않을 테니까. 저마다 스스로 랍비가 되고자 할 걸세. 이미 오지안더[1]와 아그리콜라[2]를 보게. 얼마나 터무니없는 물의와 소란이 많이 일어나고 있는가 말일세! 최선의 길은, 제후들이 공의회 같은 종교회의를 통해 그런 해악을 방지하는 일일 테지. 하지만 교황주의자들은 피할 걸세. 그들은 빛을 무척이나 두려워하니까!" 멜란히톤은 스승의 말에 찬동의 눈빛을 보내고 있었다. 그는 큰 소리로 말했다. "오, 국가와 제후들이 교리와 의식(儀式)에 대해서는 하나의 공의회, 하나의 일치된 양식을 인정해주면 좋을 텐데요. 타인이 물의를 일으켰다고 해서 그것을 핑계 삼아 경솔하게 그 하나의 공의회, 하나의 일치된 양식을 거부하는 일만은 막아주었으면 좋겠습니다. 이렇게 무기력하고 물의를 일으킨 우리 교회의 모습이 너무나 초라합니다!"

1

물론, 그가 자기 주위로 시선을 돌렸을 때 땅 위에는 건물보다는 건물의 잔해가 더 많았다. 잔해라고? 그는 땅 위에 잔해를 잔뜩 늘어놓았었다. 엄청났다. 확실히 책임은 그만이 져야 할 일이 아니었다. 다른 사람들도, 그와 함께 아니면 그 없이, 즉 다른 투박한 작자들도 세월과 함께 가세했다. 그런데 마르틴 루터는, 건물을 허물어뜨린 자들의 힘든 수고를 어떤 강건한 어깨로 떠받쳐주었던가? 교황은 오랫동안 자신에게 복종했던 10개의 나라로부터 완전히 또는 일부 추방되었다. 황제는 어느 때보다도 통합이 느슨한 한 제국의 국지적인 활동에 더욱 한정되어갔다. 종교의 분열은 정치적 반목을 고조시키고, 국민의 대립을 극도로 자극했다. 특히 갈라진 교회는 신체적 구조 측면에서나 정신적인 존재 이유에서나 동시에 타격을 입었다. 성스러움은 사라지고 세속권력을 장악한 관리(官吏)로 전락한 신부가 장엄하고 견고하게 세운 건물에서 불명예 축출되는 동안, 낡은 교회는 교황의 교회라는 이름으로 공격당하고 조롱을 받았다. 그런가 하면 인간과 그들이 만든 조직으로 인해 쓸모없고 유해한 존재로 치부되었다…….

잔해는 즐비했다. 그런데 루터는 정복지에 무엇을 세웠던가? 개혁과 자유. 이것은 몇 년 동안 지지자들이 외친 돌격의 함성이자 집결의 함성이었다. 개혁? 루터는 개혁가가 아니었다. 개혁가는 그에게 과분해 보일 따름이었다. 게다가 1517년 교회에 반대하여 일어났을 때, 그는 무엇을 주장했던가? 독일의 개혁? 루터교회를 세우는 것? 아니다. 루터는 그리스도교의 영적인 토대를 바꾸기 위해 시작했다. 루터는 교회의 마당이나 수도원 경내에서 더 이상 물이 솟지 않는 망가진 샘을 복구하려 했다. 그러기 위해서 즐겁게, 그리고 믿음을 가지고 자기 안에 있는 신과 함께 출발했다. 늙은 친구 크라나흐[3]가 고지식하고 복잡한 그의 그림을 통해 동경했듯이, 루터 또한 청춘의 샘을 동경했다. 그는 기적의 샘물이 어느 광맥에서 마르지 않고 솟아나는지를 알고 있었다. 그는 모든 그리스도인에게 그 물을 마시도록 권했다.

그러나 루터는 성공하지 못했다. 물론 개별적인 성도들을 비롯해 집단·공동체·국민들 그리고 국가들은 그에게 매료되어 그를 지도자로 여겼고, 그가 가리키는 샘물을 안심하고 길어 올려도 좋다고 생각했다. 그러나 부분적인 성공은 결국 실패가 아니던가. 왜냐하면 그 개혁가는 교회에서 쫓겨났고 파면되었다. 그리고 교회는 그동안 그 없이 그의 뜻과는 반대로 나름의 믿을 만한 길(자신의 교계 제도와 교황에 매여 있는 주교들, 그리고 갈수록 거만해지는 교황들을 가진 전통적인 교회) 위에서 오랜 발걸음을 변함없이 옮기고 있었기 때문이다. 그 낡은 교회는 같은 토대 위에 여전히 자리 잡고 있으며, 트리엔트 공의회에서 젊은 피를 다시 수혈하고 토마스주의에 휩싸이게 된다. 루터는 본능적으로 토마스주의를 혐오하여 자신의 적, 그것도 가장 치명적인 적수로 간주했다. 그런데 교회는 루터에게 이렇게 말하는 것을 잊지 않았다. "스스로를 성직자라고 주장하는 당신, 당신이 사탄의 자식이 아니라 그분의 자식임을 우리에게 증명해보겠소? 당신의 실패 자체가, 상대적이지만 확실한 당신의 실패야말로 그분의 아들이 아니라는 사실을 얼마나 잘 증명해주고 있소!" 이 말은 그 시기의 루터가 적절하게 반박할 수 없었던 견고한 논거였다. 왜냐하면 당시에 그는 오늘날과 같은 자유로운 프로테스탄트가 아니었기 때문이다. 단지 한 종파의 지도자 정도로 국한되어 있는 처지는 그가 무엇을 하고 무엇을 주장하든 실패나 마찬가지였다.

개혁과 자유……. 물론 그는 놀라운 활력으로 교황과 교회의 속박에서 벗어났다. 또 자신을 따랐던 사람들을 완전히 해방시켜주었다. 그런데 만일 그가 어떤 하나의 불가항력적 구속 정도가 아니라, 그리스도 공동체의 이익과 도덕과 교리 자체를 감시하기 위해 신이 세운 국가와 제후의 훨씬 더 강력한 불가항력적 구속을 가했다면, 그는 개선의 노래를 부를 수가 있겠는가? 루터는 어느 때보다도 견고하게 국가와 제후의 세속적인 권한을 다시 정당화하고, 지위를 되찾아 그 면모를 일신했으며, 마침내 영적인 신의 전능으로 그 권한을 두 배나 늘렸다고 거드름 피우지 않았는가? 영적이고 도덕적인 '해방', 우리가 이해하고 있는 양심과 사상의 '자유'에 대해 생각해보자. 늙어가는 1538년의 루터, 다시 말해 멜란히톤과 대화하는 루터를 감안해볼 때, 만일 그가 그런 인간의 해방과 자유를 국가와 제후에 요구했다면 아마 두려움에 크게 떨었으리라.

루터는 실패했다. 하지만 그 실패를 즐거워할 이유가 많은지 여기서 자문해보는 일조차 하지 말자. 사실, 그 아우구스티누스 수도회 수도사의 복합적이면서도 일관성 있는 목표에는 시대착오적이고 무정부적인 환상들이 얼마나 많은가! 그는 자신의 믿음을 대가로 신의 은혜와는 무관한 인간의 모든 품위와 가치, 위대성을 가차 없이 부정(그 부정은, 르네상스기였던 당대에, 고대인들의 인문주의 정신으로 교육을 받은 많은 사람들에게는 너무나 충격적이었다)하기를 전 그리스도교 세계에 강요했다. 또한 『노예의지론』을 열렬히 주장하여 에라스무스뿐만 아니라 라블레에서부터 부르노, 캄파넬라에 이르기까지 그 시대의 수많은 자유사상가들을 적으로 만들어버렸다. 마지막으로 그는 전적인 한 신앙인으로서 그리스도교를 새로운 토대 위에 다시 통일시키고, 엘리트들이 소중히 여기고 옹호하고 증진시키던 모든 가치와 대립되는 크레도(credo, '나는 믿는다'라는 뜻으로 보통 신앙고백을 뜻함 – 옮긴이)를 설교하려고 시도했다. 다시 말해, 자기가 몸담은 세속을 잘 몰랐던 한 수도사가 불면의 밤들을 보내는 동안 그의 머릿속을 즐겁게 해주던 무정부적인 많은 환상이 있었던 것이다.

2

노후하여 무너져가는 물레방아에 막무가내로 창을 휘두르지 말자. 그 물레방아를 만든 사람에게도 이 말을 적용하자. 그러기 위해서 우리는 루터가 아주 빈번히 의거했던 오래된 구별에 대한 설명만 책임지자. 즉, 세상의 계획과 저세상의 계획이 있고, 세상의 왕국과 신의 왕국이 있으며, 세속의 영역과 성령의 영역, 이를테면 성스러움의 영역이 있다.

세상의 계획에서는 루터가 실패한 것 같다. 왜냐하면 그는 이상적인 모습을 제시한 신도로서 본래 이 세상에서 일어나는 일에 흥미를 갖지 않았기 때문이다. 그는 상황을 장악하는 것이 목표가 아니었다. 그는 무대 위에서 연기하는 배우처럼 상황 가운데 살아갔다. 그의 영혼은 그 안에서 무사태평하고 초연할 뿐이었다.

그가 이 지상에 남긴 것은, 자신의 아이디어에서 착상을 얻어 자신의 일과 오래갈 아름다운 건물을 지을 필요성을 믿는—재능을 좀 타고난—한 건축가가, 강력한 반항의 손으로 정지(整地)한 땅 위에 어렵지 않게 세웠을 건물의 하찮은 하나의 모형일 뿐이다. 루터교는 16세기 말과 17세기 초 독일에서 우쭐해하지만 실제 보잘것없는 소제후들의 보호와 관료주의의 기계적인 관리하에 실현된 모습 그대로 결함과 결점을 가지고 있었으며, 근면한 신학자들이 현미경과도 같은 치밀한 재능으로 능숙하게 반복해서 다듬고 손질한 교리로 제도화되었다. 루터교는, 보름스의 그 사람과 1520년의 그 훌륭한 책들을 쓴 저자를 앞세웠지만 그것으로는 충분치 못했다. 비록 그는 루터교가 그리 생소하지는 않았겠지만 수치심을 심하게 느꼈으리라.

하지만 성령의 영역이 있다. 그것은 다른 영역이다. 루터는 내구성에 심혈을 기울이는 건축가가 아니었다. 별 빈정거림 없이 견고한 건물의 대문에 아래와 같은 오래된 시민적인 경구를 새기는 일에 골몰하는 건축가의 모습 같은 건 전혀 없었다.

> 이 집이 계속 남아 있기를, 개미가 바다의 물을
> 다 마셔버릴 때까지. 그리고 거북이가 지구 전체를 다 누빌 때까지.

반면 루터는 철학자와 시인, 음악가와 예언자 등 간헐적으로 출현한 일련의 영웅적 천재들 가운데 최고는 아니어도 가장 활발했으며 시대적으로 가장 앞서간 사람이었다. 그 철학자·시인·음악가·예언자들은 모두가 비록 음(音)의 언어로 그들의 격렬한 욕망, 강렬한 동시에 불명료한 열망, 그리고 영혼의 불안을 표현하지는 못했지만 그래도 그 음악적 재능에 대한 정당한 평가를 받을 만하다. 낡은 독일이 그들을 세상에 선물했던 것이다. 그렇지만 빛줄기를 받아 차례차례 환하게 빛난 뒤 깜깜한 암흑 속으로 잠겨버린 — 게르만 전설의 숲들처럼 빽빽한 — 그들의 작품들 속에서, 독일은 혼자만의 기쁨을 위해 세상의 보석과 귀중한 물건들을 끊임없이 쌓아놓는 어린애처럼 자신의 변함없는 욕심을 확인하며 자부심을 갖는다. 그런데 쌓아놓은 그 보석과 귀중한 물건들을 정리하는 일은 독일의 관심사가 아니었다.

루터는 근대사회의 창시자 가운데 한 사람이다. 프랑스인들은 기꺼이 이 표현이나 그에 준하는 다른 유사한 표현들을 사용한다. 창시자 자격을 얻으려는 의지가 전혀 없었다는 점, 그리고 원치 않는 아이는 낳은 사람의 바람과 상관없다는 점을 충분히 유의한다는 조건에서, 우리는 그에게 창시자의 자격을 되돌려줄 수 있으며, 괜찮다면 책임지고 그렇게 할 수 있다.[4] 루터는 살아가고, 말하고, 행동하면서 다른 많은 사람들처럼 수많은 상황들을 야기했다. 이는 그가 예상하지 못했던 영적이고 도덕적인 결과들을 차례대로 낳았다. 그리고 교회 분리를 실행하고 통일성을 회복하지 못했기에 가톨릭교회를 실제적으로 약화·축소시켰으며, 수많은 종파가 출현하기에 좋은 조건을 만들었다. 또한 속인들에게 신앙 문제에 대한 논쟁을 부추겼고, 그 결과 호기심 많은 이들이 성서를 접하는 기회가 되었다. 이런 이유를 비롯해 다른 많은 이유에서 그 종교개혁가는 자신이 끊임없이 싸우고 미워했던 사람들에게 감사를 받아 마땅하다. 요컨대 보쉬에와 그 밖의 다른 많은 사람들이 저마다의 방식으로 '(프로테스탄트) 교회 변동사'(Histoire des variations)를 썼다는 사실은 어쩌면 그의 명예로운 지위를 보여주는 일이리라. 이것은 확실히 역사의 비밀스럽고 놀라운 아이러니 가운데 하나다.

늙은 프루동(Pierre J. Proudhon)은 어느 글에서 "조충(絛蟲)으로 고생하면서, 몸체는 제거하고 머리는 남겨두는" 그 아비시니아 사람들을 비웃은 적이 있다.[5] 브장송의 프티바탕 거리의 통 제조업자의 아들인 프루동은 프랑슈콩테 지방의 신랄한 말로 마르틴 루터에 대한 자신의 입장을 피력하기 좋아한다. 그는 루터가 비판 정신의 몫을 그 자신에게 할애하지 않는 것과, "비판의 이름으로 비판을 시작하기" 원하고 영적인 폭발을 조심스럽게 제한했던 것은 망상이라는 사실에 주목한다. 그의 말이 옳다. 그러기에 오늘날 우리는 1853년처럼 그의 『12월 2일 쿠데타를 통해 본 사회혁명』의 결론에 동의할 수 있다. 형식은 그 시대로 약간 거슬러 올라간다. 그러나 "우리에게 종교는 이성의 원형이다"라는 프루동의 놀라운 문장이 정확한 한, 우리는 루터를 선구자라고 찬양할 수 있다. 그것은 무의지적 차원에서도 당연히 그렇다. 그렇기에 우리는 더 칭송할 수 있고 또 칭송해야 한다.

몇 세기를 걸쳐 루터의 독일, 즉 공인된 신학자들과 소국분립주의(kleinstaaterei)[6] — (나폴레옹은 대를 물려 내려오는 얼간이들이라고 말할 것이다) — 를 담보로 삼은 신부들의 독일은 몇 년 동안 거의 루터를 알지 못했다. 그리고 그 독일은 진정 1520년의 그 자유로운 그리스도인의 훌륭한 이상주의와 뜨거운 열정, 살아 있는 믿음과는 정말 아무 관계가 없다는 점을 모든 방법을 동원해 세상 사람들에게 분명히 할 수 있었다. 그렇더라도 루터의 정신은 계속해서 게르만의 강역을 떠다녔다. 역사라는 말의 가장 넓은 의미에서, 독일 역사의 정말 중요한 사건들은 무엇인가? 보름스 예언자의 저술과 교리, 그의 깊은 신앙에 대해 숙고해왔지만 그 지식이 아직 우리에게 계시적인 빛으로도 밝혀주지 못한 게르만의 사상과 감상벽의 가장 특징적인 존재 방식들은 무엇인가? 그런데 그 사건들과 그 존재 방식들은 루터 같은 사람을 우리에게 어떻게 설명해주는가?

3

이렇게 말해보자. "저 사람 좀 봐. 명상하는 데는 저토록 재능을 타고났는데 행동에는 얼마나 서툰지! 하늘로 올라가겠다고 해놓고 땅에서 겨우 두세 언덕 올라가더니 쓰러진 뒤 꼼짝 못하고 제자리에서 오도 가도 못했잖아." 내 생각으로는, 개인적인 불운이었으며 우발적인 실패였던 것 같다……. 그런데 루터는 자국 독일의 그 많은 위인들 가운데 혁명을 성공적으로 수행하지 못한 유일한 사람인가?

그렇지만 이런 물음은 우리에게 자연스럽게 떠오르는 지극히 프랑스적인 표현이다. 독일에서 혁명이 여전히 개인적인 영역의 일로 남아 있는 게 사실이라면, 또 영웅적이고 천재적인 혁명의 추진자들은 거추장스럽고 생기 없는 구축물들로 땅 위를 가득 채우는 데 전혀 관심이 없었다는 게 사실이라면, 독일인에게 혁명의 의미는 무엇인가? 그렇기에 결국 신부와 제후들의 관리하에 석공들, 건축업자들, 나아가 건축 조언자들이 있는 것이다. 바로 그렇기에 진정 자유로운 정신들은 그런 혁명의 의미를 추구하는 일과는 아무 상관이 없다. 그들은 자기 자신을 극복하고자 했고, 혁명의 진실을 간파해 자기 것으로 삼고자 했으며, 진실성이라는 무기의 격렬한 폭발로 인해 사물의 낡은 질서가 무너지고 그 잔해들 위에 개인적이고 독자적인 하나의 질서가 솟아나게 만들고자 했으며, 그리고 대중이 비천한 노동을 하느라 애쓰는 동안 사유함을 통해 신과의 직접적인 합일을 이루고자 했다.—바로 이런 것들만으로도 그들은 만족했고 큰 즐거움을 느꼈다. 그 외의 것은? 거들떠보지도 않았다. 루터 혼자만 그랬던 것이 아니다. 그게 무슨 소용인가, 하고 모두들 말한다. 취하게 하는 신의 포도주를 누가 마셨는가? 지상에서 얼마 안 되는 당신의 포도 수확이 신에게 무슨 상관인가?

만일 우리가 이해를 하고 싶다면, 항상 그 점에 유념하자. 미터자는 확실하고 정확하고 균일한 분할로 논리학자의 취향을 만족시킨다. 그것은 우리로 하여금, 십진법의 원리를 모르는 옛 건축가들이 다른 계량단위들의 도움을 빌려 건축 문제를 해결하고 또 해결하려 했던 그 정묘한 비율을 편히 파악할 수 있게 해주는가? 우리는 그 독일 혁명가들을 우리의 생각에 따라 한편으로는 실패했다고 다른 한편으로는 실천이 결여되었다고 지적하며 매우 유감스럽게 생각한다. 이제 우리는 그들을 불운한 구성분자들이나 상투적으로 무능한 자들로 보기를 그만두자. 차라리 모든 명성을 맹렬히 비난하고, 모든 환상의 비밀을 알아내고, 남자들이 즐겨 소유하고자 하는 것—여자나 아이, 하인이나 쟁기, 자신의 황금 위에서 뒹구는 맘몬, 열광케 하는 사랑과 소망, 믿음과 고뇌 등—을 저주하는 인물인 파우스트를 떠올리자. 파우스트는 세상의 행복을 허물어버린다. 무자비한 손으로 세계를 무너뜨리고는 자기 마음속에 다시 일으켜 세우고, 다시 짓는다. 그리고 그 참사에 충격을 받은 목격자인 영들은 한 세계의 잔해들을 무로 날려 보낸다. 그동안 지상에서는, 영들의 그 대참사에 대해 걱정하지 않는 맹종적인 사람들은 그들의 상급자들이 내린 하늘 같은 명령의 주변을 맴돌고 있을까?

실제로 여기에 사태의 두 번째 측면이 있다. 영웅적인 천재들은 지상에 무관심하다.—그들은 몸만 지상에 두기로 하고 영은 천국에서 노닌다. 목자들은 그들의 가축 지키는 개를 데리고 이 지상에 침입한다. 그리하여 그들은 명령하고, 지도하고, 이끈다. 그리고 자기들의 목적지를 가리킨다. 군중은 자신들이 받은 지시대로 온순하게 그곳으로 간다. 주어진 규율에 따라 저항 없이 쉽게 동의한다. 국가와 밀접하게 관련된 눈에 보이는 교회의 울타리 안에 질서정연하게 자리한다. 국가는 혼신의 힘을 다해 교회를 지원한다. 반면 교회는 국가로 하여금 신이 직접 원하여 세운 그런 제도적 특성을 갖게 한다. 그러니 그때부터는 국가에 반항할 수도 없고 해서도 안 된다. 그런데 이 모든 것이 바로 루터다. 또한 루터에서부터 오늘날에 이르기까지의 독일이다. 그런데 사실과 사상과 견해들의 그 복합체 속에서 독일에서 루터에게로 왔거나, 아니면 반대로 루터에게서 독일로 갔음을 누가 정확하게 구분할 수 있을까?

사람들은 말한다. "루터교는 삶에 대한 하나의 견해다. 그렇기에 바로 독일인들의 삶 전체 속에서 루터교를 연구할 필요가 있을 것이다." 맞는 말이다. 루터는 근대사회와 근대정신의 창시자 가운데 한 사람이다. 또한 의심의 여지없이 게르만 사회와 독일정신의 창시자 가운데 한 사람이다. 당연하지만, '어떤' 근대정신이 있는 한편 '어떤' 독일정신이 있는 한 말이다.

필리프 멜란히톤은 겨울이 긴 작센에서 인문학으로부터 정신적 자양분을 얻고, (그가 원했든 원치 않았든) 고대 그리스 사상으로부터 햇빛을 받은 명석한 인문주의자였다. 즉 그는 이성이라는 말과 그 말이 지닌 모든 의미를 부여해도 좋을 사람이었다. 그런데 1538년 6월 그 온건한 사람은 한탄할 만도 했다. 루터에게 말인가? 멜란히톤이 자제하지 못하고, 친구들이나 적들이 누구나 할 법한 말들을 쉽게 따라한 것은 옳지 못했다. 너무 자주 그랬던 것처럼, 멜란히톤이 자기 마음에 둔 사람, 즉 비텐베르크의 시민의 집에서 시민으로 식탁에 앉아 있는 그 몸집 큰 사람에게 말을 쏟아낸 것은 옳지 못했다. '그 사람'은 어쩌면 우울할 권리가 있었다. 하지만 예언자는, 아니었다. 왜냐하면 예언자는 실수를 하지 않기 때문이다. 사상에 대해서는 속박도 없고 감옥도 없다. 사상은 체포할 수도, 본질적으로 파괴할 수도 없다.

루터는 사상의 씨앗이 멋지게 살아남기를 바라며 독일 전역에 차고 넘치게 뿌렸다. 후대인들은 1520년의 그 이상주의자가 천혜의 독일에서 부상하게 되는 모습을 목격하게 된다. 그들에게 루터의 교리·신부·교회·전례를 갖춘 작센의 교회는 무엇이었을까? 훌륭했지만 때로는 두렵기도 했다. 왜냐하면 멜란히톤(그는 루터로 인해 제국의 운명과 무거운 정치 문제에 항상 마음을 쓰는 사람이었다)과 루터(그는 오로지 자기 자신과 자신의 양심 및 구원에만 관심을 가졌다) 가운데 루터만이 그 후 정치에 필연적인 동시에 예기치 못한 영향을 미쳤기 때문이다. 물론 강력한 영향이다. 인류의 평화와 세계의 행복에 유익한 것인가? 이는 또 다른 문제다. 적어도 지금 여기서 우리가 다룰 문제는 아니다.

우리는 루터를 판단하지 않는다. 그가 어떤 루터란 말인가. 어떤 기준에 따르는 루터인가? 그의 기준? 우리의 기준? 아니면 현대 독일의 기준? 지금, 그를 차분히 평가할 준비가 제대로 되어 있지 않은 우리로서는 그저 마지막까지 판단을 미룰 따름이다.—사후에 두 갈래로 갈라지는 운명의 구불구불한 모퉁이길까지.

주

참고문헌 노트

후기

주(註)

번호에 *가 붙은 것은 옮긴이 주이다.

서문

1* 마테지우스(Johannes Mathesius, 1504~65): 비텐베르크의 루터의 집에는 신학생들도 함께 살았는데, 당시 루터의 집에 기거했던 신학생으로 스승의 말을 정성껏 기록하여 남겼다.

2 특히, 나는 앙리 스트롤(Henri A. Strohl)을 생각하는데, 그는 도량이 넓고 이해력이 깊은 루터 연구자다.

3* 1920년에 쓴 이른바 루터의 종교개혁 3대 논문인 『교회의 바빌론 포로』 『독일 그리스도인 귀족에게 보내는 성명』 『그리스도인의 자유』를 말한다.

4* 16세기 프랑스의 뛰어난 인문주의자인 프랑수아 라블레를 가리킨다.

5 『16세기의 무신앙 문제: 라블레의 종교』(파리, 1943, in-8°)에서 그에 대해 내가 써놓은 것을 보라. 기대하건대, 거기에 한 방법이 개괄적으로 기술되어 있다.

제1부 고독 속에서의 노력

제1장 쾨스틀린에서 드니플까지

1* 에라스무스(Desiderius Erasmus, 1466~1536): 네덜란드의 인문학자. 가톨릭교회 제도를 비판하고 성경을 교정했으며 저서로는 『우신예찬』 『자유의지론』 등이 있다.

2 E. op. var. arg., 1, 15~24; Dok., n° 8.

3* 멜란히톤(Philipp Melanchton, 1497~1560): 당대 최고의 인문학자로, 루터의 친구이자 제자. 루터에 협력해 종교개혁 운동에 헌신했다.

4 『마르틴 루터 전집』(비텐베르크, 1546, f°) 제2권의 멜란히톤의 서문. 『종교개혁가들의 작품집』. 멜란히톤의 저작집 6권, 155~170쪽에 재수록; Dok., n° 7.

5* 암스도르프(Nicolaus von Amsdorf, 1483~1565): 프로테스탄트 종교개혁자로 루터를 지지했다. 1519년 루터와 함께 라이프치히 논쟁에 참여했고, 2년 뒤 보름스 제국의회에 참석했다. 루터를 바르트부르크 성에 숨기기 위한 '납치 계획'에도 가담했다.

6* 코흐레우스(Johann Cochläus, 1479~1552): 독일의 인문주의자, 가톨릭 신학자로서 루터를 가장 신랄하게 비판한 사람 중의 하나다. 루터의 종교개혁을 도미니크 수도회와 아우구스티누스 수도회 간의 갈등이 빚어낸 우발적인 사건으로 해석한 그의 견해는 이후 오랫동안 가톨릭 국가들에 널리 유포되었다.

7* 밀리우스(Andreas Mylius, 1527~94): 16세기 독일 메클렌부르크 공국에서 활동한 정치가이자 외교관, 연대기 작가. 1570년 황제 막시밀리안 2세에 의해 귀족 신분을 획득했고 메클렌부르크 공국의 역사와 관련된 저술 이외에도 루터가 독일어로 쓴 시편를 비롯해 루터 성경을 라틴어로 다시 번역했다.

8* 카타리나 폰 보라(Katharina von Bora, 1499~1552): 루터의 아내. 작센의 가난한 귀족의 딸로 태어나 어린 나이에 수녀원에 들어갔다. 1509년부터 그리마 부근 님브셴의 시토회 수도원에서 살다가 종교개혁에 자극을 받아 1523년 10여 명의 수녀들과 함께 탈주했다. 농민전쟁이 한창이던 1525년 6월 열여섯 살이 많던 마르틴 루터와 결혼했다. 가정살림과 농사일은 물론 양조장과 양어장까지 운영하는 등 강한 생활력으로 집안 형편을 윤택하게 했다.

9 『루터의 탁상담화』, p. p. Kroker(라이프치히, 1903), 192쪽, n° 232, 1540년 8월 24일; 『탁상담화』 W., IV, 704, n° 5187.

10* 라우터바흐(Anton Lauterbach, 1502~69): 루터의 말년까지 곁에서 많은 시간을 동고동락한 학생으로 루터가 말한 것을, 특히 아우리파버와 함께 노트에 받아 적었다. 이것을 취합한 것이 곧 『탁상담화』다.

11* 공동생활형제단(Les Frères de la Vie Commune): 네덜란드인 게르하르트 그루테(Gerhard Groote)와 그의 동지들이 결성한 단체를 말한다. 규칙적인 묵상과 영적 성찰을 통해 경건을 실천했고 수도원 개혁을 주장했다.

12 Strohl I, 78~79쪽에 잘 골라놓았다.

13 이 문구와 그 뒤에 이어지는 두 문구는 E., *Polit. d. Schr.*, XXXI, 273(1533)과 Dok., n° 61, E., *Exeget.* d. *Schr.*, XLIX, 300(1537)과 Dok., n° 46, E., 라틴어 주석, VII, 72(1540~1542)와 Dok., n° 18 참조.

14 이 문구와 그 다음 문구에 대해서는 E., *Exeg. d. Schr.*, XLIX, 27(1537)과 Dok., n° 45, E., *Exeg. d. Schr.*, XLV, 156쪽(1539)와 Dok., n° 27을 참조.

15* 슈타우피츠(Johann von Staupitz, 1469~1524): 비텐베르크 대학의 성서학 교수. 루터의 영적인 스승이자 개인 지도신부로서 신학적으로나 신앙적으로 많은 가르침을 주었다. 비텐베르크에 아우구스티누스 수도원을 세웠다.

16* 작센의 선제후 프리드리히(Friedrich III, 1486~1525)를 말한다. 열렬한 가톨릭 신자였지만 루터를 보호하고 바르트부르크 성에 숨겨주면서 종교개혁을 도왔다.

17* 롬바르두스(Petrus Lombardus, 1100~1164): 이탈리아의 출신의 프랑스 신학자, 스콜라 철학자, 파리 주교. 변증법적인 관점에서 신앙의 명제를 논한 『교부명언집』을 썼다. 루터는 이 책을 공부하면서 여백에 자신의 견해를 기록해두었다.

18* 15~16세기 이탈리아에서 번창했던 귀족 가문으로, 2명의 교황을 비롯해 정치·종교 지도자들을 여러 명 배출했다.

19* 율리우스 2세(Julius II, 1443~1513): 본명은 줄리아노 델라 로베레(Giuliano Della Rovere). 르네상스 시대 예술을 크게 후원한 교황(재위 1503~13)으로서 당대 강력한 군주들 가운데 한 사람이었다. 미켈란젤로에게 시스티나 부속 예배당에 있는 그림들을, 라파엘로에게는 바티칸 궁에 있는 프레스코화들을 그리게 했다.

20* 『루터, 그의 생애와 작품』(*Luther, sa vie, son oeuvre*), 3vol., 1883~84을 가리킴.

21* 로마서 1:17. "복음에는 하느님의 의가 나타나서 믿음으로 믿음에 이르게 하나니 기록된바 오직 의인은 믿음으로 말미암아 살리라 함과 같으니라."

22 E., op. var. arg., I, 15; Dok., n° 8, 16~17; Strohl I, 140.

23* 로이힐린(Johann Reuchlin, 1455~1522): 당대의 뛰어난 고전학자. 스콜라 철학자들의 사변적 교의에 대항해 유명한 풍자서 『우자의 편지』(*Epistolae obscurorum virorum*, 1515~17)를 썼다. 1520년, 그와 그의 책들은 결국 교황 레오 10세에 의해 유죄판결을 받았다.

24* 후텐(Ulrich von Hutten, 1488~1523): 독일의 애국자이자 풍자작가이며 루터의 주장을 지지했다. 거성(居城)을 가진 제국 기사 집안에서 태어나 1498~1505년 풀다의 베네딕토회 수도원에서 공부하다가 탈주하여, 독일·이탈리아의 여러 대학을 순력, 인문주의자로서의 명성을 얻었다. 1522년경 로마 교회와 신성로마제국 황제를 상대로 일으켰던 기사전쟁에서 지도자 프란츠 폰 지킹겐의 진영에 가담했다.

25* 데니플레(Heinrich Seuse Denifle, 1844~1905): 19세기 오스트리아의 역사가. 중세 철학사가로 잘 알려져 있다. 도미니크 수도회 회원이며, 중세 문헌의 번역과 주석 작업에 크게 공헌했다. 1880년 토마스 아퀴나스 전집 간행에 전력을 기울이고, 중세 대학과 교회의 타락에 관해 연구했다.

26* 타울러(Johannes Tauler, 1300경~61): 에크하르트와 하인리히 주조와 함께 라인란트의 중심적인 신비주의자이다. 그의 가르침은 성 토마스 아퀴나스의 학설에 기초해 사변적인 신비주의 신학보다 실천적인 면을 강조했고 에크하르트의 영향을 크게 받았다.

27* 에크하르트(Meister Johannes Eckhart, 1260경~1327): 도미니크회에 속한 스콜라 학자로서 독일의 대표적인 신비사상가. 신학이나 교회의 권력과는 관련도 없는 '인간과 하느님과의 직접적인 접촉'을 주장했다("내가 없으면 하느님도 없다"). 이것은 독일 신비사상의 원천이 되어 신도들의 살아 있는 신앙이 되었다. 이런 의미에서 그는 종교개혁의 선구자로 일컬어지기도 한다.

28* 샤틀렌(Émile Chatelain, 1851~1933): 프랑스의 유명한 라틴어 문헌학자. 프랑스의 5개 아카데미 가운데 하나로 주로 사학·고고학·문헌학의 학자들로 구성된 '비명·문학 아카데미' 회원에 선출(1903)되었다.

29 「참고문헌 노트」를 보라.

30 D.-P., I, LXX.

31* 17세기 독일에서 신교와 구교 사이에 벌어진 최대의 종교전쟁. 1618년 합스부르크가에서 가톨릭교도를 보헤미아 왕으로 임명한 데에 불만을 품은 보헤미아 프로테스탄트들의 반란에서 시작되어 1648년 베스트팔렌 조약으로 종전되었다.

32* 아우리파버(Johann Aurifaber, 1519~75): 루터교 신학자이자 종교개혁가. 실제 이름은 요하네스 골트슈미트(Johannes Goldschmied)다. 루터의 말년에 조수로서 그의 곁을 지켰다. 루터 사후 게오르크 뢰러(Georg Rörer)와 함께 총 12권으로 된 예나(Jena) 판 루터전집 간행에 힘썼고, 1566년에는 가장 성공적인 작품인 『탁상담화』를 라우터바흐와 함께 펴냈다.

33* 안셀무스(Anselm of Canterbury, 1033~1109): 이탈리아의 기독교 신학자이자 스콜라 철학의 창시자. 1093~1109년까지 캔터베리 대주교를 지냈다. 저서로 『모놀로기온』(*Monologion*), 『프로스로기온』(*Proslogion*) 등이 있다.

34 D.-P., I, LXVII.

35 자이데만(Johann K. Seidemann), 『라우터바흐의 일기』, 1872, 36; 『탁상담화』 W., III, 598, n° 3767; Dok., n° 41.

36 에리체우스(Nicolaus Ericeus), 『신학명제집』, 1566, 174쪽; Dok., n° 76.

37 D.-P., II, 327~363쪽.

38 D.-P., II, 284~292쪽.

39* 실제로 의롭지 않은 인간을 신이 의롭다고 인정한다는 뜻.

40* 베르나르두스(Bernardus Claravalensis, 1090~1153): 12세기에 활동한 수도사로 시토회를 창립했고, 1153년 클레르보에 대수도원을 세우고, 그 원장이 되었다. 그는 스콜라적 문화에 반대하여 이성보다는 성서나 교부의 권위를, 논증보다는 기도를 강조함으로써 수도원적 문화를 대표했다. 『신애론』 『강론집 아가』 등이 있다.

41* 리라(Nicolas de Lyra, 1270~1340): 중세기의 뛰어난 성서학자. 성서 주석학과 히브리어에 능통했다. 당시 은유적 성서 해석 풍조에 반대해 글자의 정확한 뜻을 파악하는 데 힘썼다.

42* 데타플(Lefèvre d'Etaples, 1450?~1537): 프랑스의 인문주의자이자 신학자. 성서의 원전을 연구했으며, 최초로 신약성서를 프랑스로 번역했다. 엄격한 언어학적 방법으로 바울의 편지, 복음서, 『사도행전』 등의 교주(校註)와 해의(解義)를 저술했다.

43 D.-P., II, 366쪽.

44 End., I, n° II, 29쪽.

45 D.-P., II, 381쪽, 391~407쪽.

46* 그리자르(Hartmann Grisar, 1845~1932): 1868년 예수회에 들어가 수사가 되어 종교사를 깊이 연구한 뒤, 1871~1889년 인스브루크 대학교 교회사 교수를 지냈다. 주로 종교개혁시대, 중세 로마 시대, 그리스도교 초기의 교황제 등을 연구했으며, 후일 로마로 가서 『중세 로마와 교황의 역사』(1901)를 저술했다. 여생은 루터 연구에 몰두했다.

제2장 재검토: 발견 이전

47 「참고문헌 노트」를 보라.

48 W., I, 557; Dok., n° 94.

49 『종교개혁가들의 작품집』(멜란히톤의 저작집), 제6권, col., 158; Dok., n° 7, 8쪽.

50 데니플레는 뛰어난 석학이지만 그의 해석들은 자주 물질주의적이다(J. 마리탱, 『루터에 대한 주해』, 386쪽).

51 E., 『갈라디아서 강해』, III, 20; Dok., n° 52.

52 비뇨(Vignaux) 신부(『루터, 교부명언집 강해자』)는 종교 사상과 종교 발전에 대한 역사적 이해를 위해 유사한 연구들에서 끌어낼 수 있는 것에 대한 훌륭한 한 모범을 보여주었다.

53 D.-P., III, 79쪽 및 그 이하 참조. 그러나 셸은 그 주장에 대해 반대한다.

54* 토마스 아퀴나스의 신학을 말한다. 주로 아리스토텔레스와 플라톤의 철학을 원용해

학문의 체계를 세우려 했다. 신학에 관한 그의 지식을 논증적으로 체계화한 저술이 그 유명한 『신학대전』(1266~73)이다.

55* 빌(Gabriel Biel, 1430~1495): 중세 후기의 가장 이름난 스콜라 신학자 가운데 한 사람. 그는 『교부명언 강해』에서 오컴의 학설을 명확하고 체계적으로 설명했는데, 이 저서는 영향력이 매우 컸기에 에르푸르트 대학과 비텐베르크 대학의 오컴주의자는 '가브리엘주의자'로 불렸다.

56* 트리테미우스(Johannes Trithemius, 1462~1516): 독일의 성직자로 본명은 요하네스 트리트하임(Jonannes Tritheim)이다. 슈폰하임(1482)과 빌츠부르크(1506)의 수도원장을 지냈고, 가톨릭의 신앙 안에서 열정적으로 살며 수도원 개혁과 사본 수집에 노력했다. 파우스트 전설의 모델인 역사상의 인물 J. G. 파우스트에 대해서 흥미 있는 서간의 보고(1507)를 남기기도 했다.

57* 가일러(Geiler von Kaysersberg, 1445~1510): 1501년 막시밀리안 1세에 의해 중용되어 궁정 전속 설교가로서 교회와 수도원의 악습을 비판했다. 민중 설교가로도 유명했는데, 그의 설교는 16세기 초 독일 종교개혁 운동에 큰 영향을 미쳤다.

58* 오컴(William of Ockham, 1285경~1349): 유명론(唯名論)의 형식을 창시한 인물로 여겨지는 후기 스콜라 철학 사상가로 근대철학의 아버지로 인정받는다. 교황권에 맞서 프란체스코 수도회의 엄격한 청빈 개념을 옹호했다.

59 D.-P., III, 제4장, § IV, 191~232쪽. cf. Strohl I, 89~102쪽에서 최근 작업을 참고할 수 있다.

60* 보나벤투라(Bonaventura, 1217~1274): 프란체스코 수도회 수도사. 1254년 프란체스코 수도회 학교장이 되었으며, 1260년에는 프란체스코 수도회의 회칙을 개정했다. 인간과 하느님에 관한 진리의 용감한 변호자, 신비주의적 · 그리스도교적인 지혜를 훌륭하게 해석한 인물로 평가받는다.

61 실제로 "그는 사랑으로 신에게 들러붙기보다는 자기 자신의 성덕을 더 알려고 애썼고, 스스로 죄가 없음을 느끼려고 애썼다"(J. 마리탱, 『루터에 대한 주해』, 387쪽).

62 루터와 슈타우피츠의 교분에 대해서는, 훌륭한 스트롤의 저서 제1장 111쪽 및 그 이하 참조. 셸의 『루터』 II장 193쪽 및 그 이하의 치밀한 정보들과 비교해볼 것.

63* 제르송(Jean Charlier de Gerson, 1363~1429): 프랑스의 신학자, 그리스도교 신비주의자. 파리 대학 총장을 지냈다. '가장 그리스도교적인 박사'(Doctor Christianissimus)로 불렸으며, 신비신학과 스콜라 신학을 결합시키려 노력했다. 『명상의 산』 『신비신학』 『마음의 완성』 등 영성 생활에 대한 많은 저서를 남겼고, 영의 분별 방법과 신비적 평가의 목록을 작성했다. 인간의 욕망들을 자극하고 덕행을 무시하는 가르침은 어떤 것이든 배척해야 한다고 말했다.

64 에리체우스, 『신학명제집』, 1566, 174쪽; Dok., n° 76. "아낙들이 아니라 진짜 배아

들에 대하여", 셸, 『루터』 II장, 130~135쪽의 논의.

65* 제베르크(Reinhold Seeberg, 1859~1935): 독일의 프로테스탄트 신학자. 에를랑겐 대학과 프리드리히 빌헬름 대학의 조직신학 교수. 마르틴 부처에 대한 재평가를 포함하여 루터와 종교개혁 연구 활성화에 기여했다. 기독교의 본질, 둔스 스코투스, 마르틴 루터, 초기 교회사 등 역사신학 분야의 다양한 주제로 많은 논문과 책을 썼다.

제3장 재검토: 발견

66 탑 체험의 문제다! 영향력 있는 가톨릭교도와 신교도들이 번갈아 집필하는 영원한 보면대에 대한 훌륭한 예다. 코르다투스의 『선집』(1532년 6~7월)에 기록된 한 주제 「자신의 계시에 반대하는 루터」에는 이렇게 적혀 있다. "일단 그 탑(그 안에는 수도사들의 은밀한 장소가 있었다) 안에 있게 되자마자 나는 묵상에 들어갔다"(『탁상담화』 W., III, 228쪽, n° 3232a). 수도사들의 그 은밀한 장소! 이런 횡재가 어디 있나! 그리하여 파키에 신부가 자신만만하게 썼던 것처럼, 루터의 계시는 "그 화장실"에서 일어났던 것이다(D.-P., II, 316쪽, n° 2). 또 다른 하나의 버전(『탁상담화』 W., III, 228쪽, n° 3232c)이 실제로 '은밀한 장소'(locus secretus)를 온돌(hypocaustumdm)로 대체하고 있다. "탑과 온돌에서 내가 한번에 살폈을 때"(Cum semel in hac turri et hypocausto specularer) 이렇게 루터교는 구제가 되었다. 그런데 세 번째 버전은 하수도(클로아, Cloaca)란 말을 쓰고 있다. 이 모든 것은 바르트부르크의 잉크 자국보다 훨씬 더 흥미진진하다.

67* 인간에 관한 신적 선언. 곧, 예수 그리스도를 믿는 사람을 의롭다 선언하시는 신의 행위를 가리킨다(로마서 3:24). 구원의 한 과정으로서 하느님께서 그리스도의 의에 근거하여 우리 인간의 죄를 용서하시고, 그 의를 우리에게 전가하시므로 의롭다고 인정하시는 은혜의 행위다.

68 Strohl I, 153쪽.

69 『로마서 강해』, 피커 판, II, 143~144쪽.

70 어렴풋한 기억들처럼 보이는 그 시대의 몇몇 원본에도 불구하고, 그 점에 대해 루터가 자신의 먼젓번 개념에 가하는 수정들을 고려하지 않은 채. "루터와 멜란히톤에게, 믿음의 개념은 끊임없는 영향관계 속에 있다"(D.-P., III, 307쪽)는 데니플레의 말에는 진실이 있다.

71 『로마서 강해』, f° 142(피커, II, 104~106쪽).

72* 슈팔라틴(Georg Spalatin, 1484~1545): 인문주의자로서 마르틴 루터의 친구. 외교력을 발휘하여 초기 단계의 종교개혁을 진전시키고 안정시키는 데 기여했다. 루터를 존경했는데, 그 존경심을 프리드리히 선제후에게 전해, 1518년 사면문제를 놓고 논쟁이 벌어지는 동안 선제후로 하여금 루터를 보호하도록 설득했다. 이 일은 종교개

혁의 진전에 결정적인 역할을 했다.

73 End,, I, n° 25, 63쪽.

74* 디트리히(Veit Dietrich, 1506~1549): 독일 신학자이자 작가, 종교개혁가. 루터의 비텐베르크 저택에 함께 머물면서 마르부르크 종교회담에 참석하는 등 루터의 충실한 동역자로 활동했다. 1530년대 중반 카타리나 폰 보라와의 갈등으로 비텐베르크를 떠나 고향인 뉘른베르크로 돌아가 설교가로서 여러 신앙 서적들을 출간했다. 루터의 가정용 설교집과 『탁상담화』의 일부를 편찬하기도 했다.

75 『탁상담화』 W., I, n° 654.

76 『로마서 강해』, 피커 판, II, 78쪽.

77 Strohl II, 86쪽.

78 W., II, 13쪽. [교황청과 프리드리히 선제후 간의 정치적 이해관계로 인해 루터의 로마 소환이 어렵게 되자, 1518년 10월, 아우크스부르크에서 카예탄 추기경이 루터를 직접 심문했다. 카예탄은 면벌부를 승인한 교황의 권위에 순종하라 했고, 루터는 성경의 진리에 위배되는 단순한 축재수단이라고 반박했다. 신앙에 대한 관점도 달랐다. 카예탄은 객관적인 실재로서 교회가 개인의 주관적인 확신보다 항상 우선한다고 보았다. 반면 루터는 구원에 대한 개인의 확신이 없이는 신앙은 불가능한 것이었다. 베른하르트 로제, 『루터 연구 입문』(이형기 옮김), 크리스천다이제스트, 1997, 76쪽 – 옮긴이].

79 셸, 『루터』, II, 295쪽. 더 자세한 것을 보기 위해서는 뵈머, 『루터 롬파르트』(*Luther Romfahrt*), 라이프치히를 참고할 것.

80 신교로 개종한 도미니크 수도회 수도사였던 A. V. 뮐러는 루터의 교리에서 예전의 한 아우구스티누스 학파의 전통적인 말을 보여주려 애쓴다. 『루터 신학의 기원』, Giessen, 1912. Luthers Werdegang bis Turmerlebnis, 고타, 1920 등등 참조. 트리엔트 공의회[1545~63년까지 약 18년 동안 이탈리아의 트리엔트(현 트렌토)에서 열린 공의회. 종교개혁으로 혼란스러워진 가톨릭의 교의를 명백히 했다 – 옮긴이]에서의 아우구스티누스 학설에 대해서는 더 뒤쪽 제2부 제3장 n° 89를 볼 것.

81* 아리스토텔레스가 자신의 철학을 가르치던 학당.

82 W., I, 8쪽 및 그 이하 참조. E., op. var, arg., I, 29~41쪽. 프레몽트레 수사로 라이츠카우 수도원의 원장신부인 가스코프(Gascov) 씨를 위해 루터가 작성한 설교에 관한 것이다. 이 원본은 1708년에야 출판되었다. 1512년은 확실한 시기가 아니다.

83 『로마서 강해』, 피커 판 I, 122쪽.

84 니체, 『아침놀』, 알베르 , 메르퀴르 드 프랑스, 1919, n° 68, 74쪽.

제2부 개화

제1장 면벌부 사건

1 슐테, 『로마의 푸거 가』, t. 라이프치히, 1904, 제4장, 95쪽 및 그 이하 참조.

2 두 교구에 대한 겸직은 알브레히트의 사망 후에도 계속되었다.

3* 우리엘(Uriel von Gemmingen, 1468~1514): 1508년부터 7인의 선제후 가운데 한 명으로 마인츠 대주교직을 지냈다. 자신의 대주교구에서 사제의 축첩 행위와 같은 성직자들의 타락을 막기 위해 애썼고, 수도원에 대한 순회감찰을 지시하기도 했다. 45세의 비교적 이른 나이에 뇌졸중으로 사망했는데, 그의 갑작스러운 죽음은 여러 가지 의혹을 불러일으켰다.

4* 푸거(Jakob Fugger, 1459~1525): 15~16세기 유럽의 상업계에 영향력을 행사한 독일의 상업·금융 가문의 한 사람. 신성로마제국의 막시밀리안의 후임 황제로 카를 5세를 선출하는 데 재정을 지원함으로써 프랑스의 왕 프랑수아의 선출을 막는 데 도움을 주었다. 울리히 폰 후텐과 마르틴 루터 등으로부터 비판을 받았다.

5 우리의 설명에 활용되는 다른 문서들과 함께 쾰러(Köhler)의 아주 작은 자료모음집 『1517년의 면벌부 반박에 관한 문서들』, 튀빙겐, 1902에서 이 자료도 찾을 수 있다.

6* 막시밀리안 1세, 신성로마제국 황제로 1493~1519까지 재위했다.

7* 테첼(Johannes Tetzel, 1465~1519): 독일의 도미니크 수도회 수사. 죽은 사람들을 위한 비정통적인 면벌부 설교로 루터를 비롯해 많은 이들에게 심한 비난을 샀다.

8 올데코르프(Johann Oldecorp)의 시시한 이야기에 의거.

9 프리드리히의 이 측면에 대해서는 셸, 『마르틴 루터』, II, 제2장, 169쪽 및 그 이하 참조(특히 칼코프, 『비텐베르크 대교회에서의 면벌과 성유물 예찬』, 고타, 1907에 의거).

10* 포르치운콜라(Porciuncola)는 아시시(이탈리아 중부 움브리아 지방)의 산타 마리아 델리 안젤리 성당 내부에 있는 작은 경당을 말한다. 성 프란체스코가 '작은 형제회'로 처음 공동체 생활을 시작한 곳이다. 1216년 어느 날 밤, 성 프란체스코는 강한 부름에 이끌려 이곳에서 기도하던 중 하느님을 만났고 소원을 묻는 질문에 죄를 사해달라고 빌었다. 그리고 교황 호노리우스 3세에 의해 면벌부가 수여되었다. 이후 포르치운콜라를 방문하는 사람들에게 '아시시의 용서'(Pardon of Assisi)라는 '전면적인 면벌부'(全大赦)가 허락되었다. 처음에 포르치운콜라 면벌부는 여기서만 받을 수 있었고, 15세기 말 이후 프란체스코 수도회 소속 모든 교회들로까지 확대되었다.

11* 다르장트레(Charles du Plessis d'Argentré, 1673~1740): 생 쉴피스 대학과 소르본 대학에서 신학을 공부한 뒤 1699년 사제가 되었다. 1725년 튈(Tulle)의 주교로 부임했다. 대표 저술에 『우리의 죄과들에 대한 판결집』(*Collectio Judiciorum de Novis*

Erroribus, 전3권, 1724~36)이 있다. 이 책은 12세기부터의 신학 논쟁 문제들과 오류설에 대해 총망라한 것으로 로마 당국의 결정, 교황 문서, 유명 대학의 판정 사항들을 곁들였다.

12 뒤 플레시 다르장트레, 『우리의 죄과들에 대한 판결집』 I, 306쪽 및 그 이하 참조.

13* 베른하르디(Bernhardi von Feldkirchen, 1487~1551): 루터교 신학자이자 종교개혁가로 비텐베르크 대학의 총장을 지냈다. 1518년 면벌부 논쟁에서 루터를 옹호했고 켐베르크 수도원장으로 재직 중에 수도사의 서약을 어기고 결혼함으로써 마인츠 대주교 알브레히트가 교회 법정에 소환하는 등 논란의 중심에 서기도 했다.

14 W., I, 142쪽; E., op. var.arg., I, 235쪽 및 그 이하 참조(1865).

15* 귄터(Franz Günther, ?~1528): 독일의 신학자이자 설교가. 루터의 제자로 1517년 비텐베르크 대학에서 '성서학사'(Baccalaureus biblicus) 학위를 받았고, 1519년 위터보크(Jüterbog)에서 프란체스코 수도회에 맞서 루터의 신학사상을 옹호하다가 설교자 자리에서 쫓겨나기도 했다.

16 W., I, 221쪽; Strohl II. 169쪽 및 그 이하 참조.

17* 둔스 스코투스(Johanes Duns Scotus, 1266~1308): 프란체스코 수도회 실재론 철학자, 스콜라 신학자. 왕권신수설을 반대하고 교황권을 강력하게 옹호했다. 둔스 스코투스의 추종자들은 토마스 아퀴나스의 추종자들과 경쟁했다.

18 W., I, 229쪽; Strohl II, 223쪽 및 그 이하 참조.

19* 하인리히(Heinrich von Braunschweig, 1489~1568): 브라운슈바이크-뤼네부르크 공국의 통치자들 가운데 가톨릭 신앙을 고수했던 마지막 인물. 슈말칼덴 전쟁이 발발했을 때 개신교 진영과 맞서 싸웠다. 루터는 하인리히가 작센의 선제후 요한 프리드리히를 이단자로 비난하고 자신과 작센 선제후 사이를 이간질하려 했던 것을 논박하기 위해 『한스 보르스트에 반대하며』를 썼다.

20 예를 들어, 고겔(Maurice Goguel)의 『루터 선집』, 파리, 1925, 42~43쪽 참조.

21 W., I, 65~66쪽.

22 "그렇지만 만약 교황이 교회에 필요한 돈을 대가로 자신이 할 수 있는 이런 일을 비참한 영혼들에게 무료로 베풀지 않는다면 교황은 잔인한 것이다"(Alioquin, Papa est crudelis si hoc miseris animabus non concedit gratis, quod potest, pro pecunia necessaria ad Ecclesiam, concedere).

23 W., I, 94쪽. 10월 31일에 한 것으로 되어 있는 이 설교가 정확히 어느 해인지는 밝혀지지 않았다. 1517년에 행한 것이라고 말해져 왔다. 그런데 바이마르 판은 1516년에 행한 것으로 밝히고 있다.

24 END., I, n° 48, 113쪽 및 그 이하 참조.

25 “실로 나는 내가 듣지 못한 설교자들의 강변(强辯)을 비난하지 않는다. 그러나 나는 그들의 강변으로 인해 사람들이 갖게 된 매우 잘못된 관념들을 통탄한다”(non adeo accuso praedicatorum exclamationes, quas non audivi; sed doleo falsissimas intelligentias populi ex illis conceptas). End., I, 115쪽.

26 다르장트레, 『우리의 죄과들에 대한 판결집』 I, 308쪽; 르노데(Augustin Renaudet), 『종교개혁 이전과 인문주의』, 1916, 108쪽.

27* 위클리프(John Wycliffe, 1320~84): 영국 종교개혁의 선구자. 옥스퍼드 대학 신학 교수를 거쳐 국왕 에드워드 3세의 궁정 사제로 서임되었다. 교황권으로부터 영국의 정치적·종교적 독립을 표방하고, 성서에 근거해 잘못된 교의와 제도, 성직자의 악덕을 비판했다. 1382년 라틴어 성서를 영어로 번역하고 많은 글과 책을 저술했다. 사후 콘스탄츠 공의회에서 이단으로 선고되어(1415), 유해는 발굴되어 불살라졌다. 그의 사상은 체코의 개혁자 얀 후스에게 큰 영향을 미쳤다.

28* 프랑수아 라블레의 소설 『팡타그뤼엘』에 나오는 인물. 팡타그뤼엘의 친구로 교활하고 재치 있는 건달이다.

제2장 1517년의 독일과 루터

29 에렌베르크, 『푸거 가의 시대』, 제3판, 예나, 1922(2권), 8°. 프랑스어로 요약 번역, 파리(역사연구소), 1955, 434쪽.

30* 그랑빌(Nicolas Perrenot de Granvelle, 1486~1550): 부르고뉴 자유국의 정치가이자 법률가. 1519년 카를 5세가 열아홉 살 나이로 신성로마제국의 황제로 선출되자 재빨리 그의 측근이 되어 제국의 수상이 되었다. 1530년, 가티나라(Mercurino Gattinara)가 죽은 후에는 황제의 가장 믿을 만한 조언자 가운데 한 사람으로 곁을 지켰다.

31 교황은 황제에게 그 점을 곧잘 상기시켰다.

32* 권한은 별로 없지만 신성로마제국이라는 대국의 황제라는 상징성이 갖는 무게를 가리킨다.

33* ‘황제의 홀’이라고 불리며, 신성로마제국의 대관식을 기념하는 축하연을 베풀었던 장소다.

34* 뒤러(Albrecht Dürer, 1471~1528): 독일 르네상스 시대의 위대한 화가·판화가. 그의 수많은 작품 가운데에는 제단화와 종교화를 비롯해 많은 초상화·자화상·동판화 등이 있다.

35* 피셔(Peter Vischer, 1460~1529): 독일의 조각가·금공가(金工家). 1450~1550년 거의 1세기 동안 독일 조각계에서 주도적 위치를 차지한 피셔 일족의 중심인물. 뉘른베르크에 있는 공방은 르네상스 미술의 중심지였다.

36* 작스(Hans Sachs, 1494~1576): 뉘른베르크의 구두장인, 격언시인, 마이스터징어이자 극작가였다.

37* 베하임(Martin Behaim, 1459~1507): 독일의 항해가·지리학자. 1485년에 서아프리카를 탐험했고, 항해용 기구를 만들었다. 현재 남아 있는 지구본 가운데 가장 오래된 지구본을 만들었으며, 콜럼버스의 친구이기도 했다.

38* 15~17세기에 번창했던 독일의 상인가문이다.

39* 레지오몬타누스(Regiomontanus, 1436~76): 독일의 천문학자·수학자. 본명은 요한 뮐러(Johann Müller)다. 1471년 뉘른베르크에 독일 최초의 천문대를 건설했고, 대수학 연구를 촉진했다. 유럽 최초의 삼각법의 전문서 『삼각형에 관하여』를 펴냈다.

40 『탁상담화』 W., II, 98쪽, n° 1428, 1532년. "이탈리아는 우리를 짐승으로 부른다"(Italia heist uns bestias).

41 이 말은 『가르강튀아』의 40장에서 가르강튀아가 그랑구지에에게 한 유명한 답변이다. "과연 그렇지, 그랑구지에가 말했다. 하지만 그들은 우리를 위해 신에게 기도를 드리기는 합니까?—거의 하지도 않아요. 가르강튀아가 대답했다."

42* 베함(Hans Sebald Beham, 1500~50): 매우 작은 동판에 화려한 작품을 새긴다고 해서 '클라인마이스터'라고 불린 판화가들 가운데 가장 많은 작품을 남겼다. 알브레히트 뒤러의 공방에서 제자로 일한 것으로 추정된다. 종교개혁기 토마스 뮌처의 재세례파 운동에 가담해 뉘른베르크에서 추방되었다.

43* 독일 종교개혁 초기인 1522~23년 사이에 몰락한 기사들이 옛날의 영광스럽던 중세 제국의 재건을 외치며 일으킨 반란.

44 Erl., 48장, 136쪽. —그 이전의 두 인용구문에 대해서는 『로마서 강해』, 피커 판 2장 177쪽, de Witte 2장 138~139쪽과 E., 53장 104쪽 참조.

45 End., I, n° 69, 「루터가 실비우스 에그라누스에게 보내는 편지」, 173쪽.

46* 프리에리아스(Sylvester Prierias, 1456~1523): 본명은 실베스테르 마촐리니. 도미니크회 수도사. 레오 10세에 의해 교황청 교리담당 교수로 임명됨. 종교재판소 판사로도 일하며 독일의 인문주의자 로이힐린을 단죄했고, 1517년 『교황권에 관한 대화』를 써서 루터를 단죄했다.

47* 에크(Johann Eck, 1486~1543): 가톨릭 신학자로 독일과 스위스의 주요 종교개혁자들과 공개논쟁을 벌였다. 1519년 라이프치히에서 루터와 카를슈타트를 상대로, 1526년 바덴에서 외콜람파디우스를 상대로, 1541년 보름스에서 멜란히톤을 상대로 각각 논쟁했다. 1520년 교황 레오 10세가 루터를 파문하는 일을 도왔다.

48* 엠제르(Hieronymus Emser, 1477~1527): 독일의 신학자·성서편찬가. 루터와 공개적으로 벌인 장기간의 신학논쟁으로 유명하다. 스위스의 종교개혁가 츠빙글리와도

논쟁을 벌였다.

49* 벨러(Jerome Weller, 1499~1572): 루터의 집에 기거하며(1527~35) 가정교사로 그의 아이들을 가르쳤다. 양심이 지나치게 올곧았던 그는 우울증에 자주 빠졌는데, 루터는 집을 떠나 있을 때 그를 위로하기 위해 편지를 보내곤 했다.

제3장 에라스무스, 후텐, 로마

50 1517년 이전의 에라스무스의 생애에 관해서는 르노데, 「1517년까지의 에라스무스」(『역사 잡지』, t. CXI~CXII, 1912~1913)를 참고할 것. 1518년부터 1521년까지의 생애에 대해서는 같은 저자 『에라스무스, 그의 종교사상과 행동』, 파리, 알캉, 1629를 참조할 것. 그 이후의 생애에 대해서는 마찬가지로 같은 저자의 『에라스무스 연구』, E. 드로즈, 1939를 참고할 것.

51 『에라스무스의 서한』, 알렌출판사, 편지 904, 445~446쪽.

52 같은 책, 501, 416쪽.

53 같은 책, 417~418쪽.

54 End., I, n° 25, 63~64쪽.

55* 코르다투스(Konrad Cordatus, 1480경~1546): 루터교 신학자이자 종교개혁가. 본명은 콘라트 헤르츠(Conrad Hertz)다. 루터와는 좋은 관계를 유지했으나, 칭의 교리와 관련해 그리스도의 공로 이외에도 인간의 참회가 필요한지의 문제를 둘러싸고 1536년 멜란히톤과 신학논쟁을 벌였다. 아우리파버가 출간한 『탁상담화』의 자료들을 수집, 필사한 것으로도 잘 알려져 있다.

56 『탁상담화』 W., III, 139쪽. "나는 에라스무스를 마음 깊이 증오합니다"(Ex animo odi Erasmus); 같은 책, 140쪽. "내가 히에로니무스만큼 증오하는 저자도 없습니다!"(inter scriptores, nullum aeque odi ut Hiernimum).

57* 랑(Johannes Lang, 1487경~1548): 독일 에르푸르트에서 활동한 종교개혁가·인문주의자. 에르푸르트의 아우구스티누스 수도원에서 루터를 처음 알게 된 이후 1519년 라이프치히 논쟁에 함께 참여하는 등 평생 비텐베르크의 종교개혁가들과 친밀한 관계를 유지했다. 1520년대 중반 에르푸르트 시가 종교개혁을 도입할 때 주도적인 역할을 담당했다.

58 End., I, n° 34, 88쪽.

59* 성 히에로니무스가 4세기 말에 번역한 성서. 1546년 트리엔트 공의회에서 정식 채택되었다.

60* 카피토(Wolfgang Capiton, 1478~1541): 독일의 그리스도교 인문주의자, 가톨릭 사제.

가톨릭 신앙을 버리고 스트라스부르에서 초기 종교개혁자가 되었다. 마르틴 부처와 함께 스트라스부르와 독일 남부를 개혁하고, 독일·프랑스·스위스의 지도적인 복음 사역자들을 결속시키는 데 힘썼다. 1530년에는 부처와 함께 아우크스부르크 신앙고백에 대한 루터와 츠빙글리의 견해 차이를 중재하기 위해 노력했다.

61 『에라스무스의 서한』, 알렌출판사, II, 편지 401, 225~226쪽. "성서의 신비와 문헌에 가장 큰 공로자인 에라스무스를 보았던 것보다 더 영광스러운 일은 없다"(non alia re magis gloriantes quam Erasmum vidisse, virum de litteris scripturaeque sacrae arcrae meritissimum).

62 『에라스무스와 루터의 관계에 대한 비판적 연구』, 파리, 알캉, 1909, 13~14쪽.

63 초기, 루터에 대한 에라스무스의 전략에 대해서는 르노데의 다음 작품 속의 뛰어난 기술 참고. 『에라스무스, 그의 종교 사상』(48쪽, 특히 50쪽 및 그 이하 참조).

64 1504년의 『엔키리디온』에 대해서는 르노데 『종교개혁 이전과 인문주의』, 429~435쪽; 피노(Jean-Baptiste Pineau), 『에라스무스, 그의 종교 사상』, 제6장, 101쪽 및 그 이하 참조.

65 『에라스무스의 서한』, 알렌출판사, III, 편지 858, 361쪽 및 그 이하 참조.

66 그 술책은 당연히 볼즈에게 보내는 그 장문의 편지 말미에 시작된다. 『에라스무스의 서한』, 372쪽. "물론 그는 그의 용서(condonatio)들을 비난하는 게 아니라 그리스도의 가르침으로부터 나온 확실한 것을 더 우선시하는 것이다"(Non utique damnat illius condonationes, sed praefert id quod ex Christi doctrina certius est).

67 End., I, n° 167, 481쪽; 『에라스무스의 서한』 III, 편지 933, 516쪽.

68 칼코프, 『울리히 폰 후텐과 종교개혁(1517~1523)』, 라이프치히, 1920, in-8°. 그 외에도 『후텐의 방랑시기와 몰락』, 바이마르, 1922, in-8°.

69* 루비아누스(Crotus Rubianus, 1480~1539): 독일 이름은 Johannes Jäger로 불린다. 인문주의자 울리히 폰 후텐과 교분을 가졌다. 1515년경에 수도사들의 생활상을 비판한 유명한 풍자서 『우자의 편지』(*Epistolae Obscurorum Virorum*, 1515~17)의 많은 부분을 집필했다.

70* 지킹겐(Franz von Sickingen, 1481~1523): 자유기사단의 일원이었으며, 1519년 신성로마제국 황제 막시밀리안 1세가 죽은 뒤 자신의 영향력을 이용해 카를 5세가 새로운 황제로 선출되도록 힘썼다. 마르틴 루터를 보호해주었으며 많은 인문주의자와 종교개혁가들을 자신의 성에 숨겨주었다.

71 『울리히 폰 후텐의 저술』, 뵈킹 판, 라이프치히, 1859, 제1권, 편지 75, ad Hermannum de Neuvenar, 167쪽.

72 앞의 책, 제1권, 313쪽, Huttenus Eobano Hesso: "루터는 제후 알베르투스 때문에

이 문제에 관여하려 하지 않았다"(Lutherus in communionem huius rei accipere non audeo, propter Albertum principem).

73 End., II, n° 234, 207쪽, 1519년 10월 16일.

74 End., II, n° 300, 392쪽, 「크로투스로부터 루터에게」. "게르만 귀족인 위대한 지도자 지킹겐"(Franciscus de Syckingenn, magnus dux Germanicae nobilitas).

75 End., II, n° 234, 207쪽. "렉스 사크로룸이 나아가자, 썩은 시체로 달려드는 굶주린 새떼들처럼 많은 추기경, 대서기관, 주교 들이 그 주변으로 모여든다. 음탕한 부녀와 매음을 하는 소년들로 이루어진 말단의 군중들 속에 있는 어떤 어리석은 이에게서 성체성사가 이어진다"(Quando progreditur Rex sacrificulus, tot Cardinales, tot Protonotarii, tot Episcopi… circa ipsum glomerantur, quot famelicae aves ad putrida cadavera… Sequitur Eucharistia in quodam asino, in extrema cohorte, quam impudicae mulieres ac prostituti pueri constituant).

76* 발란(Pietro Balan), 『루터교 종교개혁의 기록들』, 1884, in-8°, doc. n° 63, 1521년 8월 15일, 166쪽. "그러나 [성 베드로가 세웠다고 하는] 로마 가톨릭 교회에서 다른 이들에게 나눠주거나 수여했던 성직록을 거둬들이는 것이 가능했다"(Ma e possibile che… a sede Apostolica possi revocare il beneficio quale gli ha dato et conferito in altri).

77 발란, 앞의 책, doc. 54, 132쪽. "그 단어에 대해 대담하게 반응하는 것 이외에는 할 수 있는 게 없었다. 그들이 그리스도인이라 당신들의 교황이라면, 우리의 교황이기도 했던 것이다."(Non potei perô fare di non responder audacemente quanto aquella parola: Vostro Papa, che, se erano christianir, il Papa era cosi ben suo come nostro).

78* 후스(Jan Hus, 1372~1415): 체코 출신의 종교개혁가. 존 위클리프의 종교개혁 운동에 공명하고, 교황 등 로마 교회 지도자들의 부패를 비판했다. 1414년에 콘스탄츠 공의회에서 이단으로 단죄되어 화형에 처해졌다. 그의 복음주의적 주장은 1세기 뒤 마르틴 루터 등 알프스 이북의 종교개혁가들에게 영향을 미쳤다.

79 프랑스 독자는 번역본 『교황의 역사』(파스토르) 제7권 제8장에서, 로마에서의 루터에 대한 소송에 관한 설명을 충분히 발견할 것이다.

80* 밀티츠(Karl von Miltitz, 1480~1529): 작센 가문 출신. 교황 레오 10세의 특사와 프리드리히 선제후의 대사를 지냈다. 카예탄 추기경이 루터를 저지하려던 계획이 실패로 돌아가자 밀티츠는 독일 사람의 자격으로 프리드리히 선제후에게 교황이 보내는 '황금 장미'(Golden Rose)를 가지고 가서 루터와 교섭을 꾀했다.

81* 카예탄(Cajetan, 1468~1534): 저명한 토마스주의자이자 아우크스부르크의 추기경으로 토마스 데 비오(Thomas de Vio) 또는 카예타누스(Caïtanus)라고도 불린다. 교황 특사로 임명되어 아우크스부르크에서 루터를 심문했다. 루터에게 그의 주장을 무조건 철회할 것을 강력히 요구했다.

82* 기누치(Girolamo Ghinucci, 1480~1541): 교황 율리우스 2세의 비서. 이탈리아 아스콜리피체노의 주교(1512~18), 잉글랜드 우스터의 주교(1522~35). 1518년 이후 프리에리아스와 함께 루터 사태에 참여했다.

83* 1343년 교황 클레멘스 6세(1342~52)의 '우니게니투스'(Unigenitus, 독생자) 교서에서 반포한 교리인데, 내용은 "면벌부의 근원은 그리스도와 성인들의 공로로 구성된 것이다." 즉, 이 말은 교회가 공로의 보고(寶庫)라는 점이다. 그리스도, 성모 마리아, 성인들의 공로가 너무도 큰 것이어서 인간의 죄를 속량한다는 원리.

84* 1343년 교황 클레멘스 6세가 발표한 면벌(Indulgences)에 관한 교서로서 교회는 교회가 쌓아온 공로의 보고를 기반으로 교황이 신자들에게 면벌을 내릴 수 있다고 가르친 스콜라 신학의 교설을 인정했다. 1518년 카예탄 추기경은 루터가 이 내용을 무시했다고 고발했다.

85* 세리판도(Girolamo Seripando, 1493~1563): 저명한 신학자로 트리엔트 공의회에서 가톨릭 고유의 교의를 확립하는 데 기여했다.

86 루터 항목. 분책 74(제9권), 1926, col. 1199~1202. 트리엔트 공의회 초기 때 유럽에서의 칭의에 대해서는 바탈리옹(Batailion)의 『에라스무스와 스페인』 안의 주목할 만한 장(533쪽 및 그 이하 참조)을 볼 것.

87 W., II, 66. 텍스트는 짧고(69~73쪽) 문단들로 나뉘어 있다.

88* 황금 장미장(Golden rose): 교황이 교황청에 공로를 세운 국가나 도시에 내리는 선물. 금이나 보석 따위를 박은 장미 꽃잎 모양의 장식이다.

89* 양종 성찬식: 성체성사를 행하는 기독교 종파에서 영성체를 행할 때 빵(성체)과 포도주(성혈)를 모두 영하는 방식을 일컫는 말이다.

제4장 1520년의 이상주의자

90 End., III, 208쪽. 1521년 8월 1일 바르트부르크에서 멜란히톤에게 보내는 루터의 편지. 그 중요성을 감안해 전체를 인용한다. "만약 자네가 은총을 설교하는 자라면, 날조된 은총이 아닌 참된 은총을 설교하게. 만약 그것이 참된 은총이라면, 날조된 죄가 아닌 참된 죄를 받아들이게 신은 가짜 죄인을 구원하지 않는다네. 죄인이 되게. 그리고 대담하게 죄를 짓게. 그러나 또한 더 굳세게 믿고 죄와 죽음, 세계에 대한 승리자이신 그리스도를 기뻐하게. 우리가 이처럼 있는 한 죄를 지을 수밖에 없다네……. 우리가 세상의 죄를 없애는 신의 어린 양을 알게 되었던 것으로 충분하네"(Si gratiae praedicator es, gratiam non fictam sed veram praedica; si vera gratia est, verum, non fictum peccatum ferto. Deus non facit salvos ficte peccatores. Esto peccator et pecca fortiter, sed fortius fide et gaude in Christo qui victor est peccati, mortis et mundi. Peccandum est, quamdiu sic sumus··· Sufficit quod agnovimus··· Dei agnum qui tollit peccatum mundi). 유명한 또 다른 문구. "비록 우리가 하루에 1,000번씩 간음하고 살육한다 해도 죄가 우리를 이로부터 떼어놓지 못할 것이네"(Ab hoc, non avellet nos peccatum, etiamsi millies uno die fornicemur aut occidamus). 그리고 대조적으로 균형을 이루는 다음과 같은 결론. "그대는 가장 강력한 죄인이니 더 강력히 기도하게"(Ora fortiter: es enim fortissimus peccator).

91* 슈펭글러(Oswald Spengler)는 『서구의 몰락』에서 활동성, 결단력, 자기주장이 충만한 문화로서 영속적이고 광대무변한 것을 추구하는 파우스트적인 문화를 말했다. 현재의 쾌락에 집중하는 그리스 로마 시대의 문화와는 대조적이다.

92* 시편 74:22, "하느님이여 일어나 주의 원통함을 푸시고 우매한 자가 종일 주를 비방하는 것을 기억하소서"의 첫 단어를 따서 만든 것이다.

93 르노데, 『에라스무스, 그의 종교 사상』, 88쪽 및 그 이하 참조.

94 『울리히 폰 후텐의 저술』, 뵈킹 판, 제1권, 편지, 355쪽; End., II, n° 310, 408쪽. 이 편지의 번역과 여러 판에 대해서는 『울리히 폰 후텐의 저술』, 뵈킹 판, 제1권, 편지 4(색인).

95 『루터의 오류들에 반박하는 레온 데치무스의 칙서』(*Bulla Decimi Leonis contra errores Lutheri*); 『울리히 폰 후텐의 저술』, 뵈킹 판, 상기서 참조.

96 『루터의 오류들에 반박하는 레온 데치무스의 칙서』; 『울리히 폰 후텐의 저술』, 뵈킹 판, 상기서 참조.

97 『루터주의자 브란트와 관련된 마인츠에 대한 소송』, 4 ff. in-4°; 『교황의 권력에 반대하는 소송과 경고』, 26 ff. in-4°; 『로마 주교나 교황이 독일 황제들에 대하여 늘 어떻게 지배해왔는지에 대한 보고』, 8 ff. in-4° 등. 『울리히 폰 후텐의 저술』, 뵈킹 판, 상기서 참조.

98 End., II, n° 323, 432쪽. "주사위는 던져졌다. 실로 나는 로마의 격분도 호의도 신경 쓰지 않는다"(A me quidem, jacta mihi alea, contemptus est Romanus furor et favor).

99* 발라(Lorenzo Valla, 1407~57): 15세기 르네상스 시기 이탈리아를 대표하는 인문주의자. 일찍이 문헌학적 방법론을 확립해 고전의 비판적 연구로 유명하다. 많은 저서를 남겼지만, 그 가운데 가장 유명한 저술은 『콘스탄티누스 기진장이 가진 허위성에 관하여』(*De falso credita et ementita Constantini Donatione declamatio*, 1440)다. 그는 자신의 비판적인 연구 방법론을 통해 기진장이 허위 문서임을 밝혀냈다. 기진장은 콘스탄티누스 대제가 자신의 병을 고쳐준 교황 실베스테르 1세의 영적 권위에 감복한 나머지 서방세계 전체를 양도한다는 뜻을 담아 건넨 문서다.

100 End., II, n° 274, 332쪽. "선한 신이시여, 로마의 무지와 불의가 얼마나 큰지요!"(Deus bene, quantae sunt tenebrae, nequitiae Romanensium).

101 파키에, 『히에로니무스 알레안더』, 154쪽 및 제7장 전체.

102* 세상·천국·연옥 등에 있는 모든 성인의 공로와 기도가 서로 통한다는 교리.

103 『고해에 대하여』 W., VIII, 157쪽; 스트롤의 인용, II, 325쪽.

104 앞의 책과 W., XI, 264쪽.

105 다른 문구들은 Will, 198~200쪽에 인용.

106 뒤의 주 159, 주 160 참조.

107 E., IX, 152쪽.

108 이 모든 것에 대해서는 Will, 248~249쪽.

109* 들라로슈(Paul Delaroche, 1797~1856): 프랑스의 화가로 인물의 초상과 역사적 주제를 잘 다루었다. 고전주의적인 구성에 로맨틱한 감정 표출을 가미한 절충주의(折衷主義, juste milieu)를 대표한다.

110* 카라치올로(Marino Caracciolo, 1468~1538): 나폴리 주교, 카를 5세 황제의 비서이자 외교 특사. 교황 특사로 임명되어 1519년 아우크스부르크 제국회의에 참가했고, 1520년 보름스 제국의회에서 알레안더와 함께 루터를 단죄하는 임무를 수행했다.

111 End., III, n° 414, 113쪽. "그러므로 나는 오직 철회만 하라고 소환되었기에 가지 않으리라 카를 황제에게 답할 것입니다. 실로 내가 이미 거기에 갔다가 여기로 돌아온 거나 마찬가지이기 때문입니다"(Respondebo ergo Carolo Imperatori, solius palinodiae causa vocatum me non venturum : quando quidem idem sit ac si jam illuc venissem et huc rediissem).

112 End., 위의 책. "그런데 나는 저 냉혈한들이 나를 죽이기 전까지는 멈추지 않으리라 확신합니다"(Certissimum autem habeo, illos non quieturos sanguinarios, donec occiderint me).

113 End., III, n° 390, 73쪽.

114 End., III, n°, 121쪽. "그런데 그리스도는 살아계십니다. 우리는 지옥의 모든 문과 하늘의 모든 권세에도 불구하고 보름스로 들어갈 것입니다"(Verum Christus vivit, et intrabimus Vormaciam invitis omnibus portis inferni et potentatibus aëris). 보름스 체류에 대해서는 코르다투스의 『선집』에 나오는 루터의 흥미로운 이야기 참조(『탁상담화』, Weimar 판, III, 281~287쪽).

115* 구약성서에 등장하는 거대한 수륙양서 괴수의 이름이다.

116 『카를 5세 치하에서의 독일 의회 기록』. Wrede 판 II, 555. "내가 성서나 명백한 이성의 근거에 의해 확신을 갖는 게 아니라면(내 양심은 성서 속의 신의 말씀에 사로잡혀 있습니다), 나는 어떤 것도 취소할 수 없고 취소하고 싶지도 않습니다. 왜냐하면 양심에 반하는 행동은 안전하지도 온전하지도 않기 때문입니다. 신이여, 도와

주시기를. 아멘"(Nisi convictus fueros testimoniis Scripturarum aut ratione evidenti... victus sum Scripturis a me adductis et capta conscientia in verbis Dei ; revocare neque possum neque volo quicquam, cum contra conscientiam agere neque tutum neque integrum sit. Gott helf mir, Amen); Wrede의 상기서 안의 기존의 잘못되어 버려야 할 가필 문제에 대한 논의를 볼 것. "나는 여기 서 있는 일 외에 아무것도 할 수 없다"(His stehe ich, ich kann nichts anders).

117 이 흥미로운 문구는 브라캄프 프레이리(Anselmo Braamcamp Freire), 『플랑드르 재외상관 뉴스』, 리스본, 1920, 116쪽에 있다.

118 End., III, n° 426, 128쪽에 기록되어 있음; E., LIII, n° 28, 64쪽.

119 End., III, n° 424, 126쪽, 에베른부르크에서. "나는 악령들의 광기에 맞서기 위해 검이나 활과 화살, 포가 필요합니다. 당신에게는 옹호자도 복수자도 없지 않으리라 말하고 싶습니다."(Opus esse video gladiis et arcubus, sagittis et bombardis ut obsistatur cacodaemonum insaniae··· Non carebis defensoribus, neque deerunt inquam vindices tibi).

120 앞의 책, "어떻게든 나는 성지에서조차 저 주교관을 쓴 노예들에게 선동을 부추겼을 것입니다"(Alioqui ad ipsos muros concitassem aliquam turbam pileatis istis).

121 특히, 161~163쪽 참조.

122 161쪽.

제5장 바르트부르크에서의 몇 달

123 『탁상담화』 W., II, 421. "아우구스타 추기경이 나에 대해 말했다. '그 수도사의 눈은 얼마나 깊은가. 그러니 머릿속에 이상한 환상들이 들어 있을 게 틀림없다"(Cardinalis Augustae dixit de me: iste frater habet profundos oculos ; ideo et mirabiles phantasias in capite habet).

124 『개인미사의 폐지에 관하여』, 1521년 판(스트라스부르 도서관, E 151, 124) f° Aiii. "나는 우선 불경한 말로 내게 소리치려는 자들에게 항의한다"(Protestor imprimis adversus eos qui insanis vocibus sunt in me clamaturi quod, etc.).

125 1518년의 『해설』, 비텐베르크(스트라스부르 도서관, E 151, 124) f° A 4 v°. "우선 나는 오직 성서 속에서 성서로부터 취하고 취할 수 있는 것만을 말하거나 견지하기를 원할 뿐이라고 고언한다"(Primum prostestor me prorsus nihil dicere aut tenere velle nisi quod in et ex Sacris Litteris··· habetur et haberi potest).

126 앞의 책. "실로 나는 오류를 저지를 수는 있어도 이단은 아니리라"(Errare quidem potero, sed haereticus non ero).

127 뒤러의 여행에 관해서는 베트(Jan P. Veth)와 뮐러(Samuel Muller)가 두 권의 in-folio 판으로 출판한 아름다운 저서 『뒤러의 네덜란드 기행』, 베를린~위트레히트, 1918, t. I, 우르쿤덴(Urkunden), 80쪽, 1521년 5월 17일을 참조. 에라스무스에 대한 호소와 루터에 대한 간청에 관한 글이 4단(80~82)에 걸쳐 아주 감동적으로 기술되어 있다.

128* 마운트조이(Mountjoy) 남작, 윌리엄 블런트(William Blount, 1478경~1534): 영국의 귀족이자 인문주의자. 파리 유학 시절 에라스무스에게서 수학했고 훗날 그의 후원자가 되었으며 토머스 모어와도 교류하는 등 학문의 진흥에 힘썼다. 블런트는 국왕 헨리 8세가 왕비 캐서린과 이혼하는 데 교황이 동의할 것을 촉구하는 공개서한에 서명한 사람 중의 하나이기도 하다.

129 『에라스무스의 서한』, 알렌출판사, IV, 편지 1219, 544[100]. "희망이 결실을 보지 못한다면 참된 것을 말하지 않는 게 합당하다고 생각한다"(Et arbitrot fas esse tacere quod verum est, si non spes fructus).—마찬가지로 더 앞쪽[42]에 있는 매우 에라스무스다운 다음의 말도 참조. "비록 루터가 거의 모든 것들을 썼다 하더라도, 분란을 일으키는 그 자유는 몹시 내 맘에 들지 않는다"(Si Lutherus omnia vere scripsisset, mihi tamen magnopere displiceret seditiosa libertas).

130 "나는 여기에서 매우 한가한 한편 골몰해 있기도 합니다"(Ego hic otiosissimus et negotiosissimus sum). 슈팔라틴에게 보내는 편지, 1521년 6월 10일; End, III, n° 441, 171쪽; W., II, 354쪽.

131 "나 자신조차 나를 이미 오래전에 잊었기에 당신은 나를 잘 알아보지 못했을 것입니다"(Ut tu me difficile nosses cum ipse me jam dudum non noverim). 슈팔라틴에게 보내는 편지, 1521년 5월 14일; End., III, n° 435, 155.

132 End., III, 149쪽, 171쪽, 189쪽, 199쪽, 204쪽 참조.

133 "포로들 사이의 아이처럼 나는 유유자적한다네"(Nunc sum otiosus, sicut inter captivos liber). 1521년 5월 15일; End., III, 150.—"나는 여기에서 종일 유유자적하면서 술에 취해 거나하게 앉아 있다네. 나는 그리스어와 히브리어 성서를 읽고 있다네"(Ego otiosus hic et crapulosus sedeo tota die. Bibliam graecam et hebraeam lego). 5월 14일; 위의 책, 154. 다른 페이지에 인용된 문구와 비교해볼 것. 거기에서도 루터는 이렇게 덧붙였다. "나는 히브리어와 그리스어를 배우고 끊임없이 글을 쓰고 있다네"(Hebraica et Gracca disco et sine intermissione scribo). 한가한(유유자적, otiosus)의 의미를 명확히 해주는 것에 대해서는 마찬가지로 End., III, 164, 5월 26일. "나는 은둔자, 은수사이며 진정한 수도자이기 때문이네"(Cum sim eremita, anachorita, vereque monachus).

134 "이곳 사람은 나를 지나치게 잘 대해준다네"(Tractat me vir loci huius ultra meritum longe). End., III, n° 441, 171쪽.

135 End., III, 189. "나를 한껏 치켜 올리는 자네가 못마땅하다네. 나를 영광스럽게 여기

는 자네가 나 자신을 부끄럽게 만들고 괴롭힌다네. 억누를 수 없는 내 육신의 큰 불들을 내가 사용하는 것에 대해 하느님의 교회를 위해 아무런 탄식도 하지 않으면서, 불행하게도 여기서 한담이나 나누며 넋 놓고 무감각하게 앉아 있기 때문이네. 나는 영적으로 타올라야 하지만 육신·욕구·태만·무위·비몽사몽으로 몹시 불타오르고 있다네. 그렇게 되면 신이 등을 돌릴 거라고 왜 자네는 나를 위해 충고해주지 않았는지 모르겠네"(Displicuerunt mihi literae tuae...quod extollis nimio...Confundit ac discruciat me tua egregia ista suspicio mei, cum ego hic insensatus et induratus sedeam in otio proh dolor parum orans, nihil gemens pro ecclesia Dei, quin carnis meae indomitae uror magnis ignibis; summa, qui fervere spiritu debeo, ferveo carne, libidine, pigritia, otio, somnolentia ac nescio an quia vos non oratis pro me aversus sit.). 마찬가지로 End., III, 193, 1521년 7월 13일 멜란히톤에게 보내는 편지. "자네들에게 청하니 나에게 말하게. 이 고립 속에서 죄에 빠져들고 있으니"(Orate pro me, quaeso vos, peccatis enim immergor in hac solitudine). End., III, 230, 1521년 9월 9일 슈팔라틴에게 보내는 편지. "나는 홀로 있고 당신들은 나를 돕지 않았기에 지금까지 나는 조용히 살면서 아주 힘들고 수고로운 반대 행동에는 가담하지 못했네"(Adhuc sum stertans et otiosus ad orandum et opponendum ut mihi vehementer dispiliceam et onerosus sim, forte quod solus sim et vos me non juvetis). End., III, 243, 1521년 11월 1일. "그럼에도 나는 수도자가 아닙니다. 사람들이 말하듯 시간을 헛되이 써버리게 만드는 많은 악하고 교활한 악령들이 불쾌하게 곁에 있기 때문입니다"(Non tamen sum monachus, assunt enim multi et mali et astuti daemones, qui mihi tempus, quod aiunt, eludunt sed moleste). 그것들의 진짜 내용에 대해서 이론이 너무 분분한 이 문구들을 제공한 것에 대해, 사람들은 우리에게 감사하게 생각할 것이다.

136 앞의 주 맨 끝줄, "많은 악하고 교활한 악령들"(multi et mali astuti daemones)의 암시를 볼 것.

137 나는 『16세기의 무신앙 문제: 라블레의 종교』, 파리, 알뱅 미셸, 1943, 461~487쪽에서 16세기 사람들의 그 언어에 대해 내가 쓴 것을 참고할 수밖에 없다.

138 무어(W. G. Moore), 『독일의 종교개혁과 프랑스 문학』, 27~45쪽. 마찬가지로 더 최근의 것으로, 『종교개혁의 위대한 작품들』의 번역본 서두에 있는 (무어를 알지 못하는 것 같은) 그라비에(Maurice Gravier)의 몇몇 주를 볼 것.

139 "나는 나면서부터 폭도들과 악마들과 전쟁을 해야만 했다. 그래서 나의 책들은 매우 격렬하고 전투적이다"(Ich bin dazu geboren das ich mit den rotten und teufeln mus kriegen, darumb meine bücher vil stürmisch und kriegsisch sind). 바이마르 판, XXX2, 68쪽.

140 이 특별한 사항에 대해서는 무어, 32~33쪽을 보라. 아주 깊지는 않지만 통찰력이 가득하다.

141 루터에 대한 교서는 세 번 있었다. 먼저, 엑수르게 교서는 로마에서 작성되었지만

알레안더의 권고로 공포되지 않아 우리에게까지는 전해지지 않았다. 두 번째는 파문 교서다. 마지막은 1521년 1월 3일의 교서로, 루터와 그의 지지자들을 결정적으로 제명한다.

142 End., III, n° 435, 154쪽(1521년 5월 14일).

143 End., III, 229(1521년 9월 9일자).

144 End., III, 151, 1521년 5월 12일자. "원하든 원치 않든 여기에 앉아 있는 나는 기묘한 포로"(Ego mirabilis captivus qui et volens et nolens hic sedeo). W., n° 409, II, 336).

145 End., III, 148. "내가 마지못해 받아들인 이 하찮은 은거가 신의 영광을 위한 어떤 큰일로 작용하기를 자네는 내게 청하지 않는가? 논쟁을 포기하는 것처럼 보일까 나는 염려가 되었네. 내가 가장 바라는 것은 목을 내밀어 반대자들의 광기와 맞서는 일이라네"(An non pro me oras, ut secessus iste quem invitus admisi operetur aliquid majus in gloriam Dei?… Verebar ego ne aciem deserere viderer……Nihil magis opto quam furoribus adversariorum occurrere objecto jugulo). 6개월 뒤, 가브리엘에게 보내는 편지에서 같은 감정이 되풀이된다(End., III, 240). "실로 나는 공중(公衆)의 분노에 목을 내밀어 반대해야 한다고 생각했습니다. 그러나 그들에게는 다르게 보였음이……"(Ego quidem arbitrabar cervicem esse objectandam publico furoti, sed illis aliud visum).

146 End., III, 219. "제후이면서 다른 한편 강도가 아니기는 거의 불가능하든지 아니면 아예 불가능하다. 더 큰 제후일수록 더 큰 강도일 것이다"(Principem esse et non aliqua parte latronem esse, aut non aut vix possibile est ; eoque majorem quo major Princeps fuerit).

147* 브랑톰(Pierre de Bourdeille Brantôme, 1540경~1614): 프랑스의 군인, 회상록 작가. 왕족 집안에서 태어나 유년기를 마르그리트 드 나바르의 궁정에서 보냈다. 1558년 무렵 이탈리아로 가서 F. 기즈 장군의 부하가 되어 각지를 전전하고, 이탈리아·스페인·포르투갈·영국을 여행하며 모험으로 가득 찬 생애를 보냈다. 사후 출판된 『회상록』(1665~66)은 풍부한 체험과 견문, 광범위한 독서의 결과다. 회상록은 「유명한 여성들의 생활」「숙녀들의 생활」「프랑스의 유명인물 및 위대한 지도자들의 생활」「외국의 유명인물 및 위대한 지도자들의 생활」 등으로 이루어져 있다.

148 End., II, 327, 1522년 4월 12일. "나는 천성적으로 궁정을 혐오합니다"(Ego natura mea ab aula abhorreo). 브랑톰의 인용은 『상류부인들』, 부쇼 출판사(Jouaust), 다섯 번째 연설, II, 80 속에 있다.

149 End., III, n° 465, 246쪽, 1521년 11월 11일. "우리가 모군티누스에게 글 쓰는 것을 제후가 허락지 않으리라고 한 당신의 말을 우선 나는 받아들이지 않을 생각입니다. 오히려 나는 당신과 제후, 그리고 온 세계를 해체할 것입니다. 그렇지 않습니다, 슈

팔라틴이여. 그렇지 않습니다, 군주여. 그러나 그리스도의 어린 양들을 위해 다른 이들의 본보기로서 온 힘을 다해 저 탐욕스러운 늑대에 맞서야 합니다"(Primum non feram quod ais, non passurum Principem scribi in Moguntinum... Potius te et Principem ipsum perdam et omnem creaturam. !... Non sic, Spalatine ; non sic, Princeps! sed pro ovibus Christi resistendum est summis viribus lupo isti gravissimo, ad exemplum, aliorum!). W., n° 438, II, 402.

150 End., III, n° 479, 280쪽(1522년 1월 17일).

151* 게르벨(Nikolaus Gerbel, 1485~1560): 독일의 인문주의자이자 법률가. 빈 대학, 콜로뉴 대학, 튀빙겐 대학, 볼로냐 대학에서 두루 공부했다. 고대 그리스 지리와 로마 역사에 대해 여러 권의 책을 썼다. 마르틴 루터와 우정을 쌓고, 에라스무스, 멜란히톤 그리고 그의 후원자였던 로이힐린과 서신을 나눈 것으로 유명하다.

152 End., III, n° 461, 240쪽. 이 문장은 루터가 전체를 독일어로 작성한 작품 목록을 따른다. 그는 독일어 전집(omnia vernacula)을 강조한다.

153 End., III, 163쪽. 그리고 이어지는 인용에 대해서는 같은 책 148쪽, 164쪽, 165쪽, 189쪽, 230쪽, 236쪽.

154* 열왕기하 2:9 참조.

155 End., III, n° 465, 슈팔라틴에게 보내는 편지, 1521년 11월 11일, 247쪽. "개가 짖지 않도록 해달라고 요구받는 자는 오직 우리뿐일까"(Soli nos sumus, ex quibus exgitur ne canis mutiat?). 1521년 9월 9일 슈팔라틴에게 보내는 편지 n° 455에서 에라스무스에 대한 폭력의 옹호도 참조. "그들의 글들. 왜냐하면 그 글들은 야단치고, 헐뜯으며 공격하는 것을 삼가면서 동시에 아무것도 증진시키지 않기 때문이다"(Illorum scripta, quia abstinet ab increpando, mordendo, offendendo, simul nihil promovent)(229쪽). 그 혁명가는 종교개혁가에 대해 끝없이 비난한다.

156 End., III, 415. "그리고 그들은 내가 부인을 받아들이게 강제하지 않을 것이다"(At mihi non obtrudent uxorem).

157 End., III, n° 454, 222~227쪽.

158* 내면 신앙을 강조하는 신비주의 종교에서 흔히 볼 수 있던 경향. 그 맥은 종교개혁 시대 제세례파 등으로 이어진다. 이들의 주장은, 신자로서 흠 없는 사람이 되기 위해서는 인간의 경건한 노력, 곧 능동적 행위에 있다기보다 자기를 완전히 하느님께 맡겨 이뤄지는 영혼의 정적 상태 곧 완전한 수동성에 있다고 보았다.

159 W., VIII, 678쪽. "그리스도의 입에서 나온 숨, 막대기, 칼인 그 말씀에 의해 나쁜 일, 사기, 간악, 폭정, 유혹이 온 세상 앞에 드러나 완전히 망하게 되리라"(Nemlich das durch das wort Christi, wilchs ist der geyst, stang und schwerd seynes mundisz, wirt seyne buberey, trigerey, schalckeyt, tyranney, vorfurerey auffdeckt und fur aller welt

blosz tzu schanden werden).

160 "그리스도의 입은 그것을 해야만 한다……. 지금껏 모든 황제와 군주, 제후들이 그들의 모든 권력을 통해 그랬던 것 이상으로 나는 교황, 주교들, 성직자들, 수도자들을 칼에 피를 묻히지 않고 오직 입으로만 깨뜨리지 않았던가?"(Der mund Christi musz es thun… Hab ich nit dem Bapst, Bisschoffen, Pfaffen unnd munchen alleyn mitt dem mund, on allen schwerd schlag, mehr abbrochen, denn yhm biszher alle Keyszer unnd Konige unnd Fursten mit alle yhr gewalt haben abbrochen?" W., VIII, 683.

161 W., VIII, 680. "그러므로 권력을 조심해라. 권력이 움켜쥐고 명령하지 않는 한 너는 손과 입과 가슴을 가만히 붙잡아 두어라. 그러나 네가 만약 권력이 착수하고 명령하도록 움직일 수 있다면 그것을 해도 좋다"(Darum hab acht auf die Uberkeit, solange die nit zugreift und befiehlet, so halt du stille mit Hand, Mund und Herz und nimm dich nichts an. Kannst du aber die Uberkeit bewegen, daß sie angreife und befehle, so magest du es tun, will sie nicht, so sollt du auch nit wollen).

제3부 자기 세계에 틀어박힘

제1장 재세례파와 농민들

1 End., III, 252, 슈팔라틴에게 보내는 편지. "비텐베르크의 나의 필리프 곁에서, 암스도르프의 저택에서"(Wittembergae, apud Philippum meum, in aedibus Amsdorffianis).

2* 루터는 바르트부르크 성에서 지인들에게 편지를 보낼 때 발신지를 "높은 성벽으로 둘러진 나의 밧모 섬(요한계시록 1:9)에서, 광야로부터, 새들의 나라에서, 하늘이 열려 있는 땅에서"라고 썼다.

3 End., III, n° 485, 296쪽에 기록되어 있음. 독일어 문구로는 E., LIII, n° 40, 104쪽과 Wette, II, 362, 137쪽 및 그 이하 참조; W., n° 455, II, 453.

4 "나는 선제후보다 더 많은 보호를 받으며 비텐베르크에 왔습니다. 나는 선제후(E.K.F.G)에게 보호를 바라지 않았습니다. 정말이지 나는 선제후가 나를 보호하기보다 내가 선제후를 더 보호해야 한다고 생각합니다"(Ich komme gen Wittemberg in gar viel einem höhren schutz, denndes Kurfürsten. Ich habs auch nicht im Sinn von E.K.F.G. Schutz begehren. Ia, ich halt, ich wolle E.K.F.G. mehr schützen denn sie mich schützen Könnte). W., II, 455.

5 "여기에서 오로지 신만이 모든 인간적인 염려나 도움 없이도 행할 수 있음에 틀림없습니다. 그러므로 최고로 믿는 이가 최고로 보호해줄 것입니다"(Gott muss hie allein schaffen, ohn alles menschlich Sorgen und Zutun. Darumb, wer am meisten

glaübt, der wird hie am meisten schützen).

6 "왜냐하면 그리스도는 타인에게 손해를 끼치면서까지 그리스도인이 되라고 가르치지는 않았기 때문입니다"(Denn Christus hat mich nicht gelehrt mit eines andern Schaden ein Christ sey). W., II, 456.

7 End., III, n° 484, 292쪽. "아이제나흐에 있는 공직자 J. 오스발트에 대한 선제후 프리드리히의 지령"(Instruction des Krusfürsten Friedrich für J. Oswald, Amtmann in Eisenach). Lochau, 1522년 2월 말.

8* 뮌처(Thomas Münzer, 1489~1525): 독일의 신학자. 종교개혁 시기의 급진파 지도자. 당시 중부 독일의 봉건 지배자들에게 저항함으로써 루터와 가톨릭교회 모두와 척을 졌다. 1525년 플레바이안에서 농민 봉기를 주도했다가, 프랑켄하우젠에서 사로잡혀 고문 끝에 처형당했다.

9 End., III, n° 480, 286쪽.

10* '부당하게 타인의 물건을 훔치다'라는 뜻의 이탈리아어 arrogare의 1인칭 단수.

11 카를슈타트의 친구인 예나의 설교사 라인하르트(Martin Reinhardt)가 이야기한 자세한 내용은 악타 제네시아(Acta Jenensia)라는 이름으로 알려진 이야기에 있음(W., XV, 323쪽). 그는 예나의 회담과 오를라뮌데의 방문에 대해 이야기한다. 플로린의 장면의 상징에 대해서는 W., XV, 339쪽 주 3을 볼 것; 루터가 라인하르트와 그와의 관계에 대해 가졌던 생각에 대해서는 End., V, n° 835, 39쪽을 참조할 것(암스도르프에게 보내는 편지, 1524년 10월 27일).

12* 피르크하이머(Willibald Pirkheimer, 1470~1530): 16세기 뉘른베르크의 저명한 인문주의자, 법률가이며 작가. 라틴어와 그리스어의 많은 고전 텍스트를 독일어로 번역했다. 화가 알브레히트 뒤러의 가장 친한 친구였으며, 뒤러의 작품에 나타나는 고전성과 인문성은 피르크하이머의 조언과 영향이 컸다.

13 "루터는, 그가 무뢰한이든 성인이든 이리 뛰고 저리 뛰며 돌아다니게 내버려두세요."(Denn Luther, lassen sie fahren, er sei ein Bub oder heili). 루터가 지킹겐의 친구 하르트무스 폰 크론베르크에게 보내는 편지, 1522년 3월; 주(註)에 대해서는 End., III, n° 494, 308쪽; E., LIII, n° 45 119쪽(127쪽에 인용된 문구)과 de Wette, II, 161(168쪽)의 문구.

14 End., IV, 52~53; 하우스만에게 보내는 루터의 편지, 1524년 11월 17일.

15 End., IV, n° 855, 83쪽; *E.*, LIII, n° 111, 270~277쪽, Wette, II, n° 462; 577쪽과 578쪽에 인용된 문구.

16 미하엘 폰 데어 슈트라센에게 보내는 편지, 1523년 10월 16일; End., IV, n° 719, 246쪽에 인용; E., LIII, n° 86, 218쪽에 인쇄.

17 1523년 1월 말 라이스니히 교구에 보낸 『교회의 헌금 규정』(*Ordnung eines gemeinen Kastens*)의 서문; End., IV, n° 620, 71쪽에 인용; E., XXII, 106과 Wette, II, 529, 382쪽에 인쇄.

18 "왜냐하면 마침내 나 역시 지금까지 교황을 비웃고 약자들을 지지하기 위해 고수해왔던 카울[수도승이 착용했던 후드 달린 망토-옮긴이]을 벗어던질 생각이기 때문입니다"(Nam et ego incipiam tandem cucullum abjicere, quem ad sustentationem infirmorum et ad ludibrium Papae hactenus retinui). 카피토 주교에게 보내는 편지, 1524년 5월 25일; End., IV, 797, 348쪽.

19 W., XVIII, 85, 『천국의 예언자들에 대한 비판』(*Wider die himmlischen Propheten*). "나는 일생 동안 그 제후와 한 마디 대화도 나눈 적이 없고, 그럴 뿐만 아니라 또한 내가 언젠가 황제를 위해 보름스로 갔을 때를 제외하면 그의 얼굴을 본 적도 없다"(Ich habe meyn Leben lang mit dem selben Fursten nie keyn Wort geredt, noch horen reden, dazu auch seyn Angesicht nich gesehen, denn eyn mal zu Worms, fur dem Keyser). 『세속권력에 관하여』(*Von Weltlicher Obrigkeit*)는 W., XI, 229~281쪽에 있다.

20 End., III, 498, 316쪽. W. 링크에게 보내는 루터의 편지. 루터는 에스겔서를 인용하면서 이렇게 덧붙인다. "너희의 사람들, 그리고 우리의 사람들과 함께 말하라. 우리 신에 맞서 인민을 위하여 자신의 거대한 광기의 날에 성벽을 건설하자고"(Ora cum tuis nobiscum et ponamus nos murum contra Deum pro populo in ista die furoris sui magni).

21 W., XI, 268(『세속권력에 관하여』). "왜냐하면 악인들을 벌하고 외부적인 평화를 유지하기 위해 신의 간수와 형리가 있다. 신의 분노가 이들을 필요로 하기 때문이다. 우리의 신은 강력한 군주이시다"(Denn es sind Gottis Stockmeyster und Hencker, und seny gotlicher zorn gebraucht yhr, zu straffen die bösen und eusserlichen fride zu hallten. Es ist eyn grosser Herr, unser Gott).

22 따라서 하느님은 두 개의 정부를 세우셨다. 하나는, 영적 정부로 그리스도의 영향으로 성령에 의해 움직인다. 그리스도인들과 신심이 깊은 사람들이 필요하다. 다른 하나는, 세상 정부로 신앙이 없는 사람들과 악인들이 사는 곳이기에 강압을 통해 그들을 통치한다(위의 책, W., XI, 2).

23 프란츠 귄터의 책은 그에 대해 훌륭하게 설명해주고 있다.

24 이것은 『슈바벤 농민들의 12개 조항』의 제1항이었다.

25 『슈바벤 농민들의 12조항에 대한 평화에의 권고』(*Ermahnung Zum Frieden auf die zwolf Artikel der Bauerschaft in Schwaben*) W., XVIII, 279~334쪽.

26 "내가 실제로 알고 있던 신에 대해, 너희는 둘 다 확실한 판단을 갖고 있다"(Da habt yhr alle beyde Teyl ewer gewis Urteyl von Gott, das weys ich fur war).—이것이 결론

이다(W., XVIII, 333~334).

27 앞서 231~232쪽[제3부 주 1~5]을 보라. 그리고 같은 편지에서 관련된 다음 문구도 참고할 것. "왜냐하면 오직 권력을 부여한 이를 제외하고는 누구도 권력을 무너뜨리거나 권력에 맞서서는 안 되기 때문이다. 그렇지 않으면 이는 반란이고 신에게 대항하는 행위다"(Denn die Gewalt soll niemand brechen noch widerstehen, denn alleine der, der sie eingesetzt hat ; sonst ist Empörung und wider Gott).

28 W., VIII, 680~681. "이로부터 이런 격언이 나온다. 때리는 자가 부당하더라도 누구도 때리는 자의 심판자가 될 수 없다"(Da her kompt das ware Sprichwort! Wer wydderschlegt der ist Unrecht. Item, niemant Kan seyn eygen Richter seyn).

29 『천국의 예언자들에 대한 비판』 W., XVIII, 66. "우리는 어떻게 야만적인 동물들을 사슬과 감옥으로 붙잡아 두는가."

30 앞의 책, 100쪽. "그래서 내가 생각하기에 이 땅은 작센 제후의 것이지, 작센의 손님이며 아무것도 갖지 않은 카를슈타트의 것이 아니다"(So meyne ich, das land sey der Fursten zu Sachssen und nicht D. Carlstads, darynnen er Gast ist, und nichts hat). 뒤이은 문단 전체.

31 W., XVIII, 344~361.

32 de Wette, II, 669.

33 End., V, n° 935, 183쪽. "내가 생각하기에 제후와 관리들이 죽는 것보다 소작농들을 모두 살육하는 것이 더 낫다. 왜냐하면 소작농들은 신의 권위도 없이 칼을 받았기 때문이다. 어떤 자비도, 어떤 관용도 소작농들에게 주어져서는 안 되고 신과 인간들의 분노와 역정이 주어져야 한다"(Ego sic sentio, melius esse omnes rusticos caedi quam Principes et magistratus, eo quod rustici sine autoritate Dei gladium accipiunt... Nulla misericordia, nulla patientia rusticis debetur, sed ira et indignatio Dei et hominum).

34 End., V, n° 934, 181쪽. — *E.*, LIII, 306쪽.

35 "그러므로 친애하는 제후들이여, 여기에서 해방시켜주시고, 여기에서 구제해주시고, 여기에서 도와주며 여기에서 가여운 사람들을 불쌍히 여겨주시오"(Drumb, lieben Herren, loset hie, rettet hie, hellft hie, erbarmet euch der armen Leute, etc). W., XVIII, 361쪽.

36 Will, 246쪽.

제2장 1525년 이후의 이상주의와 루터교

37 "사람들을 경시하는 제후의 품성을 알고 있었다"(Notum est ingenium pincipis, quod

viros levipendit). End., V, 849, 74쪽, 1524년 11월 24일.

38 End., V, 75쪽, n° 849, 1524년 11월 27일. "또한 세상의 많은 재물이 제후의 주머니로 들어갔고 날마다 더 많이 들어가고 있다"(Et substantia mundi non parva ad marsupium Principis redire coepit ac quotidie magis redit).

39* 분트슈(Bundschuh): 원래 중세 유럽의 농민이 사용한 가죽구두를 뜻했으나 농민봉기의 상징이 됨.

40* 외콜람파디우스(John Oecolampadius, 1482~1531): 인문학자·설교가·교부학자, 스위스의 종교개혁가 울리히 츠빙글리의 절친한 동료이며, 바젤에서 종교개혁을 이끌었다. 1531년 츠빙글리가 카펠 전투에서 살해당하고 종교개혁을 확장시키려는 노력이 정치적 분열 때문에 좌절되자 충격을 받고 죽었다.

41 End., V, 303쪽에 인용된 독일어로 된 편지. E., LIII, 364쪽, n° 159쪽에 인쇄된 문구.

42 『루터주의에서 프로테스탄티즘으로』, 118쪽에서 크리스타니가 인용한 문구와 비교해볼 것(W., VI, 290~291쪽). 그리고 다른 많은 작품들.

43 『탁상담화』 W., III, 264쪽, n° 3316.

44 End., V, 77쪽, n° 450, 1528년 11월 30일. "마음이 부부생활에 무관심합니다. 나는 이단자들이 감수해야 할 죽음과 형벌을 기다리고 있기 때문입니다"(Animus est alienus a conjugis, cum exspectem quotidie portem et meritum haereticis supplicium).

45 End., V, 157쪽, n° 916, 1525년 4월 16일. "호색가라고 이처럼 평판이 자자한 내가 장가들지 않는다고 놀라지 않기를 바랍니다"(Nolo hoc mireris, me non ducere, qui sic famosus sum amator).

46 "나는 부인에게 애욕이나 욕정이 타오르지 않습니다. 그저 애착을 가질 뿐입니다"(Nec amo, nec aestuo, sed diligo uxorem). End., V, 204쪽, n° 957, 1525년 6월 12일.

47 End., 앞의 책. 우리가 첫 문장에 부여하는 의미에 대해서는 "나는 짧은 시간이나마 더 살아가기를 희망하기 때문입니다"(Spero enim me breve tempus adhuc victurum). End., V, 77쪽, n° 850, 1524년 11월 30일. "그러나 내가 오랫동안 사는 것을 신이 허락지 않기를 희망합니다"(Spero autem quod [Deus] non sinet me diu vivere).

48 마찬가지로 『탁상담화』, W., I, 195쪽, n° 446 (파이트 디트리히의 모음집, 1533년 초)도 참고할 것. "이렇게 내가 뮌처를 또한 살해했다. 사자가 내 목 위에 있다. 그런데 그 자신이 나의 그리스도가 죽기를 바랐기에 그렇게 했었다"(Sic occidi Muncerum etiam, der todt ligt auff meim hals. Feci autem ideo quia ipse voluit occidere meum Christum).

49 End., V, 303쪽, n° 1022에 특기되어 있으며, 수취인이 명시되어 있다. 독일어 문구로는 E., LIII, 364쪽과 Wette, III, 83쪽, n° 771, 상기 인용 저서 84쪽.

50 1530년 제롬 벨러에게 쓴 편지는 열 통 있는데, 모두가 흥미롭다. 우리가 인용하는 것은 7월 편지로, End., VII, 160쪽에 있는 n° 1737 속의 것이다.

51 End., VI, 6쪽(1527년 1월 7일).

52 『탁상담화』 W., III, 113쪽, n° 2948 a와 b(코르다투스 기록, 1533년 2월).

53 이 모든 것에 대해서는 Will., 296쪽 및 그 이하 참조.

54 라가르드(Georges de Lagarde), 『종교개혁의 정치적 사유에 대한 연구』, 209쪽 및 그 이하 참조.

55* 보쉬에(Jacques Bénigne Bossuet, 1627~1704): 교황권에 맞서 프랑스 교회의 권리를 변호한 왕권신수설의 주요 이론가. 그는 세속 문제에서는 왕의 독립성을, 신앙 문제에서는 교황의 무류성을 부인했다. 1688년에 쓴 『프로테스탄트 교회 변동사』(*Histoire des variations des églises protestantes*) 등이 있다.

56 "세상의 군주들은 신이고, 세상의 평민들은 사탄이다"(Princeps mundi sunt dei, vulgus est Satan). 『탁상담화』 W., I, 79쪽, n° 171(파이트 디트리히의 모음집, 1533년 초). 다른 문구들, E., XLI, 209; W., XXVIII, 612; W., XVI, 106 등.

57 W., XXXVIII, 102.

58 데니플레는 그의 저서 초판에서 루터의 초상에 꽤 신랄하면서 조금은 자기 만족적인 주관주의에 기초한 연구를 바쳤다.

59 D.-P., 애정을 갖고(아니면 증오심을 갖고) 여러 곳에 모아놓은 많은 문구. 또한 제4권의 '식탁에서'를 보라.

60 예를 들어, 『탁상담화』 W., III, 26쪽 n° 2849 참조. "눈은 모든 살아 있는 생명들에 주어진 가장 훌륭한 선물이다"(Oculi sunt donum praestantissimum omnibus animantibus datum, etc).

61 『탁상담화』 W., I, 567쪽, n° 1150(1530; 파이트 디트리히와 멜더).

62 『탁상담화』 W., III, 210쪽, n° 3174 a(1532; 코르다투스).

63* 1531년 독일 중부 슈말칼덴에서 결성된 개신교 대연합인 슈말칼덴 동맹을 말한다. 가톨릭교회를 대변하는 카를 5세 황제에 맞서 프로테스탄트 진영을 수호하기 위한 목적이었다. 지도자는 헤센의 방백 필리프와 작센의 선제후 요한 프리드리히 1세였으며, 그 외에 브레멘, 마그데부르크, 울름 등 도시들이 참가했다. 필리프는 츠빙글리도 끌어들이려 했고, 그와 루터를 화해시키기 위해 1529년 10월 마르부르크에서 회담을 주선하기도 했다. 하지만 성찬식에 대한 견해 차이로 인해 결렬되었다.

64 『탁상담화』 W., III, 22쪽, n° 2845 a(1532년 말; 코르다투스).

65* 스위스의 프로테스탄트 종교개혁기에 일어난 전투. 1531년 10월 11일의 이 전투에

서 취리히의 프로테스탄트 군대가 5개 가톨릭교도의 군대에 패한다. 이때 종교개혁가 츠빙글리가 사망한다.

66 『탁상담화』 W., I, 6쪽, n° 140 a(1531년 말; 파이트 디트리히).

67 『탁상담화』 W., III, 55쪽, n° 2891 b(코르다투스).

68 슐라긴하우젠(Schlaginhausen)의 말.

69* 성경에 나오는 고대의 왕인 곡은 대군을 이끌고 이스라엘을 공격한다. 후세에 마곡과 함께 반(反)그리스도교의 지도자로 알려진다. 따라서 곡과 마곡은 사탄에게 미혹되어 하느님 나라에 대항하는 지상의 두 나라를 가리키기도 한다.

70 『탁상담화』 W., III, 6쪽, n° 2815(1532; 코르다투스).

71 "짝 맺음은 자연 전체에 있다. 나무들 또한 짝을 맺어 다시 싹을 틔운다"(Conjugium est in tota natura. Etiam arbores maritentur, item gemmae). 『탁상담화』 W., I, 4쪽, n° 1531 파이트 디트리히. 16세기의 결혼과, 보다 더 일반적인 짝짓기의 역사에 대해서는 뤼시앵 페브르, 『헵타메롱에 대하여』, P., 1944를 참조할 것.

72* 『제3의 서』(*Tiers Livre*, 1546): 라블레의 가장 심오한 저서로 국왕의 누이인 나바라의 여왕 마르그리트에게 헌정하여 그녀의 보호를 받으려고 애썼다. 이 책은 곧 소르본 신학교로부터 이단으로 비난을 받았다. 라블레는 메스로 달아나 1547년까지 그곳에 머물렀다.

73 E., op. exeg. lat., I, 142, 『로마서 강해』. 창세기에 대해서는 3~7장.

74 "나는 두 쌍을 붙여주려 했고, 한 쌍을 떼어놓으려 했다!"(Ich wolt mir lieber zwey par ansetzen, den eins ausscheiden). 『탁상담화』, W., III, 38쪽, n° 2865 a 1532, 코르다투스.

75* 필리프는 정치적 목적에서 작센 공작의 딸 크리스티나와 결혼했다. 아내에 대한 애정이 없었던 그는 방탕한 삶을 일삼다가 열일곱 살의 어린 궁녀 마르가레테 폰 데어 잘레를 연모해 1540년 4월 두 번째 결혼을 올렸다. 그전에 1539년 12월, 그는 루터와 멜란히톤으로부터 '고해적인 조언'을 받았다. '이혼이 더 죄악인가 중혼이 더 죄악인가' 하는 문제에 루터는 '이혼이 중혼보다 더 죄악이다'라고 하면서 비밀리에 일을 진행하도록 조언했던 것이다. 하지만 당시 제국법은 중혼을 사형으로 엄금했다. 결국 이런 결혼은 추문이 되었고 필리프의 약점으로 작용해 1541년 카를 5세 황제와 원치 않는 합의에 동의해야 했다. 이로 인해 개신교의 정치적·군사적 슈말칼덴 동맹은 결정적으로 약화되었고, 1547년 황제와의 전쟁에서 패하는 뮐베르크 참사를 초래했다. 많은 부분 필리프의 책임이지만, 루터 역시 법률가나 정치가로서가 아니라 목회자의 관점에서 해준 '고해적인 조언'이 비참한 결과를 가져왔던 셈이다.

76 W., X, 제2부, 290쪽. 이 문구는 당연히 끝없는 논쟁을 야기했다. 그리자르, II, 505

참조.

77 『탁상담화』 W., III, 29쪽, n° 2858 a와 b(1532; 코르다투스).

78 『탁상담화』 W., III, 440쪽, n° 3594(라우터바흐와 벨러); 앞의 책, 292쪽, n° 3566(코르다투스).

79 『탁상담화』 W., I, 103쪽, n° 244.

80 『탁상담화』 W., III; 여러 판본, 94~97쪽, n° 2935.

81 이 사실에 대한 여러 글. 예를 들면, 샤반(Aimé Chavan), 『종교 역사와 철학의 요약』, 스트라스부르, 1914 참조. 부분적으로 제베르크(Seeberg)의 저서 제4부에 기초하고 있다.

82 『탁상담화』 W., III, 591쪽, n° 3900.

결론

1* 오지안더(Andreas Osiander, 1498~1552): 뉘른베르크에 프로테스탄트 종교개혁이 도입되도록 도왔다. 루터교 신학부와 교회회의는 죄인들에 대한 의인(義認) 교리인 오지안더의 입장을 평가절하하고 그리스도가 직접 내주(內住)하는 것을 의인의 필수 요인으로 지나치게 강조하는 데에 반대한다고 선언했다.

2* 아그리콜라(Johann Agricola, 1494~1566): 루터교 종교개혁자이며 반율법주의(그리스도교도들은 하느님의 은혜로 십계명을 지킬 필요가 없게 되었다는 견해)의 옹호자. 비텐베르크 대학에서 의학을 공부하다 루터의 설득으로 신학으로 바꿨다. 1519년 루터와 에크 사이에 벌어진 라이프치히 논쟁에 서기로서 루터를 수행했다. 1525년 프랑크푸르트에 루터교가 도입되는 데도 큰 역할을 했다. 1527년에는 루터의 동료인 멜란히톤이 종교개혁 신학에 율법을 포함시켰다는 이유로 비판했고, 여기에 대해 루터는 5가지 조항과 「반율법주의자에 대한 반박」(Against the Antinomians)이라는 논문으로 대응했다.

3* 크라나흐(Lucas Cranach, 1472~1553): 16세기 독일의 가장 중요하고 영향력 있는 예술가. 알브레히트 뒤러, 한스 홀바인과 어깨를 겨뤘던 거장. 루터의 친구였으며 종교개혁 지지자로서 루터의 초상을 많이 그렸다.

4 자크 마리탱은 그의 『루터에 대한 주해』(610쪽)의 주목할 만한 한 대목에서 이 문제에 대해 나와 생각이 일치한다. 그가 근대사회에 대해 맹렬히 비난하면서 결론을 내리는 점 — 나는 별로 동의하지 않는다 — 을 제외하고는. 그렇지만 그의 다음 말은 아주 훌륭하다. "루터 자신은 물론 근대인이 아니었다. 마찬가지로 프로테스탄트도 아니었다. 그가 프로테스탄티즘의 기원으로 여겨지기에 근대사회의 기원

이 되지 못할 이유는 없다. 그런데 바로 그 때문에 루터의 경우(즉, 가톨릭교도, 벼락 맞은 사람, 실패한 성인)는 엄청난 흥미를 갖게 한다. 루터에게서 근대 오류들의 원리가 나타나는 까닭은, 그의 주변에서는 이미 망각한 고대의 위대한 진리(예수 그리스도에 대한 믿음과 자기 부인, 행동의 직접적인 규율로서 양심의 가치, 그리고 은총을 잃은 인간이 그리스도의 은총 없이는 완전함에 이를 수 없다는 불가능성 등등)에 대해 그가 그릇된 광적인 태도(그리하여 실제로 자아는 지상의 중심이요 규율이 되었다)로 투신했기 때문이다." 마리탱은 이렇게 덧붙인다. "개인적인 믿음에 대해 루터는 부정적인 생각을 가지고 있었고, 언제나 교회에 대해 생각하기를 좋아했다는 사실을 우리는 확신한다. 하지만 그리스도교 공동체를 로마의 횡포와 교황의 영적인 권위에서 벗어나게 함으로써 사실상 그리스도의 몸된 교회에서 떠나도록 했던 것이다. 그는 반대에도 불구하고 정치적 공동체 또는 국가 공동체라는 세속의 단체에 그리스도교 공동체를 포함시켰다. 그럼으로써 루터 자신이 몹시 싫어했던 그 제후들의 권위에 마침내 종속시켰다." 나는 이해하기 힘든 이 대목을 꼭 인용하고 싶었다.

5* 프루동은 『19세기 혁명의 일반적 사상』(1851)에서 이 비유를 언급하고 있다. 문제의 핵심 부분을 제거하지 않아 근본적인 문제가 해결되지 않았다는 뜻이다. 프루동은 루터가 가톨릭교회의 잘못을 지적하며 종교개혁을 일으켰지만, 그 과정에서 그 역시 실수와 한계를 드러냈다고 보았다. 즉, 루터는 가톨릭과 교황의 편협한 교리와 싸우면서 어느 순간 그 자신도 편협한 사람이 되었다.

6* 독일은 1870년 비스마르크의 프로이센에 의해 통일국가가 수립될 때까지 하나의 중앙권력이 없었다. 독일은 봉건적 제후들이 다스리는 수많은 작은 공국들로 나뉘어 있었다. 30년전쟁이 베스트팔렌 조약으로 종결되었을 때 공국의 수가 200여 개에서 39개로 줄어들지만 소국분립주의는 더 견고해졌다. 이로 인해 영국과 프랑스에 비해 시민계급의 성장과 도시의 번영, 자본주의의 발달이 뒤처졌다.

참고문헌 노트

루터와 관련된 참고문헌은 바다와 같다. 1906년, 뵈머(Heinrich Böehmer)는 2,000여 권으로 추산했다. 물론 논문과 팸플릿은 포함되지 않는다. 이후 그 수는 엄청나게 늘어났다. 그 문헌의 바다에서 어찌 어리둥절하지 않을 수 있겠는가? 전문가들은 이 '참고문헌 노트'가 자신들을 위한 것이 아님을 잘 알리라. 이것은 루터 저작의 기초적인 출판물들과 번역을 소개할 뿐만 아니라, 루터 연구에 매우 중요한 저술들의 정보도 아울러 제공한다. 더 자세한 목록이 필요하면, 이전에 볼프(Gustav Wolf)와 쇼텐로어(Karl Schottenloher)가 특별히 작성한 참고문헌을 참고하기 바란다.

1. 루터의 작품들

1) 전집

지금까지 일곱 개의 판(édition)이 있다. 그러나 우리는 실질적으로 최근의 에를랑겐 판과 바이마르 판 두 개만 참고한다.

■ 보급이 가장 많이 된 에를랑겐 판(in-8°)에 포함된 것들

- 독일어로 된 작품 67권 Dr M. *Luthers Sämmtliche Werke*; t. I, 1826; t. LXVIIb, 1857(t. I~XX, XXIV~XXVI en 2e édition, 1862~1880, 1883~1885); t. XXIV~XXXII은 종교개혁 역사 관련 원문들 수록; t. LIII~LVI은 독일어로 된 편지; t. LVII~LXII, 『탁상담화』; t. LXVI~LXVII, 일람표.
- 라틴어로 된 작품 33권 *Lutheri Opera*, t. I~XXIII, Op. exegetica; t. XXIV~XXVI, *Commentaria in Epist. ad Galatos*; t. XXVII~XXXIII, *Op. ad Reformationis historiam pertinentia*, éd. Schmidt, 1865~1873.

■ 바이마르 판에 포함된 것들

- *Dr M. Luthers Werke, Kritische Gesamtausgabe*, t. I, 1883. in-4° 판형 80여 권. 비싼데다 다루기에 편하지 않음. 목차가 작성되어 있지 않음. 독일 밖으로는 거의 보급되지 않음. 전문가에 의해 연대순으로 세 부분으로 정리되어 있음.
  i) *Die Deutsche Bibel*, t. I, 1906; t. IX, I, 1937.
  ii) *Les Tischreden*, éd. Kroker, t. I, 1912; t. VI(색인과 함께), 1921.
  iii) La correspondance.

2) 루터의 서한

- ENDERS 판 *Luthers Briefwechsel*, 18vol. in-12(1884~1923, t. I~XI by ENDERS, XII~XVI by KAWERAU, XVII, XVIII by FLEMMING, ALBRECHT). 엔더스는 첫 11권에 독일어로 된 루터 서한을 재수록

했다. 다음의 de WETTE 판과 IRMISCHER 판을 참고하지만 그 점을 밝히지 않았다. de WETTE(*Luthers Briefe, Sendschreiben und Bedenken*, 5vol., Berlin, 1825~1828+1 suppl. by SEIDEMANN, 1856), IRMISCHER(partie d'Erlangen, t. LIII~LVI, 1853~56, 독일어 서한만 수록).

- Weimar 판(éd. CLEMEN; t. I, 1930; t. VIII, 1938, 1539년 말까지)에 추가하여 새로 출판한 판은 모든 것을 합쳐서 하나로 출판. 각 권에는, de WETTE 판과 ENDERS 판이 일치한다.

3) 선집과 분리출판

■ 선집

- Les *Luthers Werke für d. Christliche Haus*, 2e éd., Berlin, 1905, 8vol. plus 2 de suppl., p. p. SCHEEL(작품 해제가 훌륭하다).
- *Luthers Werke in Auswahl* d'O. CLEMEN, Bonn, 4vol., 1912~1913 (연구자를 대상으로 함).
- BERGER 판 A. E., *Grundzüge evangelischer Lebensformung nach ausgewählten Schr. M. Luthers*, Leipzig, 1930(보다 최근에 출판된 책).

■ 분리출판

- 1515~16년 강의 *Epître aux Romains*, by FICKER : *Luthers Vorlesung über den Römerbrief*, Leipzig, 1908, 8°; 4e éd., 1930 (바이마르 총서에 결정판으로 출간 예정).
- 1517~18년 강의 *Epître aux Hébreux*, *L. Vorlesung über den Hebräerbrief* d'HIRSCH, RUCKERT, 2vol., Leipzig, 1929.
- *Kleine Texte f. Vorlesungen u. Übungen* de LUTZMANN 총서(Bonn, Marcus et Weber, 저렴하고 다루기 아주 편함. GÖTZE의 유용한 어휘

사전 수록, 루터 관련 훌륭한 글들 수록).

- *Kleiner Katechismus der deutsche Text in s. geschichtl. Entwicklung*, 1912, n° 109.
- *95 Thesen nebst dem Sermon von Ablass u. Gnade*, 1517, éd. CLEMEN, 1917, n° 142.
- *Von Ordnung Gottesdienst, Taufbüchlein, Formula Missae*, 1909, n° 367.
- *Deutsche Messe*, n° 37.

4) 번역

- PAQUIER, *Dictionn. de Théol Cath.*, IX, 1926, col. 1331(아울러 MOORE의 저서 번역).
- MICHELET, *Mémoires de Luther*, 1835, 2 in-8°(서한과 탁상담화 번역 수록).
- GOGUEL, *Luther*, Renaiss. du Livre, 1926(발췌 번역).
- *A la noblesse chrétienne de nation allemande*, 1879(F. KUHN 번역).
- *Le livre de la liberté chrétienne*, 1879(CRISTIANI 다음 제목으로 재번역, *De la liberté du chrétien*, 1914).
- *Grand Catéchisme de Luther*, 1854(HORNING 번역).
- *Les idées pédagogiques de Luther*, thèse Lausanne, 1909 (MEYHOFFER이 루터교 확립 관련 부분 번역).
- SAUZIN, *Propos de Table*, 1932, in-12, 4vol.
- Denis de ROUGEMNT, *Le serf arbitre*, éd. Je Sers, 1936, in-12.
- GRAVIER les *Grands écrits réformateurs*, Paris, 1944(독일어 원문과 프랑스어 번역본 함께 수록).

5) 자료

- O. SCHEEL, *Dokumente Zur Luthers Entwicklung bis 1519*, Tübingen, Mohr, 1911; 2e éd., 1929.
- SCHECKENBACH, NEUBERT, M. Luther, 1re éd., Leipzig, 1916; 3e éd, 1921(도상자료 선별 수록).

2. 루터에 대한 작품

- Gustav WOLF, *Quellenkunde der deutschen Reformationsgeschichte*, Gotha, Perthes, 1916(t. II, 1부, 167~276쪽, 간략한 전기).
- *Bibliographie zur deutschen Geschichte im Zeitalter der Glaubensspaltung* de SCHOTTENLOHER, 6 in-4°, Leipzig, 1933~1940(두꺼운 전기).

1) 1900년 이전 작품

■ 배경

- 출발시기 *Deutsche Geschichte im Zeitalter der Reformation* de RANKE, Berlin, 6 in-8°, 1839~1847.
- 진행과정 *Geschichte des deutschen Volkes seit dem Ausgang des Mittelalters* de JANSSEN(1re éd., 1878 sqq.; 14e by PASTOR, 1897~1904; 8vol. PARIS에 의해 프랑스어로 번역 *Allemagne et la Réforme*, Paris, 1887 sqq.).
- 완성시기 *Geschichte der deutschen Reformation* de F. von BEZOLD, Oncken, pp.883, in-8°, 1886~1890.

■ 인간 및 작품

- J. KÖSTLIN, *M. Luther, sein Leben und seine Schriften*, 1re éd., 2vol., 1875; 5e, revue by KAWERAU, 1903(1900년 이전의 전통적인 루터 이미지).
- 더 작은 책들 Max LENZ; Th. KOLDE; HAUSRATH, etc.
- 프랑스어로 된 작품 F. KUHN, *Luther, sa vie, son oeuvre*, 3vol., 1883~1884(전통적인 루터, 인용들).

■ 교리 및 사상

- Th. HARNACK, *Luthers Theologie*, 2vol. 1862~1886(2e éd. par SCHMIDT, 1926). 체계적인 연구.
- KÖSTLIN, *Luthers Theologie in ihrer Geschichtlichen Entwickelung*, 1re éd., 2vol., 1863 ; 5e, 1903(역사적인 연구).

■ 정치

- SOHM, *Kirchenrecht*, t. I, 1892와 EIEKER, *Die rechtliche Stellung der evangelischen Kirchen Deutschlands*, Leipzig, 1893(권위 있는 저서).
- *L'idée de l'Etat et de l'Eglise chez les théologiens et juristes luthériens*, 1900(CHOISY가 앞의 책 프랑스어로 번역).

2) 1900~1927년에 출판된 작품

WOLF와 SCHOTTENLOHER의 참고서적 목록, 뤼시앵 페브르의 짧은 수정. *Revue d'Histoire moderne*, n° 1, 1926(최근 루터 연구 동향).

■ 배경

• TROELTSCH(*Die Bedeutung des Protestantismus für die Enstehung der modernen Welt*, 1911, 다양한 문제에 대한 전문 저술). *Soziallehren* 에 재수록. VERMEIL, *Revue d'Histoire et Philosophie religieuse*, Strasbourg, 1921 참조. Von BELOW : Die Ursachen der Reformation, 1917(*Histor. Bibl.* d'Oldenburg, n° 38, TROELTSCH와 순수 역사가 Von BELOW의 견해 비교).
• 프랑스어 *Origines de la Réforme*, d'Imbart de La Tour, 1914(t. III에서 부분적으로 루터를 다룸).

■ 인간 및 작품

• DENIFLE, *Luther und Luthertum in der ersten Entwickelung*, t. I, 1re et 2e parties, Mayence, 1904, 8°; 2e éd. revue, 1904~1906; t. II, 사후 출판, by A. M. WEISS, 1905. t. I(PAQUIER 신부가 표현을 완화하고 순서를 부여하여 다음의 제목으로 출판 *Luther et le luthéranisme*, Paris, t. I, 1910(2^e^ éd., 1913); t. II, 1911(2^e^, 1914); t. III, 1912(2^e^, 1916); t. IV, 1916. t. II는 번역되지 않음. A. M. WEISS의 보완 작품인 *Lutherspsychologie*(Mayence, 1906)도 번역되지 않음.
• BÖEHMER, *Luther im Lichte der neueren Forschung*(1re éd., Teubner, 1906, 4e éd.부터, 1917, vol. in-8° de 300쪽 분량. 작지만 훌륭한 책으로 데니플레의 공격 뒤 루터에 대한 평가에 수정 작업으로 방향을 트는 데 일조한 저술).
• 데니플레의 시도를 영리하게 청산한 P. GRISAR(S. J.)의 다음 세 저술들
  i) *Luthers Werden: Grundlegung der Spaltung bis 1530*, Fribourg, 1911, bibliogr.
  ii) *Auf der Höhe des Lebens*, 1911.

iii) *Am Ende der Bahn*, 1912(연대표, 색인).

- 루터 신학자 O. SCHEEL, *M. Luther, vom Katholizismus zur Reformation*(I, *Auf der Schule und Universität*, 1916, 8°; II, Im Kloster, 1917).
- K. HOLL, *Gesammelte Aufsätze, I, Luther*, 6e éd., 1923(루터에 대해 자유로운 해석을 시도한 저술로 읽어볼 만한 가치가 있는 책).

■ 교리 및 사상

- FICKER의 발견에 대해서는 언급했음.
- *Dogmengeschichte des Protestantismus*, d'Otto RITSCHL(루터교의 범위를 넘어서는 저술).
  i) *Biblizismus und Traditionalismus*, Leipzig, 1908.
  ii) *Die Theologie der deutschen Reformation*, 1912.
  iii) *Die reformierte Theologie des 16 und 17 Jhrh.*, Gottingen, 1926.
  iv) *Das orthodoxe Luthertum im Gegensatz zu der reformierten Theologie*(읽기가 아주 어려우나 종교개혁의 교리 전체의 역사 일람표가 유익하다).
- SEEBERG, *Die Lehre Luthers*, Leipzig, 1917 et 1920, 2 in-8°(교리에 대한 훌륭한 역사적 분석).

프랑스어로 된 작품

- CRISTIANI, *Du luthéranisme au protestantisme, Evolution de Luther de 1517 à 1528*(루터 이해에 뛰어난 노력을 보인 책).
- *Dictionnaire de Théologie catholique*(t. IX, 1926, PAQUIER의 루터 항목).

프로테스탄트 시각의 훌륭한 저서(2부로 이루어짐)

- H. STROHL(Strasbourg, 1922, 1924)

  i) *L'évolution religieuse de Luther jusqu'en 1515.*

  ii) *L'épanouissement de la penséee religieuse de Luther de 1515 à 1520.*

- R. WILL, *La liberté chrétienne, étude sur le principe de la piété chez Luther*, Strasbourg, 1922(훌륭한 전문 저술).

■ 정치

- G. von BELOW, *Die Bedeutungen der Reformation f. d. polit. Entwicklung*, Leipzig, 1918.
- 프랑스어로 된 작품 G. de LAGARDE, *Recherches sur l'esprit politique de la Réforme*, p., 1926, bibliogr.
- E. VERMEIL, 「루터의 종교개혁과 독일 문명」(*Mélanges Andler*, Strasbourg, 1924).

3) 1927년 이후에 출판된 몇 작품

■ 역사적 배경

- 농민 반란에 대한 훌륭한 작품 G. FRANZ, *Der deutsche Bauernkrieg*, Munich et Berlin, 1933(Akten의 두 권의 책 포함).
- GRAVIER, *Luther et l'opinion publique, utilisant les Flugschriften* (Thèse de Sorbonne, 1942)

■ 루터의 사상의 발전

- 초기 P. VIGNAUX, *Luther commentateur des Sentences*, Paris, 1935, 8°.

• 바울 L., J. BARUZI, 「루터, 바울을 해설하다」, *Revue de Théol. et de Philo.*, Strasbourg, 1928.
• 루터와 에라스무스 A. RENAUDET, *Etudes erasmiennes*, Paris, 1939, 8°.
• 루터 작품 전체 언급 「루터에 대한 주해」, J. MARITAIN (*Nova et Vetera*, Fribourg, 1928, in-8°).

■ 루터에 대한 전문 작품

• *Un destin, M. Luther.*
• GRISAR, *Martin Luther, sa vie et son oeuvre*, Paris, 1931(P. GRISAR의 저서를 MAZOYER가 줄여서 프랑스어로 번역, 2판을 바탕으로).
• STROHL, H., *Luther, esquisse de sa vie et de sa pensée*, La Cause, Neuilly, s. d.
• FUNK-BRENTANO, *Luther*, Paris, 1934.
• KARSTEN KLAEHNEN, *Martin Luther, sa conception politique*, Paris, 1941.

■ 영향 및 전파

• MOORE, *La Réforme allemande et la littérature française, Recherches sur la notoriété de Luther en France*, Strasbourg, public. de la Faculté des Lettres, 1930, 8°.
• 라블레에 관한 작품 L. FEBVRE, *Le problème de l'incroyance au XVIe* s., 2e partie, liv. I, chap. II, Paris, 1943.
• 마르그리트 드 나바르에 관한 작품 H. STROHL, *De Marguerite de Navarre à Louise Schepler*, Strasbourg, 1926.
• L. FEBVRE, *Autour de l'Heptaméron*, Paris, 1944.

후기

로베르 망드루*

이 책의 1944년 판(제2판) 서문을 쓰면서, 뤼시앵 페브르는 완전히 자유로운 마음은 아니었지만 자기는 "수정해야 할 내용을 조금도 발견하지 못했다"고 말했다. 물론 장제목이나 몇몇 오식의 수정을 제외하고 말이다. 그러나 본질적인 내용은 수정할 게 전혀 없다는 것이었다. 그는 1951년 판(제3판)에서도 그 주장을 재확인했다. "내 처음 원고에 수정할 부분이 있다고 생각되지 않는다." 그 후 15년이 지났다……. 1962년에 학장 앙리 스트롤(그는 『마르틴 루터, 한 인간의 운명』을 매우 높이 평가했다**)은 자기가 1920년대에 루터의 종교 사상에 바쳤던 두 권의 책에 대한 재출판을 제자들로부터 권유받았을 때, 똑같은 주장을 했다. "이후 적어도 프랑스에서는 기본적으로 사정이 바뀌지 않았다."*** 그

---

* Robert Mandrou(1921~84): 프랑스 아날학파 역사학자. 뤼시앵 페브르의 뒤를 이어 심성사를 연구했다.

** 그는 이 저서를 "수도사 루터의 고독 속에서의 노력과, 평화와 거듭남의 길의 발견에 대한 깊고 공감이 가는 연구"(『1520년까지의 루터』, 17쪽)라고 묘사했다.

*** 앙리 스트롤, 『1520년까지의 루터』, 파리, 1962, 서문(제2판: 『1515년까지 루터의 종교 변화』, 1922; 『1515년에서 1520년까지 루터 종교사상의 개화』, 1924).

런데 1962년 이후 루터 연구에 새바람을 불어넣고, 1927년에 씌어진 "계시를 받은 예언자의 영웅적인 역할"을 수행하는 (1517~1525년까지의) 성숙한 루터에 대한 그 놀라운 재구성에 — 언급할 만한 가치가 있는 — 수정을 가져온 다른 훌륭한 저술은 없었다.

그동안 루터 관련 참고문헌은 더욱 엄청나게 늘었다. 1945년에 뤼시앵 페브르가 작성한 것을 보충하기 위해, 단지 이 책에 소개된 관점들을 명확히 해줄 수 있는 저술들만 간단히 소개해본다.

1. 원문

역사학을 공부하는 프랑스 독자에게 긴요한 출판

- *Choix d'oeuvres de Martin Luther*, 9vol., 제네바, 1957~1961(프랑스 루터교회 연합 Alliance nationale des Eglises luthériennes de France).

2. 배경

- M. BENSING, *Thomas Muntzer und der Thüringer Aufstand 1525*, Berlin, 1966.
- G. FRANZ, *Der deutsche Bauernkrieg*, 4e éd. corrigée, Munich, 1956.
- J. LORTZ, *Die Reformation in Deutschland*, nouvelle éd., Fribourg, 1949.
- E. WERNER, *Pauperes christi. Studien zu sozialreligiösen Bewegungen im Zeitalter des Reformpapstums*, Leipzig, 1956.

3. 루터 사상의 발전

- J. ASHEIM, *Glaube und Erziehung bei Luther*, Heidelberg, 1961.

• F. E. CRANZ, *An essay on the development of Luther's thought on justice, law and society*, Cambridge(Mass.), 1959.
• J. ERBEN, *Grundzüge einer Syntax der Sprache Luthers*, Berlin, 1954.
• H. W. KRUMWIEDE, *Glaube und Geschichte in der Theologie Luthers*, Berlin, 1952.

4. 전기(몇몇 평론)

• Leon CRISTIANI, *Luther tel qu'il fut*(sous forme de textes choisis), Paris, 1955.
• Erik H. ERIKSON, *Young man Luther, a study in psychoanalysis and history*, New York, 1958.
• V. H. GREEN, *Luther and the reformation*, New York, 1964.
• Albert GREINER, *Luther, essai biographique*, Genève, 1956.

5. 영향

• H. BORNKAMM, *Luther im Spiegel der deutschen Geistesgeschichte*, Heidelberg, 1955.
• G. H. WILLIAMS, *The radical reformation*, London(U.S.A.), 1962.
• E. W. ZEEDEN, *Martin Luther und die Reformation im Urteil des deutschen Luthertums*, Fribourg, 1950.

6. 기타

95개조 논제 게시 450주년을 맞아 동독 역사학자들이 출판한 주요 저서 2권

• G. ZSCHABITZ, *Martin Luther Grösse und Grenze*; 1re partie,

1483~1526, Berlin, 1967('최초의 마르크스주의적 루터 전기'로 스스로 소개함).

- *450 Jabre Reformation*, Berlin, 1967, sous la direction de L. STERN, M. STEINMETZ(많은 논문 수록, 루터 연구 결산).

역사가, 인간 루터를 보다

김응종 충남대 교수·서양사

1956년에 뤼시앵 페브르가 타계하자, 그의 학문적 계승자인 페르낭 브로델은 그를 프랑스의 가장 위대한 역사가 가운데 한 명이라고 말했다. 비록 추모의 글에서 나온 평가이기는 하지만, 페브르의 역사학을 알고 있는 사람들은 충분히 수긍할 수 있는 사실이었다. 그의 학문적 삶은 세 가지 길에서 이루어졌다. 첫 번째는 연구자의 길로서, 페브르는 1911년에 『펠리페 2세와 프랑슈콩테: 1567년 위기의 기원과 결과에 대한 정치적·종교적·사회적 연구』로 박사학위를 받은 이후, 『마르틴 루터, 한 인간의 운명』(1928), 『16세기의 무신앙 문제: 라블레의 종교』(1942), 『오리게네스와 데 페리에 혹은 '심발룸 문디'의 수수께끼』(1942), 『신성한 사랑과 세속적 사랑』 등을 발표했다. 주요 저서들의 제목에서도 알 수 있듯이 페브르는 16세기 종교개혁과 르네상스 시대 전문가이며, 역사적 인물과 그 시대의 운명적 조우를 관찰하여 시대정신을 조명하고 있다. 그가 역사방법론으로 제시한 '문제사'는 궁극적으로 역사가 당대의 문제를 해결해보려는 것인데, 『마르틴 루터, 한 인간의 운명』에서는 독일 문제가, 『16세기의 무신앙 문제』에서는 무신론 문제가 다루어진다. 페브르가 이렇게 '문제사'에 천착한 이유는 순수학문이라는 독일 역사주의의 환상에서 벗어나 역사학도 현실사회에 기여해야 한다고 생각했기 때문이며, 바로 이것이 그가 주도한 아날 학파의 연구 방향이기도 했다.

두 번째의 길은 페브르가 1929년에 마르크 블로크와 함께 창간한 역사학 잡지 『아날: 경제사회사 연보』를 통해 주도한 '새로운 역사학' 운동이다. 이른바 아날 학파는 창간자인 페브르와 블로크의 뒤를 이은 20세기 최고의 역사가 브로델에 이르러 구조사와 전체사로 세계 역사학계의 주목을 받았으며, 그 후에도 사회사, 인류학적 역사, 심성사, 신문화사 등 혁신적인 새로운 역사학 운동을 전개하고 있다. 19세기가 독일의 랑케 역사학이었다면 20세기는 프랑스 아날 학파의 역사학이었다고 말할 수 있다. 실로 마르크스주의 학파와 함께 20세기를 주도했다.

세 번째는 학문적 '종합'의 길이었다. 이것은 역사학 내부의 학문적 칸막이를 제거할 뿐만 아니라 역사학과 인접 학문의 장벽도 제거해 그야말로 종합을 이루자는 운동이다. 페브르는 1935년부터 『프랑스 백과사전』의 책임편집을 맡아 이 일을 진행했으며 곧 그 결실을 발표했다. 『프랑스 백과사전』은 일반 사전과 달리 알파벳이나 주제 순서로 구성된 것이 아니라, 심성적 도구, 물리, 하늘과 땅, 생명, 생물, 인간, 인류, 심성적 삶, 경제적·사회적 세계, 근대성, 국제생활, 과학, 산업, 문명, 교육, 예술, 철학과 종교, 미래세계 등 다양하고 종합적인 주제들로 구성되어 있다. 이 작업으로 페브르는 '현대의 디드로'라는 이름을 얻었다.

페브르의 대표작으로는 『16세기의 무신앙 문제』가 꼽힌다. 프랑스의 대표적인 인문주의 작가인 프랑수아 라블레의 종교가 무엇인가를 다룬다. 페브르는 문학가인 아벨 르프랑이 라블레를 무신론자로 단정하는 것을 비판하면서 그는 무신론자가 아니며, 16세기에는 과학적 사고를 가능하게 하는 수학·과학·언어 등의 심성적 도구가 미흡했기 때문에 무신론자가 되고 싶어도 될 수 없었다고 말한다. 16세기 사람들은 '믿음'이라는 구조에 갇혀 있었기 때문에 라블레같이 지적으로 뛰어난 사람도 그 틀에서 벗어날 수 없었다는 것이다. 이 책은 이렇게 라블레의 종교에 대한 이해를 넘어 구조와 인간이라는 인식론적 문제를 다루고 있다. 이러한 구조주의적 문제는 브로델의 『펠리페 2세 시대의 지중해와 지중해 세계』에서 더욱 극적으로 다루어진다.

『마르틴 루터, 한 인간의 운명』의 서술도 이와 비슷하다. 페브르는 데니플레 신부가 가톨릭의 입장에서 제기한 루터 논쟁에서부터 실마리를 풀어나가며 루터와 종교개혁에 대한 통념을 해체한다. 1517년 10월 31일, 마르틴 루터는 가톨릭교회의 면벌부 판매 관행을 비판하는 95개조 반박문을 비텐베르크 성 교회 문에 게시함으로써 종교개혁의 불을 지폈다. 당시 루터의 나이는 서른네 살이었다. 그는 수도원에서 엄격한 생활을 하며 구원의 문제로 고심하던 고행수련자가 아니었다. 그는 수도자이면서 신부였고, 신학박사이자 교수였다. 그는 교회에서 요구하는 선행을 실천하는 데서가 아니라 '믿음으로 의롭게 된다'는 칭의(稱義) 개념에서 구원의 길을 찾았다. 그는 이렇게 나름의 신앙체계를 세우고, 세상으로 나와 가톨릭교회의 개혁을 요구하는 토론을 제기했다. 만성절 전날인 10월 31일을 결전의 날로 잡아 반박문을 게시한 일 자체가 공개적인 토론을 요구하는 것이었다.

루터에게 중요한 것은 개인의 신앙과 구원, 나아가 교회개혁이었지 사회개혁은 아니었다. 그러나 95개조 반박문은 즉시 독일어로 번역되어 널리 읽혔고 독일 사람들의 가슴속에 응어리져 있던 분노를 폭발시켰다. 교황 특사인 알레안더에 따르면, "독일의 90퍼센트는 '루터 만세'를 외쳤고, 나머지 10퍼센트는 '로마를 죽여라'"고 외쳤다. 루터는 가톨릭교회와 대화를 하고 싶었으나 교회가 아니라 '독일'이 응답해온 것이다. 페브르는 다음과 같이 말한다. "메아리는 독일의 목소리였던 것이다. 독일은 자신의 은밀한 욕구를 공공연하게 드러내기 위해 하나의 신호, 한 사람만을 기다려왔다. 1517년의 '독일인'이 무대 앞으로, 마르틴 루터 앞으로 다가왔다." 이렇게 해서 루터와 독일의 만남이 시작되었고, 루터의 운명은 독일 속에 내던져졌다.

루터는 가톨릭교회와 독일 사이에 끼게 되었다. 교회의 대응은 너무 성급했다. 루터는 신앙의 문제, 교회개혁의 문제에 사로잡혀 있었는데, 가톨릭교회는 루터를 포용하지 못하고 그를 교회 밖으로 내쳤다. 독일의 품으로 떠다밀었던 셈이다. 가톨릭교회는 루터가 주장을 철회하기만 요구했고, 믿는지 믿지 않는지 그 가부만 다그쳤다. 가톨릭교회는 개혁은 고사하고 대화조차 거부했던 것이다. 교회의 권위와 선택만을 따르라고 강요했는데, 여기에 대해 루터는 1521년 보름스 제국의회에서 그 유명한 '양심의 자유'를 선언한다. 루터의 용기가 돋보이는 대목이다. 전통적으로 가톨릭교회는 가르침을 무조건 따르는 것을 '신앙의 기준'으로 제시했다. 그러나 이제 루터에 의해 '양심'이라는 새로운 기준이 제시된 것이다.

가톨릭교회로부터 이단으로 몰리고 파문당한 루터는 더욱더 '독일'에 의지하지 않을 수 없었다. 독일 기사전쟁을 일으킨 울리히 폰 후텐은 말했다. "나는 말이오, 마르틴. 습관적으로 자주 당신을 조국의 아버지라고 부릅니다." 루터는 화답했다. "나는 나의 게르만인들을 위해 태어났고, 또 그들을 위해 봉사해야 하지 않겠는가." 루터는 점점 독일인이 되어갔다. 루터는 '구원'을 말했으나 독일인들은 그것을 로마로부터의 해방으로 들었고, 루터는 '양심의 자유'를 말했으나 독일인들은 그것을 외적인 구속으로부터의 자유로 들었으며 "자기 자신의 주인"이 되고 싶어했다. 루터는 가톨릭교회의 품안에 머물고 싶어했으나 교회는 그를 이단으로 몰아 품에서 내쫓았다. 독일은 그를 종교적 루터가 아니라 사회적 루터, 정치적 루터로 받아들였다. 이러한 오해 속에서 루터의 운명은 굴절된다.

결정적인 사건은 1524~1525년의 농민전쟁이었다. 루터의 '자유'를 제후의 압제로부터의 해방으로 받아들인 농민들은 루터가 자신들의 대의를 당연히 지지하리라 기대했다. 그러나 루터의 반응은 그들에게 뜻밖이었다. 물론 처음에 루터는 제후와 농민 사이의 중재에 나서기도 하고 폭력 사용에 반대하기도 했으나, 최종적으로는 제후의 편을 들었다. 뿐만 아니라 루터는 극단적인 언어를 사용해 무력 진압을 주장했다. "내 견해는 분명합니다. 제후와 관헌들의 죽음보다는 농민들 모두의 죽음이 더 낫다는 것입니다." 농민들의 선두에서 천년왕국사상을 퍼뜨리며 농민들을 선동하던 토마스 뮌처의 체포와 죽음을 보고, 루터는 그 유명한 말을 날린다. "뮌처를 본 사람은 가장 사나운 모습으로 나타난 사탄을 보았다고 분명 말할 수 있을 것이다! 오 나의 주 하느님, 농민들 사이에 그런 영이 세력을 떨치고 있다면 정말 미친개를 다루듯 그들을 도륙할 때입니다!" 오늘날 우리가 듣기에도 믿어지지 않는 종교개혁가의 말이다. 그러니 농민들은 어떠했을까. 루터가 변했거나 배신했다고 생각했다. 그런데 정말 배신한 것인가? 1517년 이전에 수도원의 루터, 1517년에 95개조 반박문을 게시하던 루터, 그 후 수많은 글과 말을 통해 독일인들에게 호소하던 루터, 그리고 농민들을 미친개 취급하던 그 루터는 다른 사람인가? 페브르는 같은 사람이라고 말한다. 루터의 배신이 아니라고 말한다. 농민들이 루터를 오해했다는 것이다.

페브르의 문제제기는 루터의 사상에 대해, 나아가 근본적으로는 그리스도교의 사상에 대해 많은 것을 생각하게 해준다. 그리스도교에 따르면 권력은 하느님으로부터 나온다. 그 권력이 하느님으로부터 직접 세속 군주에게 가는지 아니면 교황을 거쳐 세속 군주에게 가는지에 대해서는 교황과 황제 사이에 논란이 있었지만, 어쨌든 중요한 점은 세속 군주의 권력은 하느님으로부터 나온다는 사실이다. 따라서 인간은 하느님에게 복종하듯이 군주에게 복종해야 한다. 절대복종해야 한다. 군주의 권력에 복종하지 않거나 저항하는 것은 정치적인 범죄를 넘어 종교적인 범죄로 여겨질 수 있다. 신성모독! 이렇게 볼 때, 루터는 종교개혁 과정에서 세속 군주의 도움에 의지하게는 되었지만, 군주에게 복종해야 한다는 생각은 신앙인으로서 가지고 있던 근본적인 생각이었다. 프랑스 종교전쟁 시대에 가톨릭과 칼뱅파 사상가들은 폭군을 시해할 수 있다는 당시로서는 놀라운 정치사상을 전개했지만, 루터는 그렇지 못했다. 군주에게 절대복종해야 한다!

페브르가 이렇게 루터의 입을 통해서 군주와 국가에 절대복종해야 하며, 군주의 폭력과 국가의 폭력은 정당하다고 말하는 것은, 단순히 그리스도교 사상이나 루터 사상에 대한 분석을 넘어 페브르 시대의 독일을 말하고 있다. 페브르가 말하듯이, "루터는 근대사회와 근대정신의 창시자 가운데 한 사람"일 뿐만 아니라 "또한 의심의 여지없이 게르만 사회와 독일정신의 창시자 가운데 한 사람"이기 때문이다. 아마도 권위에 복종하는 독일인, 그리하여 히틀러에 굴복한 독일인을 말하는 것이 아닐까? 1933년 권력을 잡은 히틀러가 루터의 초상이 새겨진 주화를 발행한 것을 보고 페브르는 자신의 분석이 적중했음을 확인했을 것이다.

『마르틴 루터, 한 인간의 운명』은 루터를 넘어 종교개혁에 대해서도 많은 것을 생각하게 해준다. 흔히 종교개혁은 자유·평등·민주주의, 나아가 자본주의 등 근대성을 가져다준 위대한 사건으로 인식되고 있다. 그 논리는 아주 간단하다. 루터의 '양심의 자유'에서 자유가, 믿음으로 구원받는다는 '의인론'(義認論)에서 평등과 민주주의가, 구원은 예정되어 있다는 예정설에서, 특히 막스 베버의 흥미로운 해석을 거쳐 자본주의가 나왔다는 것이다. 이러한 신학적인 설명은 역사가들이 보기에는 지나치게 단순하다. 신학자들은 신학자 루터를 보지만 역사가들은 '인간' 루터를 본다. 루터는 양심을 내세웠지만 그것은 내면의 자유였지 외적인 자유는 아니었으며, 루터는 '나'의 양심의 자유를 주장하면서도 '너'의 양심의 자유는 부정했다. 루터는 자신의 양심을 신의 목소리라고 생각했기에 그에 '복종'한 것이고, 자기에게 반대하는 다른 사람들, 예컨대 뮌처의 양심은 사탄의 목소리라고 보았다. 이런 점에서 루터는 자유로의 문을 열기는 했으나 자기만 들어가고 닫아버린 셈이다.

평등과 민주주의는 더욱 부정적이다. 무엇보다도 가톨릭교회를 대변하는 에라스무스의 '자유의지론'에 대비되는 루터의 '노예의지론'은 인간을, 신 앞에서이기는 하지만 노예와 같은 존재로 추락시켰다는 점에서 비인간적이라는 평가를 면할 수 없다. 뒤이어 전개되는 예정설이나 은총설 역시 같은 차원에서 그렇다. 루터의 분신인 인문주의자 멜란히톤이 신은 자신이 원하시는 자를 구원하신다고 말한 루터에 대해, "아닙니다. 신은 그분을 원하는 사람을 구원하십니다"라고 말한 데에서 인문주의와 종교개혁의 차이를 엿볼 수 있다. 루터의 노예의지론에 주목하여 페브르는 "루터는 실패했다"고 단언한다. 루터는 제후와 농민 사이에서 철저히 제후 편을 들었고, 제후에게 절대복종해야 한다고 말했다. 제후가 주인이고 신민들은 손님이라고 생각했기 때문이다. 이러한 점에서, 페브르가 지적했듯이 루터는 절대왕정론을 주장한 가톨릭 신학자 보쉬에를 예고한 인물이었다.

'프로테스탄티즘의 윤리와 자본주의 정신'이라는 테제는 마치 국내에서는 공인된 사실처럼 인식되고 있으나 역사의 지지를 받기 어렵다. 무엇보다도 예정설이라는 비관주의적이고 금욕주의적인 교리가 탐욕적인 자본주의 발전에 기여할 수 있다고 생각하는 것 자체가 기이하다. 역사적으로 자본주의는 이미 중세 도시에서 발아했으며, 16세기 종교개혁 시대에 아메리카 대륙과의 교역이나 가격혁명과 같은 경제상황에서 발전했다. 자본주의는 종교개혁을 기다릴 필요가 없었다. 자본주의는 종교개혁 덕분에 발전했다기보다 종교개혁이라는 악조건에도 불구하고 발전을 멈추지 않았다고 보아야 옳을 것이다. 막스 베버는 자본주의와 종교개혁이 시기적으로 일치한다는 점에서 그 상관관계를 따져보며, 16세기 사람들은 세속적인 성공을 구원의 확실한 징표로 인식했고, 이것이 자본주의 발전에 기여했다는 식으로 설명한 바 있다. 막스 베버의 설명은 16세기 유럽이 아니라 20세기 한국의 프로테스탄티즘과 자본주의 발전에 대한 설명으로 더 적절하지 않을까 싶다.

자, 그러면 뤼시앵 페브르는, 페르낭 브로델이 말했듯이, 프랑스의 가장 위대한 역사가 가운데 한 명으로 불릴 자격이 있는가? 페브르는 평생의 학문적 동지였고, 특히 제2차 세계대전 중에 나치의 희생자가 된 마르크 블로크에 비해 과소평가된 감이 없지 않다. 서양 중세 봉건사회의 구조와 변동을 비교사적 관점에서 분석하고 종합한 『봉건사회』는 블로크가 정말 위대한 역사가임을 증명해준다. 그러나 『마르틴 루터, 한 인간의 운명』이나 『16세기의 무신앙 문제』에 나타난 페브르의 역사학은 블로크의 역사학과는 많이 다르다. 페브르는 문제를 제기하고 그 문제를 해결해나가는 '문제사'의 모델을 보여주었다. 페브르의 역사학은 비단 루터나 라블레 그리고 그들의 시대인 16세기를 넘어 현대사회를 이해할 수 있게 해준다는 점에서 블로크의 역사학보다 훨씬 '새로운 역사'라고 말할 수 있다. 페브르는 폭포수처럼 전개되는 사변과 성찰을 통해 독자들로 하여금 많이 생각케 하고, 그리하여 통념을 뒤집는 비판적 역사학의 진수를 맛볼 수 있게 한다. 이번에 페브르의 문체까지 그대로 살려 훌륭하게 번역된 이 책을 통해서 독자들이 페브르 역사학을 음미하고 평가할 수 있게 된 것을 기쁘게 생각한다.

편집을 마치며

역사학자 브로델에 의해 익히 그 훌륭함이 알려져 있는 이 책은, 페브르가 1927년에 집필을 완성했다. 그는 비교적 작은 분량의 이 책을 일반 독자들을 위해 썼다. 생략과 함축으로 독해가 어려운 부분이 없지 않지만, 문학적 묘사와 생기 있는 문체에 실린 그의 비판적 역사학을 느껴보기에는 손색이 없다.

1917년 종교개혁 400주년이 있고 난 10년 뒤였으니, 이미 당시에도 루터 관련 문헌은 그의 표현대로 '바다'와 같았다. 그 문헌의 대양(大洋) 속에서 페브르는 어떤 루터를 건져 올리려 했을까. 1517년 10월 31일, 가톨릭교회의 폐단상을 고발하는 95개조 반박문을 내걺으로써 새로운 교회의 탄생을 알리며, 역사의 전면에 등장한 한 평범한 수도사는 어떤 운명을 맞게 될까.

전기도 평전도 아니라고 말한 서문의 첫 문장은 사뭇 도전적이다. 한 인간의 생애를 다루며 그 양쪽을 모두 비켜가기란 쉽지 않은 일이다. 그렇더라도 페브르가 자신의 저술 관점의 독창성을 단순히 강조하기 위해 쓴 수사적인 표현은 결코 아닐 것이다. 결론에 이르면 그 의도를 확증한다. "루터를 판단하지 않는다. (…) 차분히 평가할 준비가 되어 있지 않은 우리는 그저 마지막까지 판단을 미룰 따름이다." 사려 깊은 학자의 조심성이라고도 볼 수 있으나, 역사가로서 판단하지 않는다니 의아하고 좀 맥이 빠진다. 그러나 아니다. 그는 이 책에서 시종 한 인간의 운명을 치열하게 사유하고, 루터와 관련된 기존의 이야기를 부단히 재검토하고 있다.

페브르가 경계한 것은 단순화였다. 루터가 살았던 시대는 복잡했고, 그가 이룬 업적은 놀라울 정도로 풍성하며 다성적이다. 게다가 위대하다는 칭송에서 모순되고 결점 많다는 비난에 이르기까지 엇갈리는 평가는 다양하고 그 차이는 폭이 크다. 페브르는 잘 알고 있었다. 글을 쓰는 이라면 누구나 루터에 매료되어, 독자들에게 생생하고 강렬한 느낌을 주기 위해 자기 개인적인 취향의 어떤 이미지를 부여하고픈 유혹에 빠진다는 사실을. 그의 말대로 그런 책은 "매우 유해하다." 또 얼마나 많은 이들이 한 종교개혁가의 종합적인 모습을 정확히 그려내고자 했는지도 말이다. 그런 쪽에서는 "바보가 아닌 이상 누구도 정확함을 논할 수 없다."

페브르는 한 인물을 빈약하게 만드는 모든 판단과 해석에 저항한다. 그래서 이 책은 루터에 대한 전적인 옹호나 맹목적 비판은 찾아볼 수 없다. "이쪽과 저쪽을 도우러 달려가다가 웃음거리가 되지 말자"는 그에게 농담이 아니다. 그는 사실과 원본들 위에 꼿꼿이 서 있고자 한다. 그런 그에게 시기마다 분열되거나 단절된 루터는 없다. 1517년 95개조 반박문을 내걸고 1520년 위대한 논문들을 썼던 때의 루터가, 1525년 보수성을 강하게 띠었던 농민 반란 때의 루터와 다름이 없는 것이다. 많은 사람들이 모순된다고 말하는 루터의 행동과 발언 속에서, 페브르는 "루터 사상의 깊고 변함없는 통일성을 입증"하려 노력한다. 그런 점에서 페브르의 비판적 사유는 깊고 통찰은 힘차다.

2017년 종교개혁 500주년을 앞두고, 오래전부터 소개해보고자 생각했던 이 책을 내놓게 되어 기쁘다. 분명 루터 책의 홍수 속에서 독서의 중요한 길잡이 역할을 충분히 해줄 것이다.

원어에 충실하면 '한 운명' 또는 '어떤 운명'이라고 해야 하지만 '한 인간의 운명'이라고 제목을 달았다. 앞의 말인 '마르틴 루터'와 이어질 때 촉급한 어감을 해소하고, '운명'을 강조하기 위해 관형 수식어로 '인간의'를 넣었다. 하지만 페브르가 운명 앞에 부정관사를 쓴 것은 그의 역사학이 갖는 개방성의 표현이었다고 본다. 그는 마르틴 루터라는 한 인간의 운명만 주목한 것이 아니다. 세기의 운명, 역사의 운명, 독일의 운명, 사회의 운명 그 속에서의 인간이었을 것이다.

오랜 인연으로 무작정 부탁드린 이 책의 번역을 기꺼이 맡아주신 김중현 선생님께 깊이 감사드린다. 여러 차례 오가는 고된 교정 과정에 노고를 아끼지 않으셨다. 한편, 여러 언어와 고문서에 해박했던 페브르의 저작답게 라틴어 원문이 상당히 많이 인용되고 있는데, 세심하게 번역해주신 안승훈 선생님께 특별히 감사드린다. 페브르의 학문과 이 책을 이해하는 데 유익한 해제를 써주신 김응종 선생님께 감사드린다.

마르틴 루터
한 인간의 운명

1판 1쇄 발행일 2016년 11월 15일
1판 2쇄 발행일 2017년 1월 5일

지은이 뤼시앵 페브르 **옮긴이** 김중현 **펴낸이** 박희진
편집 안신영 안창준 **디자인** 정아름

펴낸곳 이른비 **출판등록** 2014년 9월 3일 제2015-000027호
주소 10517 경기도 고양시 덕양구 행신로 143번길 26, 2층
전화 031) 938-0841, 010-6322-2996 **팩스** 031) 979-0311
전자우편 ireunbibooks@naver.com

ISBN 979-11-955523-2-0 03900

값 20,000원

• 잘못 만들어진 책은 구입하신 서점에서 바꿔드립니다.

이른비 씨 뿌리는 시기에 내리는 비를 말하며, 마른 땅을 적시는 은혜로운 비처럼
인간의 정신과 마음을 풍요롭게 하는 책을 만듭니다.